알기위운
Visual C++.NET

이 수 영 저

오성 미디어

머리말

윈도우 응용 프로그램은 객체 지향의 개념에서 출발하므로 종전의 응용 프로그램 개발 환경과는 많은 차이가 있다. 그러나, Visual Studio에서 제공하는 각종 도구를 이용하면 편리하게 윈도우 응용 프로그램을 작성할 수 있다.

객체 지향 프로그램에서 객체는 클래스로 표현되며 Visual C++에서 객체는 실행의 역할을 하는 소스 파일과 인터페이스 역할을 하는 헤드 파일로 이루어진다. 마이크로소프트사에서는 개발자의 편의를 위해 다양한 클래스를 기본적으로 제공하며 이를 MFC (Microsoft Fundamental Class)라고 한다.

Visual C++.NET은 MS사에서 출시된 C++ 언어로 기술된 코드를 컴파일하여 윈도우 응용 프로그램을 만들어 주는 도구로써 에디터와 디버그 등 다양한 도구로 구성된다. 특히 웹 응용 프로그램을 만들기 위해 ATL과 ASP.NET과 같은 템플릿(Template)를 제공하며 이를 사용한 응용 프로그램의 개발 방법에 대해 살펴보았다.

이 책의 구성은 다음과 같다.

1부에서는 Visual Studio에서 생성된 응용 프로그램의 골격에 대해 살펴보았다.

2부에서는 Visual Studio에서 MFC를 이용하여 다양한 응용 프로그램을 개발하는 방법과 웹 응용 개발 기술을 살펴보았다.

이 책을 만드시는 데 도움을 주신 오성미디어 사장님과 관계자님들께 감사드립니다.

차 례

1부

Visual C^{++}.NET

Chapter 1

Visual C++.NET을 이용한 응용 프로그램 작성

1. 프로그램을 실행시키고 파일 메뉴에서 새로 만들기 메뉴를 선택하여 프로젝트라는 하위 메뉴를 선택하거나 그림에서 보는 것과 같이 새 프로젝트라는 버튼을 누른다.

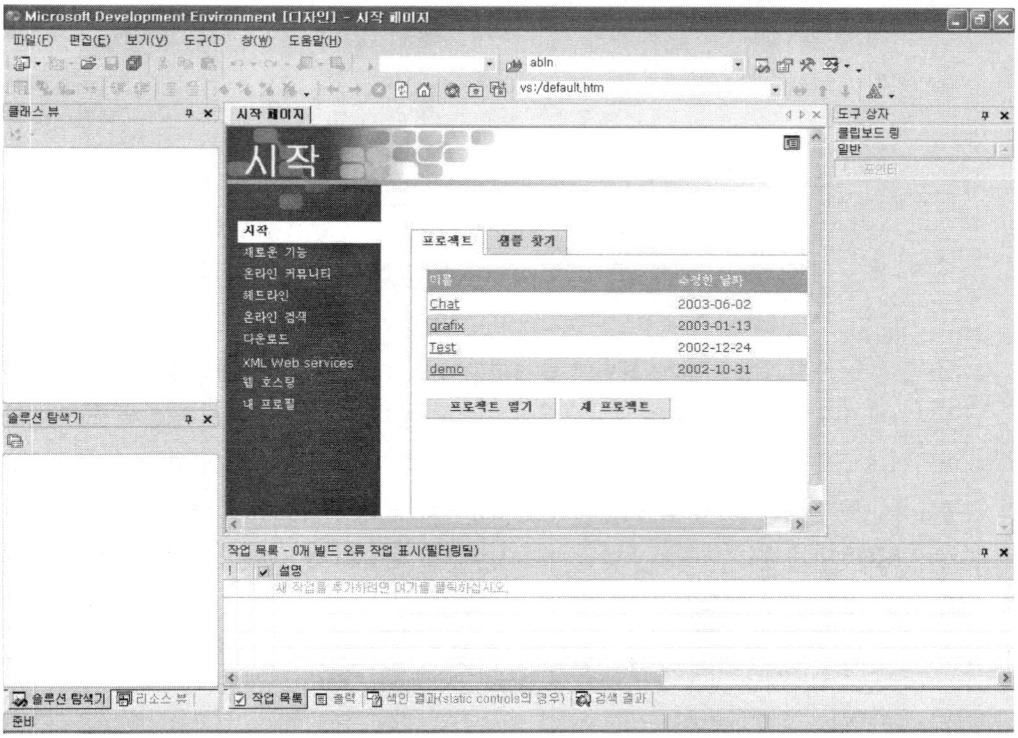

2. 새 프로젝트라는 다이얼로그 박스 화면에 출력되면 MFC 응용 프로그램을 만드는 것이므로 화면의 왼쪽 판넬에서는 Visual C++ 프로젝트를 선택하고 오른쪽 판넬에서는

MFC 응용 프로그램을 선택한다. 그리고 프로젝트 이름을 CH1이라 입력한 후 확인버튼을 누른다.

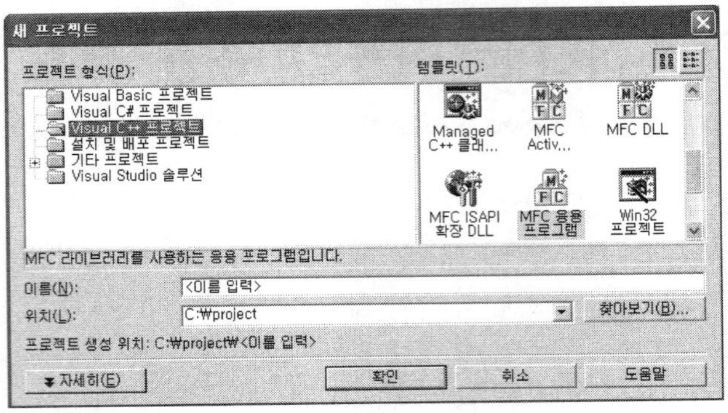

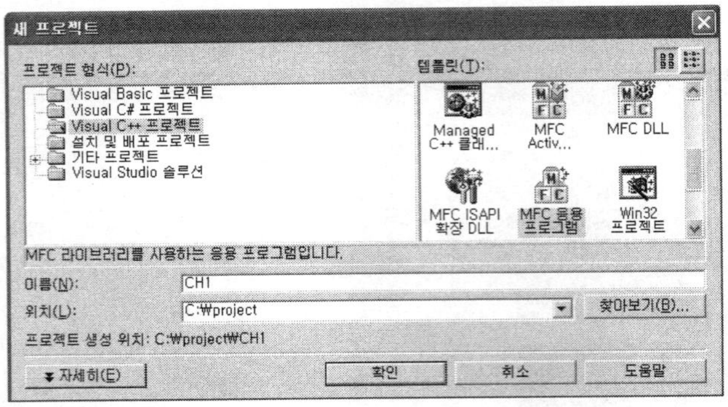

3. MFC 응용 프로그램 마법사 화면이 출력되면서 응용 프로그램의 개요를 보여주는 다이얼로그박스가 출력된다. 응용 프로그램의 종류에 따라 다양한 옵션을 사용할 수 있지만 여기서는 응용의 골격을 만드는 방법에 대해 살펴보기 위해 개요 밑난의 응용 프로그램 종류를 선택한다. 여기서 응용 프로그램의 종류는 단일 문서를 선택하고 프로젝트 스타일은 MFC 표준을 선택하고 MFC 사용란에는 공유 DLL을 사용하여 프로그램의 크기를 줄일 수 있도록 하였다.

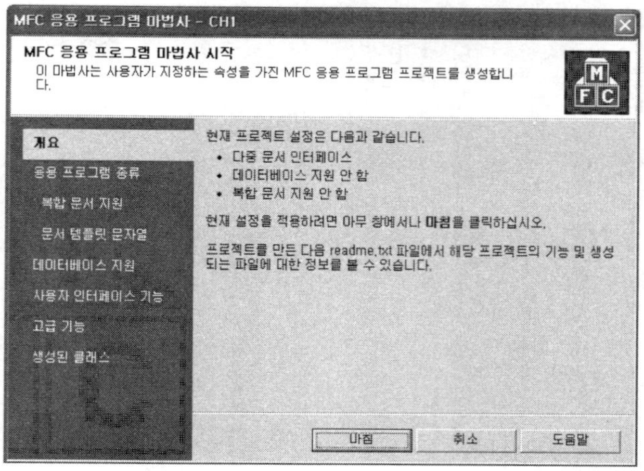

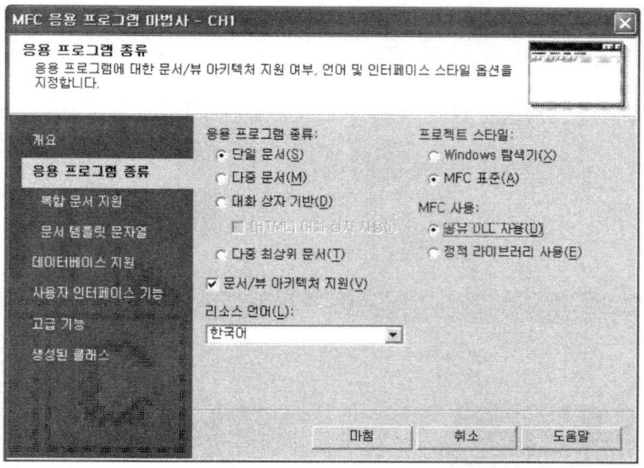

4. 복합 문서 지원의 항을 살펴보면 응용 프로그램을 컨테이너로 사용할 것인지 혹은 서버로 사용할 것인지에 대해 묻고 있는 데 여기서는 복합 문서를 지원하지 않은 응용 프로그램을 작성하고자 하므로 복합문서 지원란에 없음에 표시한다.

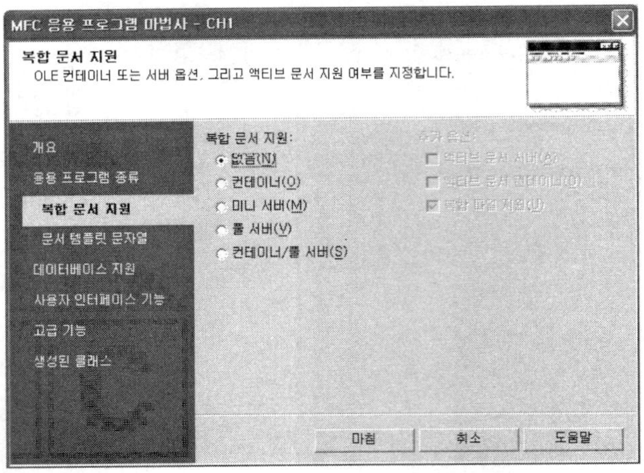

5. 문서 템플릿 문자열 다이얼로그 박스는 응용 프로그램에서 새로운 문서를 만들어 저장하는 경우에 사용되는 파일 확장명과 이를 윈도우즈 레지스트리에 등록할 경우 확장자를 적는 파일 형식 ID란이 있다. 다음으로 응용 프로그램의 타이틀에 해당하는 이름을 적는 주 프레임 캡션란과 레지스트리에 새 문서 파일의 루트 이름을 적는 문서 형식 이름란과 이에 대한 파일의 약식이름을 적는 란이 있다. 이를 기본 값으로 설정한다.

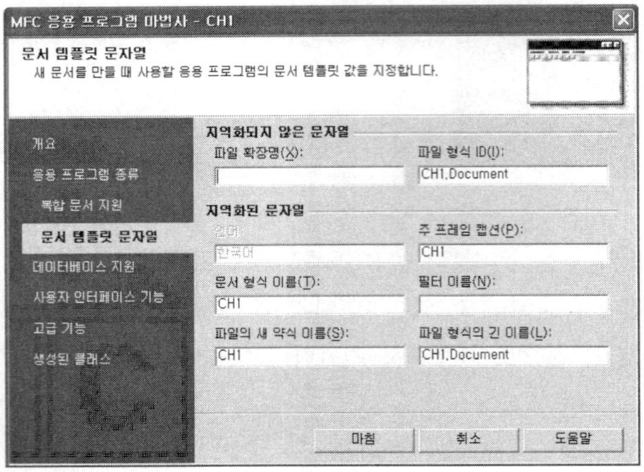

6. 다음으로 응용 프로그램에서 데이터베이스를 지원하는 지의 여부를 묻는 데이터 베이스 지원 다이얼로그 박스가 출력된다. 본 응용에서는 데이터베이스를 지원하지 않기 때문에 데이터베이스의 지원은 없는 것으로 표시한다.

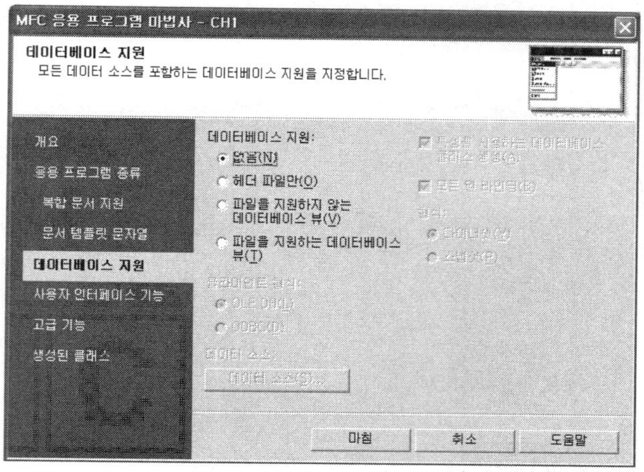

7. 다음으로 사용자 인터페이스 기능에 대한 옵션을 선택하는 사용자 인터페이스 기능 다이얼로그 박스가 출력된다. 주 창에 프레임의 크기를 조정할 수 있는 두꺼운 프레임 항목란과 주 창의 최소화를 위한 최소화 아이콘을 표시할 수 있는 최소화 상자란, 주 창의 최대화를 위한 최대화 아이콘을 표시할 수 있는 최대화 상자란, 처음부터 화면 크기를 최소 혹은 최대로 출력할 수 있는 최소화, 최대화란과 주 창에서 초기 상태바를 출력할 수 있도록 하는 초기상태 표시란이 있다. 또한 툴바의 도킹을 가능하게 하는 표준 도킹을 선택한다.

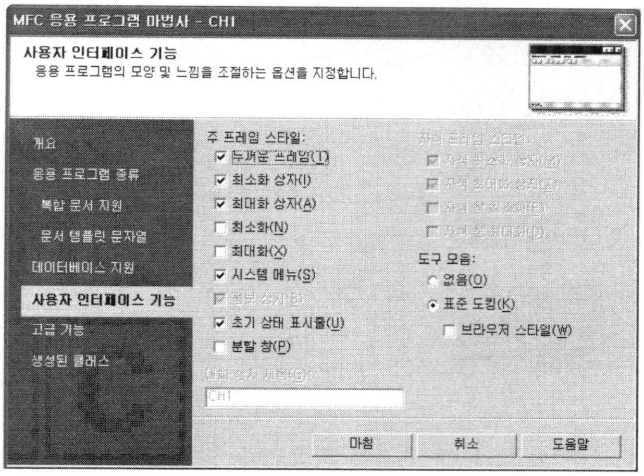

8. 고급 기능의 항목을 살펴보면 URL의 수를 지정하는 콤보 박스와 프린터 출력시 미리 보기를 할 수 있는 미리 보기항 등이 있다. 다음으로 응용 프로그램에서 추가적으로 사

용할 수 있는 기능을 설정하는 항목이 있지만 디폴트 값을 선택한다.

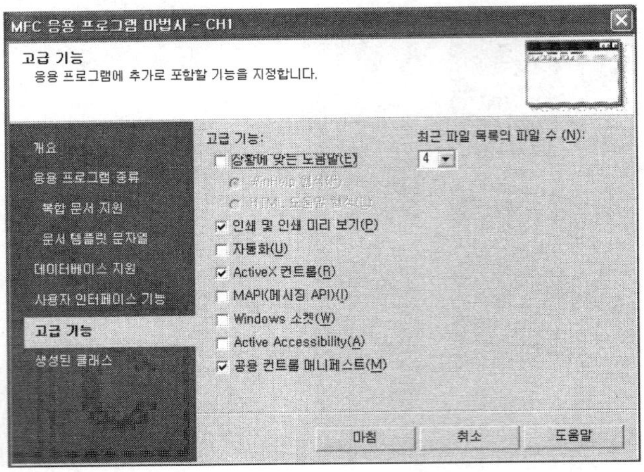

9. 다음에 있는 생성 클래스 항목은 응용 프로그램의 골격이 되는 4개의 주요 클래스가 있으며 이는 소스 코드의 형태로 된 cpp 파일과 인터페이스의 역할을 하는 헤드 h파일이 있다.

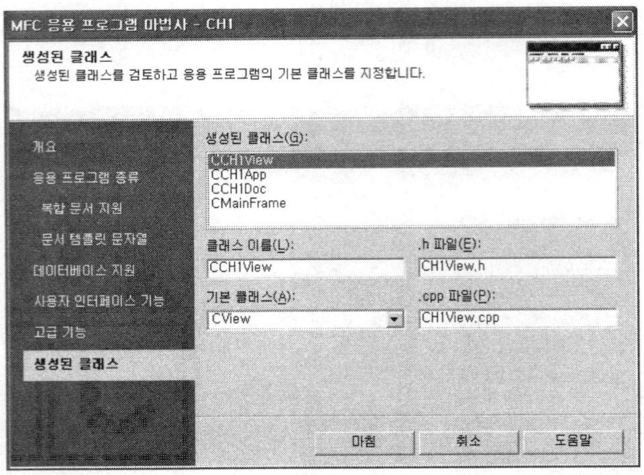

10. 이후 마침이라는 버튼을 눌러 구성한 화면은 다음과 같다.

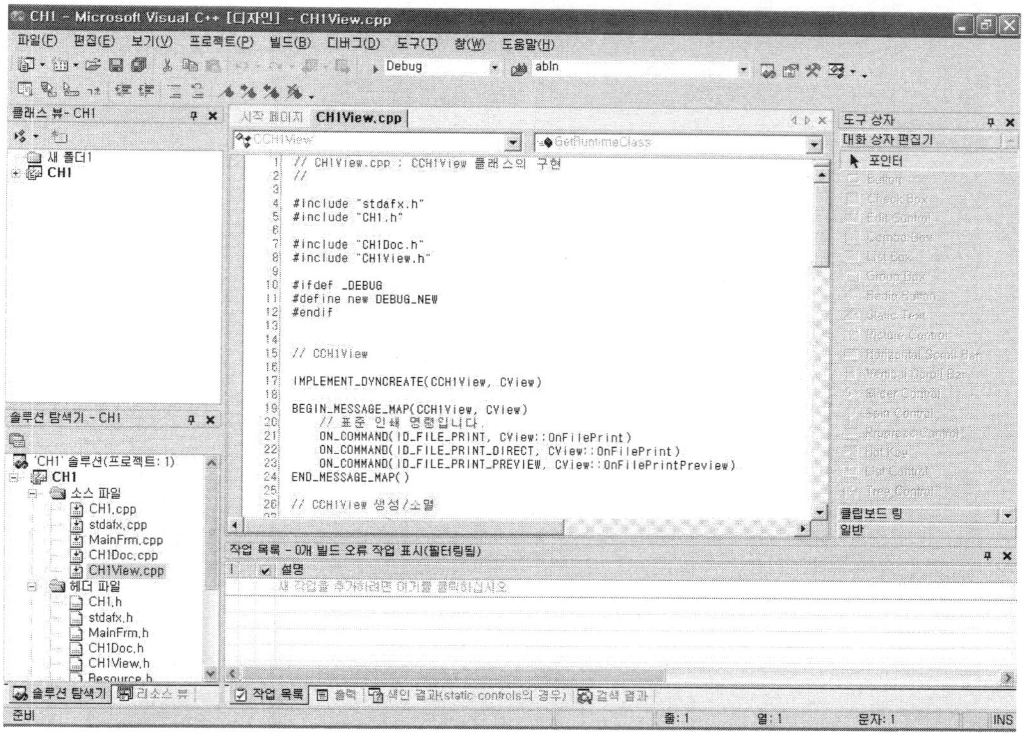

11. 다음은 디버그 메뉴에서 디버거하지 않고 시작이라는 메뉴를 눌러 응용 프로그램을 실행 시킨 결과로 아무런 동작도 하지 않는 완성된 응용 프로그램의 골격이다.

2부

응용 프로그램

Chapter 1

배열 클래스

MFC가 가지는 배열클래스(Array Class)는 거의 모든 종류의 데이터형을 지원하는 일차원 배열 객체이다. MFC의 배열클래스는 배열의 크기를 동적으로 조정하기 때문에 메모리를 관리함에 있어 다른 조작이 필요하지 않다는 점을 제외하면 지금까지 사용하던 배열과 크게 다른 점이 없다.

다양한 데이터형의 배열을 지원하기 위해 MFC에서는 CByteArray, CDWordArray, CObArray, CPtrArray, CUIntArray, CWordArray, CStringArray등을 가지고 있다. 열거한 것처럼 많은 종류의 배열클래스를 가지고 있지만 사용하는 방법은 비슷하고 처리하는 데이터의 종류만 다르다. 본 장에서는 다소 복잡한 프로그래밍으로 앞으로 하게 될 프로그래밍의 기본 개념을 파악하도록 하였고 다이얼로그박스를 사용하여 데이터의 변경, 추가, 삭제를 가능하도록 하였으며 이렇게 변경된 내용을 메인 화면에 출력시키도록 하였다. 참고로 배열클래스의 멤버함수는 다음과 같다.

Add() 배열의 크기를 증가시키면서 배열의 끝에 필요한 값을 추가시킨다.
ElementAt() 배열요소의 포인터에 대한 참조를 얻는다.
FreeExtra() 사용하지 않는 배열 메모리를 해제한다.
GetAt() 특정한 배열 인덱스에 있는 값을 얻는다.
GetSize() 배열 요소의 수를 얻는다.
GetUpperBound() 배열값이 저장되어 있는 가장 높은 인덱스의 값을 얻는다.
InsertAt() 현존하는 배열요소를 상향조정하면서 특정한 인덱스에 특정한 값을 추가한다.
RemoveAll() 모든 배열요소를 제거한다.
RemoveAt() 특정한 인덱스에 있는 값을 제거한다.

SetAt() 배열의 크기를 증가시키지 않고 특정한 인덱스에 어떤 값을 설정한다.

SetAtGrow() 배열의 크기를 증가시키면서 특정한 인덱스에 값을 설정한다.

SetSize() 배열이 가질 수 있는 요소의 수인 배열의 크기를 설정하지만 배열의 크기는 동적으로 증가한다.

먼저 응용프로그램을 만드는 과정은 다음과 같다.

1. 앞에서 설명한 MFC 응용 프로그램 마법사를 이용하여 CH1이라고 프로젝트명을 지정한다. 이로써 응용 프로그램의 기본적인 골격이 완성된다.

2. 프로그램의 골격을 만든 후 리소스 뷰 탭(Resurce View tab)을 누르면 CH1 Resource 라는 트리 뷰 화면이 출력된다. 여기서 +표시를 마우스로 누르게 되면 다른 여러 항목이 출력된다. 여기서 Dialog 항목을 더블클릭하면 IDD_ABOUTBOX라는 메뉴가 출력되며 오른쪽 마우스 버튼을 누른 경우 출력되는 팝업 메뉴에서 다이얼로그 삽입이라는 항목을 누르면 다음과 같은 새로운 다이얼로그 박스가 생성된다.

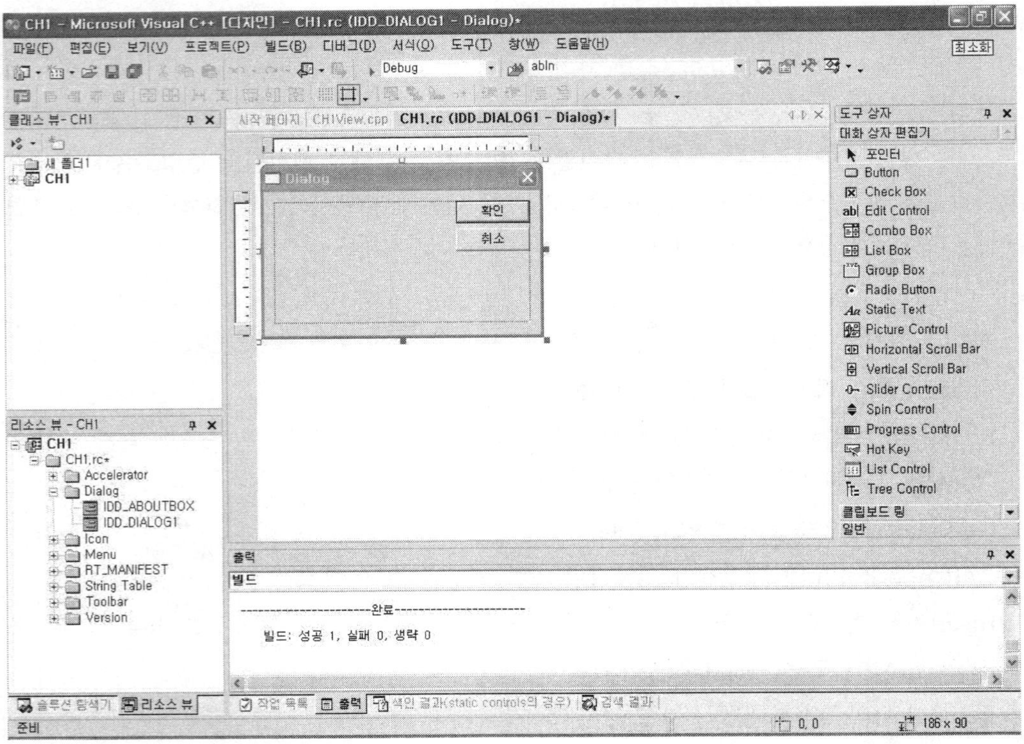

3. 대화 상자 편집기에 있는 컨트롤을 이용하여 다이얼로그박스를 편집하는데 컨트롤의 도구 상자가 출력되지 않는 경우 도구 상자라는 아이콘을 눌러 도구상자를 생성시킨다. 대화상자 편집기에서 Static Text라는 아이콘을 누른 후 빈 다이얼로그 박스로 가지고가 마우스로 글자를 입력할 수 있을 정도의 크기로 사각형을 만든다.

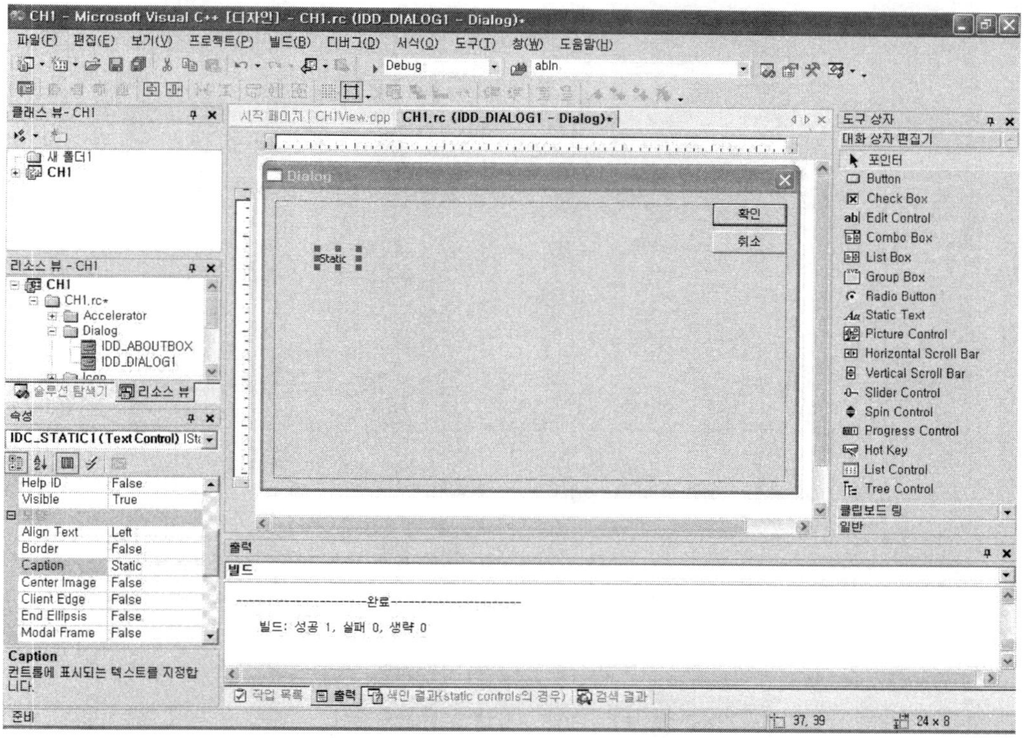

4. Static이라고 적힌 사각형에 마우스를 갖다대고 오른쪽 마우스버튼을 누르면 메뉴가 출력되며 이 메뉴에서 속성이라는 항목을 누르면 속성표가 화면에 출력되며 여기서 모양 항목의 Caption을 Static에서 Index로 변경하고 마우스 버튼을 이용하여 빈공간을 누르면 다이얼로그박스의 화면이 다음과 같이 변경된다.

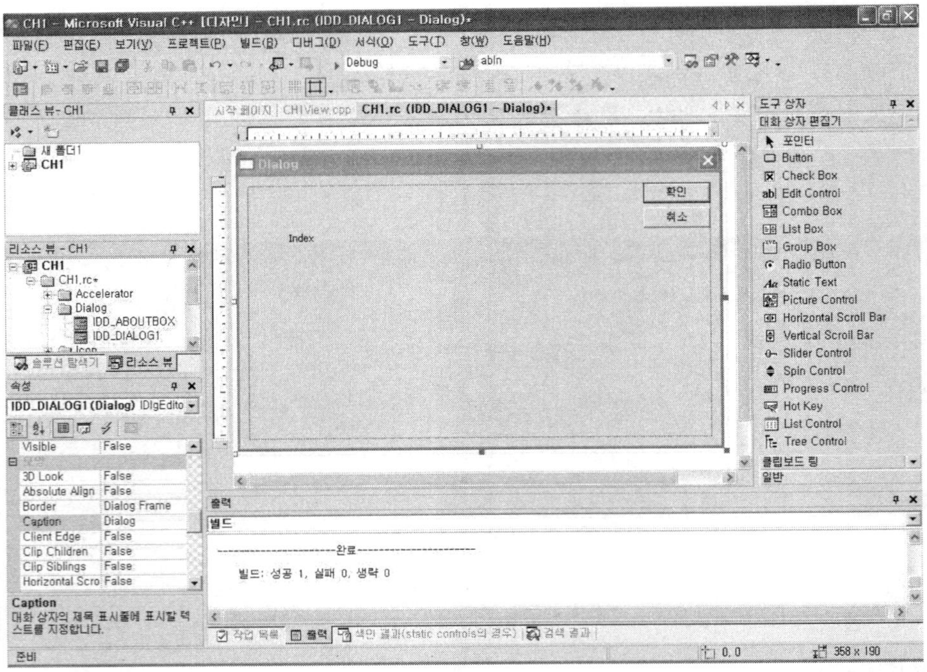

5. 3번과 4번의 과정을 반복하여 Value라는 문자열을 표시한다.

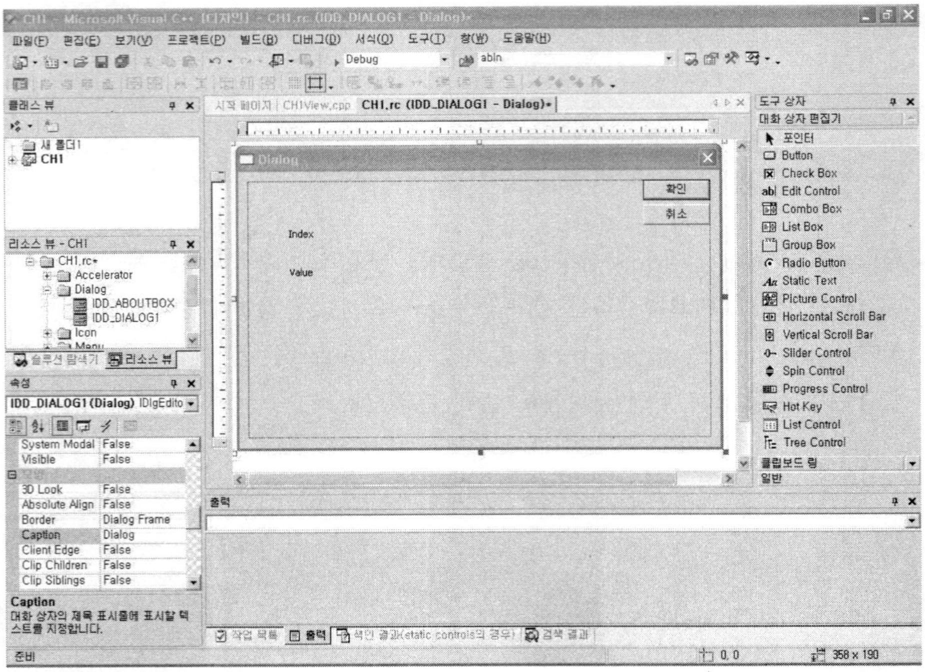

6. 툴박스의 컨트롤에서 Edit Box를 선택하여 Index 옆의 적당한 곳에 위치하도록 한다. 오른쪽 마우스버튼을 누르면 메뉴가 나타나며 여기서 속성이라는 항목을 선택한다. 속성이라는 화면이 출력되며 여기서 ID란에 있는 IDC_EDIT1을 IDC_INDEX라고 입력한다.

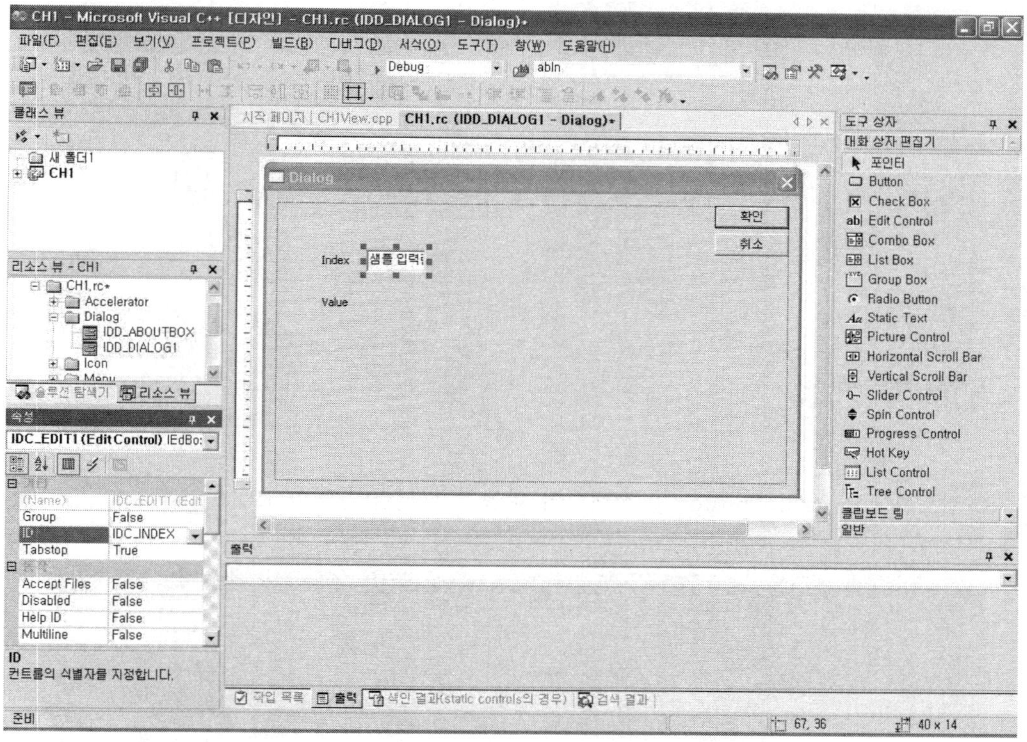

7. 6의 과정을 반복하여 Value라는 문자열 옆에 에디터상자를 만든다. ID란에 IDC_VALUE라고 입력한다. 여기까지의 화면 구성은 다음과 같다.

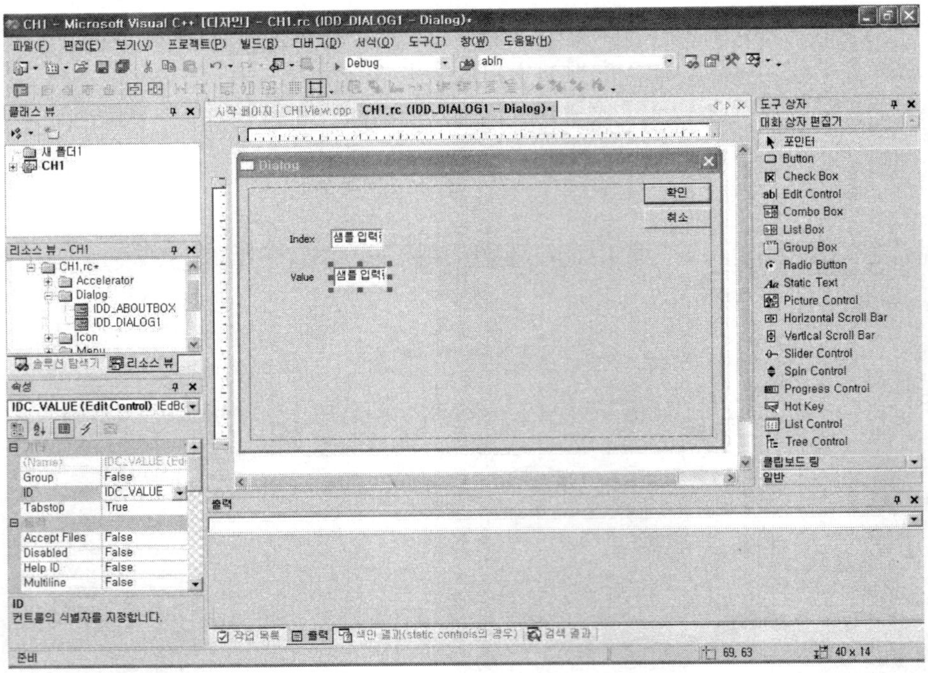

8. 컨트롤에서 Radio Button을 선택하여 다음 그림처럼 배열한다.

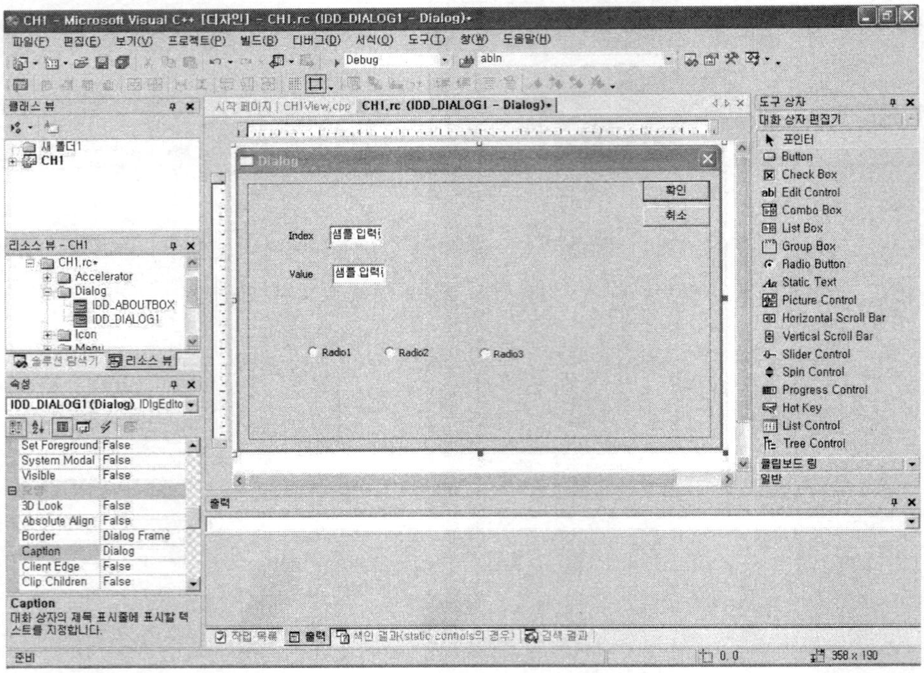

9. Radio 1을 선택하면 사각형이 나타나며 오른쪽 마우스버튼을 누르면 화면에 메뉴가 출력되며 여기서 속성 항목을 선택하면 속성표가 화면에 출력된다. 여기서 ID: 란에 IDC_RADIO라 입력하고 Caption 란에는 Set이라고 입력하며 Group란에는 TRUE를 선택한다.

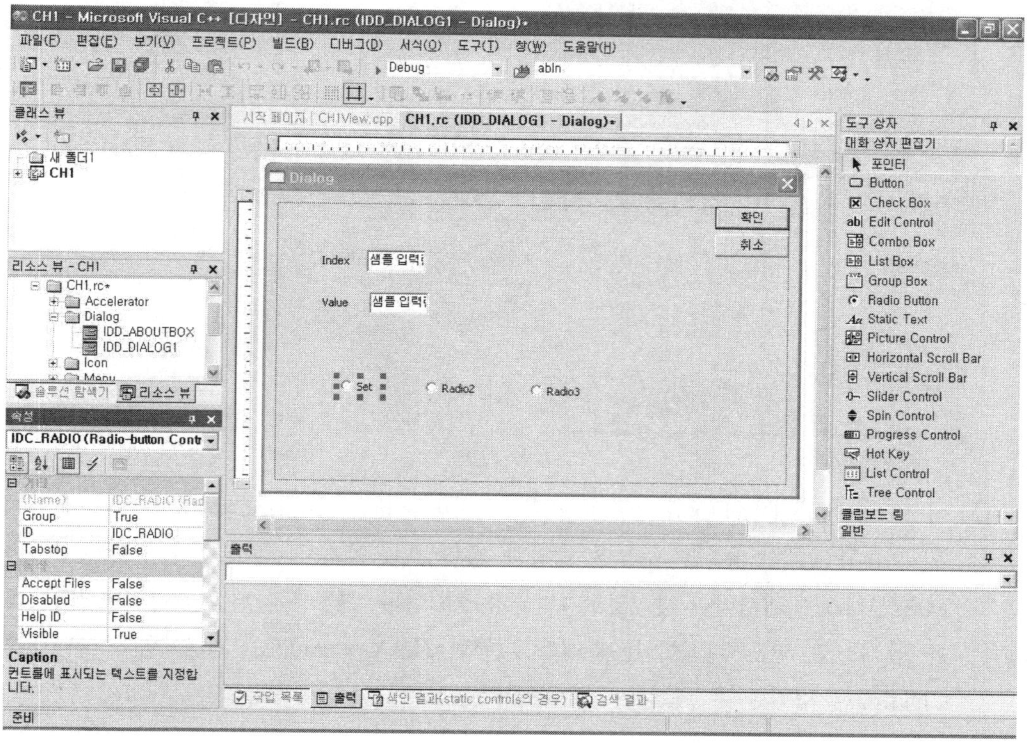

10. Radio 2를 선택하면 사각형이 나타나며 오른쪽 마우스버튼을 누르면 화면에 메뉴가 출력되며 여기서 속성 항목을 선택하면 속성표가 화면에 출력된다. 여기서 ID: 란에 IDC_INSERT라 입력하고 Caption 란에는 Insert이라고 입력한다.

11. Radio 3를 선택하면 사각형이 나타나며 오른쪽 마우스버튼을 누르면 화면에 메뉴가 출력되며 여기서 속성 항목을 선택하면 속성표가 화면에 출력된다. 여기서 ID: 란에 IDC_ADD라 입력하고 Caption 란에는 Add라고 입력한다. 이상으로 완성된 화면은 다음과 같다.

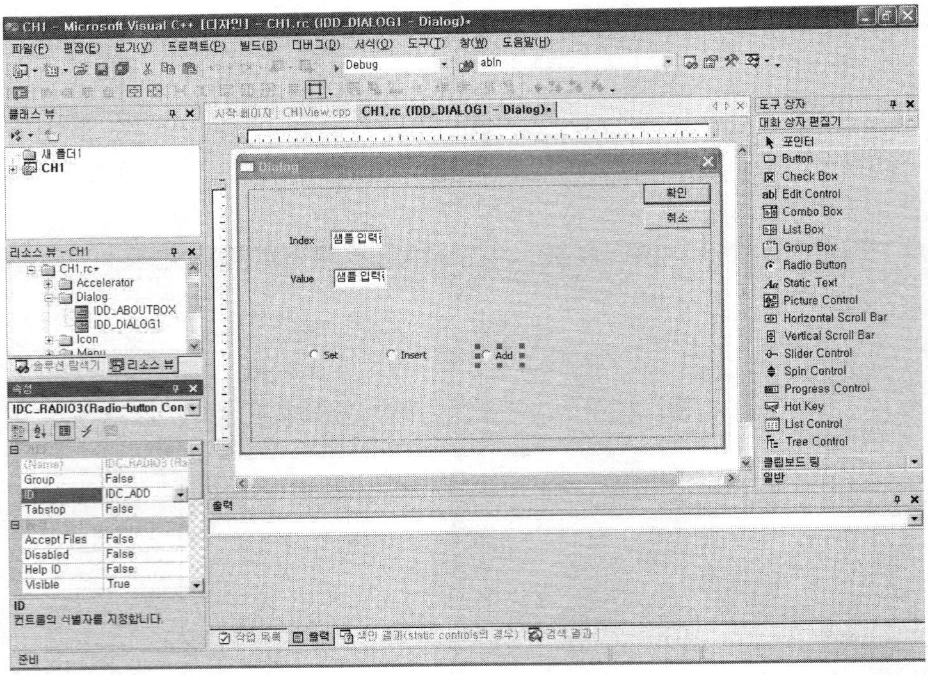

12. 이상으로 IDD_DIALOG1 박스에 대한 편집이 끝났고 다이얼로그박스 전체를 선택한 후 오른쪽 마우스버튼을 누르면 메뉴가 출력된다. 여기서, 클래스 추가를 선택하면 MFC클래스 마법사라는 다이얼로그박스가 출력된다. 지금까지 편집한 다이얼로그박스를 클래스로 만든 과정이다. 클래스 이름란에는 CArrayDlg, 기본 클래스 난에는 CDialog를 입력한 후 마침 버튼을 누른다.

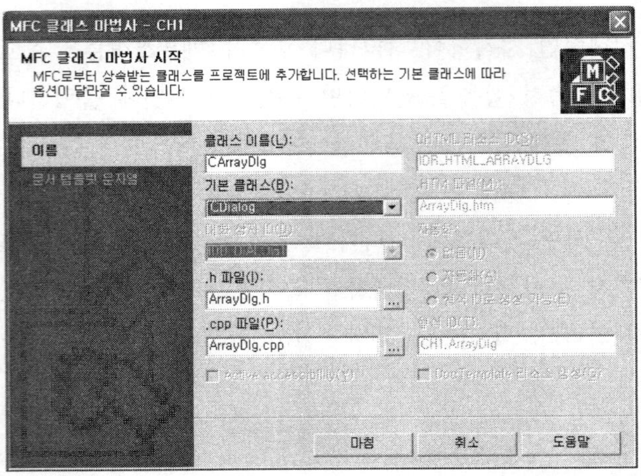

13. 다음으로는 앞서 만든 다이얼로그 박스로 가서 IDC_INDEX를 선택하고 오른쪽 마우스 버튼을 누르면 출력되는 메뉴에서 변수 추가 항목을 선택하면 멤버 변수 추가 마법사라는 다이얼로그 박스가 출력되며 범주란에는 Value, 변수 형식란에는 UINT, 변수 이름란에는 m_index를 입력하고 마침 버튼을 누른다.

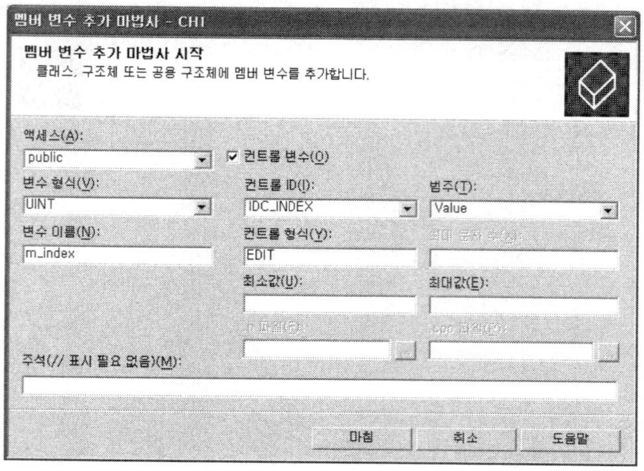

14. 다음으로는 IDC_VALUE를 선택하고 오른쪽 마우스 버튼을 누르면 출력되는 메뉴에서 변수 추가 항목을 선택하면 멤버 변수 추가 마법사라는 다이얼로그 박스가 출력되며 범주란에는 Value, 변수 형식란에는 UINT, 변수 이름란에는 m_value를 입력하고 마침버튼을 누른다.

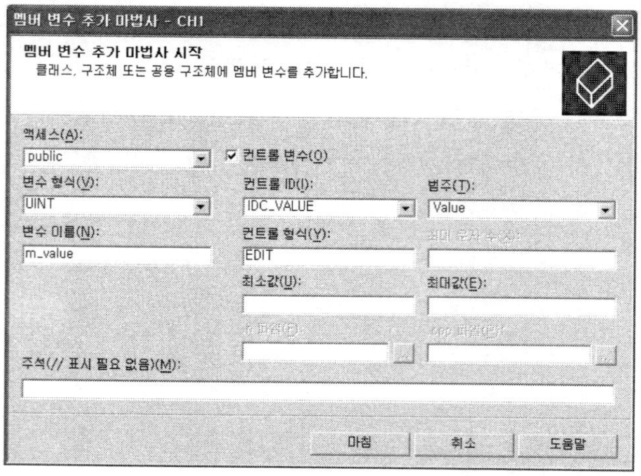

15. 다음으로는 IDC_RADIO를 선택하고 오른쪽 마우스 버튼을 버튼을 누르면 출력되는 메뉴에서 변수 추가 항목을 선택하면 멤버 변수 추가 마법사라는 다이얼로그 박스가 출력되며 범주란에는 Value, 변수 형식란에는 int를 입력하고, 변수 이름란에는 m_radio를 입력하고 마침 버튼을 누른다.

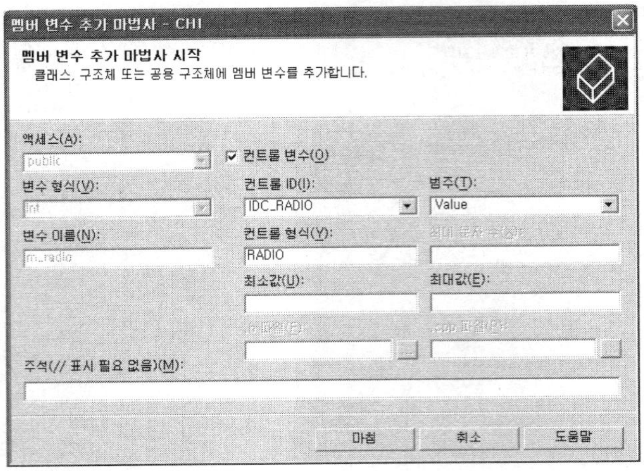

16. 윈도우 응용프로그램의 입력과 출력은 다이얼로그박스를 통한 경우가 대부분이다. 지금까지 만든 다이얼로그박스는 주로 배열요소를 설정하고 삽입하고 추가할 수 있는 다이얼로그 박스였다. 좀 더 익숙하게 다이얼로그 박스를 처리할 수 있도록 이번에는 배열요소를 삭제하거나 제거할 수 있는 다이얼로그 박스를 만들어 본다.

17. 리소스 뷰 탭을 보면 IDD_ABOUTBOX와 앞에서 만든 IDD_DIALOG1 이라는 다이얼로그박스가 만들어져 있음을 알 수 있고 앞서와 같이 다이얼로그 항목을 선택하여 오른쪽 마우스를 누르면 출력되는 메뉴에서 다이얼로그 삽입이라는 항목을 선택하면 IDD_DIALOG2라는 다이얼로그박스가 나타나며 초기화면은 다음과 같다.

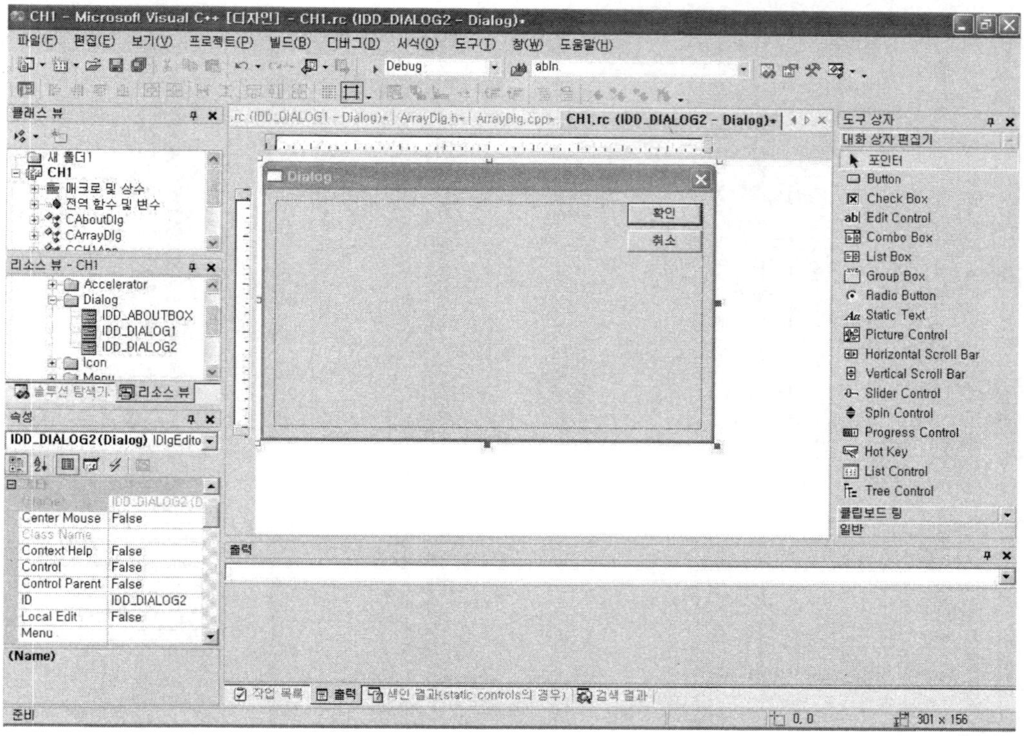

18. 대화 상자 편집기에 있는 컨트롤을 이용하여 다이얼로그박스를 편집하는데 컨트롤의 도구 상자가 출력되지 않는 경우 도구 상자라는 아이콘을 눌러 도구상자를 생성시킨다. 대화상자 편집기에서 Static Text라는 아이콘을 누른 후 빈 다이얼로그 박스로 가지고 가 마우스로 글자를 입력할 수 있을 정도의 크기로 사각형을 만든다. Static을 선택한 후 오른쪽 마우스버튼을 누르면 메뉴가 출력되며 이 메뉴에서 속성이라는 항목을 누르면 속성표가 화면에 출력되며 여기서 모양 항목의 Caption을 Static에서 Remove로 변경하고 마우스 버튼을 이용하여 빈공간을 누르면 다이얼로그박스의 화면이 다음과 같이 변경된다.

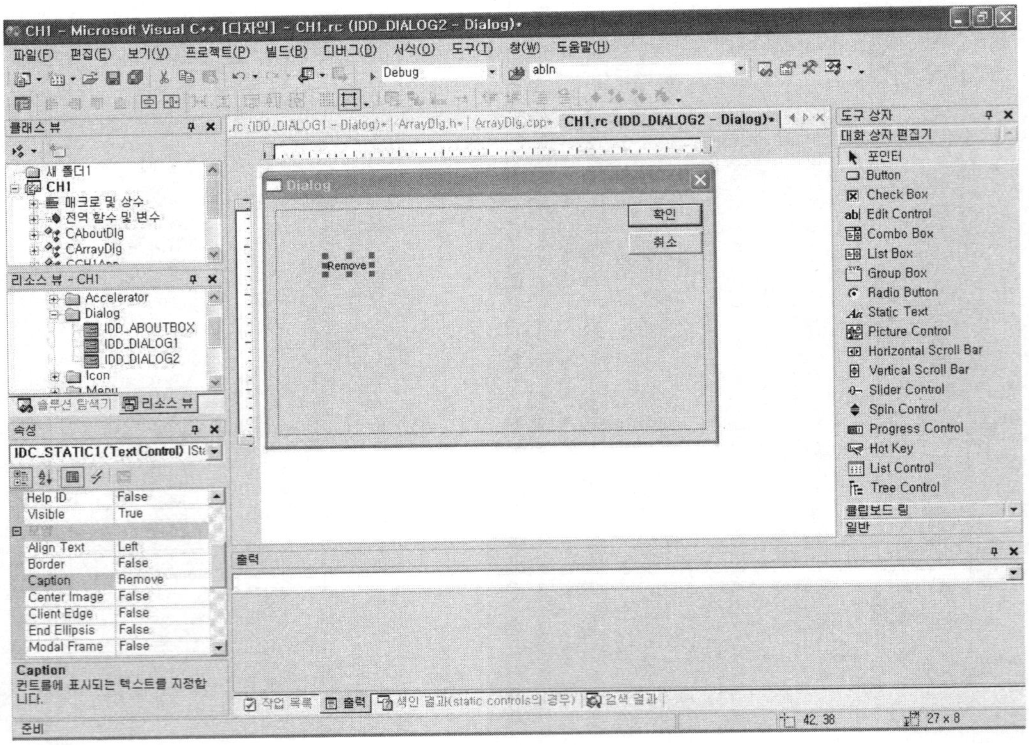

19. 대화 상자 편집기에서 Static Text라는 아이콘을 누른 후 Static이라고 적힌 사각형에 마우스를 갖다대고 오른쪽 마우스버튼을 누르면 메뉴가 출력되며 이 메뉴에서 속성이라는 항목을 누르면 속성이라는 화면이 출력되며 여기서 모양 항목의 Caption을 Static에서 RemoveAll로 변경하고 마우스 버튼을 이용하여 빈공간을 누르면 다이얼로그박스의 화면이 다음과 같이 변경된다.

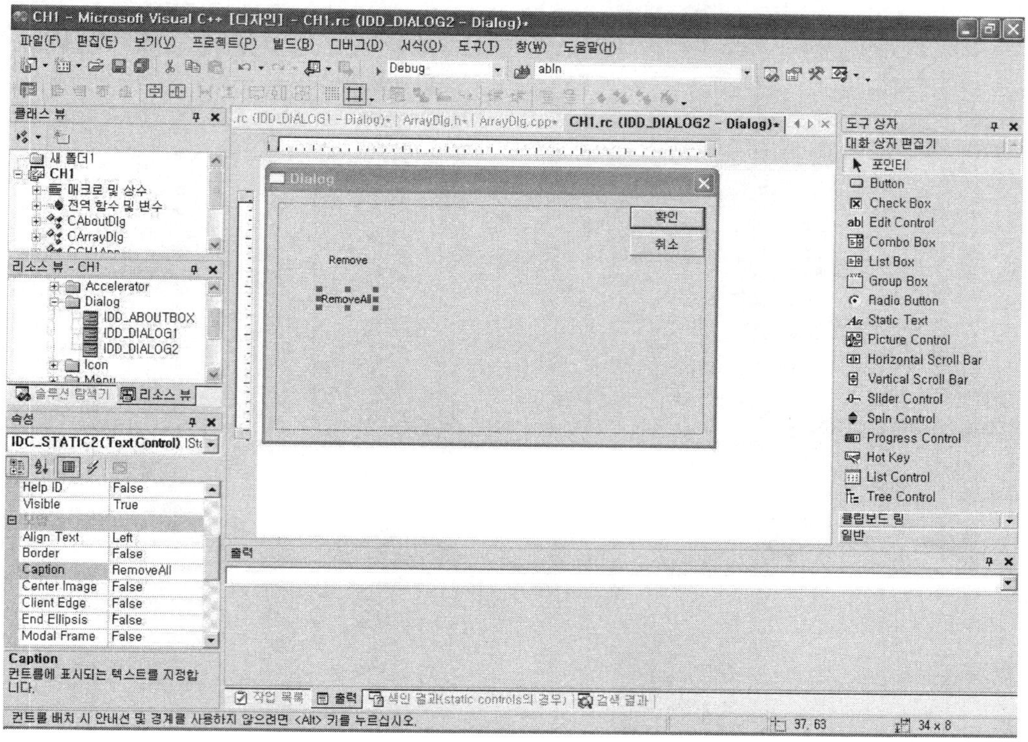

20. 대화 상자 편집기의 컨트롤에서 Edit Box를 선택하여 Remove 옆의 적당한 곳에 위치하도록 한다. 오른쪽 마우스버튼을 누르면 메뉴가 나타나며 여기서 속성이라는 항목을 선택한다. 속성이라는 화면이 출력되며 여기서 ID란에 있는 IDC_EDIT1을 IDC_REMOVE 이라고 입력한다.

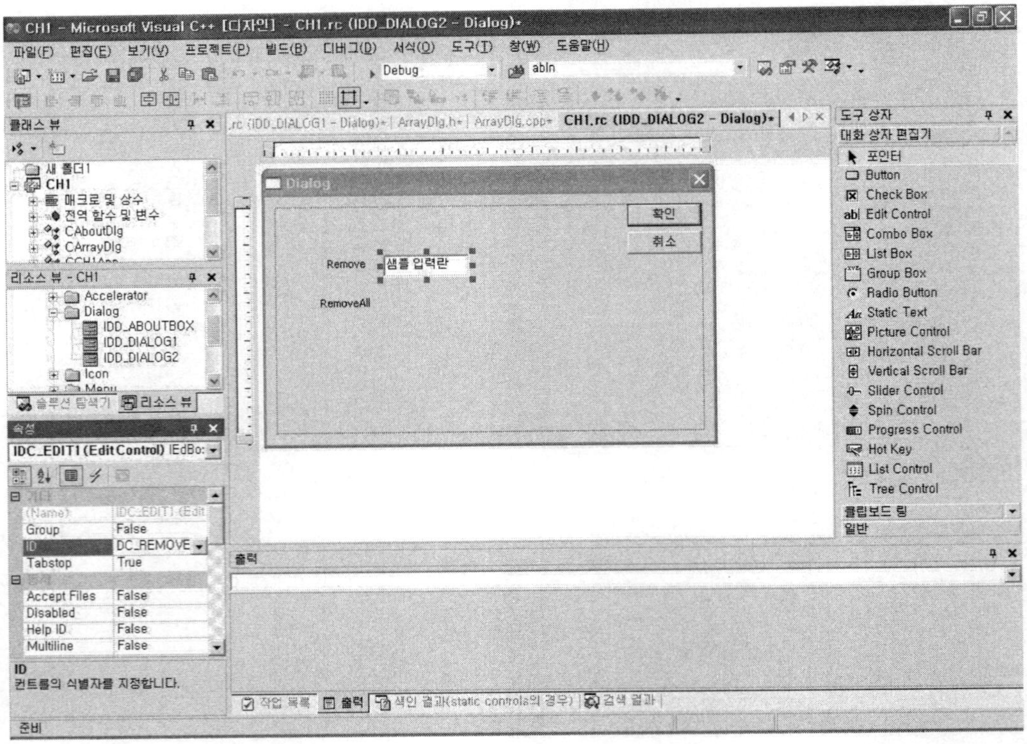

21. 대화 상자 편집기의 컨트롤에서 체크 박스를 선택하여 RemoveAll 옆의 적당한 곳에 위치하도록 한다. 오른쪽 마우스버튼을 누르면 메뉴가 나타나며 여기서 속성이라는 항목을 선택한다. 속성표가 화면에 출력되며 여기서 ID란에 있는 IDC_CHECK1을 IDC_REMOVEALL 이라고 입력하고 캡션란에 있는 항목을 지운다.

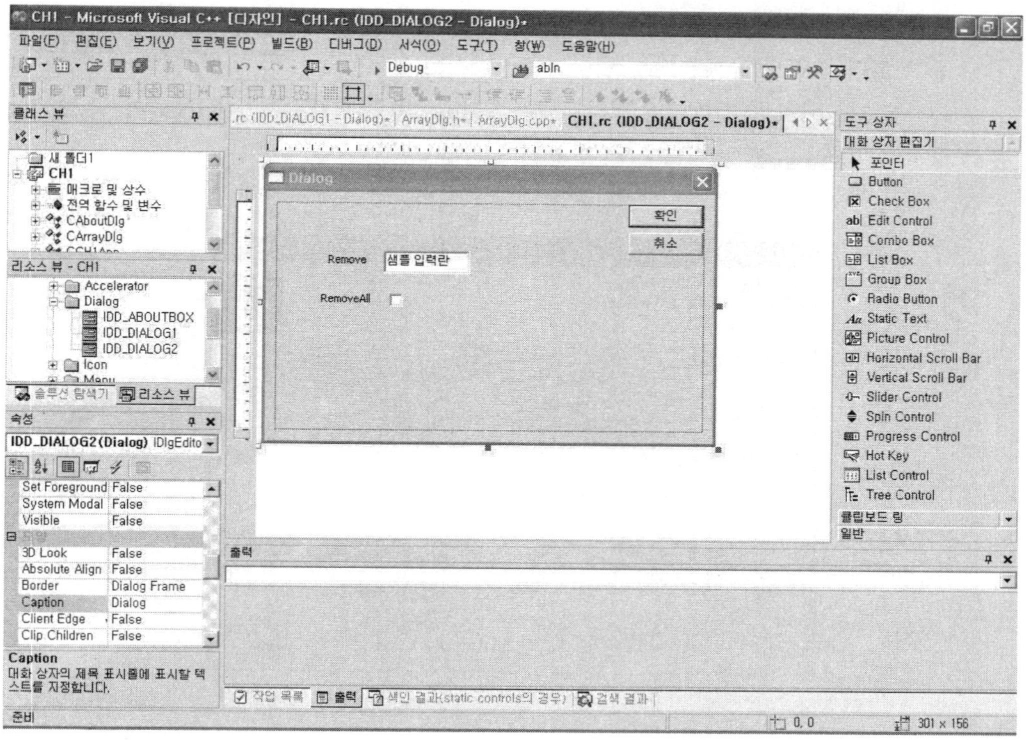

22. 이상으로 IDD_DIALOG2 박스에 대한 편집이 끝났고 다이얼로그박스 전체를 선택한 후 오른쪽 마우스버튼을 누르면 메뉴가 출력된다. 여기서, 클래스 추가를 선택하면 MFC 클래스 마법사라는 다이얼로그박스가 출력된다. 지금까지 편집한 다이얼로그박스를 클래스로 만든 과정이다. 클래스 이름란에는 CArrayDlg2, 기본 클래스 난에는 CDialog를 입력한다.

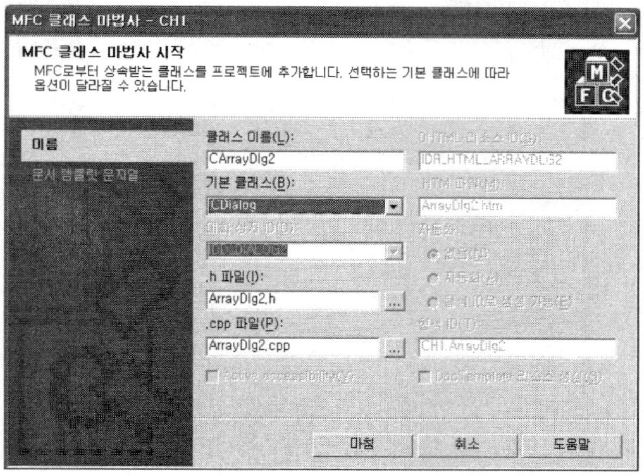

23. 다음으로는 다이얼로그 박스로 가서 IDC_REMOVE를 선택하고 오른쪽 마우스 버튼을 누르면 출력되는 메뉴에서 변수 추가 항목을 선택하면 멤버 변수 추가 마법사라는 다이얼로그 박스가 출력되며 범주란에는 Value, 변수 형식란에는 UINT, 변수 이름란에는 m_remove를 입력하고 마침 버튼을 누른다.

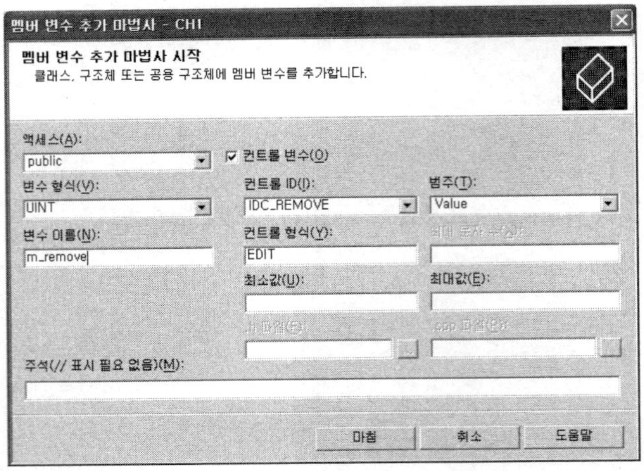

24. 다음으로는 다이얼로그 박스로 가서 IDC_REMOVEALL를 선택하고 오른쪽 마우스 버튼을 누르면 출력되는 메뉴에서 변수 추가 항목을 선택하면 멤버 변수 추가 마법사라는 다이얼로그 박스가 출력되며 범주란에는 Value, 변수 형식란에는 BOOL, 변수 이름란에는 m_removeall를 입력하고 마침 버튼을 누른다.

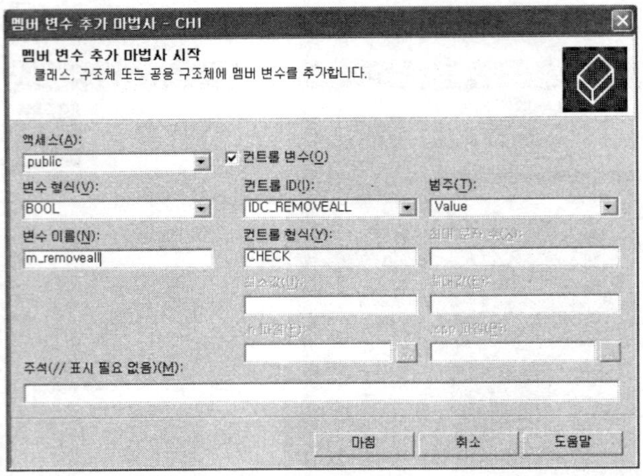

25. 솔루션 탐색기를 보면 처음 만든 다이얼로그박스를 프로그램 코드로 변환된 ArrayDlg.cpp 파일과 이의 헤더 파일인 ArrayDlg.h파일이 나타난다. 이 파일과 두 번째로 만든 다이얼로그박스의 프로그램파일 ArrayDlg2.cpp 와 ArrayDlg2.h 파일을 응용의 본체와 연결시키고 약간의 코드를 추가하면 배열을 처리하는 응용프로그램이 완성된다.

26. 만든 리소스를 프로그램에 연결하는 방법은 연결하고자하는 리소스의 헤드파일을 추가하면 된다. 따라서, 화면 출력을 담당하고 있는 CH1View.cpp에 다음과 같이 코드를 추가한다.

```
..........
#include "stdafx.h"
#include "CH1.h"

#include "CH1Doc.h"
#include "CH1View.h"

#include "ArrayDlg.h"
#include "ArrayDlg2.h"

#ifdef _DEBUG
#define new DEBUG_NEW
#undef THIS_FILE
static char THIS_FILE[] = __FILE__;
#endif
........
```

27. 이상으로 리소스(자원)에 대한 연결이 끝났지만 어떤 메시지에 대해 리소스가 동작할 수 있도록 해야 한다. 먼저 마우스의 왼쪽 버튼을 누르면 배열의 요소를 추가할 수 있는 다이얼로그박스가 출력되고 오른쪽 마우스 버튼을 누르면 배열요소를 삭제할 수 있는 다이얼로그박스가 출력되는 프로그램을 만들어본다.

28. 속성이라는 탭을 누른 후 솔루션 뷰에서 CH1View.cpp를 선택 한 후 더블 클릭하면 속성창이 나타나며 여기서 메시지라는 아이콘을 누르면 CH1View.cpp에서 처리할 수 있는 윈도우즈 메시지가 나타난다. 먼저 WM_LBUTTONDOWN이라는 윈도우즈 메시지를 선택하고 옆에 나타나는 OnLButtonDown 이라는 함수를 선택하면 CH1View.cpp에 왼쪽 마우스 버튼을 누른 경우 실행되는 메시지 처리함수가 생성되었음을 알 수 있다.

29. 솔루션 뷰에서 CH1View.cpp를 더블 클릭하면 속성창이 나타나며 여기서 메시지라는 아이콘을 누르면 CH1View.cpp에서 처리할 수 있는 윈도우즈 메시지가 나타난다. 먼저 WM_RBUTTONDOWN이라는 윈도우즈 메시지를 선택하고 옆에 나타나는 OnRButtonDown 이라는 함수를 선택하면 CH1View.cpp에 오른쪽 마우스 버튼을 누른 경우 실행되는 메시지 처리함수가 생성되었음을 알 수 있다. 이상의 화면은 다음과 같다.

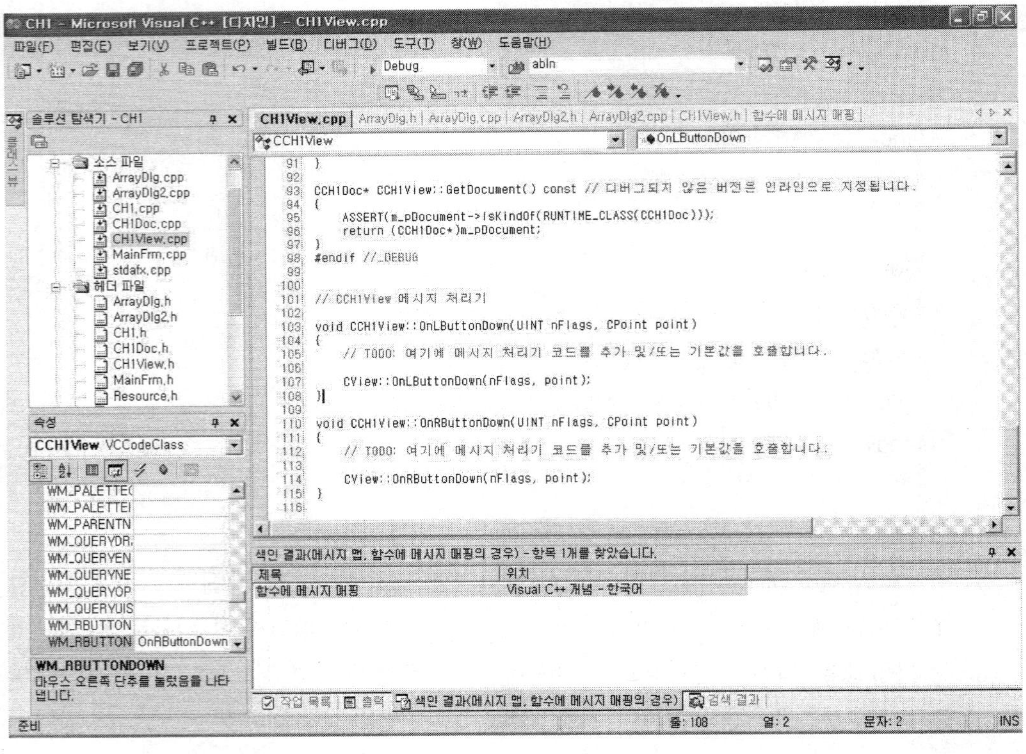

30. MFC가 가지는 배열 클래스를 사용하기 위해 CCH1View.h에 다음과 같은 코드를 추가한다.

```
.....................
// Operations
public:
        // 정수형 배열클래스 CUIntArray를 선언
      CUIntArray array;
// Overrides
        // ClassWizard generated virtual function overrides
.........
```

31. 뷰 클래스의 구성자내에 10개의 요소를 가진 배열로 초기화한다.

```
...............
CCH1View::CCH1View()
{
        // TODO: add construction code here
        // SetSize()함수는 두 개의 인자를 변수로 취하는데 첫 번째는
        // 배열의 초기 요소 수로 10개이며 두 번째인자는 필요에 따라
        //늘어날 수 있는 배열의 요소수이다.
    array.SetSize(10,5);
}
```

32. 배열 크기를 설정한 후 프로그램은 윈도우에서 왼쪽과 오른쪽의 마우스버튼이 클릭되기를 기다린다. 왼쪽 마우스버튼을 누른 경우 실행되는 함수는 OnLButtonDown()이며 여기에 코드를 추가시킴으로써 대응하는 동작을 하게 된다. 따라서 CCh1View.ccp 파일에 있는 OnLButtonDown() 함수에 다음과 같은 코드를 추가한다.

```
.........
void CCH1View::OnLButtonDown(UINT nFlags, CPoint point)
{
        // TODO: Add your message handler code here and/or call default
```

```
// 처음 만든 다이얼로그박스를 CArrayDlg라는 클래스로 하였으며
//이를  dialog 라는 변수로 선언하였다.

CArrayDlg dialog(this);
//처음 만든 다이얼로그박스의 index라는 에디터 상자의 초기치를 0으로하였다.
//배열의 인덕스를 표시한다.
dialog.m_index=0;

//처음 만든 다이얼로그박스의 value라는 에디터 상자의 초기치를 0으로하였다.
//배열요소의 값을 표시한다.
dialog.m_value=0;

//처음 만든 다이얼로그박스의 radio control을 0으로 둠으로써 radio control의
// 최초 항목인 Set을 지정하게 하였다.
dialog.m_radio=0;

//처음 만든 다이얼로그박스를 화면에 출력하게 한다.
int result = dialog.DoModal();

// 만약  처음 만든 다이얼로그박스에서 입력값을 변경시킨 후
// OK버튼을 누른 경우
if(result == IDOK)
{
        // radio control의 첫 번째인 Set 항목을 선택한 경우
        // 즉 특정한 인덱스에 특정한 값을 입력할 경우
          if(dialog.m_radio ==0)

        // SetAtGrow()함수의 첫 번째인자는 배열의 인덱스이고,
        // 두 번째인자는 배열요소의 값이다.
                array.SetAtGrow(dialog.m_index, dialog.m_value);

        // radio control의 두 번째인 Insert 항목을 선택한 경우
        // 즉 특정한 값을 특정한 인덱스에 입력한 후 다른 배열요소를
```

```
                // 한칸씩 증가시키는 경우

                  else if(dialog.m_radio==1)
                // InsertAt()의 첫 번째인자는 배열의 인덱스이고, 두 번째인자는
                // 배열요소의 값이고 다른 배열요소를 한칸씩 이동시킨다.
                          array.InsertAt(dialog.m_index,dialog.m_value,1);

                 // radio control의 세 번째인 Add 항목을 선택한 경우
                 else
                 // 배열 끝에 새로운 값을 추가시킨다.
                          array.Add(dialog.m_value);

                // 다이얼로그박스에 새롭게 입력된 데이터를 OnDraw()함수를
                // 호출하여 화면에 출력한다.
                  Invalidate();
        }
        CView::OnLButtonDown(nFlags, point);
}
```

33. 오른쪽 마우스버튼을 누른 경우 실행되는 함수는 OnRButtonDown()이며 여기에 코드를 추가시킴으로써 대응하는 동작을 하게 된다. 따라서 CCh1View.ccp 파일에 있는 OnRButtonDown() 함수에 다음과 같은 코드를 추가한다.

```
..........
void CCH1View::OnRButtonDown(UINT nFlags, CPoint point)
{
        // TODO: Add your message handler code here and/or call default
        // 두번째 만든 다이얼로그박스를 CArrayDlg2라는 클래스로 하였으며
        //이를  dialog 라는 변수로 선언하였다
        CArrayDlg2 dialog(this);

        //두번째 만든 다이얼로그박스의 Remove 옆에 있는 에디터상자를 표시하며
        //초기값을 0으로 하였다.
```

```
dialog.m_remove=0;

//두번째 만든 다이얼로그박스의 Remove All 옆에 있는 체크박스를 표시하며
//초기에는 선택되지 않은 것으로 표시하였다.
dialog.m_removeall= FALSE;

//두번째 만든 다이얼로그박스를 화면에 출력하게 한다.
int result= dialog.DoModal();

// 만약 다이얼로그박스에서 입력값을 변경시킨 후
// OK버튼을 누른 경우
if(result == IDOK)
{
        //removeall 체크박스에 체크표시를 한 경우
          if(dialog.m_removeall)
          //모든 배열요소를 제거한다.
                  array.RemoveAll();

          // 특정한 인덱스에 있는 값을 지우고자 하는 경우
          else

           // RemoveAt()함수의 첫 번째 인자는 배열의 인덱스이다.
                  array.RemoveAt(dialog.m_remove);

 // 다이얼로그박스에 새롭게 입력된 데이터를 OnDraw()함수를
 // 호출하여 화면에 출력한다.
     Invalidate();
 }

 CView::OnRButtonDown(nFlags, point);
}
```

34. 다이얼로그박스에서 변경된 입력값을 메인 화면에 출력하기 위해 CCh1View에 있는

OnDraw()함수에 다음과 같은 코드를 추가하여야 한다.

```
........
void CCH1View::OnDraw(CDC* pDC)
{
        CCH1Doc* pDoc = GetDocument();
        ASSERT_VALID(pDoc);

        // TODO: add draw code for native data here

        //화면에 출력하고자 하는 글씨체의 폰트를 구한다.
        TEXTMETRIC textMetric;
        pDC -> GetTextMetrics(&textMetric);
        int fontHeight= textMetric.tmHeight;

        //GetSize()함수를 호출함으로써 배열의 크기를 구한다.
        int count=array.GetSize();

        //현재 화면에 출력할 문자열의 위치에 대한 초기값을 10 으로 한다.
        int displayPos=10;

        //배열의 요소만큼 문자열을 출력한다.
        for(int x=0;x<count;x++)
        {
                //GetAt()함수를 이용하여 현재 인덱스에 있는 요소의 값을
                //value라는 변수에 저장한다.
                 UINT value = array.GetAt(x);

                //문자열을 저장할 배열을 s로 설정한다.
                 char s[81];

        //문자열을 저장하는 배열 s에 다음과 같이 배열의 인덱스 x와
        //배열요소 값을 복사한다.
```

```
            wsprintf(s,"Element %d contains the value %u.",x,value);

            //초기 화면에서 x 축으로 10칸, y축으로 10칸 떨어진 곳에 배열 s에 저장
            // 된 값을 화면에 출력한다.
            pDC -> TextOut(10,displayPos,s);

            //문자열의 충돌이 발생하지 않도록 y축으로 글씨체만큼의 값을 더한다.
            displayPos += fontHeight;
    }
    }
```

35. 디버그 메뉴에서 디버거하지 않고 시작이라는 메뉴를 눌러 응용 프로그램을 실행 시키면 다음과 같은 화면이 출력되며 이 후 오른쪽 마우스 버튼과 왼쪽 마우스 버튼을 누른 경우 실행되는 과정을 설명하고 있다.

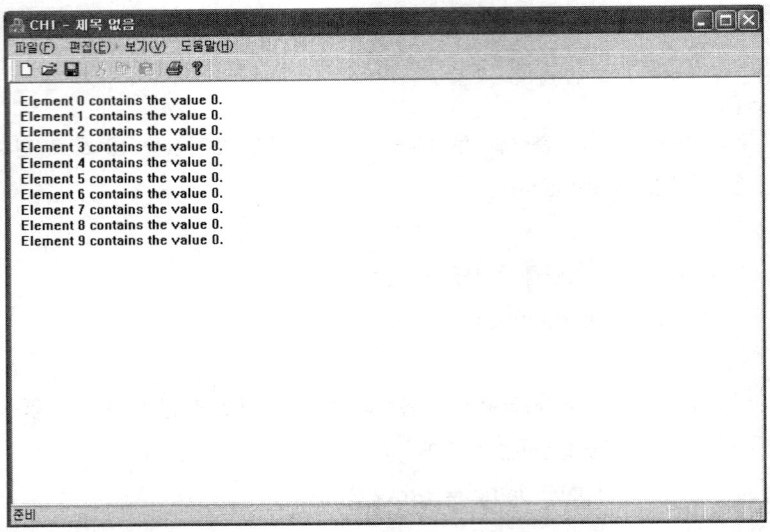

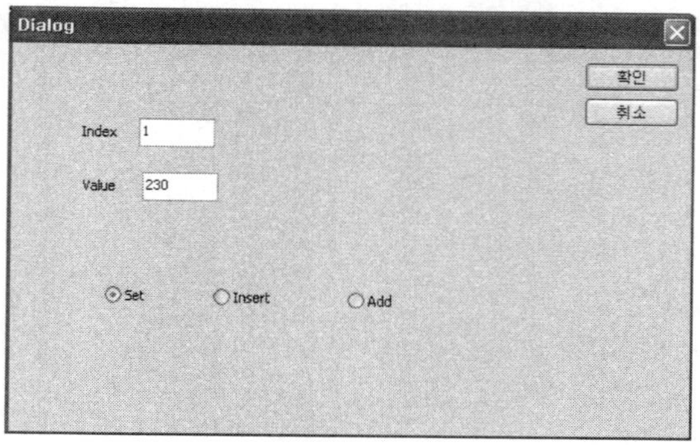
Dialog
확인
취소
Index
1
Value
230
Set
Insert
Add

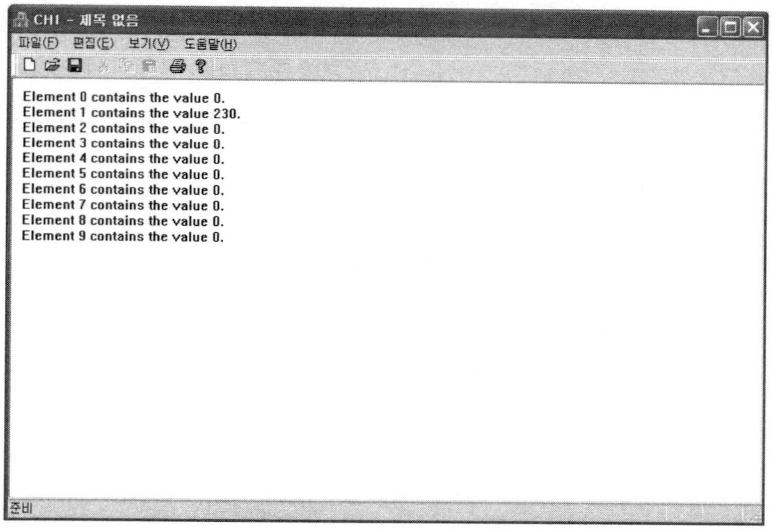
CH1 - 제목 없음
파일(F) 편집(E) 보기(V) 도움말(H)
Element 0 contains the value 0.
Element 1 contains the value 230.
Element 2 contains the value 0.
Element 3 contains the value 0.
Element 4 contains the value 0.
Element 5 contains the value 0.
Element 6 contains the value 0.
Element 7 contains the value 0.
Element 8 contains the value 0.
Element 9 contains the value 0.
준비

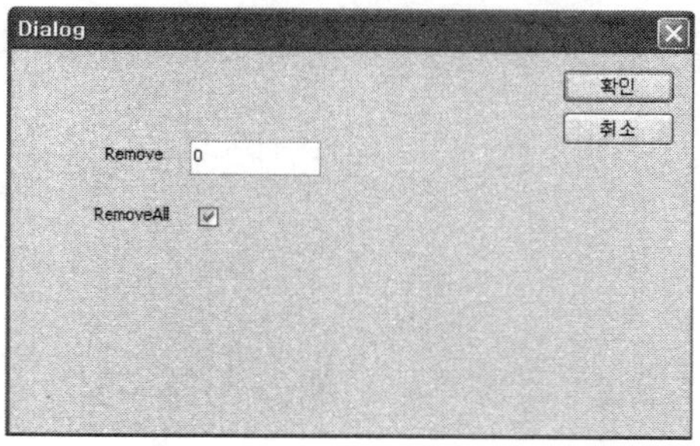
Dialog
확인
취소
Remove
0
RemoveAll

CH1 - 제목 없음
파일(F) 편집(E) 보기(V) 도움말(H)
준비

Chapter 2

맵 클래스(Map Classes)

숫자를 문자로 나타내는 응용프로그램 1이라는 숫자를 입력하면 one이라는 문자를 출력하는 응용프로그램을 작성해 보자. 이때 숫자 1은 key이고 문자 one은 값(value)이다. 이러한 종류의 응용프로그램을 작성하기 위해 MFC의 Mapped Collection Class를 이용할 수 있으며 또한 여러 가지 종류의 데이터를 처리할 수 있는 다양한 클래스를 제공한다. 본 장에서는 10개의 숫자를 입력하면 이에 대응하는 10개의 문자를 출력하는 응용프로그램을 작성한다. 먼저 MFC에서 제공하는 맵 클래스의 주요 함수에 대해 알아보자.

GetCount() 맵 요소의 수를 얻는다.
GetNextAssoc() 다음번 요소를 얻는다.
GetStartPosition() 첫번째 요소의 위치를 얻는다.
IsEmpty() 맵이 비어 있으면 TRUE를 리턴하고 반대인 경우 FALSE를 리턴한다.
Lookup() key와 관련된 값을 찾는다.
RemoveAll() 모든 맵 요소를 제거한다.
RemoveKey() 맵으로부터 한 요소를 제거한다.
SetAt() key와 관련된 요소를 추가하거나 혹은 이미 가지고 있던 key값에 다른 요소의 값으로 대치시킨다.

먼저 응용프로그램을 만드는 과정은 다음과 같다.

1. 앞에서 설명한 MFC 응용 프로그램 마법사를 이용하여 CH2이라고 프로젝트명을 지정한다.

2. 프로그램의 골격을 만든 후 리소스 뷰 탭(Resurce View tab)을 누르면 CH2 Resource 라는 트리 뷰 화면이 출력된다. 여기서 +표시를 마우스로 누르게 되면 다른 여러 항목이 출력된다. 여기서 Dialog 항목을 더블클릭하면 IDD_ABOUTBOX라는 메뉴가 출력되며 오른쪽 마우스 버튼을 누른 경우 출력되는 팝업 메뉴에서 다이얼로그 삽입이라는 항목을 누르면 다음과 같은 새로운 다이얼로그 박스가 생성된다.

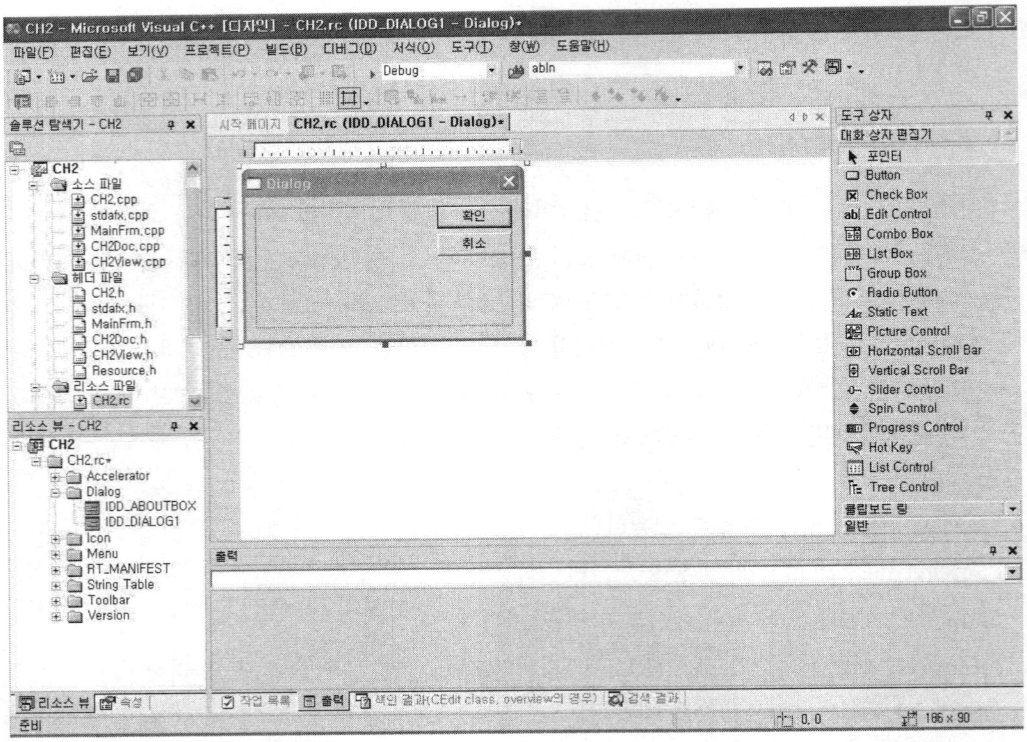

3. 대화 상자 편집기에 있는 컨트롤을 이용하여 다이얼로그박스를 편집하는데 컨트롤의 도구 상자가 출력되지 않는 경우 도구 상자라는 아이콘을 눌러 도구상자를 생성시킨다. 대화상자 편집기에서 Static Text라는 아이콘을 누른 후 다이얼로그 박스로 가지고가 마우스로 글자를 입력할 수 있을 정도의 크기로 사각형을 만든다.

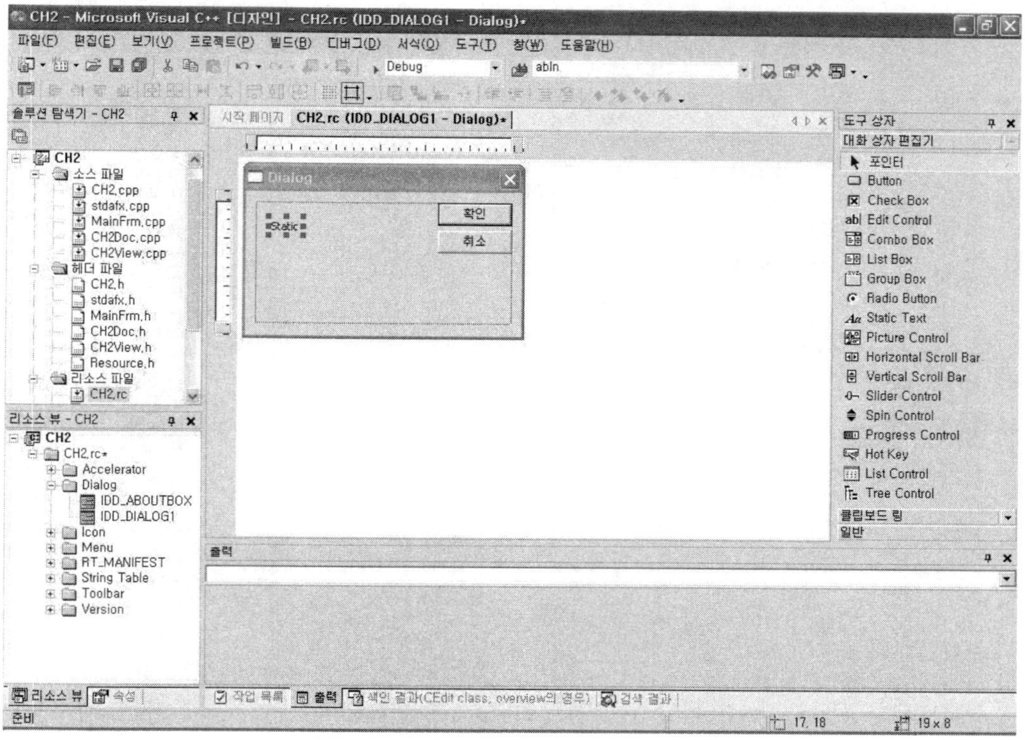

4. Static이라고 적힌 사각형을 선택하고 오른쪽 마우스버튼을 누르면 메뉴가 출력되며 이 메뉴에서 속성이라는 항목을 누르면 속성표가 화면에 출력되며 여기서 모양 항목의 Caption을 Static에서 Keys로 변경하고 마우스 버튼을 이용하여 빈공간을 누르면 다이얼로그박스의 화면이 다음과 같이 변경된다.

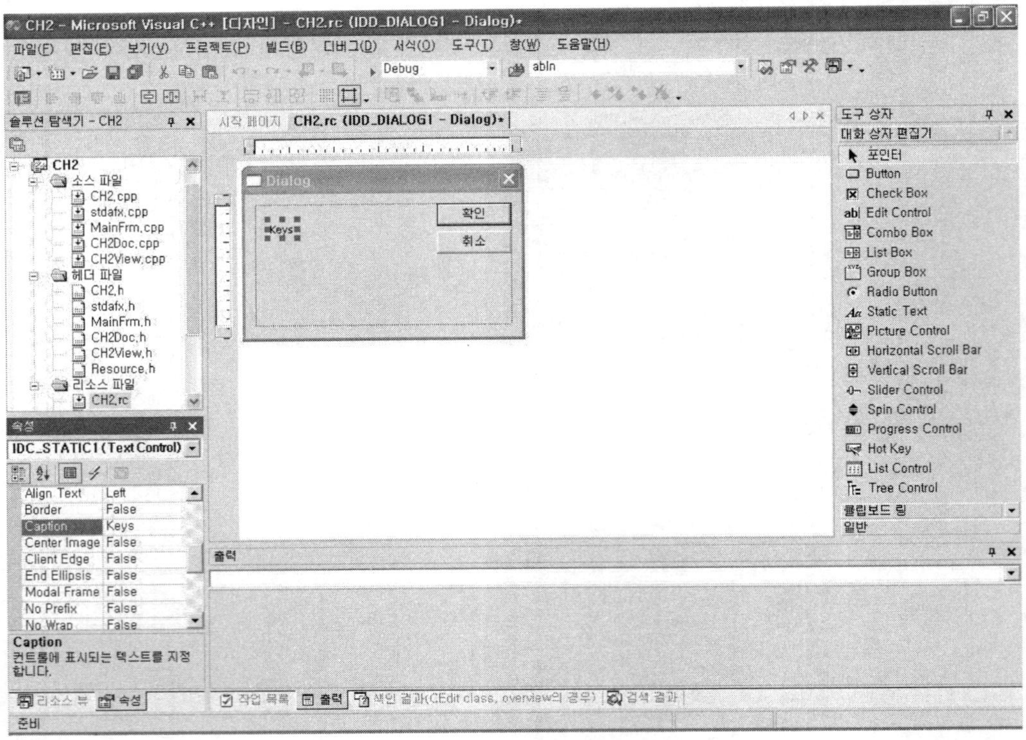

5. 대화 상자 편집기에 있는 컨트롤에서 Edit Box를 선택하여 Key 옆의 적당한 곳에 위치하도록 한다. 오른쪽 마우스버튼을 누르면 메뉴가 나타나며 여기서 속성이라는 항목을 선택한다. 속성표가 화면에 출력되며 여기서 ID란에 있는 IDC_EDIT1을 IDC_KEY라고 입력한다.

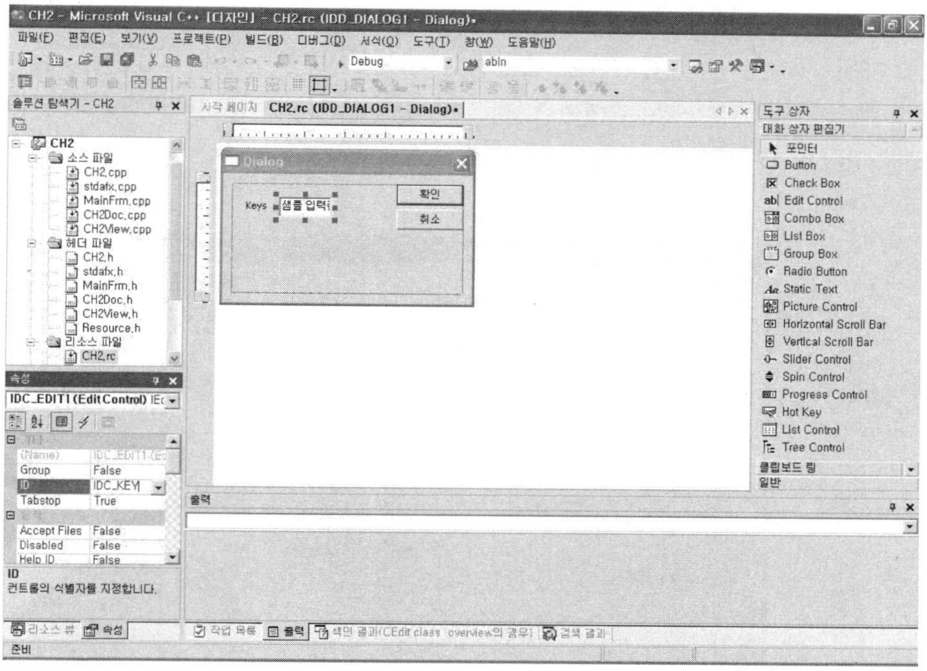

6. 이상으로 IDD_DIALOG1 박스에 대한 편집이 끝났고 다이얼로그박스 전체를 선택한 후 오른쪽 마우스버튼을 누르면 메뉴가 출력된다. 여기서, 클래스 추가를 선택하면 MFC 클래스 마법사라는 다이얼로그박스가 출력된다. 지금까지 편집한 다이얼로그박스를 클래스로 만든 과정이다. 클래스 이름란에는 CGetDlg, 기본 클래스 난에는 CDialog를 입력한 후 마침버튼을 누른다.

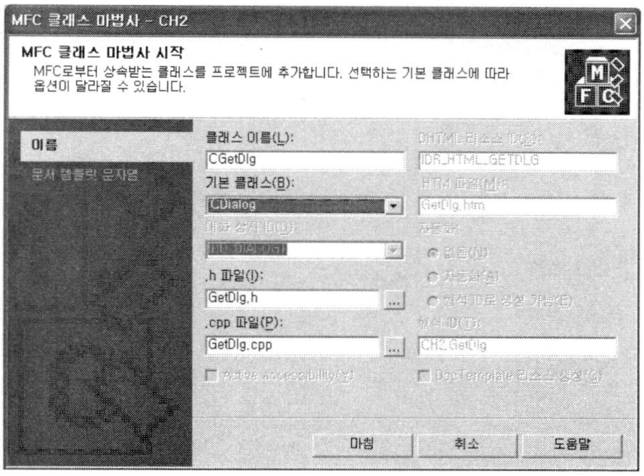

7. 다음으로는 리소스 뷰를 선택한 후 다이얼로그 박스로 가서 IDC_KEY를 선택하고 오른쪽 마우스 버튼을 눌러 변수 추가 항목을 선택하면 멤버 변수 추가 마법사라는 다이얼로그 박스가 출력되며 범주란에는 Value, 변수 형식란에는 CString, 변수 이름란에는 m_index를 입력하고 마침 버튼을 누른다.

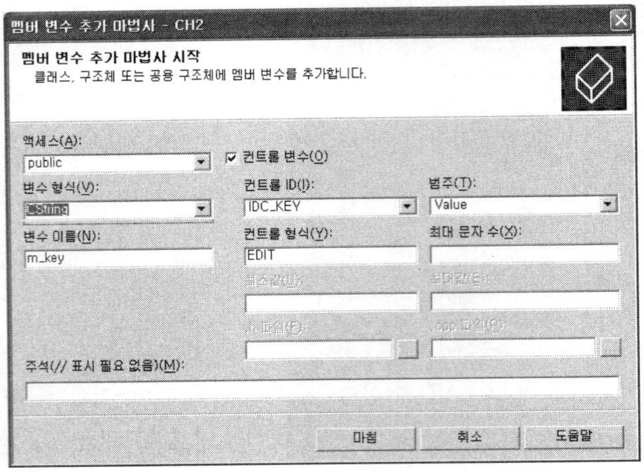

8. 솔루션 탐색기를 보면 처음 만든 다이얼로그박스를 프로그램코드로 변환한 GetDlg.cpp 파일과 이의 헤더 파일인 GetDlg.h파일이 나타난다. 이 파일을 응용의 본체와 연결시키고 약간의 코드를 추가하면 응용프로그램이 완성된다.

9. 만든 리소스를 프로그램에 연결하는 방법은 연결하고자하는 리소스의 헤드파일을 추가하면 된다. 따라서, 화면 출력을 담당하고 있는 CH1View.cpp에 다음과 같이 코드를 추가한다.

```
#include "stdafx.h"
#include "CH2.h"

#include "CH2Doc.h"
#include "CH2View.h"
#include "GetDlg.h"
......
```

10. 이상으로 리소스(자원)에 대한 연결이 끝났지만 어떤 메시지에 대해 리소스가 동작할 수 있도록 해야 한다. 먼저 마우스의 오른쪽 버튼을 누르면 키 값을 입력할 수 있는 다이얼로그박스가 출력되는 프로그램을 만들어본다.

11. 속성이라는 탭을 누른 후 솔루션 뷰에서 CH2View.cpp를 선택 한 후 더블 클릭하면 속 성표가 출력되며 여기서 메시지라는 아이콘을 누르면 CH2View.cpp에서 처리할 수 있는 윈도우즈 메시지가 나타난다. 먼저 WM_LBUTTONDOWN이라는 윈도우즈 메시지를 선택하고 옆에 나타나는 OnLButtonDown 이라는 함수를 선택하면 CH2View.cpp에 자동적으로 메시지 처리함수가 생성되었음을 알 수 있다.

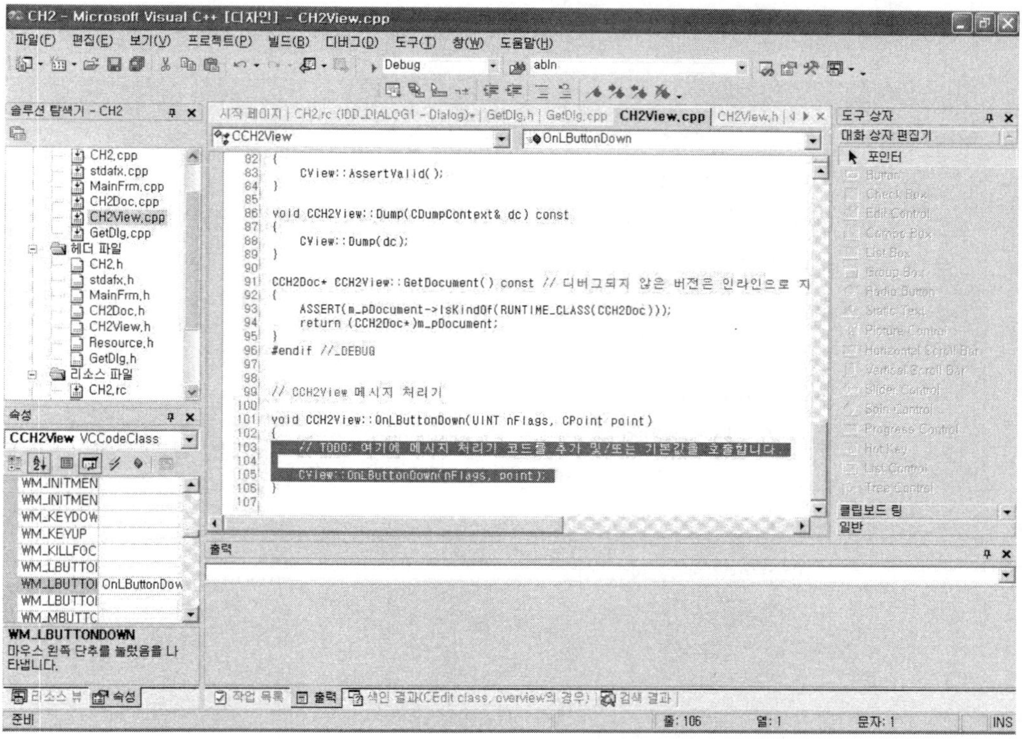

12. MFC가 제공하는 맵 클래스를 사용하기 위해 CCH2View.h에 다음과 같은 코드를 추가한다.

.....

```
public:
        CCH2Doc* GetDocument() const;
// 작업
public:
CMapStringToString    map;
// 재정의
...................
```

13. 뷰 클래스의 구성자내에 다음과 같은 코드를 추가함으로써 문자열과 문자열에 대한 맵핑을 초기화한다.

```
...........
CCH2View::CCH2View()
{
        // TODO: add construction code here
        map.SetAt("1","One");  //키값 1에 대응하는 문자열의 값은 One이다.
        map.SetAt("2","Two");
        map.SetAt("3","Three");
        map.SetAt("4","Four");
        map.SetAt("5","Five");
        map.SetAt("6","Six");
        map.SetAt("7","Seven");
        map.SetAt("8","Eight");
        map.SetAt("9","Nine");
        map.SetAt("10","Ten");
}
.........
```

14. 초기화 후 응용 프로그램은 윈도우에서 오른쪽의 마우스버튼이 클릭되기를 기다린다. 오른쪽 마우스버튼을 누른 경우 실행되는 함수는 OnLButtonDown()이며 여기에 코드를 추가시킴으로써 대응하는 동작을 하게 된다. 따라서 CCh2View.ccp 파일에 있는 OnLButtonDown() 함수에 다음과 같은 코드를 추가한다.

```
........
void CCH2View::OnLButtonDown(UINT nFlags, CPoint point)
{
        // TODO: Add your message handler code here and/or call default
        // 처음 만든 다이얼로그박스를 CGetDlg라는 클래스로 하였으며
        //이를  dialog 라는 변수로 선언하였다.
        CGetDlg dialog(this);

      //다이얼로그박스의 key:문자열 옆에 있는 에디터를 빈칸으로
      //초기화한다.
        dialog.m_key="";

        //다이얼로그박스를 화면에 출력한다.
        int result=dialog.DoModal();

        // 만약  처음 만든 다이얼로그박스에서 키값을 변경시킨 후
       // OK버튼을 누른 경우
        if(result == IDOK)
        {
                //문자열 변수 value를 선언
                  CString value;

                // Lookup()함수를 이용하여 다이얼로그박스에서 입력한 키값과
                // 초기화 함수 SetAt()에서 설정한 문자열을 조사한다.
                  BOOL found=map.Lookup(dialog.m_key,value);

                 // 만약 대응하는 값이 있으면
                  if(found)
                        //이를 메시지박스로 value값을 출력한다.
                              MessageBox(value);
                   // 만약 대응하는 값이 없으면
                  else
                    // 메시지박스에 No Matching Value.라는 문자열을 출력한다.
```

```
                MessageBox("No Matching Value.");
        }
        CView::OnLButtonDown(nFlags, point);
}
```

15. 초기값으로 설정된 내용을 화면에 출력하기 위해 CCh2View에 있는 OnDraw()함수에 다음과 같은 코드를 추가하여야 한다.

```
..........
void CCH2View::OnDraw(CDC* pDC)
{
        CCH2Doc* pDoc = GetDocument();
        ASSERT_VALID(pDoc);

        // TODO: add draw code for native data here
        //화면에 출력하고자 하는 글씨체의 폰트를 구한다.
        TEXTMETRIC textMetric;
        pDC -> GetTextMetrics(&textMetric);
        int fontHeight= textMetric.tmHeight;

       //현재 화면에 출력할 문자열의 위치에 대한 초기값을 10 으로 한다.
        int displayPosition = 10;

        // SetAt함수로 설정한 맵의 첫 번째요소의 위치를 얻는다.
        POSITION pos=map.GetStartPosition();

        // CString 형의 변수인 key와 value를 선언한다.
        CString key;
        CString value;

        // pos의 값이 0이아니면, 맵의 요소가 존재하는 경우
        while(pos != NULL)
        {
```

```
                //GetStartPosition()함수에서 구한 pos라는 값을 이용하여
                //key값과 value값을 구한 후 다음번 위치로 이동한다.
                  map.GetNextAssoc(pos,key,value);

                 //GetNextAssoc()함수에서 구한 key값과 value값을 이용하여
                 //화면 출력에 필요한 str 변수에 입력한다.
                  CString str= "Key '" + key +
                         "'is associated with the value '"
                          + value +"'";

                  //화면에서 x 축으로 10칸, y축으로 10칸 떨어진 곳에 str에 저장된
                 // 문자열을 출력한다.
                  pDC -> TextOut(10,displayPosition,str);

                //문자열의 충돌이 발생하지 않도록 y축으로 글씨체만큼의 값을 더한다.
              displayPosition   += fontHeight;
         }
    }
```

16. 메뉴에서 디버그 항목을 선택하고 부메뉴에서 디버깅하지 않고 시작을 선택하면 프로그램의 링크와 컴파일이 끝나고 메인 윈도우 화면이 출력되며 오른쪽 마우스 버튼을 누르면 키 값을 입력할 수 있는 다이얼로그 박스가 출력된다. 여기에 원하는 키 값을 입력한다. 다음은 이 에 대한 실행 결과이다.

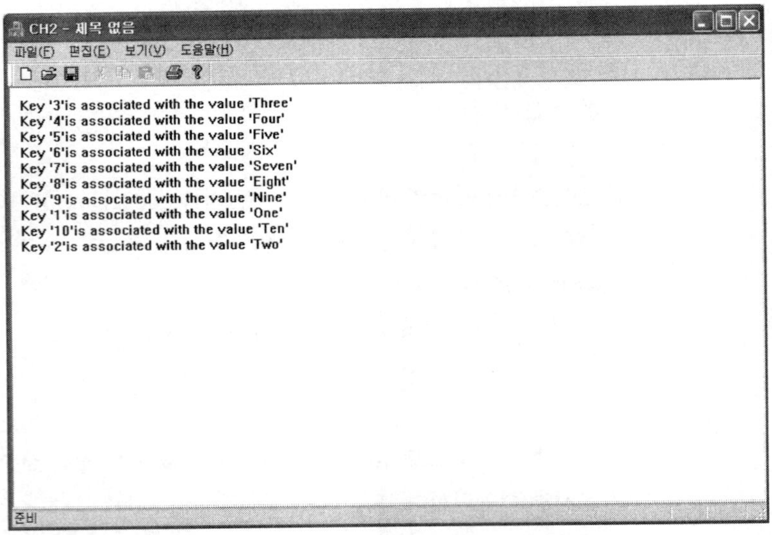
CH2 - 제목 없음
파일(F) 편집(E) 보기(V) 도움말(H)
Key '3'is associated with the value 'Three'
Key '4'is associated with the value 'Four'
Key '5'is associated with the value 'Five'
Key '6'is associated with the value 'Six'
Key '7'is associated with the value 'Seven'
Key '8'is associated with the value 'Eight'
Key '9'is associated with the value 'Nine'
Key '1'is associated with the value 'One'
Key '10'is associated with the value 'Ten'
Key '2'is associated with the value 'Two'
준비

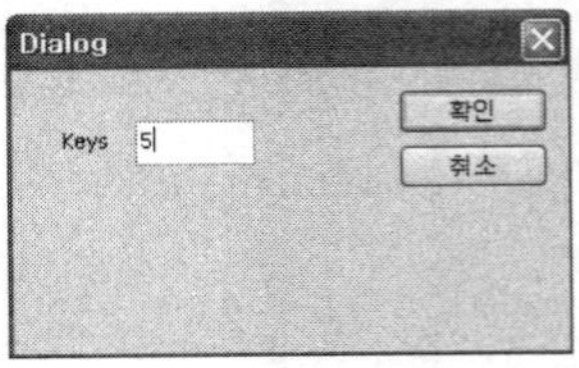
Dialog
Keys
5
확인
취소

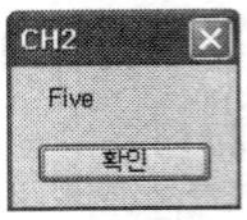
CH2
Five
확인

Chapter 3

Progress Bar Control, Slider Control, Spinner Control

3장에서 4장까지는 응용프로그램을 더욱 시각적으로 표현할 수 있는 여러 가지 콘트롤에 대해 살펴본다. 먼저 본 장에서는 프로그램의 진행 사항을 시각적로 표현하는 Progress Bar Control, Slider Control, Spinner Control에 대해 살펴본다. 윈도우즈에는 콘트롤을 운영체체의 일부로 포함시켜 사용자가 쉽게 콘트롤을 이용할 수 있게 하였다.

3.1 Progress Bar Control

먼저 응용프로그램을 만드는 과정은 다음과 같다.

1. 앞에서 설명한 MFC 응용 프로그램 마법사를 이용하여 CH3이라고 프로젝트명을 지정한다.

2. 응용프로그램의 리소스를 표시하기 위해 리소스 탭을 클릭한다. 여기서 Menu를 더블클릭한 후 IDR_MAINFRAME을 더블클릭한다.

3. File 메뉴를 클릭한 후 Exit 항목과 도움말 항목을 제외하고 모든 항목을 지운다. 이상의 화면 출력은 다음과 같다.

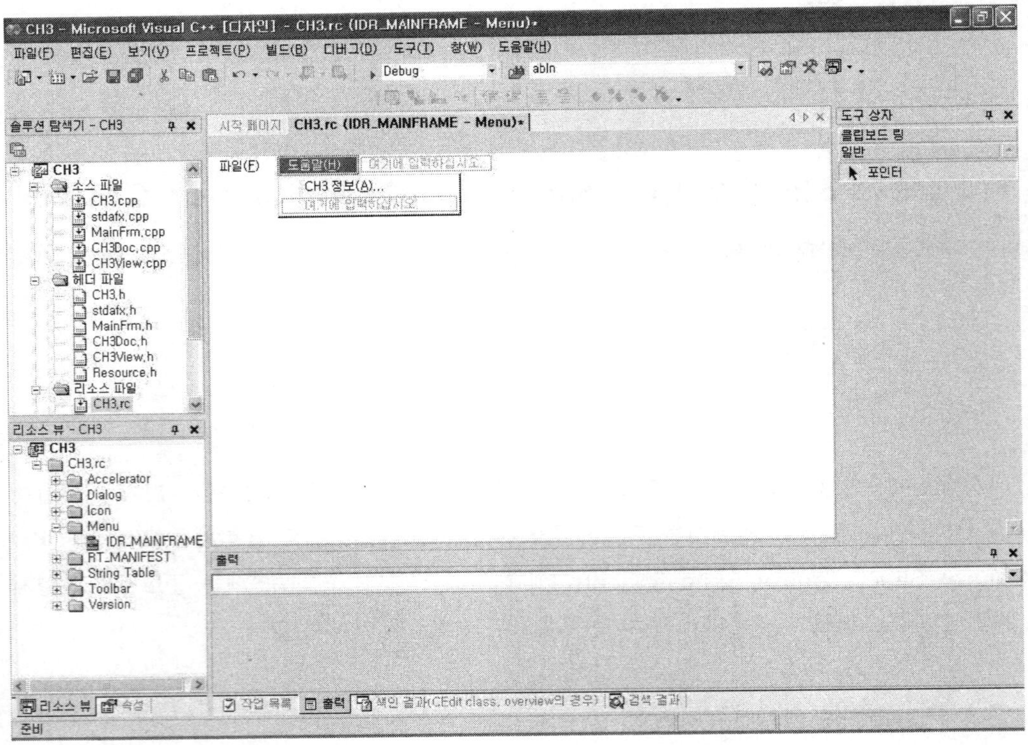

4. 솔류션 탐색기를 이용하여 MAINFRM.CPP 파일을 로드한 다음 PreCreateWindow() 함수에 다음과 같은 코드를 추가한다.

```
..............
BOOL CMainFrame::PreCreateWindow(CREATESTRUCT& cs)
{
        // TODO: Modify the Window class or styles here by modifying
        //  the CREATESTRUCT cs

        //응용프로그램의 메인윈도우에 대한 크기를 설정한다.
        cs.cx= 480;
        cs.cy=440;
        return CFrameWnd::PreCreateWindow(cs);
}
.................
```

5. 속성이라는 탭을 누른 후 솔루션 뷰에서 CH3View.cpp를 선택 한 후 더블 클릭하면 속성표가 출력되며 여기서 메시지라는 아이콘을 누르면 CH3View.cpp에서 처리할 수 있는 윈도우즈 메시지가 나타난다. 여기서 WM_CREATE를 선택하고 OnCreate함수를 추가한다.

   MFC 응용 프로그램에서 컨트롤은 다이얼로그 박스의 일부로 만들어지지만 본 장에서는 응용 프로그램의 메인 윈도우에 Progress Bar를 출력하고자 한다. 이때는 응용 프로그램의 뷰 클래스에 WM_CREATE 메시지에 대응하는 OnCreate함수에서 컨트롤을 만들면 된다.

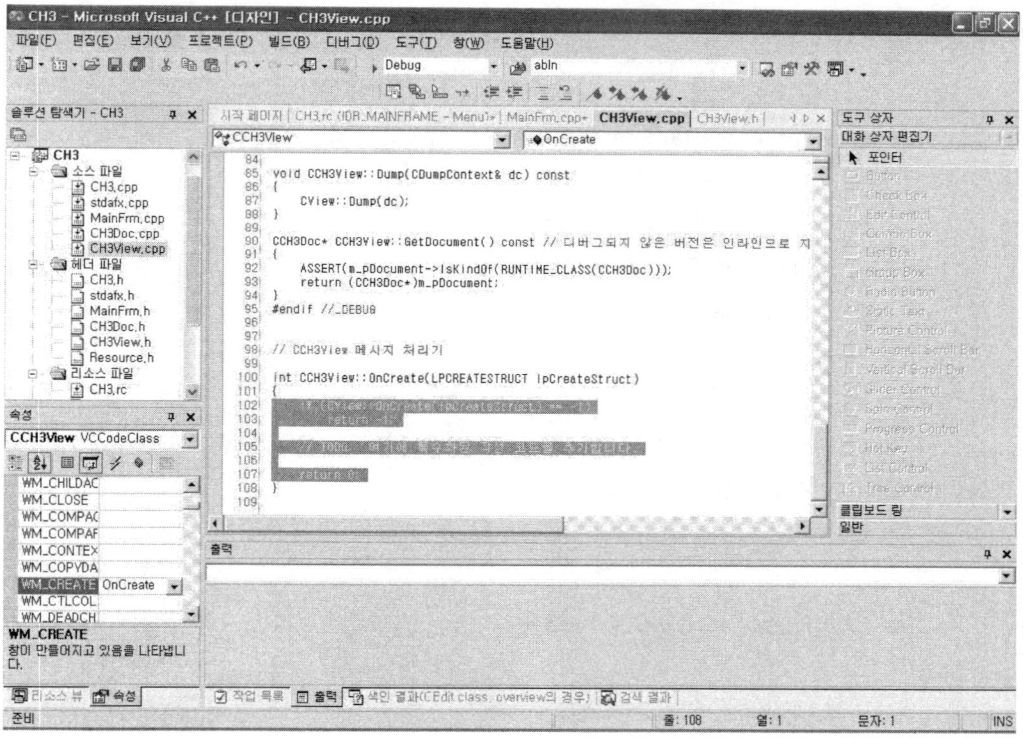

```
....
int CCH3View::OnCreate(LPCREATESTRUCT lpCreateStruct)
{
        if (CView::OnCreate(lpCreateStruct) == -1)
                return -1;
```

```
        // TODO: Add your specialized creation code here
        //프로그레스바를 만들기 위한 함수
        CreateProgressBar();
        return 0;
}
..............
```

6. CH3View.ccp 파일의 최 하단부에 다음과 같은 코드를 추가한다.

```
...........
void   CCH3View::CreateProgressBar()
{
        m_progressBar.Create(WS_CHILD|WS_VISIBLE|WS_BORDER,
                CRect(20,40,250,80), this,102);
        m_progressBar.SetRange(1,100);
        m_progressBar.SetStep(10);
        m_progressBar.SetPos(50);
        m_timer=FALSE;
}
```

7. OnDraw()함수에 다음과 같은 코드를 추가한다.

```
..............
void CCH3View::OnDraw(CDC* pDC)
{
        CCH3Doc* pDoc = GetDocument();
        ASSERT_VALID(pDoc);

        // TODO: add draw code for native data here
        //화면에 문자열을 출력하는 함수
        pDC -> TextOut(20,22,"Progress Bar Control");
}
..........
```

8. 속성이라는 탭을 누른 후 솔루션 뷰에서 CH3View.cpp를 선택 한 후 더블 클릭하면 속성창이 나타나며 여기서 메시지라는 아이콘을 누르면 CH3View.cpp에서 처리할 수 있는 윈도우즈 메시지가 나타난다. 먼저 WM_LBUTTONDOWN이라는 윈도우즈 메시지를 선택하고 옆에 나타나는 OnLButtonDown 이라는 함수를 선택하면 CH3View.cpp에 자동적으로 메시지 처리함수가 생성되었음을 알 수 있다.

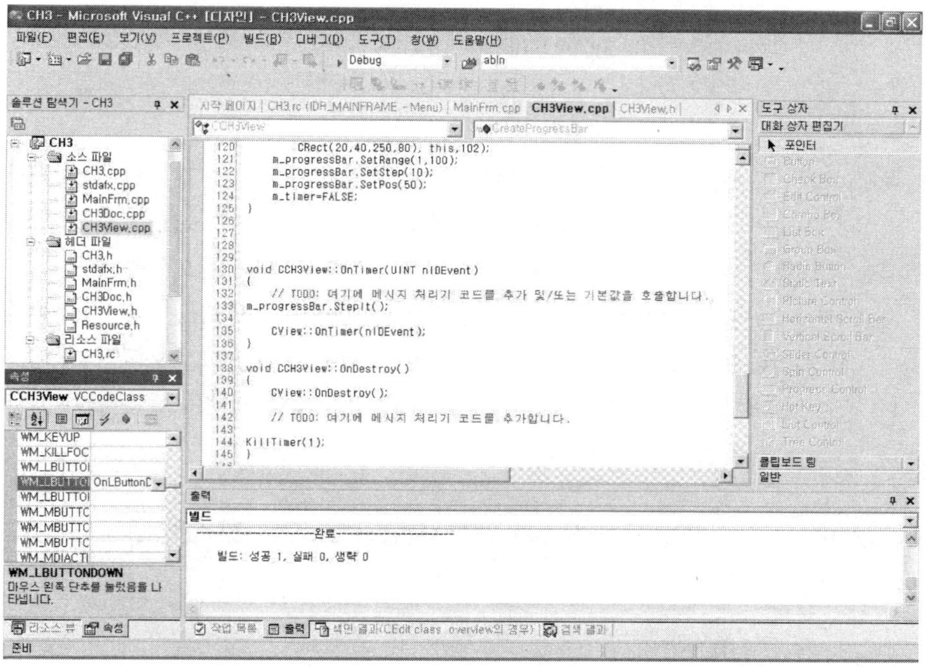

9. OnLButtonDown()함수에 다음과 같은 코드를 추가한다.

```
............
void CCH3View::OnLButtonDown(UINT nFlags, CPoint point)
{
        // TODO: Add your message handler code here and/or call default
        if(m_timer)
        {
                KillTimer(1);
                m_timer=FALSE;
```

```
        }
        else
        {
                // 0.5초마다 OnTimer()함수를 호출한다.
                SetTimer(1,500,NULL);
                m_timer=TRUE;
        }
        CView::OnLButtonDown(nFlags, point);
}
```

10. 속성이라는 탭을 누른 후 솔루션 뷰에서 CH3View.cpp를 선택 한 후 더블 클릭하면 속성표가 출력되며 여기서 메시지라는 아이콘을 누르면 CH3View.cpp에서 처리할 수 있는 윈도우즈 메시지가 나타난다. 먼저 WM_TIMER이라는 윈도우즈 메시지를 선택하고 옆에 나타나는 OnTimer이라는 함수를 선택하면 CH3View.cpp에 자동적으로 메시지 처리함수가 생성되었음을 알 수 있다. 이 함수는 마우스의 오른쪽 버튼을 누르면 윈도우즈에서 초당 두 번 프로그램으로 전송되는 WM_TIMER에 응답하는 함수이다. 다음과 같은 코드를 추가한다.

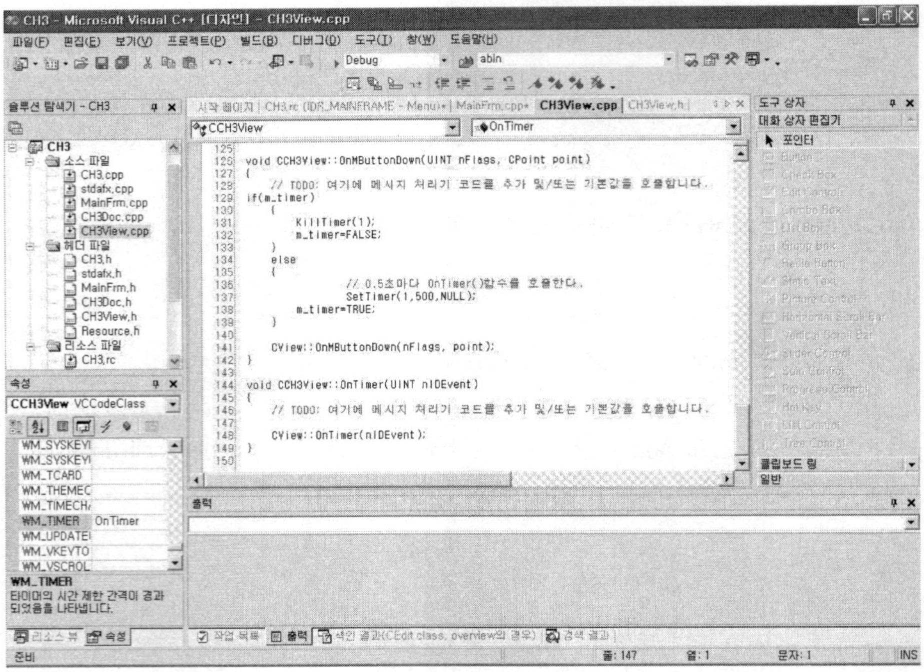

```
.........
void CCH3View::OnTimer(UINT nIDEvent)
{
        // TODO: Add your message handler code here and/or call default

        m_progressBar.StepIt();
        CView::OnTimer(nIDEvent);
}
```

11. 속성이라는 탭을 누른 후 솔루션 뷰에서 CH3View.cpp를 선택 한 후 더블 클릭하면 속 성표가 회면에 출력되며 여기서 메시지라는 아이콘을 누르면 CH3View.cpp에서 처리 할 수 있는 윈도우즈 메시지가 나타난다. WM_DESTROY를 선택하며 OnDestroy()함수를 추가시킨다. 이 함수는 프로그램이 종료되었을 때 메모리에 남아 있는 자원을 없앤다. 이 함수에 다음과 같은 코드를 추가한다.

```
....................
void CCH3View::OnDestroy()
{
        CView::OnDestroy();

        // TODO: Add your message handler code here
        KillTimer(1);

}
```

12. CH3View.h 파일을 로드시킨 후 다음과 같은 코드를 추가한다.

```
................

// Attributes
public:
        CCH3Doc* GetDocument() const;
    CProgressCtrl m_progressBar;  //MFC의 CProgressCtrl클래스의 객체를 선언
```

```
        BOOL m_timer;
// Operations
public:
............
protected:
        void CreateProgressBar(); //OnCreate()함수에서 ProgressBar를 만들기 위한
함수
// Generated message map functions
............
```

13. Developer Studio의 메뉴에서 디버그 항목을 선택하고 부메뉴에서 디버깅하지 않고 시작을 선택하면 프로그램의 링크와 컴파일이 끝나고 다음과 같은 화면이 출력된다. 오른쪽 마우스버튼을 누르면 Progress Bar가 진행하고 다시 오른쪽 마우스 버튼을 누르면 Progress Bar의 진행이 종료함을 알 수 있다. 파일 메뉴의 종료를 누르면 종료된다.

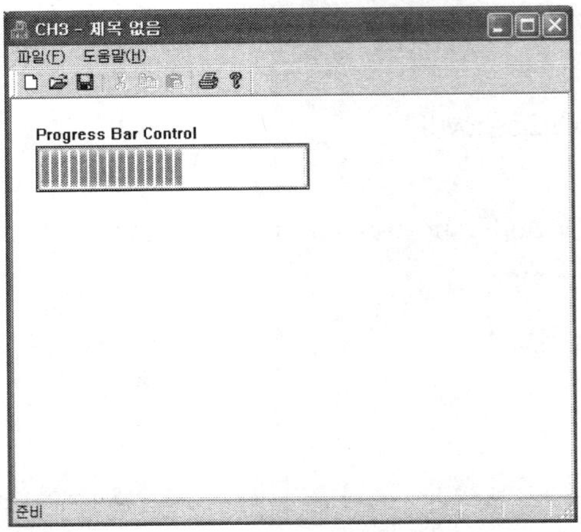

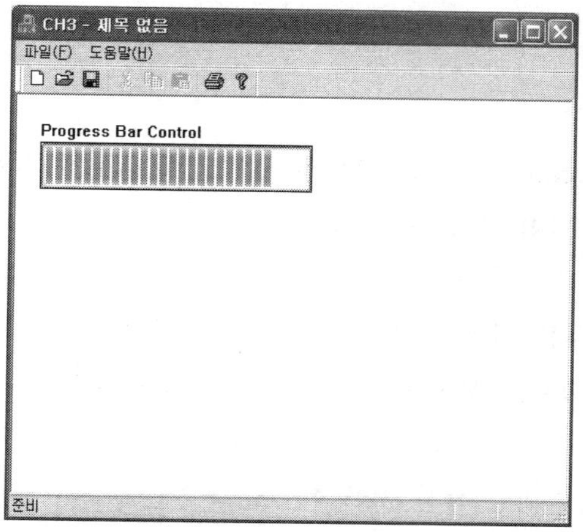
CH3 - 제목 없음
파일(F) 도움말(H)
Progress Bar Control
준비

⊙ 본 절에서 사용한 CProgressCtrl의 멤버함수에 관해 알아본다.

1) m_progressBar.Create(WS_CHILD|WS_VISIBLE|WS_BORDER,
CRect(20,40,250,80), this,102);

Create()함수의 첫 번째 인자는 컨트롤의 스타일을 나타내는 플래그로 WS_CHILD는 이 콘트롤이 메인 윈도우에 나타나는 자식윈도우임을 표시하고, WS_VISIBLE은 콘트롤이 화면에 나타나도록하는 플레그이고, WS_BORDER는 컨트롤주위에 어두운 경계선이 표시되도록 하는 플레그이다. 두 번째 인자인 CRect(20,40,250,80)는 컨트롤의 크기를 나타내는 것으로 화면 x축의 시작점 20, y축의 시작점 40, x축의 끝점 250, y축의 끝점 80인 사각형을 표시한다. 세 번째 인자는 컨트롤의 부모윈도우에 대한 포인터로 응용프로그램의 메인 윈도우를 표시한다. 네 번째인자는 콘트롤의 ID로 리소스에디터로 작성한 경우 IDC_PROGRESS바가 된다. 여기서는 102로 설정하였다.

2) m_progressBar.SetRange(1,100);

SetRange()함수는 Progress Bar Control이 표시하는 값의 범위로 최소 1에서 최대 100까지를 표시한다.

3) m_progressBar.SetStep(10);

SetStep()함수는 한 칸 전진 할 때의 폭을 표시한다.

4) m_progressBar.SetPos(50);

SetPos()함수는 Progress Bar Control이 표시하는 값의 초기치를 표시한다.

5) m_progressBar.StepIt();

StepIt()함수는 Progress Bar Control를 한 스텝씩 증가시킨다. 즉 SetTimer()함수에 의해 0.5초마다 한번씩 호출되어 Progress Bar Control를 한 스텝씩 증가시킨다.

3.2 Slider Control

특정 범위에 있는 값을 자주 입력하여야 하는 경우 MFC의 CSliderCtrl을 이용하여 slider 컨트롤(혹은 trackbar)를 만든다. 예로 %단위의 입력을 요구하는 프로그램일 경우 1에서 100 사이의 값을 인가하여야한다. 이러한 경우 slider 컨트롤을 만들어 최소 0에서 최대 100까지의 값을 인가하면 된다. 이러한 slider 컨트롤을 앞 절에서 만든 Progress Bar 컨트롤과 함께 출력하는 응용프로그램을 만들어 본다.

1. CH3View.cpp 파일을 로드시킨 후 OnDraw()함수에 다음과 같은 코드를 추가한다.

```
.........
void CCH3View::OnDraw(CDC* pDC)
{
        CCH3Doc* pDoc = GetDocument();
        ASSERT_VALID(pDoc);

        // TODO: add draw code for native data here
        // Progress Bar Control이라는 문자열을 출력하는 위치를 지정
        pDC -> TextOut(20,22,"Progress Bar Control");
       // Slider Control이라는 문자열을 출력하는 위치를 지정
        pDC -> TextOut(270,22,"Slider Control:");
}
..............
```

2. OnCreate()함수에 다음과 같은 코드를 추가한다.

```
......

int CCH3View::OnCreate(LPCREATESTRUCT lpCreateStruct)
{
        if (CView::OnCreate(lpCreateStruct) == -1)
                return -1;
```

```
        // TODO: Add your specialized creation code here
        //Progress Bar 컨트롤을 만들기 위한 함수
        CreateProgressBar();
       //Slider 컨트롤을 만들기 위한 함수
        CreateSlider();
        return 0;
}
..............
```

3. CH3View.cpp 파일의 마지막에 다음과 같은 코드를 추가한다. 이 함수로 slider 컨트롤이 만들어 진다.

```
...............
void CCH3View::CreateSlider()
{
        m_slider.Create(WS_CHILD|WS_VISIBLE|WS_BORDER|
                TBS_AUTOTICKS|TBS_BOTH|TBS_HORZ,
                CRect(270,40,450,80),this,101);
        m_slider.SetRange(0,100,TRUE);
        m_slider.SetTicFreq(10);
        m_slider.SetLineSize(1);
        m_slider.SetPageSize(10);
}
```

4. 속성이라는 탭을 누른 후 솔루션 뷰에서 CH3View.cpp를 선택한 후 더블 클릭하면 속성표가 출력되며 여기서 메시지라는 아이콘을 누르면 CH3View.cpp에서 처리할 수 있는 윈도우즈 메시지가 나타난다. slider를 움직인 경우 WM_HSCROLL메시지가 발생하며, 이를 처리하는 함수이다. 함수의 인자 pScrollBar는 WM_HSCROLL 메시지를 발생시킨 scroll 객체(slider 객체)에 대한 포인터이다.

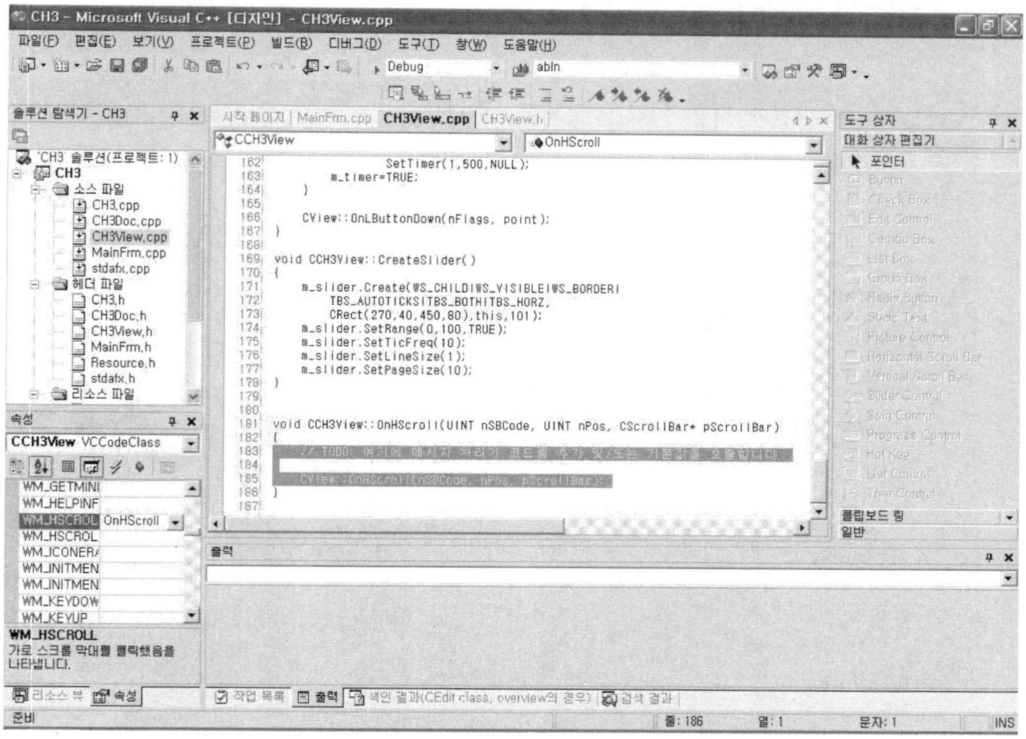

5. OnHScroll() 함수에 다음과 같은 코드를 추가한다.

```
.....
void CCH3View::OnHScroll(UINT nSBCode, UINT nPos, CScrollBar* pScrollBar)
{
	// TODO: Add your message handler code here and/or call default
	CSliderCtrl* slider=(CSliderCtrl*)pScrollBar;
	// CSliderCtrl의 멤버함수인 GetPos()으로 slider의 위치를 알아낸다.
	int position=slider -> GetPos();
	char s[10];
	wsprintf(s,"%d",position);
	//slider의 위치를 출력할 클라이언트 영역을 얻는다.
	CClientDC clientDC(this);
	//클라이언트 영역의 다음 좌표에 slider의 위치를 출력한다.
	clientDC.TextOut(390,22,s);
```

```
    }
```

6. CH3View.h 파일에 다음과 같은 코드를 추가한다.

```
......

// Attributes
public:
        CCH3Doc* GetDocument() const;
    CProgressCtrl m_progressBar;
        BOOL m_timer;
        CSliderCtrl m_slider;
// Operations
public:

// Overrides
        // ClassWizard generated virtual function overrides

.......

#ifdef _DEBUG
        virtual void AssertValid() const;
        virtual void Dump(CDumpContext& dc) const;
#endif

protected:
      void CreateProgressBar();
         void CreateSlider();
// Generated message map functions
protected:
........
```

7. Developer Studio의 디버그 메뉴에서 디버그 하지 않고 시작 메뉴를 선택하여 컴파일을 시키면 다음과 같은 화면이 출력된다. 마우스를 slider의 특정지점에 위치시키고 누르면 그 때의 위치의 값이 출력된다.

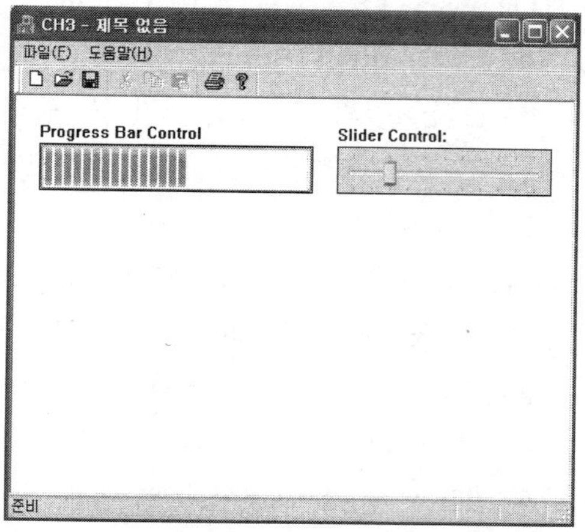

⊙ 본 절에서 사용한 CSliedrCtrl의 멤버함수에 관해 알아본다.

```
1) m_slider.Create(WS_CHILD | WS_VISIBLE | WS_BORDER |
            TBS_AUTOTICKS | TBS_BOTH | TBS_HORZ,
            CRect(270,40,450,80),this,101);
```

Create()함수의 첫 번째 인자는 컨트롤의 스타일을 나타내는 플래그로 WS_CHILD는 이 콘트롤이 메인 윈도우에 나타나는 자식윈도우임을 표시하고, WS_VISIBLE은 콘트롤이 화면에 나타나도록하는 플래그이고, WS_BORDER는 컨트롤주위에 어두운 경계선이 표시되도록 하는 플래그이다. 다음으로 slider 컨트롤에서 TBS_AUTOTICKS는 slider에 자동적으로 snma이 표시되도록 하는 것이고, TBS_BOTH는 slider의 양쪽으로 눈금을 표시하는 것이고, TBS_HORZ는 slider를 수평적으로 그리는 것을 나타낸다. 두 번째 인자인 CRect(270,40, 450,80)는 컨트롤의 크기를 나타내는 것으로 화면 x축의 시작점 270, x축의 끝점 450, y축의 시작점이 끝점 40, y축의 끝점 80인 사각형을 표시한다. 세 번째 인자는 컨트롤의 부모윈도우에 대한 포인터로 응용프로그램의 메인 윈도우를 표시한다. 네 번째인자는 콘트롤의 ID로 리소스에디터로 작성한 경우 IDC_SLIDER가 된다. 여기서는 101로 설정하였다.

```
2) m_slider.SetRange(0,100,TRUE);
```

SetRange()함수는 slider의 최소 0 에서 최대치 100이라는 범위를 설정.

```
3) m_slider.SetTicFreq(10);
```

SetTicFreq()함수는 간격10으로 눈금을 설정

```
4) m_slider.SetLineSize(1);
```

SetLineSize()함수는 마우스 키를 눌렀을 때 slider가 움직이는 횟수를 설정

```
5) m_slider.SetPageSize(10);
```

SetPageSize()함수는 마우스 키를 눌렀을 때 slider가 한 번 움직이는 크기를 설정

3.3 Spinner Control

미리 설정된 영역에서 값을 얻는 다른 방법으로 Spinner 컨트롤이 있다. 이 컨트롤은 화살표를 이용하여 입력값을 조작할 수 있다.

1. CH3View.cpp 파일을 로드시킨 후 OnDraw()함수에 다음과 같은 코드를 추가한다.

```
void CCH3View::OnDraw(CDC* pDC)
{
        CCH3Doc* pDoc = GetDocument();
        ASSERT_VALID(pDoc);

        // TODO: add draw code for native data here

        // Progress Bar Control이라는 문자열을 출력하는 위치를 지정
        pDC -> TextOut(20,22,"Progress Bar Control");
        // Slider Control이라는 문자열을 출력하는 위치를 지정
        pDC -> TextOut(270,22,"Slider Control:");
        // Spinner Control이라는 문자열을 출력하는 위치를 지정
        pDC -> TextOut(20,102,"Spinner Control:");
}
........
```

2. OnCreate()함수에 다음과 같은 코드를 추가한다.

```
......
int CCH3View::OnCreate(LPCREATESTRUCT lpCreateStruct)
{
        if (CView::OnCreate(lpCreateStruct) == -1)
                return -1;

        // TODO: Add your specialized creation code here
        //Progress Bar 컨트롤을 만들기 위한 함수
```

```
        CreateProgressBar();
       //Slider 컨트롤을 만들기 위한 함수
        CreateSlider();
       //Spinner 컨트롤을 만들기 위한 함수
        CreateSpinner();
        return 0;
}
..............
```

3. CH3View.cpp 파일의 마지막에 다음과 같은 코드를 추가한다. 이 함수로 Spinner 컨트롤이 만들어 진다.

```
...............

void CCH3View::CreateSpinner()
{
        m_buddyEdit.Create(WS_CHILD|WS_VISIBLE|WS_BORDER,
                CRect(50,120,110,160),this,103);
        m_spinner.Create(WS_CHILD|WS_VISIBLE|WS_BORDER|
                UDS_ALIGNRIGHT|UDS_SETBUDDYINT|UDS_ARROWKEYS,
                CRect(0,0,0,0),this,104);
        m_spinner.SetBuddy(&m_buddyEdit);
        m_spinner.SetRange(1,100);
        m_spinner.SetPos(50);
}
```

4. CH3View.h 파일에 다음과 같은 코드를 추가한다.

```
..............
// Attributes
public:
        CCH3Doc* GetDocument() const;
    CProgressCtrl m_progressBar;
```

```
            BOOL m_timer;
            CSliderCtrl m_slider;
            CSpinButtonCtrl m_spinner;
            CEdit m_buddyEdit;
// Operations
.............
protected:
        void CreateProgressBar();
            void CreateSlider();
            void CreateSpinner();
// Generated message map functions
protected:
..........
```

5. Developer Studio의 디버그 메뉴에서 디버그하지 않고 시작 메뉴를 선택하여 컴파일을 시키면 다음과 같은 화면이 출력된다. Spinner 컨트롤을 이용하여 에디터 박스의 값을 변경시킬 수 있다.

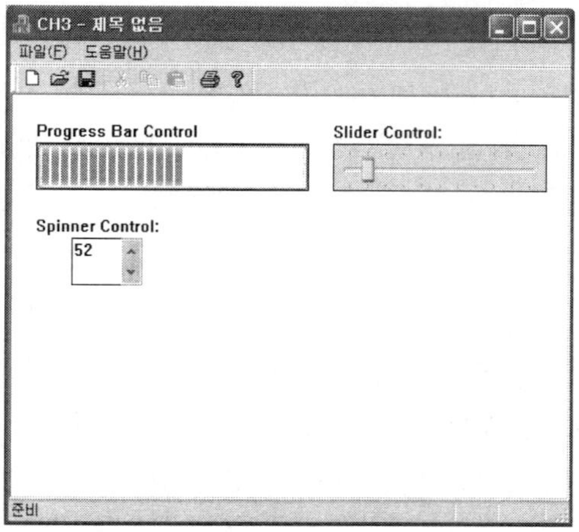

⊙ 본 절에서 사용한 CEdit의 멤버함수에 관해 알아본다.

1) m_buddyEdit.Create(WS_CHILD | WS_VISIBLE | WS_BORDER,
CRect(50,120,110,160),this,103);

Create()함수의 첫 번째 인자는 컨트롤의 스타일을 나타내는 플래그로 WS_CHILD는 이 콘트롤이 메인 윈도우에 나타나는 자식윈도우임을 표시하고, WS_VISIBLE은 콘트롤이 화면에 나타나도록하는 플래그이고, WS_BORDER는 컨트롤주위에 어두운 경계선이 표시되도록 하는 플래그이다. 두 번째 인자인 CRect(50,120,110,160)는 컨트롤의 크기를 나타내는 것으로 화면 x축의 시작점 50, x축의 끝점 110, y축의 시작점이 끝점 120, y축의 끝점 160인 사각형을 표시한다. 세 번째 인자는 컨트롤의 부모윈도우에 대한 포인터로 응용프로그램의 메인 윈도우를 표시한다. 네 번째인자는 콘트롤의 ID로 리소스에디터로 작성한 경우 IDC_SLIDER가 된다. 여기서는 103으로 설정하였다.

2) m_spinner.Create(WS_CHILD | WS_VISIBLE | WS_BORDER |
UDS_ALIGNRIGHT | UDS_SETBUDDYINT | UDS_ARROWKETS,
CRect(0,0,0,0),this,104);

Create()함수의 첫 번째 인자는 컨트롤의 스타일을 나타내는 플래그로 WS_CHILD는 이 콘트롤이 메인 윈도우에 나타나는 자식윈도우임을 표시하고, WS_VISIBLE은 콘트롤이 화면에 나타나도록하는 플래그이고, WS_BORDER는 컨트롤주위에 어두운 경계선이 표시되도록 하는 플래그이다. 다음으로 spinner 컨트롤에서 UDS_ALIGNRIGHT는 buddy control의 오른쪽에 spinner 콘트롤을 두는것이고, UDS_SETBUDDYINT는 buddy 컨트롤에서 컨트롤의 값을 표시하도록하며, UDS_ARROWKEYS는 화살표 키를 이용하여 컨트롤의 값을 변경시키도록한다. 두 번째 인자인 CRect(0,0,0,0)는 컨트롤의 크기를 나타내는 것으로 화살표의 크기가 buddy 컨트롤의 왼쪽에 가장 작은 형태로 출력된다. 세 번째 인자는 컨트롤의 부모윈도우에 대한 포인터로 응용프로그램의 메인 윈도우를 표시한다. 네 번째인자는 콘트롤의 ID로 리소스에디터로 작성한 경우 IDC_SPINNER가 된다. 여기서는 104로 설정하였다.

3) m_spinner.SetBuddy(&m_buddyEdit);

SetBuddy()함수는 buddy 컨트롤에 대한 포인터를 얻는다.

4) m_spinner.SetRange(1,100);

SetRange()함수는 spinner 컨트롤의 최대치와 최소치를 설정한다.

5) m_spinner.SetPos(50);

SetPos()함수는 spinner 컨트롤의 초기치를 설정한다.

이 콘트롤은 buddy 컨트롤을 자동적으로 처리한다.

Chapter 4

리스트 뷰 컨트롤(ListView Control)

본 장에서는 만들기 복잡한 컨트롤 중 하나인 리스트 뷰 컨트롤에 대해 살펴본다. 리스트 뷰 컨트롤 등에서는 이미지, 아이콘 등과 같은 그림을 출력하기 위해 이미지 리스트 뷰(ImageList View)와 함께 사용한다. 본 장에서 사용한 리스트 뷰 컨트롤을 앞장에서 사용한 컨트롤들과 함께 사용한다.

1. OnCreate()함수에 다음과 같은 코드를 추가한다.

```
.....
int CCH3View::OnCreate(LPCREATESTRUCT lpCreateStruct)
{
        if (CView::OnCreate(lpCreateStruct) == -1)
                return -1;

        // TODO: Add your specialized creation code here
        //프로그레스바를 만들기 위한 함수
        CreateProgressBar();

        CreateSlider();
        CreateSpinner();
    // 리스트 뷰 컨트롤을 만들기 위한 함수
        CreateListView();
        return 0;
```

```
}
.........
```

2. CH3View.ccp 파일의 맨 하단부에 다음과 같은 코드를 추가한다.

```
void CCH3View::CreateListView()
{
        // CImageList 클래스의 멤버함수인 Create()함수를 이용하여 이미지
        //  리스트 컨트롤을 만든다. Create()함수의 첫 번째 인자는 콘트롤에서의
        // 그림의 폭, 두 번째인자는 콘트롤에서의 그림의 높이, 세 번째 인자는
        // 마스크를 포함하고 있는지의 여부를 나타내는 BOOL 변수, 네 번째
        // 인자는 초기 리스트에 있는 이미지의 수, 다섯 번째는 리스트가 증가시킬
        // 수 있는 이미지 수.
        m_smallImageList.Create(16,16,FALSE,1,0);
        m_largeImageList.Create(32,32,FALSE,1,0);
   // 이미지 리스트를 만든 후 여기에 이미지를 추가하여야 한다. 이미지를 추가하는
   // 가장 쉬운 방법은 이미지를 리소스파일의 일부로 보고 이를 로드시킨다. 이를
   // 위한 함수가 LoadIcon()함수이며 IDI_ICON1은 로드시키고자 하는 아이콘이며
   // 이 함수는 아이콘의 핸들을 얻는다.
        HICON hIcon = ::LoadIcon(AfxGetResourceHandle(),
                MAKEINTRESOURCE(IDI_ICON1));
        m_largeImageList.Add(hIcon);
    // 아이콘에 대한 핸들을 얻은 후 CImageList의 멤버함수인 Add()함수를 이용하여
   //  아이콘을 이미지 리스트에 추가한다.
        m_smallImageList.Add(hIcon);
        hIcon = ::LoadIcon(AfxGetResourceHandle(),
                MAKEINTRESOURCE(IDI_ICON2));
        m_smallImageList.Add(hIcon);
}
```

3. 리소스 뷰를 누른 후 Icon 항목을 선택한 후 오른쪽 마우스 버튼을 눌러 나타나는 메뉴에서 Icon 삽입항목을 선택한다. 원하는 아이콘을 그린 후 IDI_ICON1으로 지정한 후 Developer Studio의 메뉴 항에 있는 Save All을 선택한다. 이 경우 아이콘의 크기는

가로 32 세로 32인 크기를 가지는 아이콘이다. 이미지 메뉴에서 필요한 도구를 선택할 수 있다.

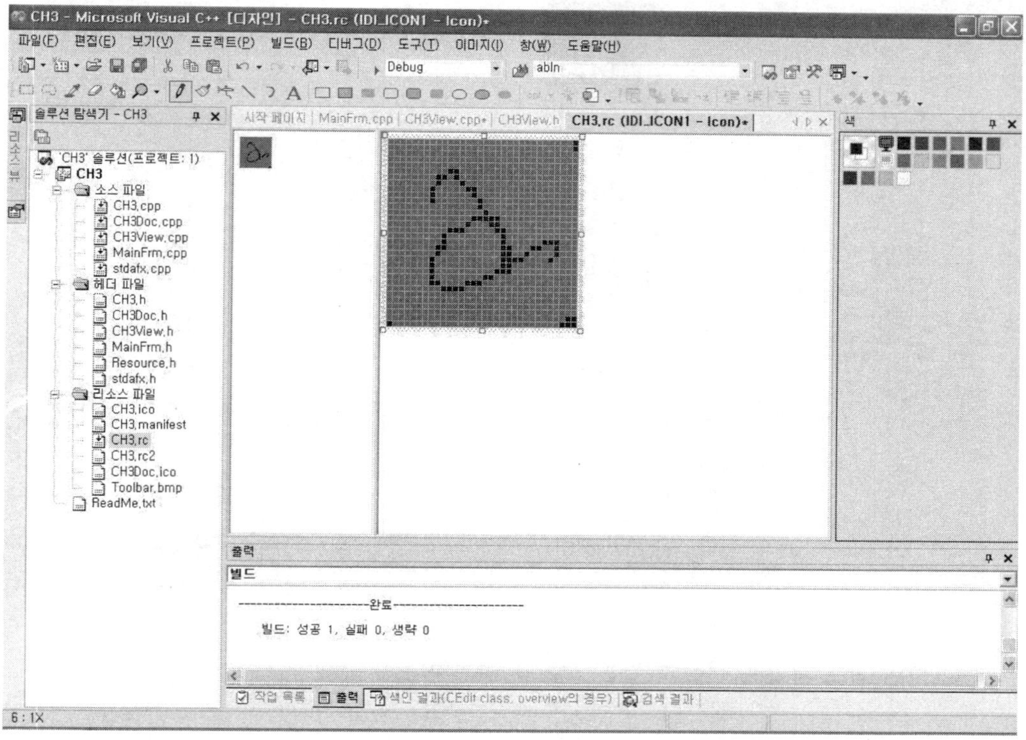

4. 리소스 뷰를 누른 후 Icon 항목을 선택한 후 오른쪽 마우스 버튼을 눌러 나타나는 메뉴에서 Icon 삽입항목을 선택한다. 원하는 아이콘을 그린 후 IDI_ICON2으로 지정하고 이미지 메뉴에서 새이미지 형식 메뉴를 선택하여 출력되는 다이얼로그 박스에서 가로16 세로 16 256 컬러를 선택한 후 이미지를 그린 후 Developer Studio의 메뉴 항에 있는 Save All을 선택한다.

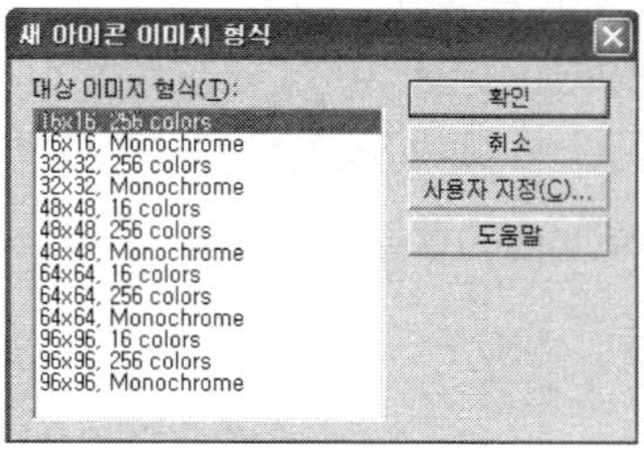

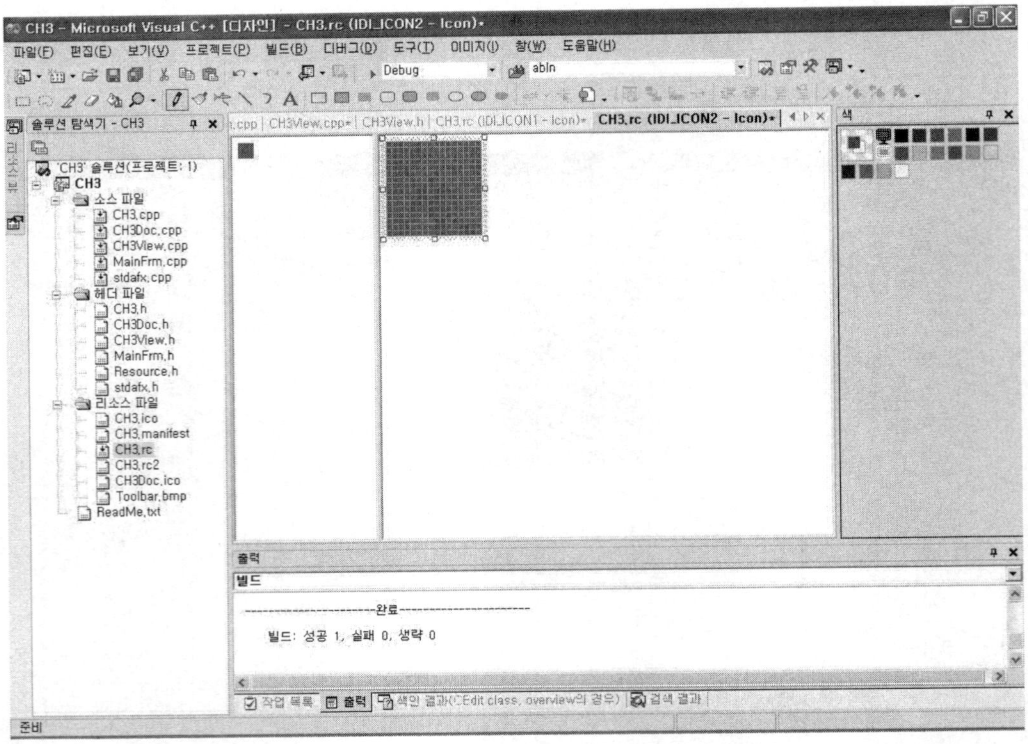

5. CH3View.h 파일에 다음과 같은 코드를 추가한다.

```
......
// Attributes
public:
        CCH3Doc* GetDocument() const;
    CProgressCtrl m_progressBar;
        BOOL m_timer;
        CSliderCtrl m_slider;
        CSpinButtonCtrl m_spinner;
        CEdit m_buddyEdit;
        CImageList m_smallImageList;
        CImageList m_largeImageList;
// Operations
.......
```

```
protected:
        void CreateProgressBar();
            void CreateSlider();
            void CreateSpinner();
            void CreateListView();

// Generated message map functions
protected:
;.......
```

6. CH3View.cpp 파일의 OnDraw()함수에 다음과 같은 코드를 추가한다.

```
......
void CCH3View::OnDraw(CDC* pDC)
{
        CCH3Doc* pDoc = GetDocument();
        ASSERT_VALID(pDoc);

        // TODO: add draw code for native data here
        pDC -> TextOut(20,22,"Progress Bar Control");
        pDC -> TextOut(270,22,"Slider Control:");
    pDC -> TextOut(20,102,"Spinner Control:");
        pDC -> TextOut(160,102,"List View control:");

}
......
```

7. CH3View.cpp 파일의 CreateListView()함수에 다음과 같은 코드를 추가한다.

```
..........................

void CCH3View::CreateListView()
{
```

```
// 위에서는 이미지 리스트 컨트롤을 만들었고 지금부터는 리스트 뷰 컨트롤의
// Create()멤버함수를 이용하여 리스트 뷰 컨트롤을 만든다. 먼저 Create()함수에
// 대해서는 앞에서도 언급하였고 여기서는 리스트 뷰 컨트롤에만 사용되는 특별한
// 플래그에 대해 알아보자. LVS_REPORT는 컨트롤에 리포트 뷰를 설정하는
// 것이고, //LVS_NOSORTHEADER는 컬럼헤더의 버튼을 출력하지 않는다는
// 것을 의미하며, LVS_EDITLABELS는 아이템의 라벨을 편집할 수 있게 해준다.

        m_listView.Create(WS_VISIBLE|WS_CHILD|WS_BORDER|
                LVS_REPORT|LVS_NOSORTHEADER|LVS_EDITLABELS,
                CRect(160,120,394,220),this,105);

// 위에서 만든 리스트 뷰 컨트롤과 이미지 리스트 컨트롤을 결합시키기 위해
// SetImageList()함수를 이용한다. SetImageList()함수의 첫번째 인자는 이미지 리
// 스트에 대한 포인터이고, 두 번째 인자는 리스트가 어떻게 사용되는가를 표시하는 플
// 래그로 LVSIL_SMALL은 작은 아이콘을 의미하며, LVSIL_LARGE는 큰 아이콘을
// 의미한다.

        m_listView.SetImageList(&m_smallImageList,LVSIL_SMALL);
        m_listView.SetImageList(&m_largeImageList,LVSIL_NORMAL);

        //컬럼을 만든다. LV_COLUMN 구조체에 대한 설명은 아래에 있다.
        // 이 값은 모든 컬럼에 대해 동일하게 적용되므로 가장 먼저 작성한다.
        LV_COLUMN lvColumn;
        lvColumn.mask= LVCF_FMT|LVCF_TEXT|LVCF_SUBITEM;
        lvColumn.fmt=LVCFMT_CENTER;
        lvColumn.cx=75;

    lvColumn.iSubItem=0;  // 첫 번째 컬럼임을 표시
    lvColumn.pszText="Column 0"; // 첫 번째 컬럼의 라벨을 표시
    m_listView.InsertColumn(0,&lvColumn); //리스트 뷰에 컬럼을 추가하기 위해
                                            //InsertColumn()함수를 사용.
        //첫 번째인자는 컬럼의 인덱스, 두 번째인자는 lvColumn 구조체의 포인터
```

```
lvColumn.iSubItem=1;
lvColumn.pszText="Column 1";
m_listView.InsertColumn(1,&lvColumn);
lvColumn.iSubItem=2;
lvColumn.pszText="Column 2";
m_listView.InsertColumn(1,&lvColumn);

    // 아이템을 만든다. LV_ITEM 구조체에 대해서는 다음에 있다. 만들어지는
    // 모든 아이템에 대해 동일한 값을 가지므로 가장 먼저 정의하였다.
    LV_ITEM lvItem;
    lvItem.mask = LVIF_TEXT|LVIF_IMAGE|LVIF_STATE;
    lvItem.state=0;
    lvItem.stateMask=0;
    lvItem.iImage=0;


    lvItem.iItem=0;
    lvItem.iSubItem=0;
    lvItem.pszText="Item 0";
    m_listView.InsertItem(&lvItem); // InsertItem( )구조체에 대한
                                    // 포인터를 이용하여 리스트 뷰 컨트롤에
                                    // 아이템을 추가한다
    m_listView.SetItemText(0,1,"Sub Item 0.1"); //SetItemText()함수를 이용하
                    // 여 아이템의 SUBITEM에 문자열을 추가, 첫 번째인자는
                    // 아이템 인덱스, 두 번째인자는 subitem인덱스, 세 번째인
                    // 자는 subitem 에 설정되는 문자
    m_listView.SetItemText(0,2,"Sub Item 0.2");


    lvItem.iItem=1;
    lvItem.iSubItem=0;
    lvItem.pszText="Item 1";
    m_listView.InsertItem(&lvItem);
```

```
    m_listView.SetItemText(1,1,"Sub Item 1.1");
m_listView.SetItemText(1,2,"Sub Item 1.2");

lvItem.iItem=2;
    lvItem.iSubItem=0;
    lvItem.pszText="Item 2";
    m_listView.InsertItem(&lvItem);
    m_listView.SetItemText(2,1,"Sub Item 2.1");
m_listView.SetItemText(2,2,"Sub Item 2.2");

// CButton 클래스의 Create()함수를 이용하여 화면에 버튼을 만든다.
// 이 때 사용하는 Create()함수는 다른 클래스의 Create()함수와 동일한
// 플래그를 사용한다.
    m_smallButton.Create("Small", WS_VISIBLE|WS_CHILD|WS_BORDER,
            CRect(400,120,450,140),this,106);
    m_largeButton.Create("Large", WS_VISIBLE|WS_CHILD|WS_BORDER,
            CRect(400,145,450,165),this,107);
    m_listButton.Create("List", WS_VISIBLE|WS_CHILD|WS_BORDER,
            CRect(400,170,450,190),this,108);
m_reportButton.Create("Report", WS_VISIBLE|WS_CHILD|WS_BORDER,
            CRect(400,195,450,215),this,109);

}
```

8. CH3View.cpp 파일의 메시지 맵 함수에 다음과 같은 코드를 추가한다.

```
.....................
// CCH3View

IMPLEMENT_DYNCREATE(CCH3View, CView)

BEGIN_MESSAGE_MAP(CCH3View, CView)
```

```
        //{{AFX_MSG_MAP(CCH3View)
        ON_COMMAND(106,OnSmall)
    ON_COMMAND(107,OnLarge)
    ON_COMMAND(108,OnList)
    ON_COMMAND(109,OnReport)
        ON_WM_CREATE()
        ON_WM_LBUTTONDOWN()
        ON_WM_TIMER()
        ON_WM_DESTROY()
        ON_WM_HSCROLL()
        //}}AFX_MSG_MAP
END_MESSAGE_MAP()
...........
```

9. CH3View.cpp 파일의 맨 끝에 다음과 같은 메시지 맵 함수를 추가한다.

```
// 만들어진 버튼 중 Small이라는 버튼을 누른 경우 호출되는 함수.
............
void  CCH3View::OnSmall()
{
// SetWindowLong() 함수는 윈도우의 속성을 설정하는 함수이다.
// 첫 번째 인자는 속성을 설정하고자하는 윈도우의 핸들,
// 두 번째인자는 변화되어야 할 값을 표시하는 것으로 이 경우는
// 세 번째의 인자 형태로 윈도우의 스타일이 바뀌어야 함을 표시한다.
        SetWindowLong(m_listView.m_hWnd,GWL_STYLE,
                WS_VISIBLE|WS_CHILD|WS_BORDER|
                LVS_SMALLICON|LVS_EDITLABELS);
}

void  CCH3View::OnLarge()
{
        SetWindowLong(m_listView.m_hWnd,GWL_STYLE,
```

```
                    WS_VISIBLE|WS_CHILD|WS_BORDER|
                    LVS_ICON|LVS_EDITLABELS);
}

void  CCH3View::OnList()
{
          SetWindowLong(m_listView.m_hWnd,GWL_STYLE,
                    WS_VISIBLE|WS_CHILD|WS_BORDER|
                    LVS_LIST|LVS_EDITLABELS);
}

void  CCH3View::OnReport()
{
          SetWindowLong(m_listView.m_hWnd,GWL_STYLE,
                    WS_VISIBLE|WS_CHILD|WS_BORDER|
                    LVS_REPORT|LVS_EDITLABELS);
}
```

10. 속성이라는 탭을 누른 후 솔루션 뷰에서 CH3View.cpp를 선택 한 후 더블 클릭하면 속 성표가 출력되며 여기서 재정의라고 하는 아이콘을 누르면 CH3View.cpp에서 처리할 수 있는 재정의 함수들이 출력된다. OnNotify()함수를 추가한 후 다음과 같이 입력한다. 이 함수에 대해서는 다음에 설명한다.

```
...
BOOL  CCH3View::OnNotify(WPARAM  wParam,  LPARAM  lParam,  LRESULT*
pResult)
{
          // TODO: Add your specialized code here and/or call the base class
          // lParam 파라메타를 LV_DISPINFO 구조체로 바꾼다.
                    LV_DISPINFO* lv_dispInfo=(LV_DISPINFO*)lParam;

          //LVN_BEGINLABELEDIT를 수신하였는지를 조사한다.
```

```
if(lv_dispInfo -> hdr.code == LVN_BEGINLABELEDIT)
{
 //LVN_BEGINLABELEDIT를 수신하였으면 라벨을 에디터하기 위해 사용하는
 //edit control에 대한 포인터를 얻는다.
          CEdit* pEdit = m_listView.GetEditControl();
}

// 라벨의 고치기가 끝났음을 의미하는 LVN_ENDLABELEDIT이 수신된 경우
else if(lv_dispInfo -> hdr.code == LVN_ENDLABELEDIT)
{
          // 라벨 고치기를 취소한 경우는 이전의 라벨을 출력한다.
          if((lv_dispInfo -> item.pszText != NULL)&&
                    (lv_dispInfo -> item.iItem != -1))
          {
            // 라벨 고치기를 한 경우 새로운 라벨을 아이템의
            // 텍스트에 복사하여야 한다. 이 때 사용하는 함수가
            // SetItemText()함수로 첫 번째 인자는 아이템의 인덱스,
            //두 번째 인자는 서브 아이템의 인덱스, 세 번째 인자는
            // 새로운 라벨 텍스트이다. 필요한 모든 정보를 LV_DISPINFO
            //에 저장한다.
                    m_listView.SetItemText(lv_dispInfo -> item.iItem,0,
                              lv_dispInfo -> item.pszText);
          }
}
return CView::OnNotify(wParam, lParam, pResult);
}
```

11. 뷰 클래스의 헤드파일(CH3View.h)를 로드 시킨 후 다음과 같은 코드를 추가한다.

```
.......
public:
          CCH3Doc* GetDocument() const;
     CProgressCtrl m_progressBar;
```

```
        BOOL m_timer;
        CSliderCtrl m_slider;
        CSpinButtonCtrl m_spinner;
        CEdit m_buddyEdit;
        CImageList m_smallImageList;
        CImageList m_largeImageList;
        CListCtrl m_listView;
        CButton m_smallButton;
        CButton m_largeButton;
        CButton m_listButton;
        CButton m_reportButton;
// Operations
public:
........
// Generated message map functions
protected:
        //{{AFX_MSG(CCH3View)
        afx_msg void OnSmall();
        afx_msg void OnLarge();
        afx_msg void OnList();
        afx_msg void OnReport();
        afx_msg int OnCreate(LPCREATESTRUCT lpCreateStruct);
        afx_msg void OnLButtonDown(UINT nFlags, CPoint point);
        afx_msg void OnTimer(UINT nIDEvent);
        afx_msg void OnDestroy();
        afx_msg void OnHScroll(UINT nSBCode, UINT nPos, CScrollBar* pScrollBar);
        //}}AFX_MSG
        DECLARE_MESSAGE_MAP()
};
..........
```

12. 프로그램의 실행 결과는 다음과 같다.

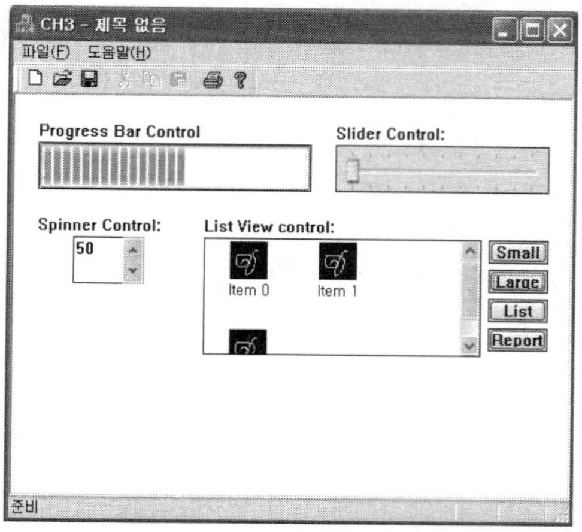

Chapter 5

툴바

Visual Studio를 이용하면 메뉴나 아이콘 같은 그래픽 사용자 인터페이스 (GUI : Graphic User-Interface) 요소를 가지는 응용프로그램을 쉽게 작성할 수 있다. 이 장에서는 응용 프로그램의 기본 요소인 GUI와 생성된 데이터를 저장한 후 불러오는 응용 프로그램을 작성한다.

1. CH5라는 프로젝트를 만들고 응용프로그램의 종류는 단일 문서 인터페이스로 하여 자원의 낭비를 방지하도록 한다.

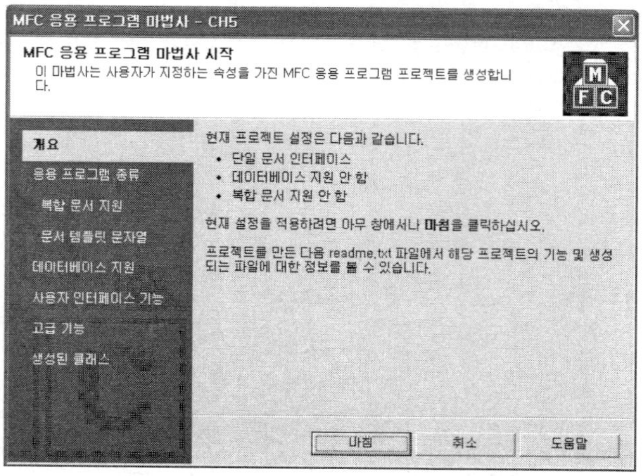

2. 리소스 뷰를 선택한 후 Toolbar 항목의 IDR_MAINFRAME을 더블클릭하면 MFC 응용 프로그램 마법사가 기본적으로 작성한 툴바가 출력된다. 여기서 가장 왼쪽에 있는 빈 아이콘을 클릭한 후 원에 가까운 형태의 그림을 그리면 된다. 작성한 아이콘에 ID를 부

여하기 위해 방금 작성된 툴바의 아이콘 옆의 빈공간에 마우스를 대고 오른쪽 마우스 버튼을 누르면 출력되는 메뉴에서 속성을 선택한다. 속성표에서 ID항목란에 ID_DRAW_CIRCLE라고 기입하고 Prompt의 란에는 Circle이라고 쓴다. 이는 툴팁이며 아이콘의 크기를 나타내는 폭과 높이는 그대로 둔다.

다시 생긴 빈 아이콘을 클릭한 후 이번에는 사각형에 가까운 그림을 그린다. 작성한 아이콘에 ID를 부여하기 위해 방금 작성된 툴바의 아이콘 옆의 빈공간에 마우스를 대고 오른쪽 마우스 버튼을 누르면 출력되는 메뉴의 속성을 선택한다. 속성표에서 ID항목란에 ID_DRAW_RECT라고 기입하고 Prompt의 란에는 Rectangle이라고 쓴다. 이는 툴팁이며 아이콘의 크기를 나타내는 폭과 높이는 그대로 둔다. 작성된 아이콘을 눌러 프린터 아이콘 앞에 둔다. 다음 그림은 앞의 내용을 보여 주고 있다.

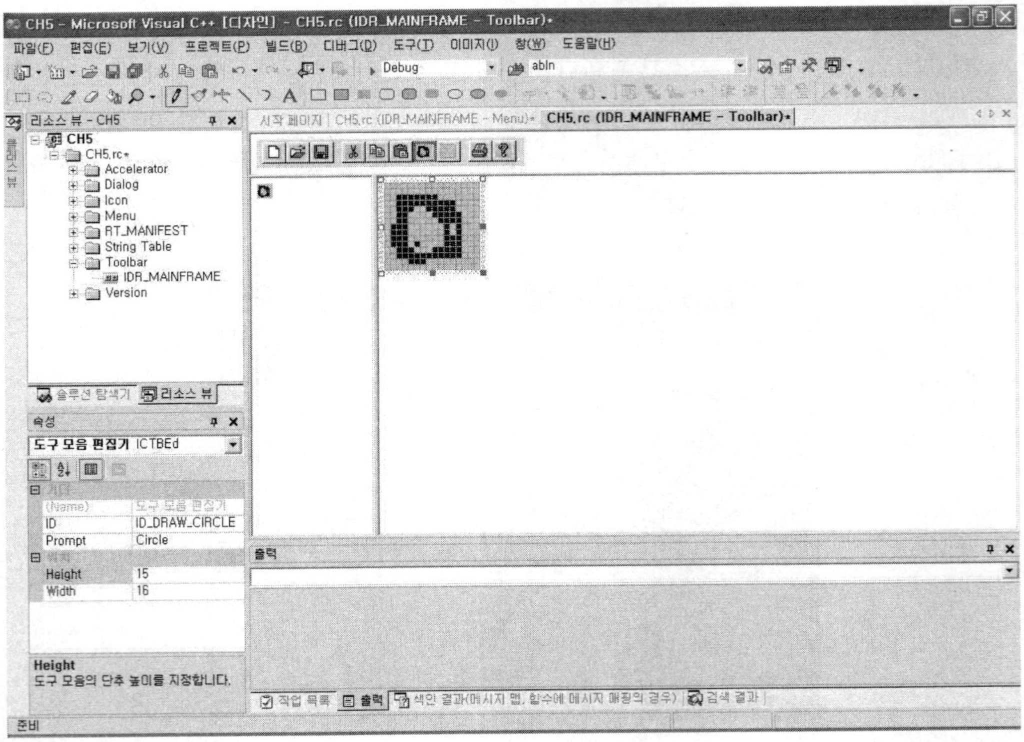

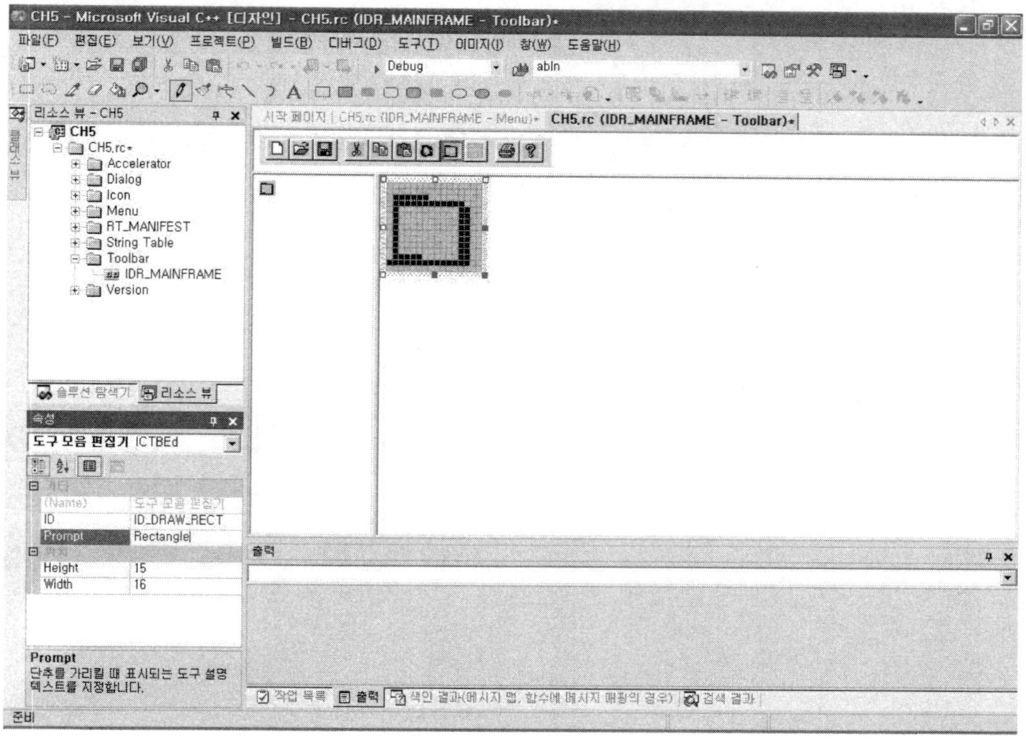

3. 툴바의 사각형이나 원을 누른 경우와 메뉴에서 사각형 항목이나 원 항목을 선택한 경우 동일한 기능을 수행할 수 있도록 툴바의 항목과 메뉴의 항목을 연결시킨다. 리소스 뷰에서 MENU항목을 클릭한 후 IDR_MAINFRAME을 더블클릭한다. 도움말 항목 옆에 있는 빈상자를 도움말 항목 앞으로 가져온다. 빈상자란을 왼쪽 마우스버튼을 누르면 메뉴를 입력할 수 있도록 커서가 움직이는 것을 볼 수 있다. 여기에 그리기를 입력한다.

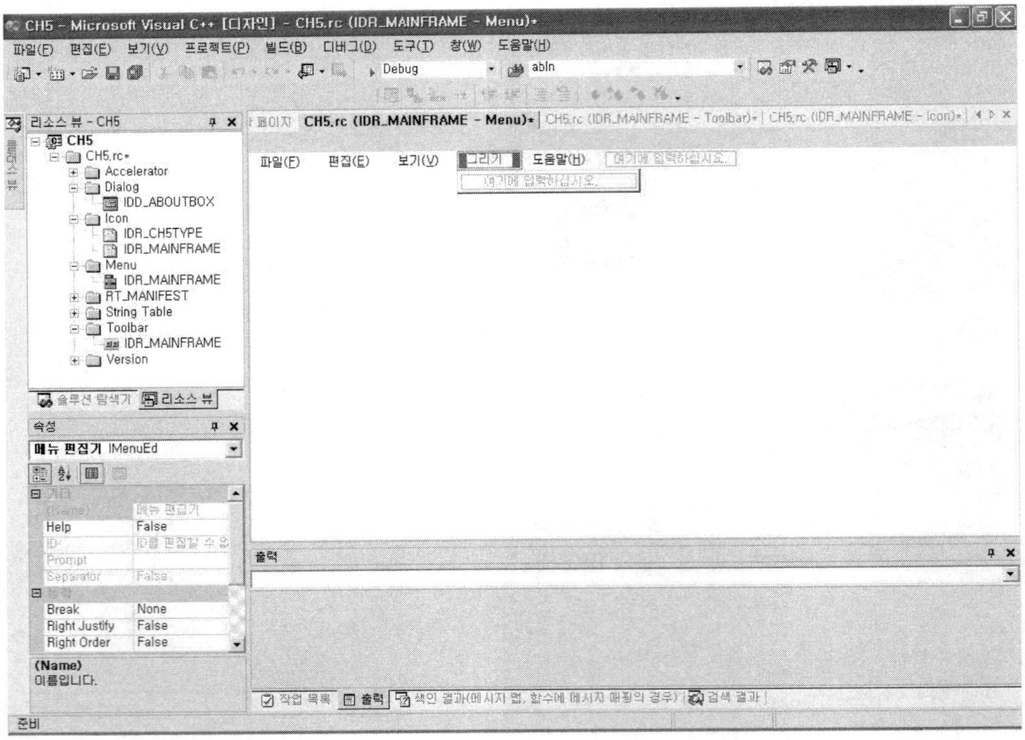

4. 그리기 항목 밑에 있는 빈 상자를 왼쪽 마우스로 클릭하고 여기에 원이라고 입력하고 오른쪽 마우스 버튼을 누르면 출력되는 메뉴에서 ID 편집이라는 항목을 선택하면 출력되는 속성 표의 ID란에 ID_DRAW_CIRCLE이라고 입력하면 프롬프트난에 Circle이 출력됨을 알 수 있다.

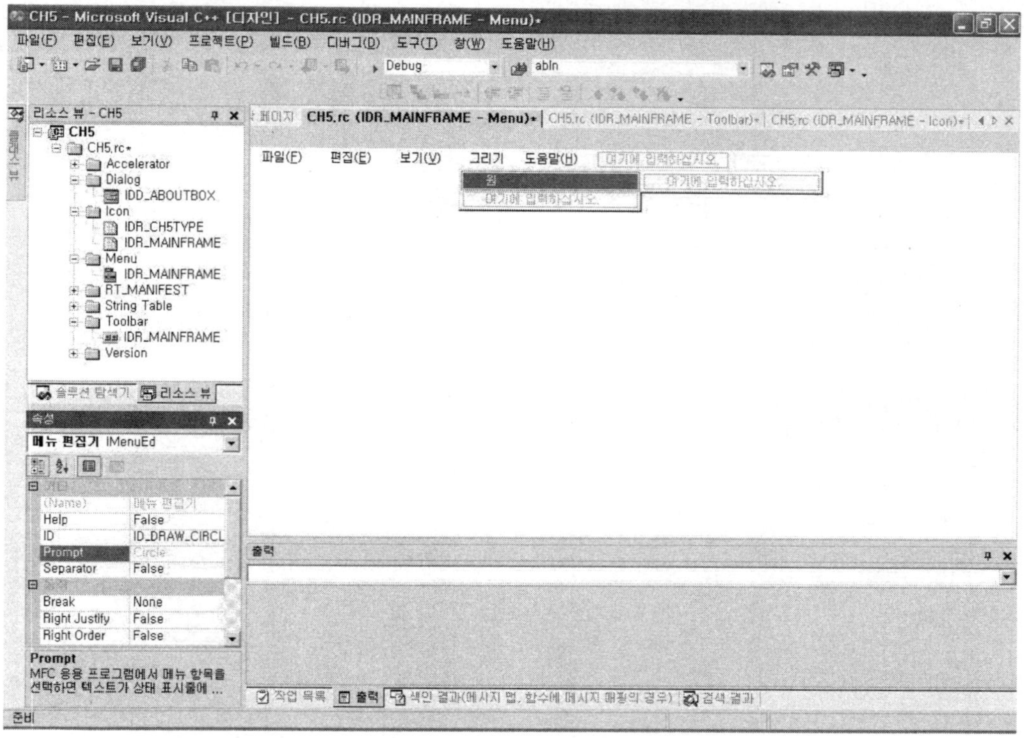

5. 다시 생긴 원 항목 밑에 있는 빈 상자를 왼쪽 마우스로 클릭하고 여기에 사각형이라고 입력하고 오른쪽 마우스 버튼을 누르면 출력되는 메뉴에서 ID 편집이라는 항목을 선택하면 출력되는 속성 표의 ID란에 속성상자의 ID란에 ID_DRAW_RECT이라고 입력하면 프롬프트난에 Rectagle이 출력됨을 알 수 있다.

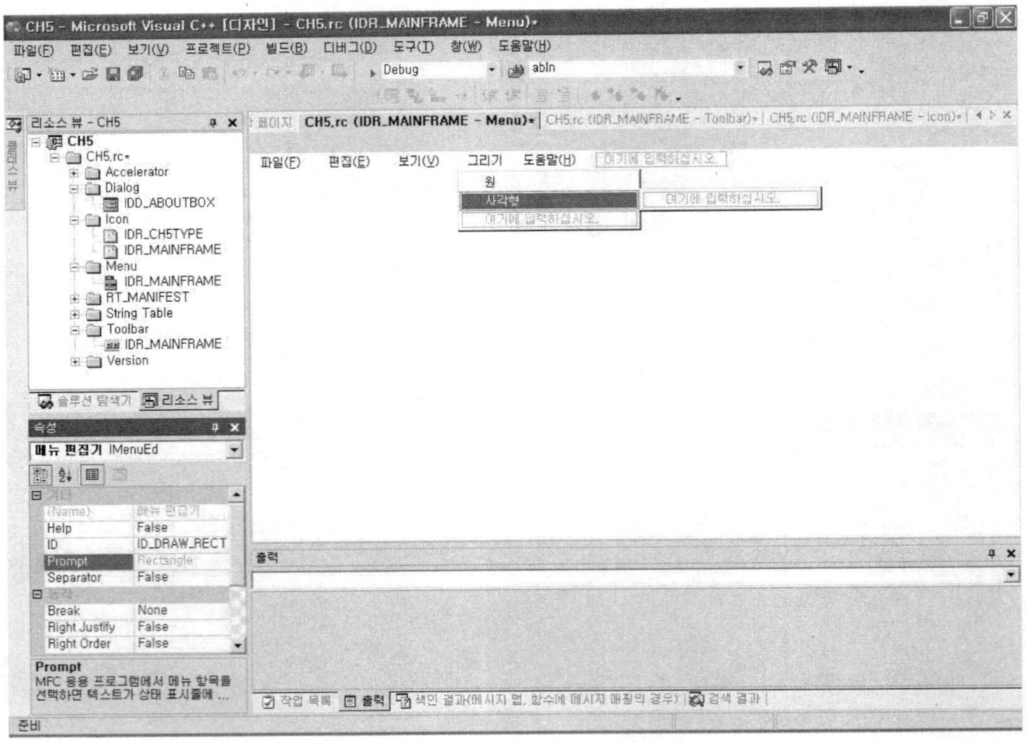

6. ID를 추가한 후 원이라는 메뉴를 선택한 후 오른쪽 마우스 버튼을 누르면 출력되는 메뉴에서 이벤트 처리기 추가라는 항목을 선택하면 이벤트처리기 마법사 다이얼로그박스가 출력되며 여기서 메시지 형식란에 COMMAND를 선택하고 클래스 목록란에서는 CCH5View를 선택하고 함수 처리기 이름에서 OnDrawCircle가 되었는 지를 확인하고 추가 및 편집 단추를 누른다. 이는 원에 해당하는 아이콘이나 메뉴를 누른 경우 실행되는 메시지 처리 함수이다.

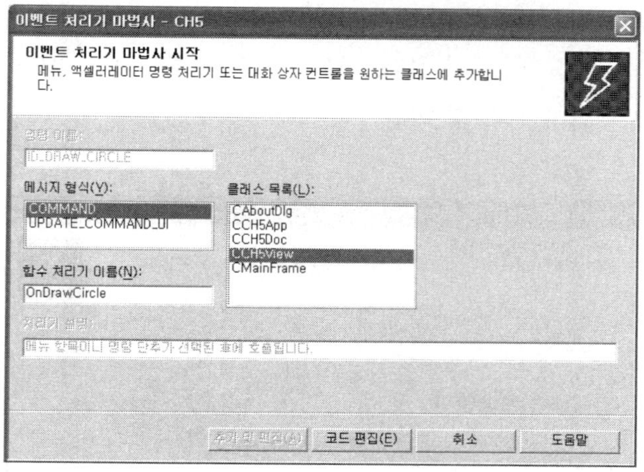

7. 원이라는 메뉴를 선택한 후 오른쪽 마우스 버튼을 누르면 출력되는 메뉴에서 이벤트 처리기 추가라는 항목을 선택하면 이벤트처리기 마법사 다이얼로그박스가 출력되며 여기서 메시지 형식란에 UPDATE_COMMAND_UI를 선택하고 클래스 목록란에서는 CCH5View를 선택하고 함수 처리기 이름에서 OnUpdateDrawCircle가 되었는지를 확인하고 추가 및 편집 단추를 누른다. 이는 원에 해당하는 아이콘이나 메뉴를 누른 경우 사용자 인터페이스에 실행되는 메시지 처리 함수이다.

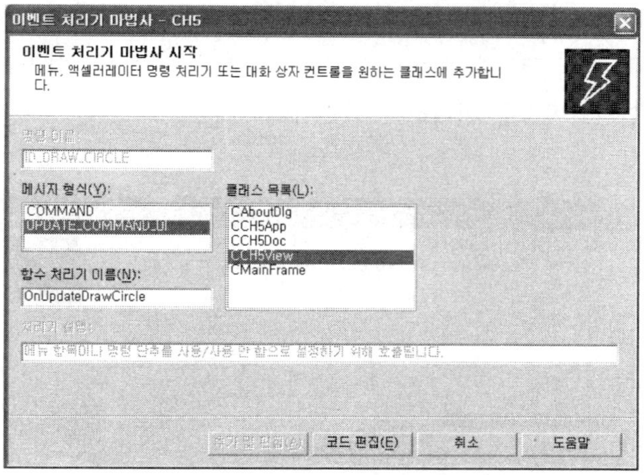

8. 이번에는 메뉴의 하단에 있는 사각형 항목을 선택한 후 오른쪽 마우스 버튼을 누르면 출력되는 메뉴에서 이벤트 처리기 추가라는 항목을 선택하면 이벤트처리기 마법사 다이얼로그박스가 출력되며 여기서 메시지 형식란에 COMMAND를 선택하고 클래스 목록란

에서는 CCH5View를 선택하고 함수 처리기 이름에서 OnDrawRect가 되었는 지를 확인하고 추가 및 편집 단추를 누른다. 이는 사각형에 해당하는 아이콘이나 메뉴를 누른 경우 실행되는 메시지 처리 함수이다.

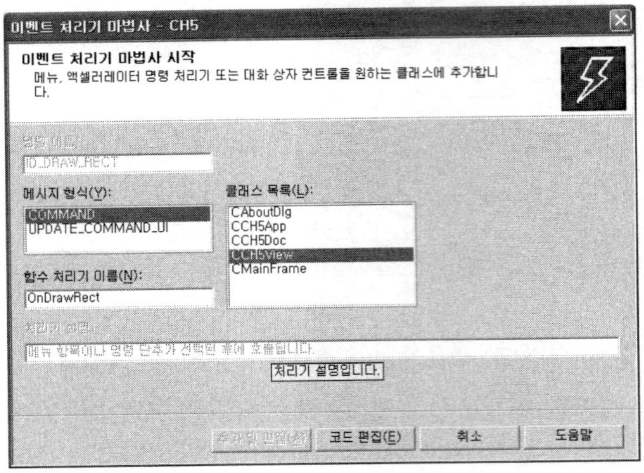

9. 다시 사각형 항목을 선택한 후 오른쪽 마우스 버튼을 누르면 출력되는 메뉴에서 이벤트 처리기 추가라는 항목을 선택하면 이벤트처리기 마법사 다이얼로그박스가 출력되며 여기서 메시지 형식란에 UPDATE_COMMAND_UI를 선택하고 클래스 목록란에서는 CCH5View를 선택하고 함수 처리기 이름에서 OnUpdateDrawRect가 되었는 지를 확인하고 추가 및 편집 단추를 누른다. 이는 사각형에 해당하는 아이콘이나 메뉴를 누른 경우 사용자 인터페이스를 처리하는 함수이다.

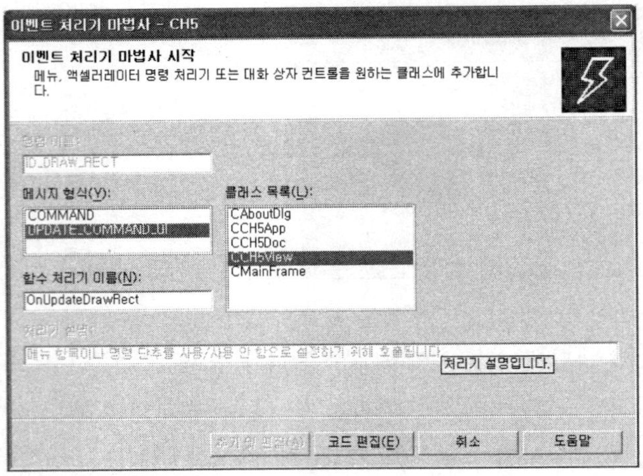

10. 위와 같이 함수를 추가시키고 메뉴나 아이콘이 눌러진 경우 실행되어야 하는 동작을 입력한다. 먼저 CH5View.h에 다음과 같은 코드를 추가한다.

```
..................
// Attributes
public:
        CCH5Doc* GetDocument() const;
        //현재 표시되는 도형의 x축 좌표
        int m_x;
      //현재 표시되는 도형의 y축 좌표
        int m_y;
       //현재 표시되는 도형의 모양
        CString  m_shape;
      // 현재 선택한 메뉴에 체크표시
        CString  m_selectshape;
// Operations
public:
..............
```

11. 지정한 그림의 좌표를 저장하기 위해 CH5Doc.h에 CH5View.h에서 지정한 멤버와 같은 데이터 멤버를 추가한다.

```
........
class CCH5Doc : public CDocument
{
protected: // create from serialization only
        CCH5Doc();
        DECLARE_DYNCREATE(CCH5Doc)
        int m_x;
        int m_y;
        CString  m_shape;
........
```

12. CH5View의 OnUpdateDrawCircle()와 OnUpdateDrawRect()함수에 다음과 같은 코드를 추가한다.

```
.........
void CCH5View::OnUpdateDrawCircle(CCmdUI* pCmdUI)
{
        // TODO: Add your command update UI handler code here
        //만약 선택한 모양이 원인 경우
        if(m_selectshape == "CIRCLE")
        {
        // 해당 메뉴 항목의 왼쪽에 체크표시를 한다.
                pCmdUI -> SetCheck(1);
        }

        //만약 선택한 모양이 원이 아닌 경우
        else
        {
        // 해당 메뉴 항목의 왼쪽에 체크표시를 해제한다.
        pCmdUI -> SetCheck(0);
        }
}

void CCH5View::OnUpdateDrawRect(CCmdUI* pCmdUI)
{
        // TODO: Add your command update UI handler code here
        if(m_selectshape == "RECT")
        {
                pCmdUI -> SetCheck(1);
        }
        else
        {
        pCmdUI -> SetCheck(0);
        }
```

```
}
..........
```

13. m_selectshape변수를 초기화하기 위해 CH5View의 생성자에 다음과 같은 코드를 추가한다.

```
.......
CCH5View::CCH5View()
{
        // TODO: add construction code here
        //초기 프로그램을 실행시킨 후 메뉴바의 CIRCLE항목에 체크
        //표시를 하도록 한다.
        m_selectshape="CIRCLE";
}
.....
```

14. CH5View 클래스의 OnDrawRect()함수와 OnDrawCircle()함수에 다음과 같은 코드를 추가한다.

```
......
void CCH5View::OnDrawRect()
{
        // TODO: Add your command handler code here
        //
        m_selectshape = "RECT";
}

void CCH5View::OnDrawCircle()
{
        // TODO: Add your command handler code here
        m_selectshape = "CIRCLE";
}
```

15. CH5에서 마우스의 왼쪽 버튼을 누르면 마우스 버튼이 눌러진 위치를 저장하고 선택한 형태의 도형을 그리는 코드를 추가한다. 클래스 뷰에서 CH5View를 선택하고 메시지 아이콘을 눌러 WM_LBUTTONDOWN을 선택하고 리스트 박스에서 추가를 선택하면 OnLButtonDown()함수가 추가된다. 이 함수 내에 다음과 같은 코드를 추가한다.

```
...........
void CCH5View::OnLButtonDown(UINT nFlags, CPoint point)
{
        // TODO: Add your message handler code here and/or call default
        // 현재 눌러진 마우스의 위치가 point에 있다.
        // 마우스의 현재 위치중 x축 위치는 point.x 변수에,마우스의 현재
        // 위치중 y축 위치는 point.y 변수에 저장되어 있다. 뷰의 데이터 멤버
        // m_x, m_y를 현재의 마우스위치로 변경한다.
        m_x=point.x;
        m_y=point.y;
        //현재 선택된 도형의 모양을 변경한다.
        m_shape=m_selectshape;

        //도큐멘트의 데이터를 호출하기 위해 GetDocument()함수를 이용하였다.
        //데이타의 저장과 데이터의 로드에 필요한 작업이다.
        CCH5Doc* pDoc = GetDocument();

        //도큐멘트의 데이터 pDoc ->m_shape, pDoc -> m_x, pDoc -> m_y
        //를 현재 뷰가 가지고 있는 데이터로 변경한다.
        pDoc ->m_shape=m_shape;
        pDoc -> m_x=m_x;
        pDoc -> m_y=m_y;
        pDoc -> SetModifiedFlag();
        //OnDraw()함수를 호출하여 현재 데이터로 화면을 새로 출력하게 한다.
        Invalidate();
        CView::OnLButtonDown(nFlags, point);
}
```

16. 다음으로 화면 출력을 담당하고 있는 OnDraw()함수에 다음과 같은 코드를 추가한다.

```
.....
void CCH5View::OnDraw(CDC* pDC)
{
        CCH5Doc* pDoc = GetDocument();
        ASSERT_VALID(pDoc);

        // TODO: add draw code for native data here
        //눌러진 마우스 포인터에서 사각형을 계산하여 사각형의 상단과
       // 왼쪽으로 20만큼 빼고, 하단과 오른쪽으로 20만큼 더한다.
        CRect rect;
        rect.left=m_x-20;
        rect.top=m_y-20;
        rect.bottom=m_y+20;
        rect.right=m_x+20;

      //선택된 도형이 원인 경우
        if(m_shape=="CIRCLE")
        {
                pDC -> Ellipse(&rect);
        }
      // 선택된 도형이 사각형인 경우
        if(m_shape == "RECT")
        {
                pDC -> Rectangle(&rect);
        }
}
```

17. 데이터를 저장할 도큐멘트의 데이터멤버를 초기화한다.
도큐멘트 클래스의 생성자에 다음과 같은 코드를 추가한다.

```
......
```

```
CCH5Doc::CCH5Doc()
{
	// TODO: add one-time construction code here

	// 초기 x축의 위치를 10, y 축의 위치를 10, 모양은 원으로한다.
	m_x=10;
	m_y=10;
	m_shape="CIRCLE";
}
```

18. 화면출력을 담당할 뷰 클래스의 데이터 멤버변수를 초기화한다. 이는 도큐멘트 클래스의 데이터 멤버변수와 같은 값으로 초기화한다. 이를 위해 속성창의 재정의 함수에서 OnInitialUpdate()함수를 추가한다. 이 함수는 응용프로그램이 시작될때나 파일에서 새로만들기 등의 메뉴를 선택한 경우 MFC에서 자동적으로 호출하는 함수이다. 클래스뷰에서 CH5View를 선택하고 재정의 아이콘을 눌러 OnInitialUpdate을 선택하고 리스트 박스에서 함수추가를 선택하면 OnInitialUpdate()함수가 추가된다. 여기에 다음과 같은 코드를 추가한다.

```
....................
void CCH5View::OnInitialUpdate()
{
	CView::OnInitialUpdate();

	// TODO: Add your specialized code here and/or call the base class
	//도큐멘트 클래스의 포인터를 얻는다.
	CCH5Doc *pDoc = GetDocument();

	//도큐멘트클래스의 데이터멤버( pDoc -> m_x, pDoc -> m_y,
	// pDoc -> m_shape와 뷰 클래스의 데이터 멤버(m_x,m_y,m_shape)를
	//일치 시킨다.
	m_x=pDoc -> m_x;
	m_y = pDoc -> m_y;
	m_shape=pDoc -> m_shape;
```

```
        pDoc -> SetModifiedFlag();
}
```

19. 현재의 좌표값과 도형의 값을 파일에 저장하고 이전에 저장된 좌표를 불러오는 함수가 도큐멘트 클래스에 있는 Serialize()함수이다. 다음과 같은 코드를 추가한다.

```
......

void CCH5Doc::Serialize(CArchive& ar)
{
        if (ar.IsStoring())
        {
                // TODO: add storing code here
                //현재의 값을 파일에 저장한다.
                ar << m_x;
                ar<<m_y;
                ar << m_shape;
        }
        else
        {
                // TODO: add loading code here
                // 파일에 저장된 값을 불러온다.
                ar >> m_x;
                ar >> m_y;
                ar >>  m_shape;
                UpdateAllViews(NULL);
        }
}
```

20. 프로그램을 실행시키면 다음과 같은 화면이 출력된다. 초기에는 그리기 메뉴의 원에 체크표시가 되어 있고 툴바의 아이콘도 원의 아이콘을 선택한 것으로 표시되어 있다. 왼쪽 마우스를 누르면 누른 위치에 선택한 그림이 그려짐을 알 수 있고 파일 메뉴에서 저

장을 선택한 후 파일명을 준 후 빠져나온 후 다시 프로그램을 실행시켜 파일을 열면 마지막 위치에서 마지막으로 선택한 도형이 출력됨을 알 수 있다.

Chapter 6

Property Sheets

새로운 그래픽 객체 중 하나는 탭이 붙은 다이얼로그 박스 혹은 Property Sheet이다. 흔히 마법사라고 알려진 Property Sheet는 한 페이지 이상의 다이얼로그박스를 연결한 것에 해당한다. 본 장에서는 MFC가 제공하는 CPropertySheet와 CPropertyPage를 이용하여 탭을 붙인 다이얼로그박스를 만드는 방법에 대해 알아 본다.

먼저 응용프로그램을 만드는 과정은 다음과 같다.

1. 앞에서 설명한 MFC 응용 프로그램 마법사를 이용하여 CH6이라고 프로젝트명을 지정한다.

2. 리소스 뷰 탭을 이용하여 Menu 항목을 마우스로 누르면 IDR_MAINFRAME이 출력된다. IDR_MAINFRAME 항목을 더블클릭한 후 파일 항목을 누르면 여러 가지 메뉴가 나타나는데 Delete 키를 이용하여 끝내기 항목을 제외하고 다른 항목은 제거한다.

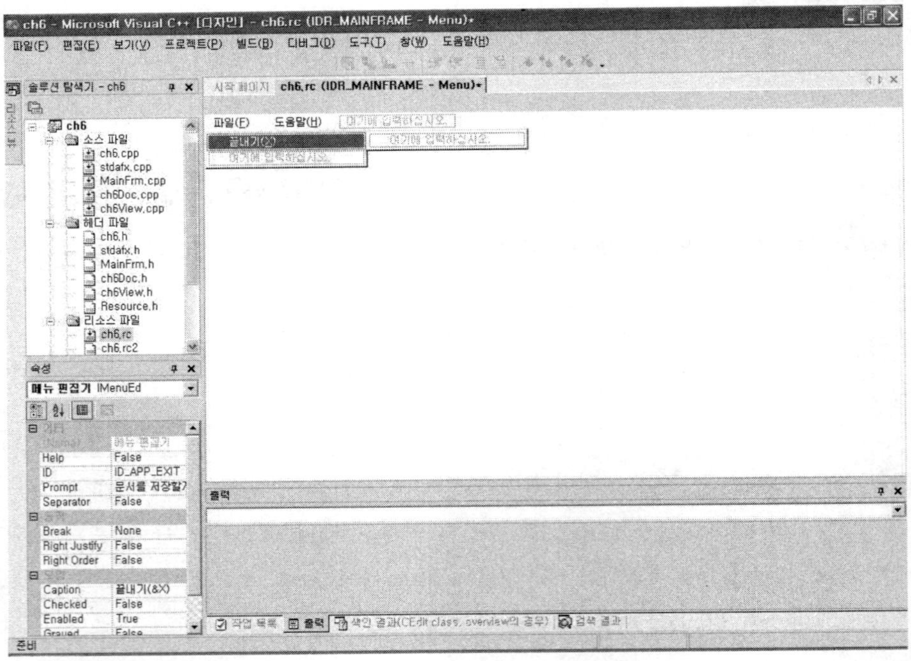

3. 파일 항목을 살펴보면 추가시킬 수 있는 빈 칸이 생성되어 있으며 이를 클릭하여 &Property Sheet라고 입력한다. 그 후 빈칸을 끝내기 메뉴 위로 이동시킨다. 이와 함께 출력되는 속성표에서 ID 란에 ID_PROPSHEET라고 입력한다.

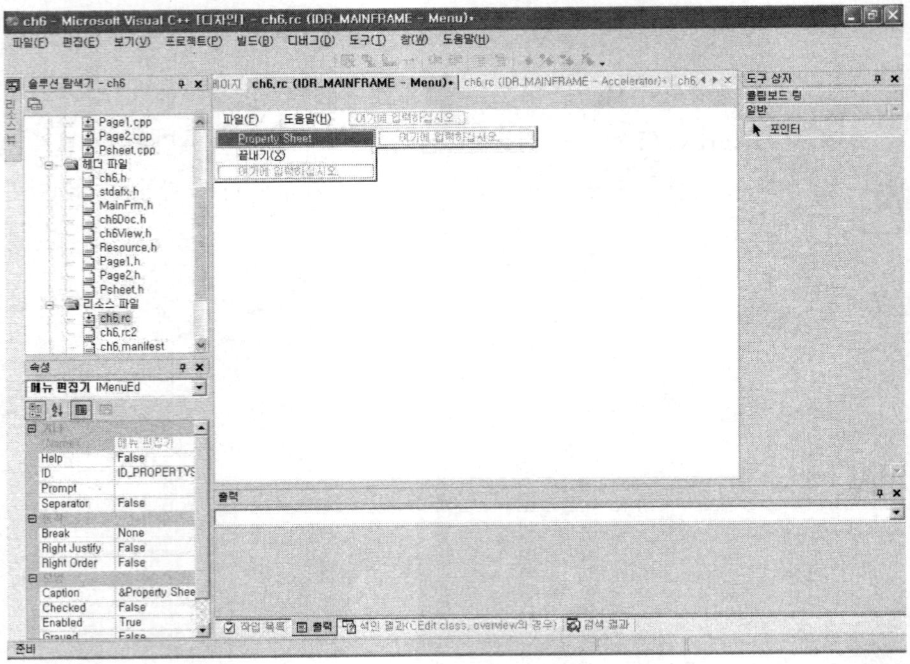

4. 리소스 뷰 탭을 이용하여 가속기(Accelerator)항목을 마우스로 누르면 IDR_MAINFRAME 이 출력된다. IDR_MAINFRAME 항목을 더블클릭하면 단축키에 대한 문자열이 오른쪽 판넬에 출력되면 Delete 키를 이용하여 이를 모두 지운다. 이의 그림은 다음과 같다.

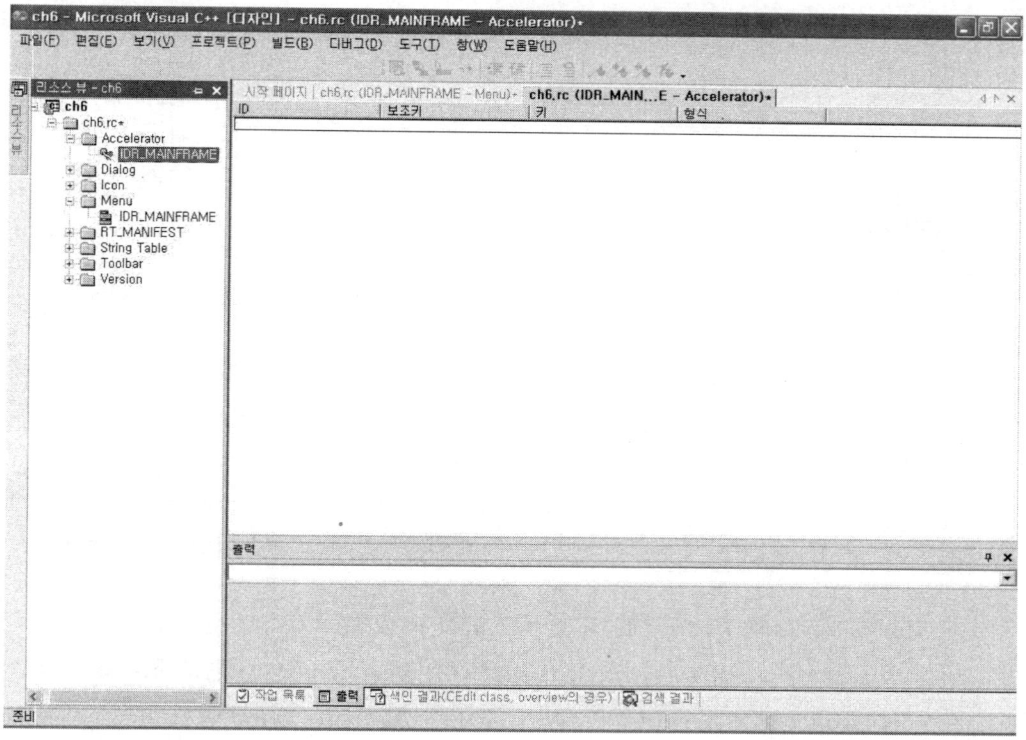

5. Property Sheet는 여러장의 다이얼로그박스로 구성된 그래픽 객체이므로 Property Sheet를 구성하는 각 다이얼로그박스를 만들어 본다.

6. 리소스 뷰 탭을 눌러 Dialog 항목을 선택한 후 오른쪽 마우스 버튼을 누른 경우 출력되는 팝업 메뉴에서 다이얼로그 삽입이라는 항목을 누르면 다음과 같은 새로운 다이얼로그 박스가 생성된다.

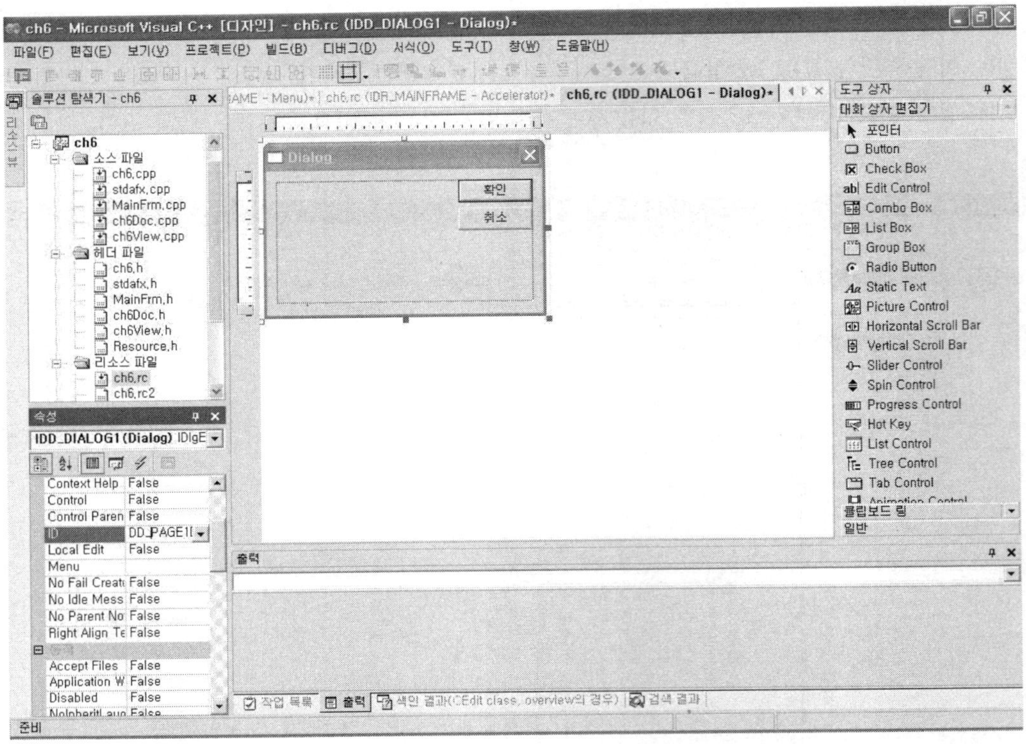

7. 이 경우 출력되는 속성표에서 ID의 란에는 IDD_PAGE1DLG라고 입력하고 Caption란에는 PAGE1이라고 입력한다. Style의 리스트상자를 Child라 선택하고 Border의 리스트상자를 Thin이라고 선택한다. Property Page는 Property Sheet의 자식 윈도우가 되므로 Child라고 선택한다.

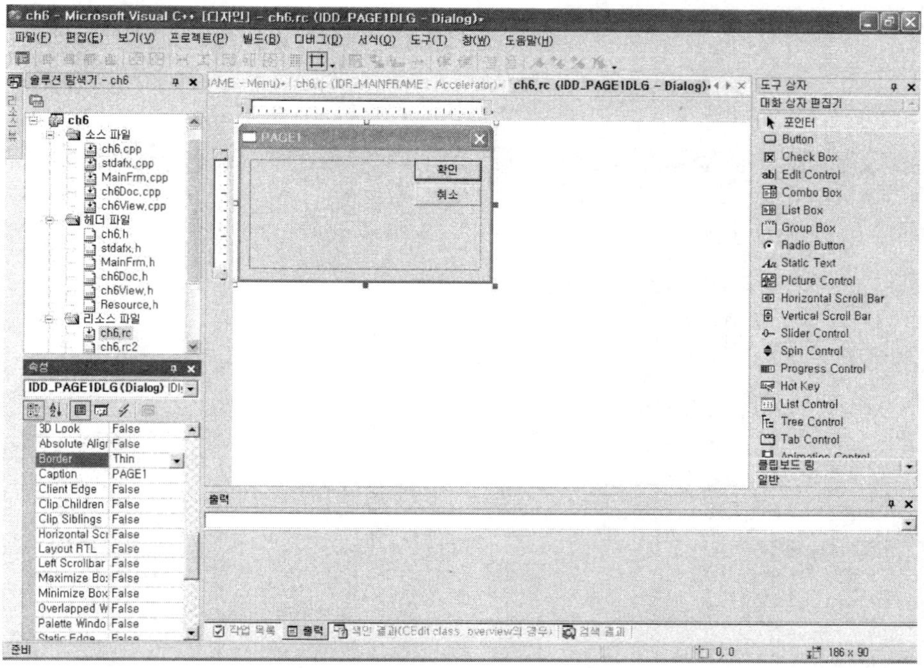

8. 다음으로 PAGE1 Property Page에 대화상자 편집기에서 Edit Control을 가지고 와서 에디터박스를 만든다.

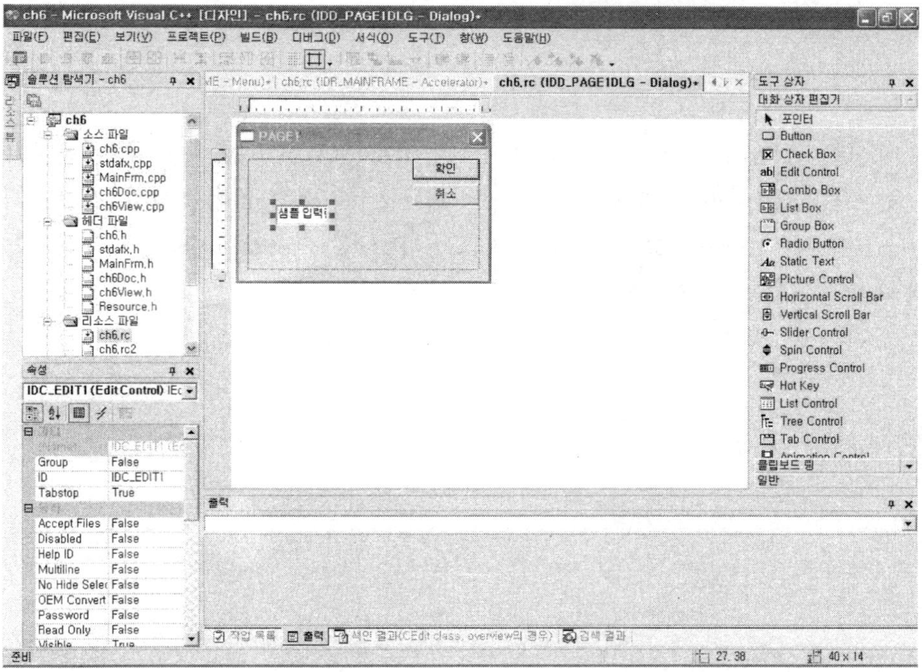

9. Dialog 항목을 선택한 후 오른쪽 마우스 버튼을 누른 경우 출력되는 팝업 메뉴에서 다이얼로그 삽입이라는 항목을 누르면 다음과 같은 새로운 다이얼로그 박스가 생성된다.

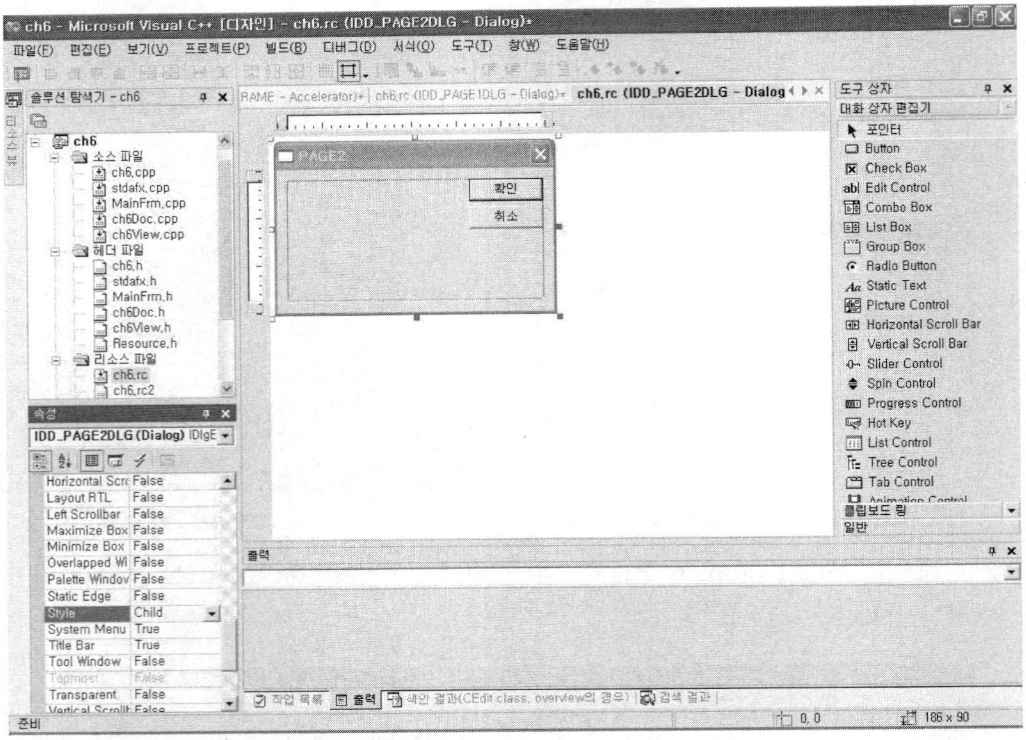

10. 이 경우 출력되는 속성 창에서 ID의 란에는 IDD_PAGE2DLG라고 입력하고 Caption 란에는 PAGE2이라고 입력한다. Style의 리스트상자를 Child라 선택하고 Border의 리스트상자를 Thin이라고 선택한다. Property Page는 Property Sheet의 자식 윈도우가 되므로 Child라고 선택한다.

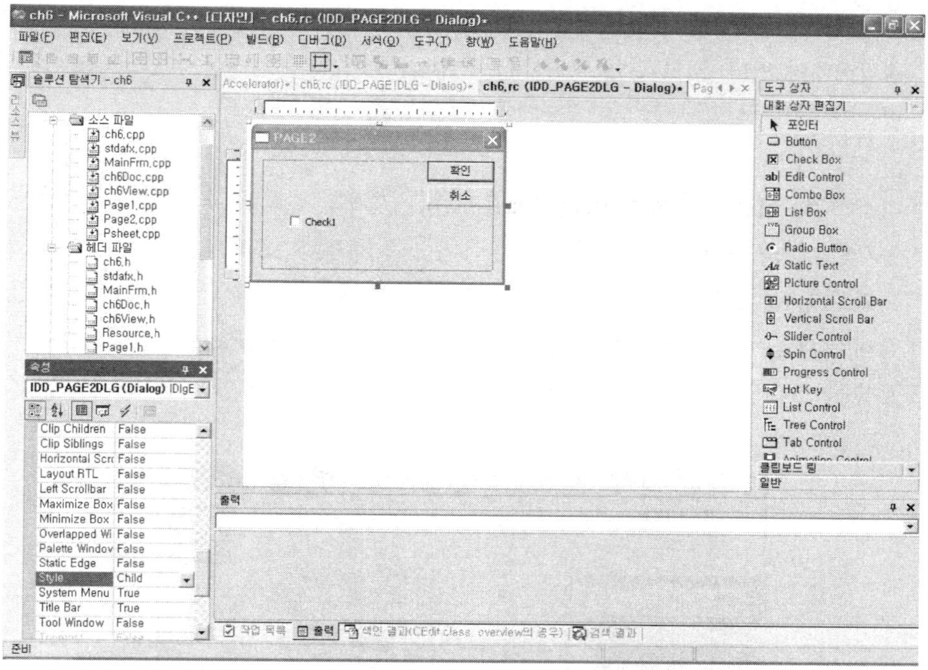

11. 다음으로 PAGE2 Property Page에 대화상자 편집기에서 Check Box Control을 가지고 와서 Check박스를 만든다.

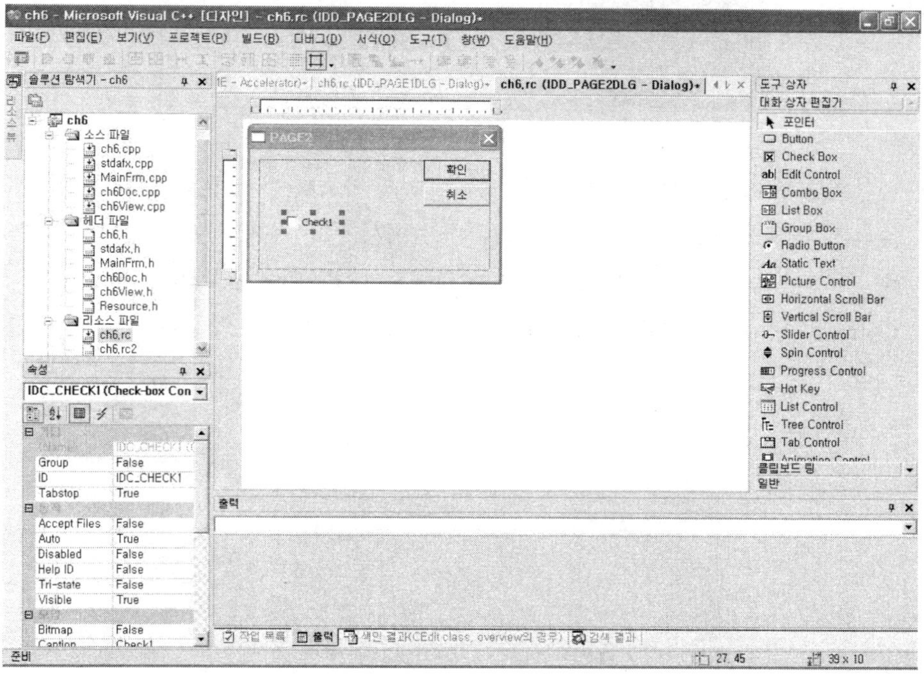

12. 필요한 모든 자원(Property Page)를 만들었지만 이를 이용하기 위해 응용프로그램과 결합시켜야 한다. 또한 만든 자원을 전체적으로 통합시키는 Property Sheet에 대한 클래스가 필요하다.

13. 리소스 뷰 탭을 이용하여 IDD_PAGE1DLG 전체를 선택한 후 오른쪽 마우스버튼을 누르면 메뉴가 출력된다. 여기서, 클래스 추가를 선택하면 MFC 클래스 마법사라는 다이얼로그박스가 출력된다. 지금까지 편집한 다이얼로그박스를 클래스로 만든 과정이다. 클래스 이름란에는 CPage1, 기본 클래스 난에는 CPropertyPage를 선택한 후 마침 버튼을 누른다.

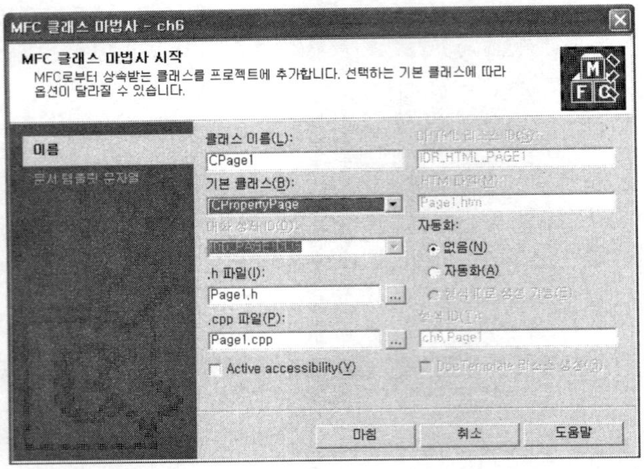

14. 다음으로는 리소스 뷰를 선택한 후 다이얼로그 박스로 가서 IDC_EDIT1을 선택하고 오른쪽 마우스 버튼을 누르면 출력되는 메뉴에서 변수 추가 항목을 선택하면 멤버 변수 추가 마법사라는 다이얼로그 박스가 출력되며 범주란에는 Value, 변수 형식란에는 CString, 변수 이름란에는 m_edit를 입력하고 마침 버튼을 누른다.

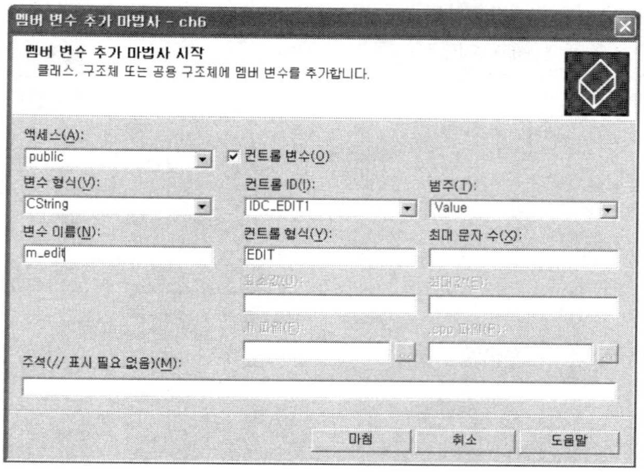

15. 리소스 뷰 탭을 이용하여 IDD_PAGE2DLG 전체를 선택한 후 오른쪽 마우스버튼을 누르면 메뉴가 출력된다. 여기서, 클래스 추가를 선택하면 MFC 클래스 마법사라는 다이얼로그 박스가 출력된다. 지금까지 편집한 다이얼로그박스를 클래스로 만든 과정이다. 클래스 이름란에는 CPage2, 기본 클래스 난에는 CPropertyPage를 선택한 후 마침 버튼을 누른다.

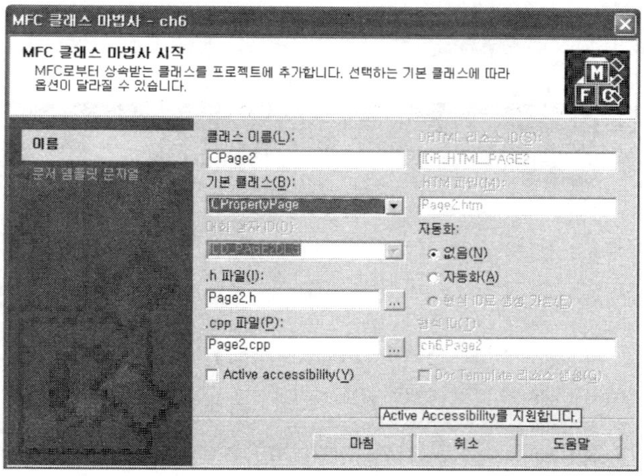

16. 다음으로는 리소스 뷰를 선택한 후 다이얼로그 박스로 가서 IDC_CHECK1을 선택하고 오른쪽 마우스 버튼을 누르면 출력되는 메뉴에서 변수 추가 항목을 선택하면 멤버 변수 추가 마법사라는 다이얼로그 박스가 출력되며 범주란에는 Value, 변수 형식란에는 BOOL, 변수 이름란에는 m_check를 입력하고 마침 버튼을 누른다.

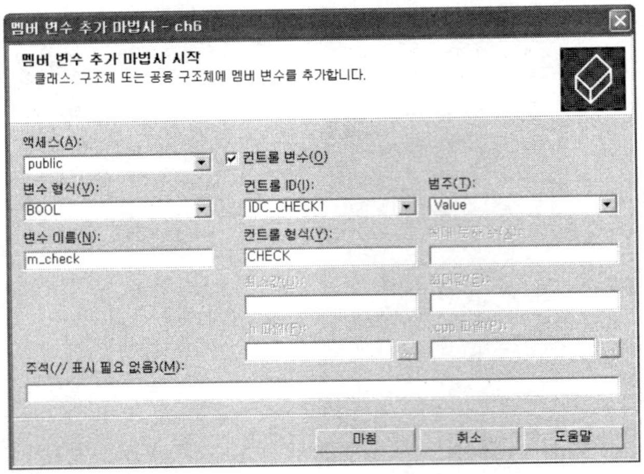

17. 지금까지는 다이얼로그박스로 만든 자원을 클래스로 만들었고 각 컨트롤에 대해 변수를 활당함으로써 컨트롤과 프로그램사이의 통신을 가능하게 만들었다. 이제 다이얼로그박스로 만든 자원인 Property Page를 통합하고 관리할 수 있는 클래스인 Property Sheet 클래스를 만든다.

18. 이를 위해 프로젝트 메뉴의 클래스 추가항목을 선택한다. 출력되는 다이얼로그박스의 왼쪽 판넬에 있는 아이콘에서 MFC 클래스 아이콘을 선택한다.

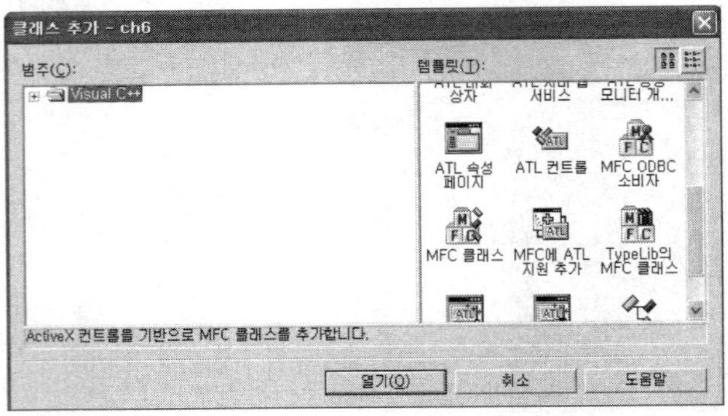

19. 클래스 마법사라는 다이얼로그박스가 화면에 출력되고 클래스 이름란의 에디터상자에 CPsheet이라고 입력하며 기본 클래스: 리스트 상자에는 CPropertySheet를 선택한 후 마침 버튼을 누른다. 이렇게 함으로써 새로 만든 클래스는 CPropertysheet의 특성을 가지는 CPsheet이라는 클래스로 존재하며 Property Page의 조작을 가능하게 한다.

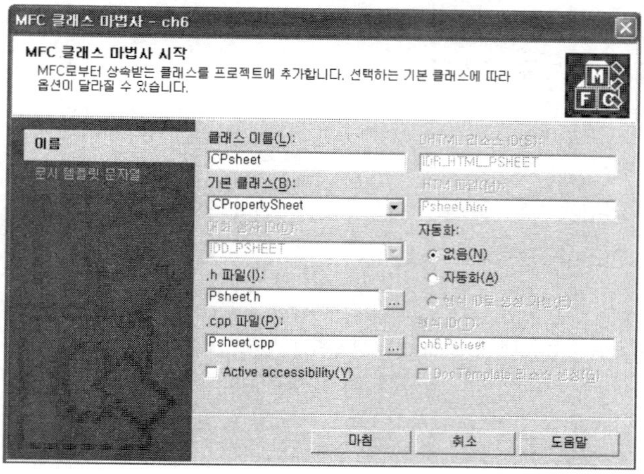

20. 지금까지 CPage1, CPage2, CPsheet라는 3개의 클래스를 만들었으며 이들 클래스를 연결한 응용프로그램을 만들어 본다. Developer Studio에서 솔루션 탐색기 탭을 누르면 지금까지 만든 클래스와 응용프로그램의 골격이 되는 파일이 표시된다.

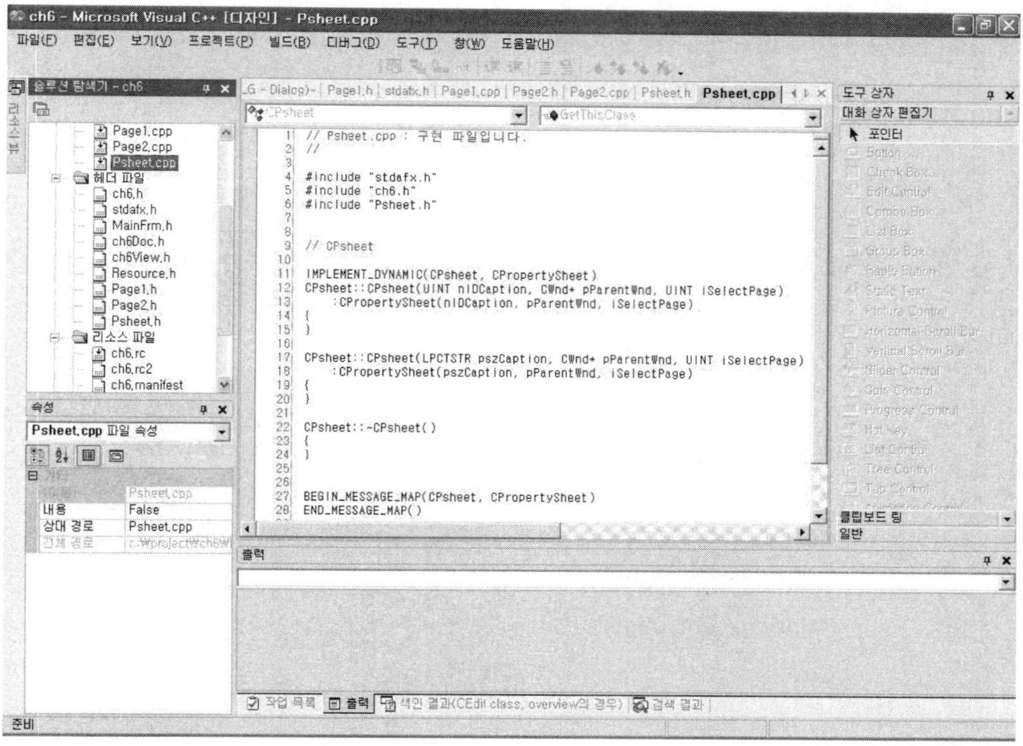

21. Psheet.h 파일을 선택하여 이를 더블클릭하면 Psheet.h 파일의 코드가 출력된다. 여기에 다음과 같은 코드를 추가함으로써 Page1, Page2에 대한 조작을 가능하게 한다.

```
........
#include "Page1.h"
#include "Page2.h"

class CPsheet : public CPropertySheet
{
.....
```

22. Psheet.h 파일에 다음과 같은 코드를 추가한다. property sheet에 표시될 property page를 CPsheet 클래스의 데이터멤버로 선언한다.

```
.....
// Attributes
public:
        CPage1 m_page1;
        CPage2 m_page2;
....
```

23. Psheet.cpp 파일의 두 번째 구성자에 다음과 같은 코드를 추가한다. 이는 sheet가 만들어 질 때 두 개의 Property Page가 추가된다는 것을 의미한다.

```
.........
CPsheet::CPsheet(LPCTSTR pszCaption, CWnd* pParentWnd, UINT iSelectPage)
        :CPropertySheet(pszCaption, pParentWnd, iSelectPage)
{
        AddPage(&m_page1);
        AddPage(&m_page2);
}
........
```

24. 다음으로 CH6View.h파일에 다음과 같은 코드를 추가함으로써 property sheet에서 입력한 값을 저장할 수 있도록 한다.

```
.....
// Attributes
public:
        CCH6Doc* GetDocument() const;
protected:
        CString m_edit;
        BOOL m_check;
// Operations
public:
....
```

25. CH6View.h파일을 저장한다. CH6View.cpp 파일을 로드시킨 후 다음과 같은 코드를 추가한다. 이렇게 함으로써 CH6View 클래스는 필요에 따라 CPsheet 클래스를 만들고 이 클래스에 접근할 수 있다.

```
....
#include "CH6Doc.h"
#include "CH6View.h"
#include "Psheet.h"

.....
```

26. CH6View 클래스의 구성자에 다음과 같은 코드를 추가함으로써 클래스의 데이터 멤버를 초기화한다. 따라서, Property Sheet가 출력되었을 때 이 데이터 멤버가 Property Sheet의 컨트롤에 복사된다. 또한 Property Sheet의 내용이 바뀐 경우 이 데이터 멤버는 변경된 최종값을 가지게 된다.

```
..........
CCH6View::CCH6View()
```

```
{
        // TODO: add construction code here
        m_edit = "Default";
        m_check= FALSE;

}
...
```

27. 또한 CH6View 클래스의 OnDraw() 함수에 다음과 같은 코드를 추가한다.

```
......
void CCH6View::OnDraw(CDC* pDC)
{
        CCH6Doc* pDoc = GetDocument();
        ASSERT_VALID(pDoc);

        // TODO: add draw code for native data here
        //응용프로그램을 실행시킨 화면의 x축 20, y축 20 의 위치에 변수
        //m_edit가 가진 문자 "Defalut"를 출력한다.
        pDC -> TextOut(20,20,m_edit);

        if(m_check)
   // 만약 다이얼로그박스에서 체크표시가 있으면 화면에 TRUE를 출력한다.
                pDC -> TextOut(20,50,"TRUE");

  // 초기화면이나 만약 다이얼로그박스에서 체크표시가 없으면
  // 화면에 FALSE를 출력한다.
        else
                pDC -> TextOut(20,50,"FALSE");
}
.....
```

28. 마지막으로 수정한 메뉴 PropertySheet를 선택하면 실행되는 메시지핸들링함수를 만

들기 위해 CH6View.cpp를 더블 클릭하면 출력되는 속성표에서 이벤트 아이콘을 선택하면 출력되는 메뉴 명령어에서 ID_PROPSHEET를 선택한다. 이 후 COMMAND를 선택하면 OnPropsheet()이라는 멤버함수가 나타나며 이를 선택하면 OnPropsheet()이라는 멤버함수가 추가된다.

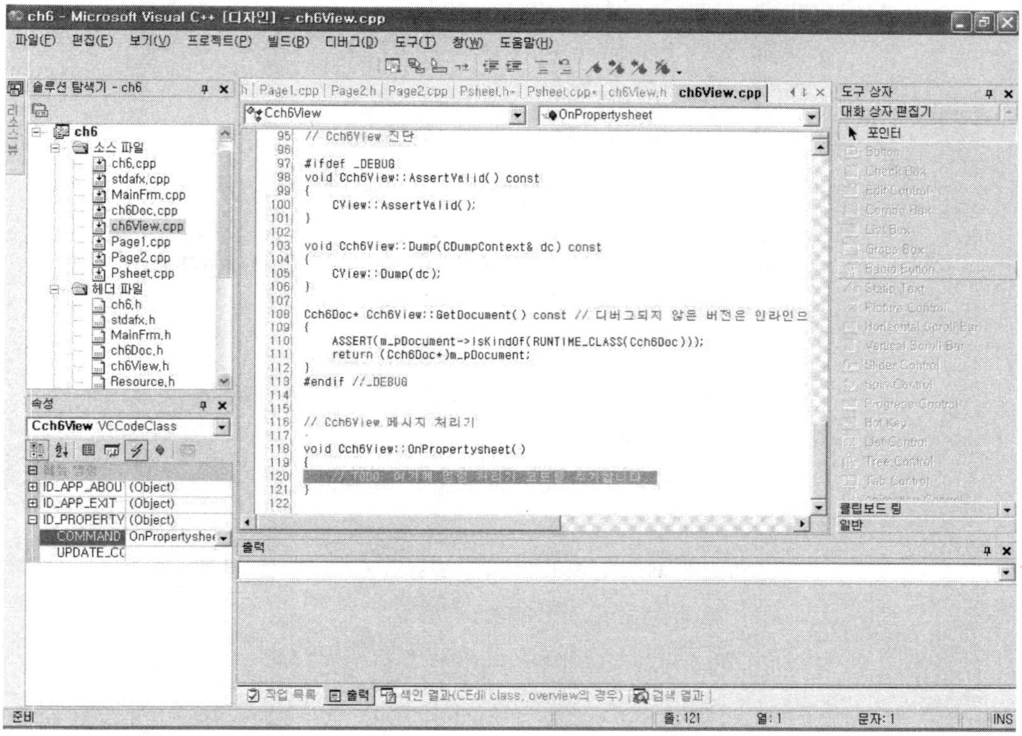

29. OnPropsheet함수에 다음 코드를 추가한다.

```
.........
void CCH6View::OnPropsheet()
{
        // TODO: Add your command handler code here
        //앞에서 만든 CPsheet 클래스의 객체를 만들며 이를 propSheet로
        //선언하였다. 여기에는 3가지의 인자가 있는데 첫 번째는 property sheet의
        //타이틀이고, 두 번째는 부모윈도우(뷰 윈도우)에 대한 포인터, 세 번째는
        //첫페이지가 0임을 표시하는 인덱스이다.
```

```
CPsheet propSheet("Property Sheet",this,0);

//property sheet 객체를 만들면 이를 초기화하여야 한다.
//CCh6View의 구성자에서 정의한 초기화 값이
//다이얼로그박스의 초기화면으로 출력된다.
propSheet.m_page1.m_edit=m_edit;
propSheet.m_page2.m_check=m_check;

//지금까지 만든 property sheet를 화면에 출력한다.
int result=propSheet.DoModal();

//만약 다이얼로그 박스에서 변경된 데이터를 인가하고 OK버튼을 누르면
if(result == IDOK)
{
    //page1의 에디터 상자에 데이터를 인가한 경우 이를 뷰 클래스의
    //m_edit 변수에 저장한다.
        m_edit=propSheet.m_page1.m_edit;

    //page2의 체크 상자의 표시를 변경하면  이를 뷰 클래스의
    //m_check 변수에 저장한다.
        m_check= propSheet.m_page2.m_check;

    // 변경된 값을 화면에 출력하기 위해 OnDraw()함수를 호출하여
    // 다이얼로그박스에 입력된 값을 화면에 표시한다.
        Invalidate();
}

}
```

30. 다음은 이를 실행한 프로그램의 실행 결과이다.

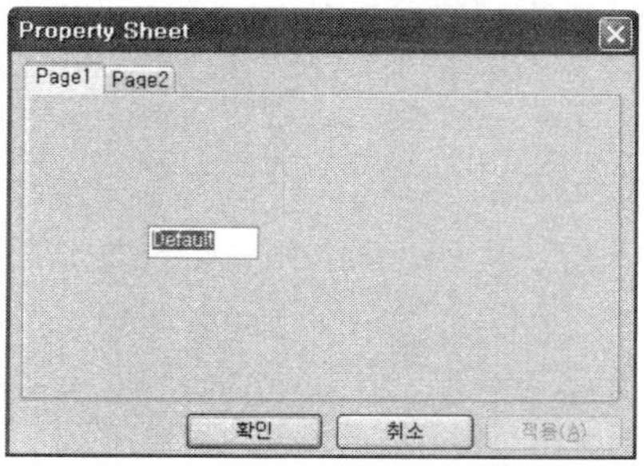

Chapter 7

Animation Control

윈도우즈에서 폴더에서 폴더로 파일을 복사할 때 뿐 아니라 파일 찾기를 할 때 돋보기가 움직이는 동영상 화면을 볼 수 있다. 이러한 동영상 화면은 윈도우즈의 Animation Control을 이용하여 만들어진다. 본 장에서는 이러한 Animation Control을 이용하여 동영상을 화면에 출력 방법을 살펴본다.

먼저 응용프로그램을 만드는 과정은 다음과 같다.

1. 앞에서 설명한 MFC 응용 프로그램 마법사를 이용하여 CH7이라고 프로젝트명을 지정한다.

2. 만들어진 응용프로그램의 골격에서 만든 불필요한 메뉴나 툴바를 없애고 본 응용프로그램에서 필요로 하는 메뉴나 툴바를 만들어 본다. 이러한 과정을 커스텀화라 한다.

3. 리소스 뷰 탭을 이용하여 Menu 항목을 마우스로 누르면 IDR_MAINFRAME이 출력된다. IDR_MAINFRAME 항목을 더블클릭한 후 파일 항목을 누르면 여러 가지 메뉴가 나타나는데 Delete 키를 이용하여 끝내기 항목을 제외하고 다른 항목은 제거한다. 마찬가지 방법으로 도움말 항목을 제외한 다른 항목을 제거한다. 이상으로 완성된 화면 출력은 다음과 같다.

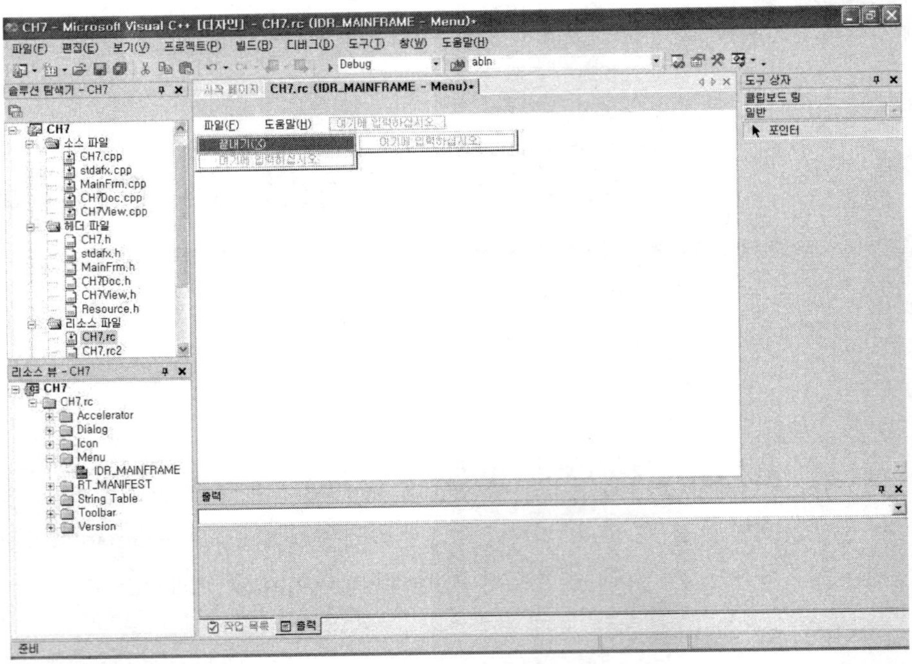

4. 리소스 뷰 탭을 이용하여 가속기(Accelerator)항목을 마우스로 누르면 IDR_MAINFRAME이 출력된다. IDR_MAINFRAME 항목을 더블클릭하면 단축키에 대한 문자열이 오른쪽 판넬에 출력되며 Delete 키를 이용하여 이를 모두 지운다.

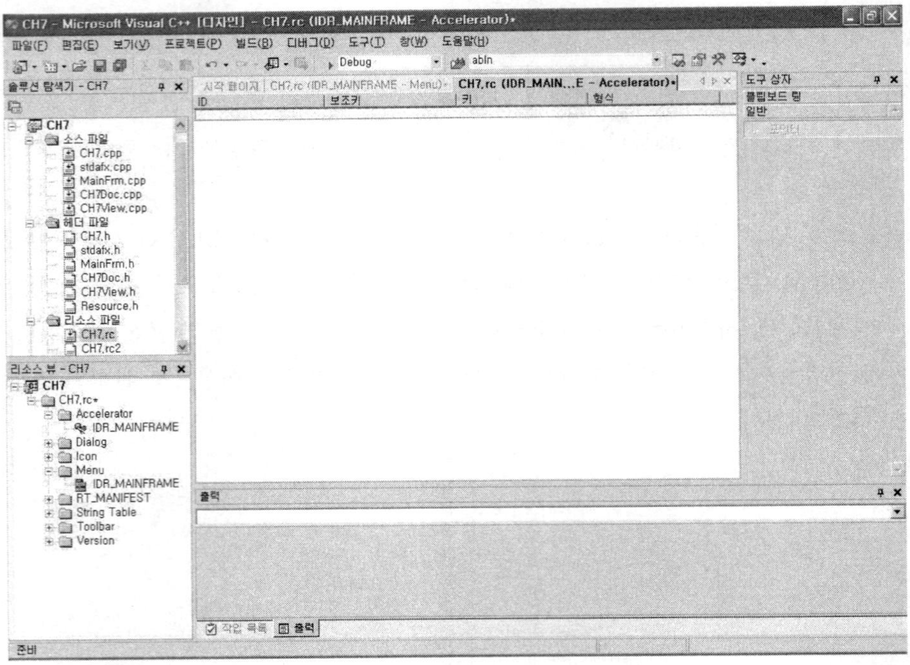

5. 리소스 뷰 탭을 이용하여 툴바(Tool Bar)항목을 마우스로 누르면 IDR_MAINFRAME이 출력된다. IDR_MAINFRAME 항목을 더블클릭하면 여러 항목의 아이콘이 출력된다. 지우고자 하는 아이콘을 선택한 후 화면 왼쪽에 있는 창으로 끌고 가서 마우스를 놓으면 된다. 물음표에 대한 툴바만을 남겨두고 나머지는 모두 지운다.

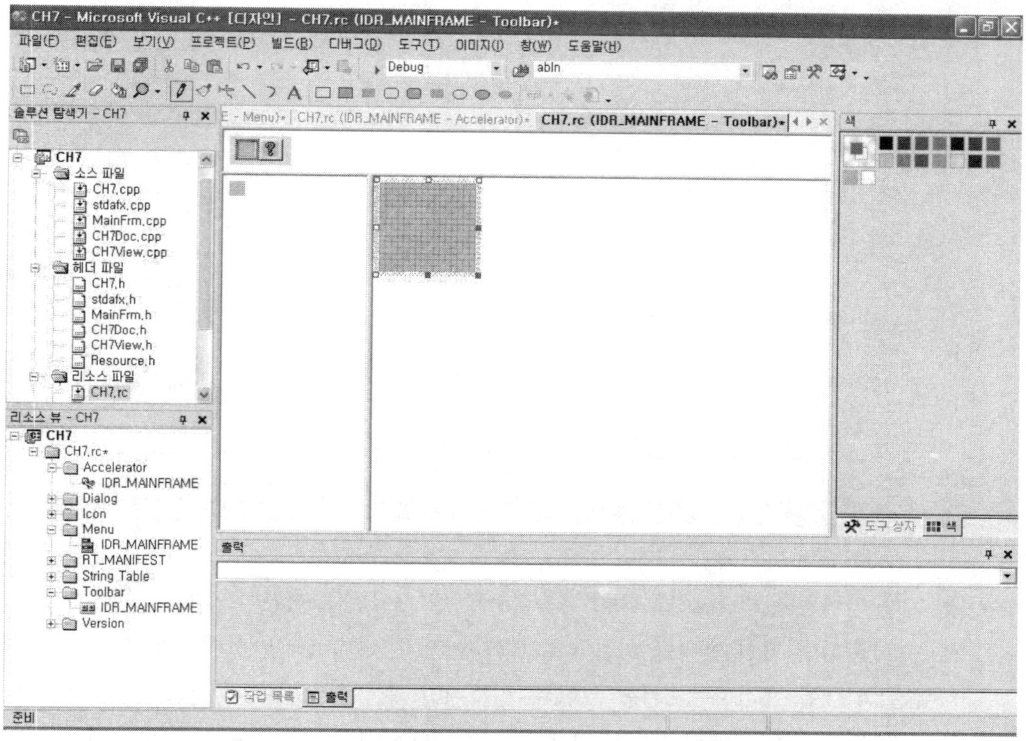

6. 툴바를 지운 후 여기에 응용프로그램에 필요한 5개의 툴바를 새로 그린다. 그래픽 도구가 출력되지 않으면 타이틀 바 밑에 있는 아이콘을 마우스로 가지고 가서 왼쪽마우스 버튼을 누르면 메뉴가 나타나는데 여기서 Graphics라는 항목을 누르게 되면 Graphics 도구가 출력된다.

7. 첫 번째 아이콘에는 DISKETTES의 약자인 D자를 입력한다. 방금 그린 툴바를 오른쪽 마우스버튼으로 더블클릭하면 속성표가 출력되며 ID란에 ID_OPENANIMATION을 입력하고 프롬프트란에 Open이라 입력한다. 여기까지의 화면 출력은 다음과 같다.

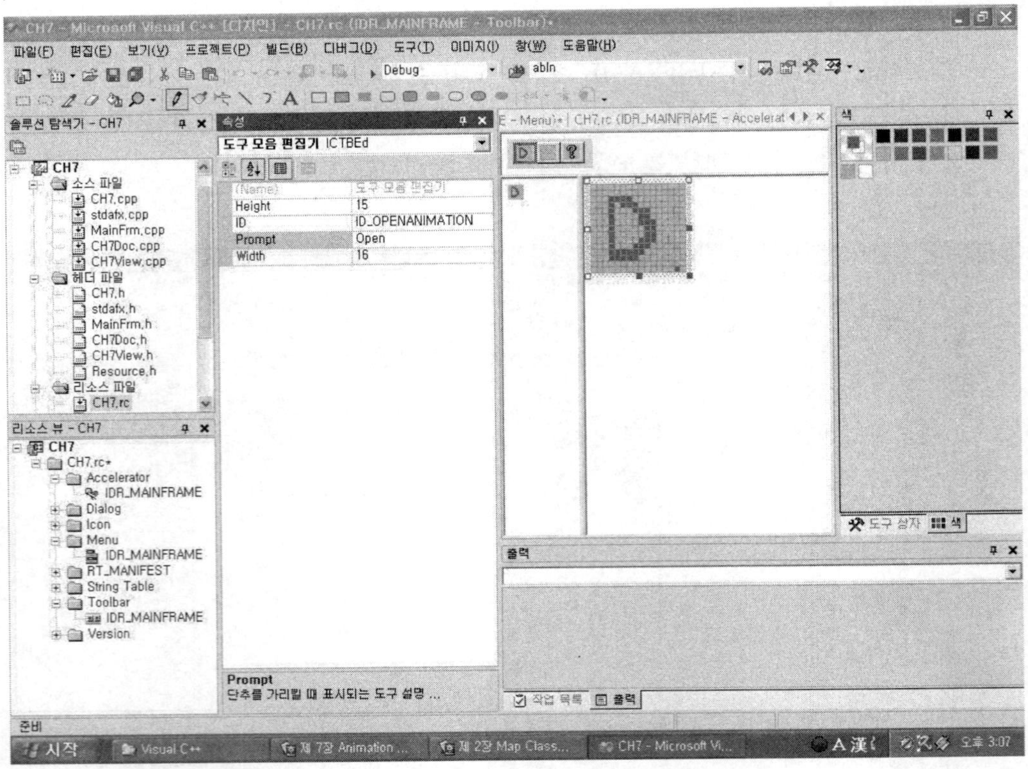

8. 첫 번째 아이콘을 만들고 난 다음 자동적으로 빈 새로운 아이콘이 생긴다. 이를 마우스로 누르게 되면 다시 아이콘에 그림을 그릴 수 있는 확대 된 빈 아이콘이 출력된다. 여기에 START를 표시하는 S자를 그린다. 만들어진 툴바를 오른쪽 마우스버튼으로 더블클릭 하면 속성창이 출력되며 ID란에 ID_STARTANIMATION을 입력하고 프롬프트란에 Start라 입력한다.

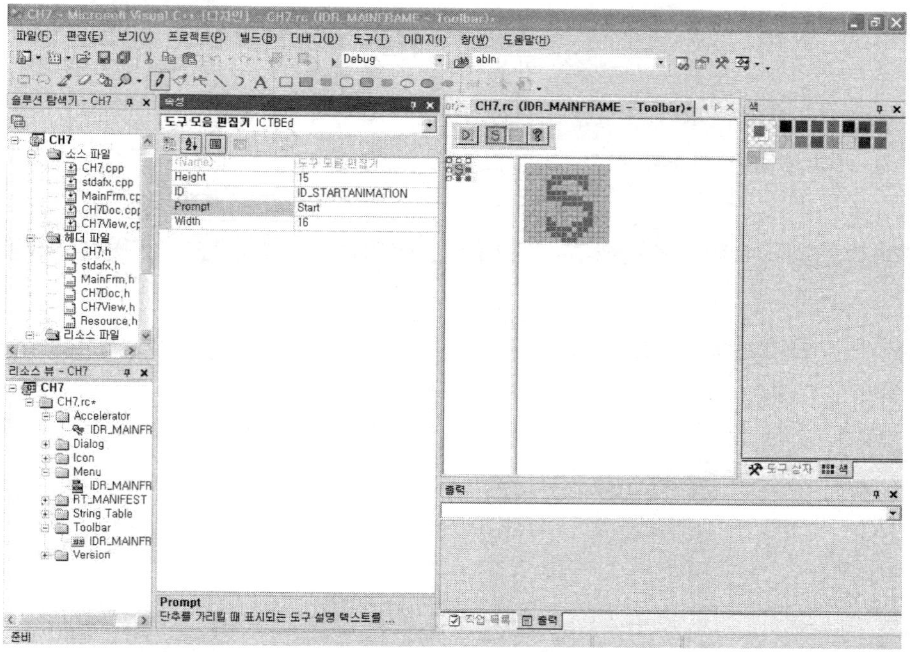

9. 위의 과정을 반복하는데 다음번 아이콘은 STOP을 나타내는 T자를 그린다. 만들어진 툴바를 오른쪽 마우스버튼을 더블클릭하면 속성창이 출력되며 ID란에 ID_STOPANIMATION을 입력하고 프롬프트란에 Stop이라 입력한다.

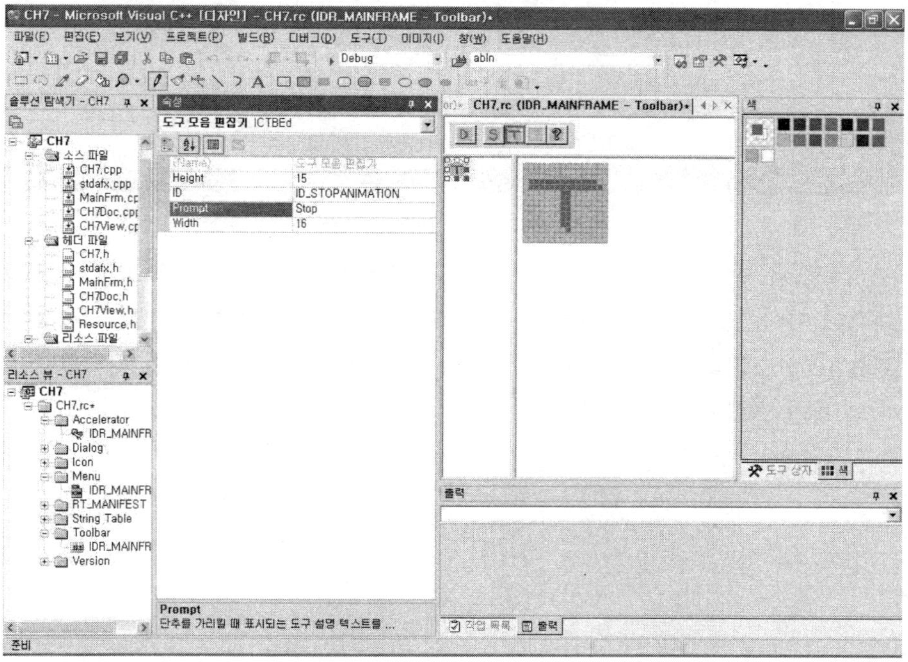

10. 위의 과정을 반복하는데 다음번 아이콘은 FORWARD를 나타내는 F자를 그린다. 다음으로 아이콘을 선택하여 오른쪽 마우스버튼을 더블 클릭하면 출력되는 속성창에서 ID란에 ID_STEPFORWARD을 입력하고 프롬프트란에 Forward를 입력한다. 여기까지의 화면 출력은 다음과 같다.

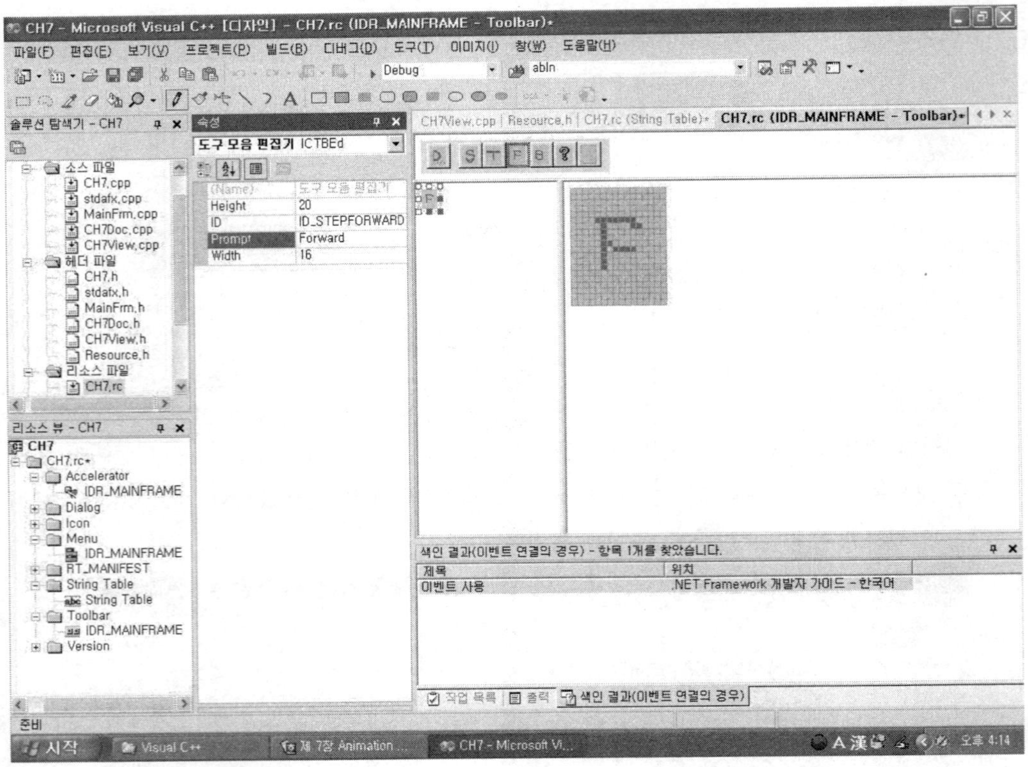

11. 위의 과정을 반복하는데 다음번 아이콘은 BACKWARD를 나타내는 B자를 그린다. 다음으로 아이콘을 선택하여 오른쪽 마우스버튼을 더블 클릭하면 출력되는 속성창의 ID란에 ID_STEPBACKWARD을 입력하고 프롬프트란에 Backward를 입력한다. 여기까지의 화면 출력은 다음과 같다.

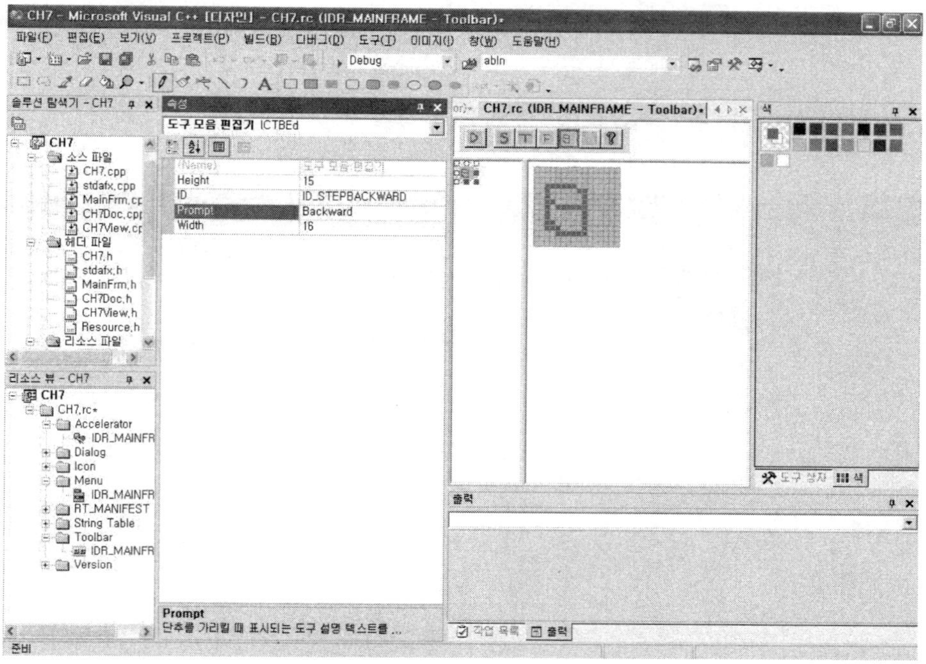

12. 다음으로 Menu 항목을 선택하여 도움말 옆의 빈 란에 동영상이라고 입력한다.

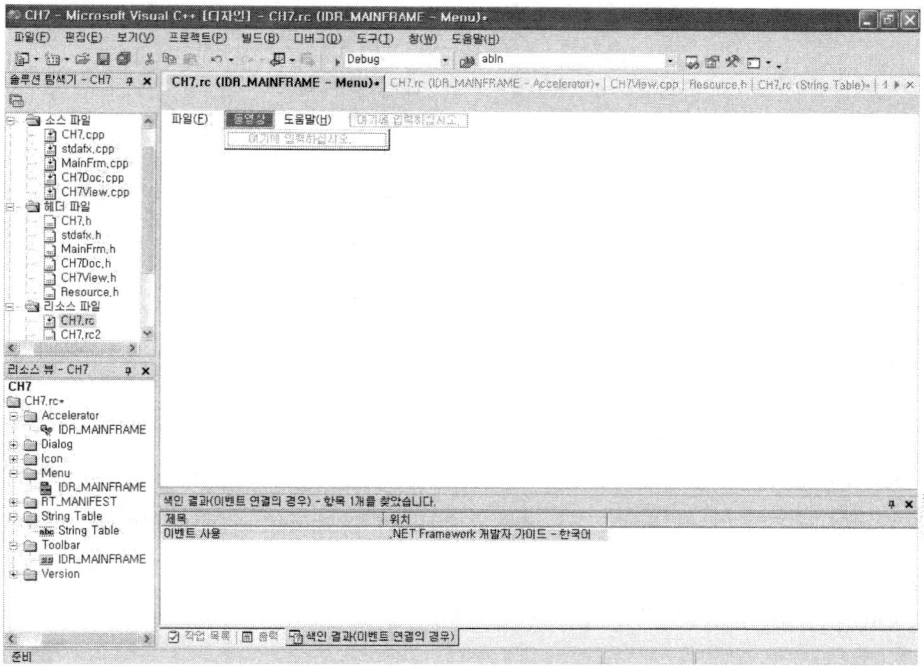

13. 하위 메뉴에 차례로 열기, 시작, 종료, 앞으로, 뒤로를 입력한 후 열기 메뉴를 선택한 후 속성창을 열고 ID란에 앞서 입력한 ID_OPENANIMATION을 입력하면 프롬프트에 앞서 입력한 Open가 표시됨을 알 수 있다.

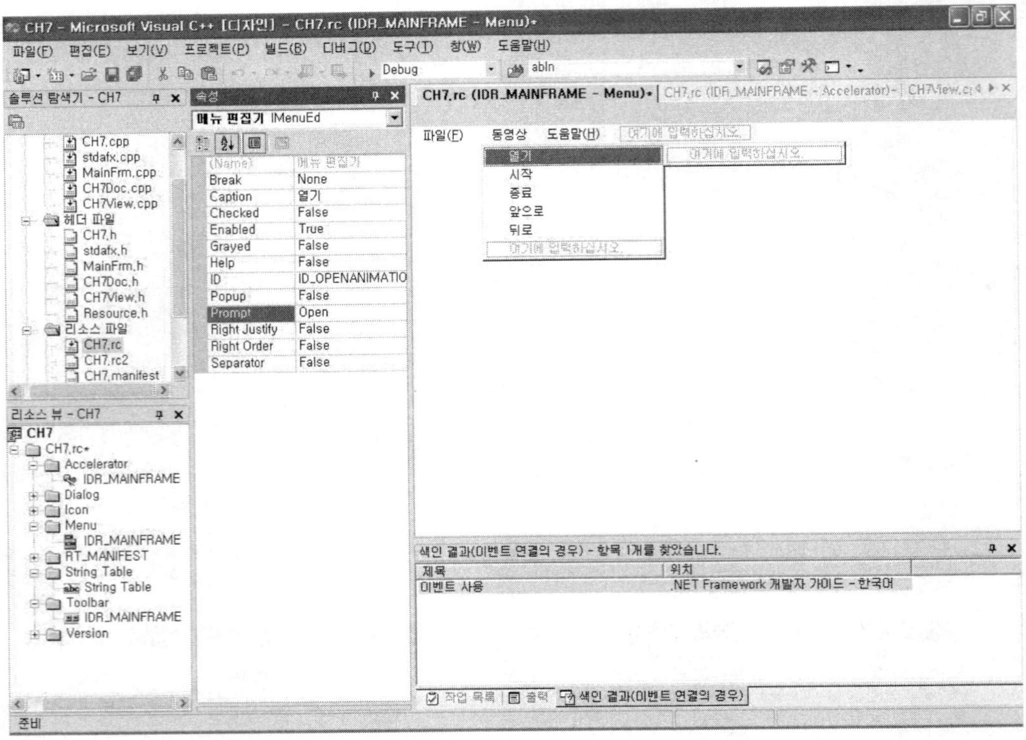

14. 위와 같은 방법으로 시작 메뉴에는 ID_STARTANIMATION, 종료에는 ID_STOPANIMATION, 앞으로 메뉴에는 ID_STEPFORWARD, 뒤로 메뉴에는 ID_STEPBACKWARD를 지정한다.

15. 다음으로 열기 메뉴를 선택한 후 오른쪽 마우스 버튼을 누르면 출력되는 메뉴에서 이벤트 처리기 추가 항목을 선택하면 출력되는 다이얼로그 박스에서 메시지 형식은 COMMAND를 선택하고 클래스 목록에서는 CCH7View를 선택하면 이 이벤트에 해당하는 메뉴나 아이콘이 눌러진 경우 실행되는 OnOpenanimation이라는 함수가 생성됨을 알 수 있다. 추가 및 편집 버튼을 누른다. CCH7View 클래스에 OnOpenanimation이라는 함수가 추가됨을 알 수 있다.

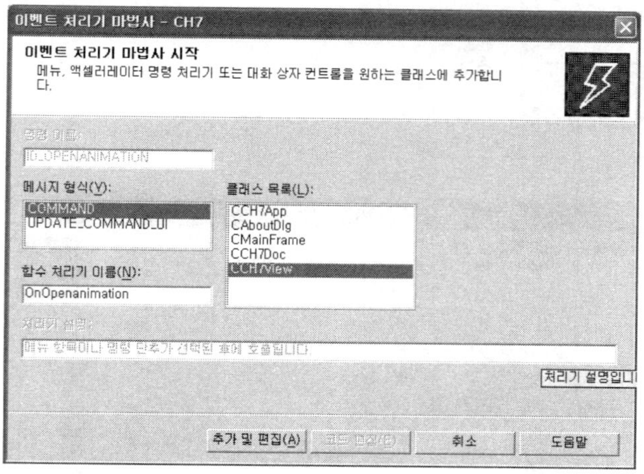

16. 다음으로 시작 메뉴를 선택한 후 오른쪽 마우스 버튼을 누르면 출력되는 메뉴에서 이벤트 처리기 추가 항목을 선택하면 출력되는 다이얼로그 박스에서 메시지 형식은 COMMAND를 선택하고 클래스 목록에서는 CCH7View를 선택하면 이 이벤트에 해당하는 메뉴나 아이콘이 눌러진 경우 실행되는 OnStartanimation이라는 함수가 생성됨을 알 수 있다. 추가 및 편집 버튼을 누른다. CCH7View 클래스에 OnStartanimation라는 함수가 추가됨을 알 수 있다.

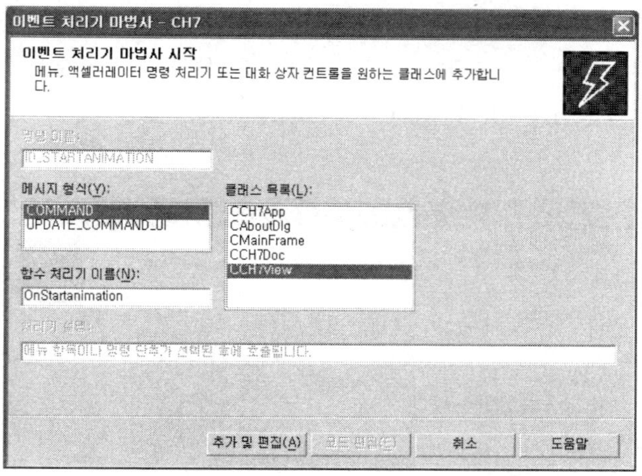

17. 다음으로 종료 메뉴를 선택한 후 오른쪽 마우스 버튼을 누르면 출력되는 메뉴에서 이벤트 처리기 추가 항목을 선택하면 출력되는 다이얼로그 박스에서 메시지 형식은 COMMAND를 선택하고 클래스 목록에서는 CCH7View를 선택하면 이 이벤트에 해

당하는 메뉴나 아이콘이 눌러진 경우 실행되는 OnStopanimation이라는 함수가 생성됨을 알 수 있다. 추가 및 편집 버튼을 누른다. CCH7View 클래스에 OnStopanimation라는 함수가 추가됨을 알 수 있다.

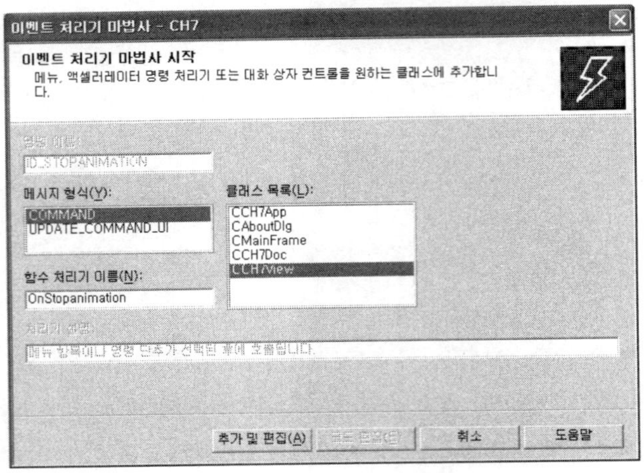

18. 다음으로 앞으로 메뉴를 선택한 후 오른쪽 마우스 버튼을 누르면 출력되는 메뉴에서 이벤트 처리기 추가 항목을 선택하면 출력되는 다이얼로그 박스에서 메시지 형식은 COMMAND를 선택하고 클래스 목록에서는 CCH7View를 선택하면 이 이벤트에 해당하 는 메뉴나 아이콘이 눌러진 경우 실행되는 OnStepforward이라는 함수가 생성됨을 알 수 있다. 추가 및 편집 버튼을 누른다. CCH7View 클래스에 OnStepforward라는 함수가 추가됨을 알 수 있다.

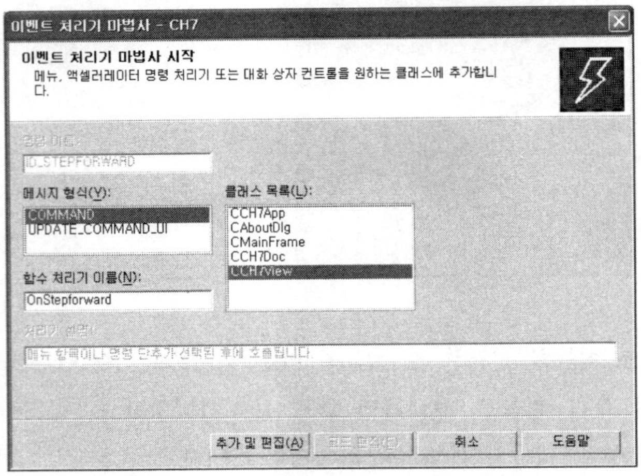

19. 다음으로 뒤로 메뉴를 선택한 후 오른쪽 마우스 버튼을 눌르면 출력되는 메뉴에서 이벤트 처리기 추가 항목을 선택하면 출력되는 다이얼로그 박스에서 메시지 형식은 COMMAND를 선택하고 클래스 목록에서는 CCH7View를 선택하면 이 이벤트에 해당하는 메뉴나 아이콘이 눌러진 경우 실행되는 OnStepbackward이라는 함수가 생성됨을 알 수 있다. 추가 및 편집 버튼을 누른다. CCH7View 클래스에 OnStepbackward라는 함수가 추가됨을 알 수 있다.

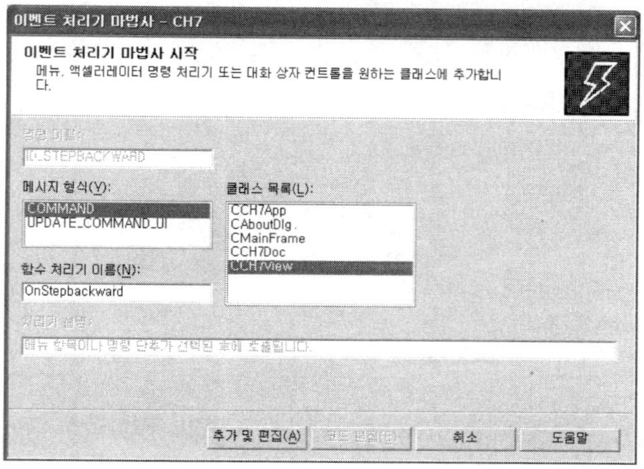

20. 다음으로 Animation 컨트롤이 출력되는 화면을 표시하기 위해 CCH7View.cpp를 선택한 후 속성 창을 출력하면 나타나는 아이콘 중에서 메시지 아이콘을 선택하여 WM_CREATE 윈도우즈 메시지를 처리할 수 있는 OnCreate()함수를 추가한다.

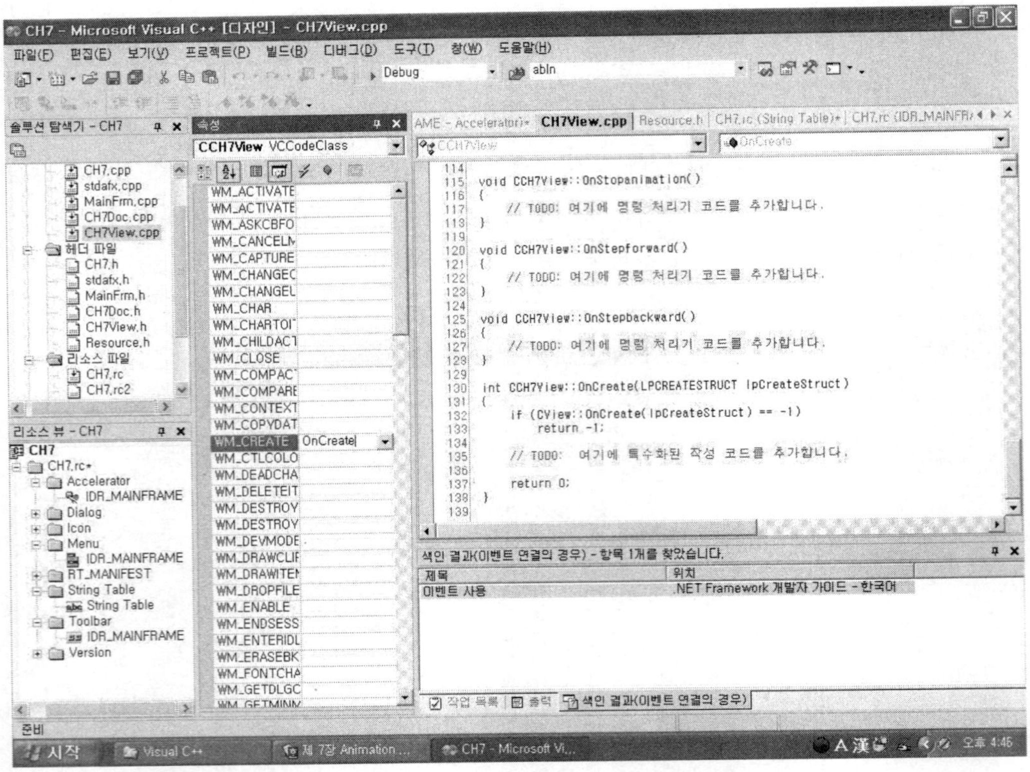

21. Animation 컨트롤을 사용하고 프로그램에 필요한 변수를 사용하기 위해 CCH7View.h 파일에 다음과 같은 코드를 추가한다.

```
..........
public:
        CCH7Doc* GetDocument() const;
        CAnimateCtrl m_animateCtrl;
        int m_seekPos;
......
```

22. 위에서 추가한 OnCreate()함수에 다음과 같은 코드를 추가한다.

```
.......
int CCH7View::OnCreate(LPCREATESTRUCT lpCreateStruct)
```

```
{
        if (CView::OnCreate(lpCreateStruct) == -1)
                return -1;

        // TODO: Add your specialized creation code here
        // 응용프로그램에서 Step 함수를 이용하기 때문에 초기치는 0으로 설정한다.
        m_seekPos = 0;

        //CAnimateCtrl 클래스의 Create()함수와 다른 컨트롤의 Create()함수와
        //같기 때문에 생략한다. 컨트롤 시퀀스가 출력되는 화면을 만든다.
        m_animateCtrl.Create(WS_CHILD|WS_VISIBLE,
                CRect(10,10,100,100),this,111);
        return 0;
}
```

23. 다음으로 OnOpenanimation() 함수에 다음과 같은 코드를 추가한다.

```
.....
void CCH7View::OnOpenanimation()
{
        // TODO: Add your command handler code here
        //CAnimateCtrl 클래스의 Open() 함수를 이용하여 filecopy.avi 파일을 연다.
        m_animateCtrl.Open("filecopy.avi");
}
.....
```

24. 다음으로 OnStartanimation() 함수에 다음과 같은 코드를 추가한다.

```
.....
void CCH7View::OnStartanimation()
{
        // TODO: Add your command handler code here
        //CAnimateCtrl 클래스의 Play() 함수를 이용하여 filecopy.avi를 실행시킨다.
```

```
        // Play() 함수는 3개의 인자를 가지는 데 첫 번째는 애니메이션 시퀀스가
        // play를 시작하는 시작 프레임의 번호로 0 이고, 두 번째는 애니메이션
        // 시퀀스의 끝 프레임을 나타내며, 세 번째의 -1은 시퀀스를 연속적으로
        //출력한다는 의미이다.
        m_animateCtrl.Play((UINT)0,(UINT)-1,(UINT)-1);
}
......
```

25. 다음으로 OnStopanimation() 함수에 다음과 같은 코드를 추가한다.

```
......
void CCH7View::OnStopanimation()
{
        // TODO: Add your command handler code here
        // CAnimateCtrl 클래스의 Stop() 함수를 이용하여 애니메이션
        // 시퀀스를 중지시킨다.
        BOOL result= m_animateCtrl.Stop();
}
....
```

26. 다음으로 OnStepforward() 함수에 다음과 같은 코드를 추가한다.

```
.......
void CCH7View::OnStepforward()
{
        // TODO: Add your command handler code here
        // Stepforward 아이콘을 누르면 총 16프레임으로 되어 있는
        // filecopy.avi 파일에서 1증가된 프레임을 출력하도록 한다.
        ++m_seekPos;

        //만약 16프레임이 넘은 경우는 초기 프레임을 출력하도록 한다.
        if(m_seekPos > 16)
                m_seekPos =0;
```

```
        // m_seekPos의 현재 값이 정당하면 m_seekPos의 프레임에 해당하는
        // 화면을 출력하도록 한다.
        m_animateCtrl.Seek(m_seekPos);
}
.....
```

27. 다음으로 OnStepbackward() 함수에 다음과 같은 코드를 추가한다.

```
.......
void CCH7View::OnStepbackward()
{
        // TODO: Add your command handler code here


        // Stepbackward 아이콘을 누르면 총 16프레임으로 되어 있는
        // filecopy.avi 파일에서 1감소된 프레임을 출력하도록 한다.
        --m_seekPos;

        // 만약 m_seekPos가 마지막 프레임인 경우 이전 출력하도록 한다
        if(m_seekPos < 0)
                m_seekPos =16;
        m_animateCtrl.Seek(m_seekPos);
}
```

28. 프로그램을 컴파일하고 이를 실행시키면 다음과 같은 화면이 출력된다. 여기서 filecopy.avi라는 파일을 CH7프로젝트에 복사하여야 한다

29. 파일 오픈을 의미하는 D라는 아이콘을 누르면 filecopy.avi라는 파일이 오픈되어 다음과 같은 화면이 출력된다. 메뉴와 아이콘을 이용하여 동영상을 움직이게 한다.

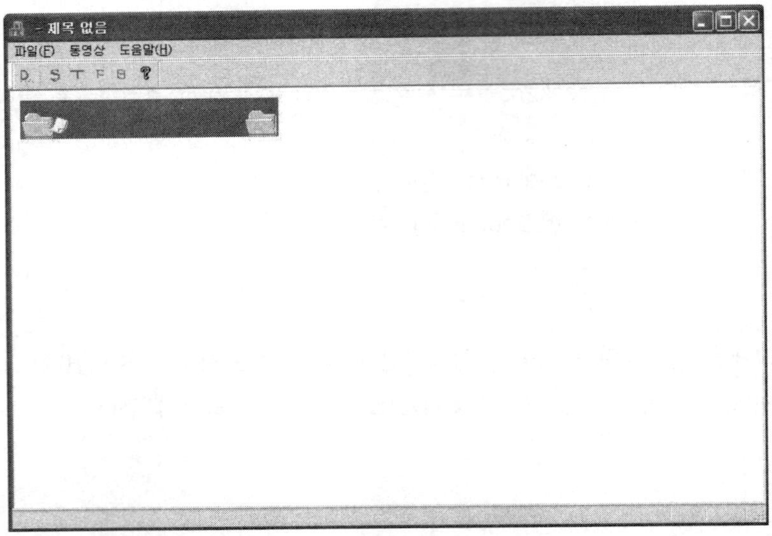

30. 스타트를 의미하는 S자 아이콘을 누르면 애니메이션 시퀀스가 실행된다. 중지를 의미하는 T자 아이콘을 누르면 애니메이션 시퀀스가 중지된다. 한 스텝씩 증가되는 F자 아이콘을 누르면 애니메이션 시퀀스가 한 스텝씩 실행된다. 한 스텝의 감소를 의미하는

B자 아이콘을 누르면 애니메이션 시퀜스가 감소된다.

※ filecopy.avi라는 파일이 CH7프로젝트안에 있어야 실행 가능하다.

Chapter 8

파일 입출력

응용프로그램의 역활중 가장 중요한 일 중 하나는 데이터를 저장하고 저장된 데이터를 불러와 화면에 출력하는 것이다. 이를 위해 Visual C++은 데이터를 저장하고 로드시키는 많은 함수를 제공한다. 이렇게 데이터를 저장하고 로드시킬 수 있는 객체의 능력을 persistence라 하며 MFC로 만들어진 대부분의 객체는 MFC의 CObject 클래스에서 유도되거나 파생되었기 때문에 persistence이다. 응용프로그램을 만드는 경우 데이터를 편집하고 출력하기 위해 도큐멘트와 뷰 클래스를 이용한다. 본 장에서는 도큐멘트 객체가 데이터를 저장하거나 로드시키는 역할을 하고 있기 때문에 도큐멘트 객체에 대해 주로 알아 본다.

1. 앞에서 설명한 MFC 응용 프로그램 마법사를 이용하여 CH8이라고 프로젝트명을 지정한다.

2. 프로그램의 골격을 만든 후 리소스 뷰 탭(Resurce View tab)을 누르면 CH8 Resource라는 트리 뷰 화면이 출력된다. 여기서 +표시를 마우스로 누르게 되면 다른 여러 항목이 출력된다. 여기서 Dialog 항목을 더블클릭하면 IDD_ABOUTBOX라는 메뉴가 출력되며 오른쪽 마우스 버튼을 누른 경우 출력되는 팝업 메뉴에서 다이얼로그 삽입이라는 항목을 누르면 다음과 같은 새로운 다이얼로그 박스가 생성된다.

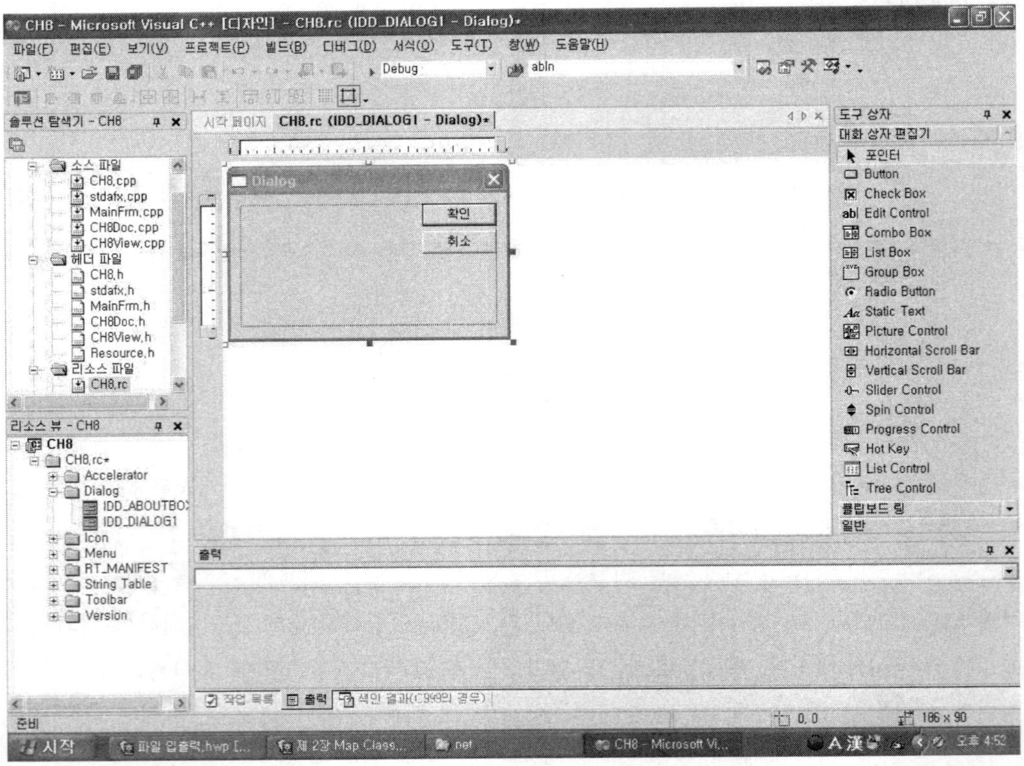

3. 대화 상자 편집기에 있는 컨트롤을 이용하여 다이얼로그박스를 편집하는데 컨트롤의 도구 상자가 출력되지 않는 경우 도구 상자라는 아이콘을 눌러 도구상자를 생성시킨다. 대화상자 편집기에서 Static Text라는 아이콘을 누른 후 Dialog 박스로 가지고가 마우스로 글자를 입력할 수 있을 정도의 크기로 사각형을 만든다.

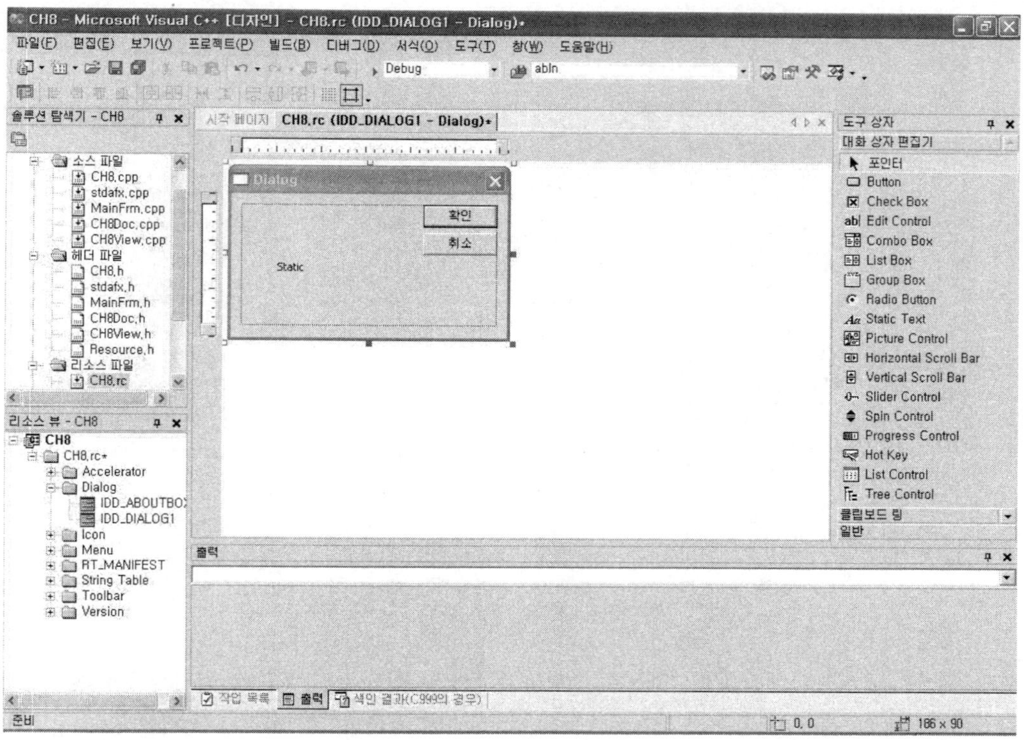

4. Static이라고 적힌 사각형을 선택하고 오른쪽 마우스버튼을 누르면 메뉴가 출력되며 이 메뉴에서 속성이라는 항목을 누르면 속성표가 화면에 출력되며 여기서 모양 항목의 Caption을 Static에서 Type New Message blow:로 변경하고 마우스 버튼을 이용하여 빈공간을 누르면 다이얼로그박스의 화면이 다음과 같이 변경된다.

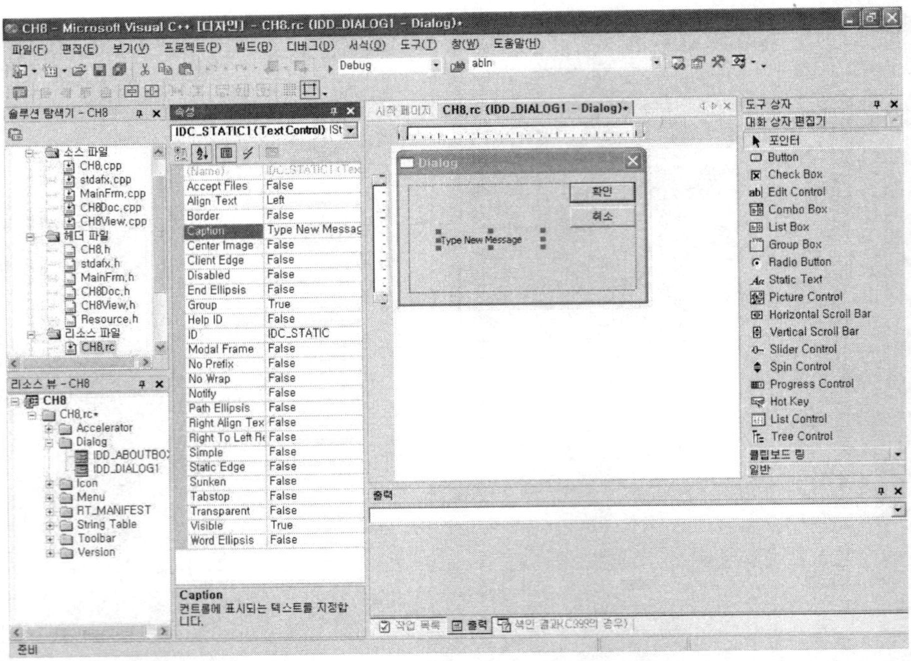

5. 툴박스의 컨트롤에서 Edit Box를 선택하여 입력한 문자열의 하단에 위치하도록 한다. 오른쪽 마우스버튼을 누르면 메뉴가 나타나며 여기서 속성이라는 항목을 선택한다. 속성표가 화면에 출력되며 여기서 ID란에 있는 IDC_EDIT1을 IDC_MESSAGE라고 입력한다.

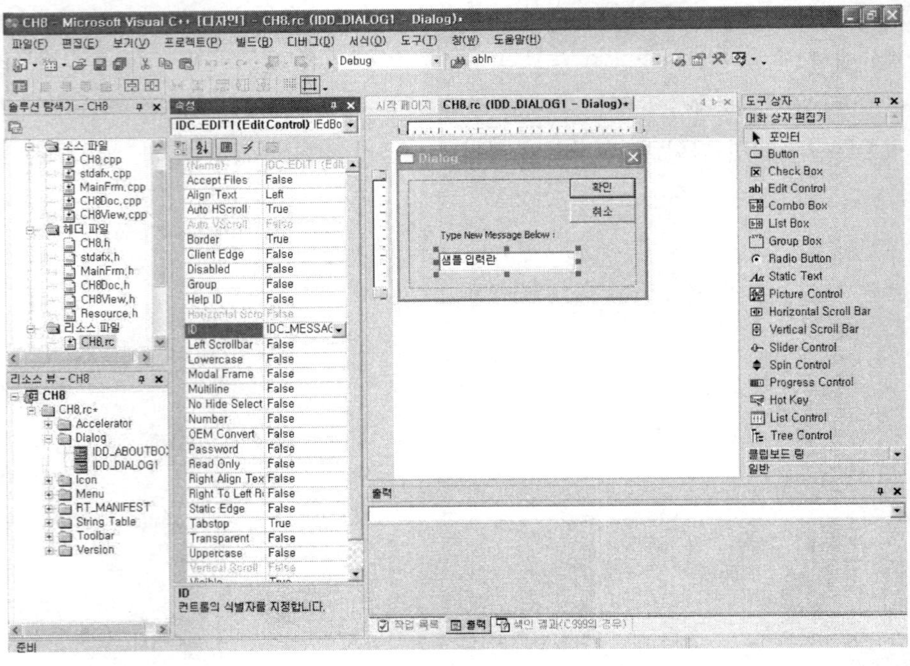

6. 이상으로 IDD_DIALOG1 박스에 대한 편집이 끝났고 다이얼로그박스 전체를 선택한 후 오른쪽 마우스버튼을 누르면 메뉴가 출력된다. 여기서, 클래스 추가를 선택하면 MFC 클래스 마법사라는 다이얼로그박스가 출력된다. 지금까지 편집한 다이얼로그박스를 클래스로 만든 과정이다. 클래스 이름란에는 CChngDlg, 기본 클래스 난에는 CDialog를 입력한 후 마침버튼을 누른다.

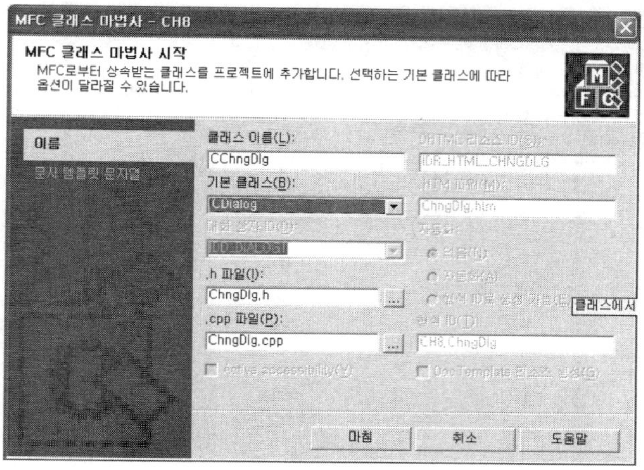

7. 다음으로는 리소스 뷰를 선택한 후 다이얼로그 박스로 가서 IDC_MESSAGE를 선택하고 오른쪽 마우스 버튼을 누르면 출력되는 메뉴에서 변수 추가 항목을 선택하면 멤버 변수 추가 마법사라는 다이얼로그 박스가 출력되며 범주란에는 Value, 변수 형식란에는 CString, 변수 이름란에는 m_message를 입력하고 마침 버튼을 누른다.

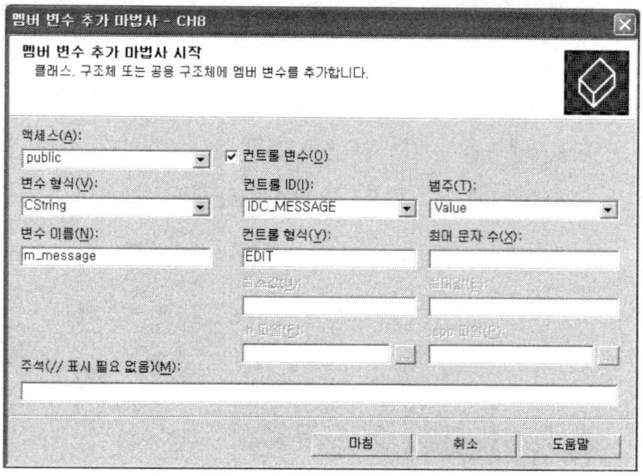

8. 다음으로 리소스 뷰 탭을 이용하여 Menu 항목의 IDR_MAINFRAME을 더블클릭한다. 여기서 파일 항목을 선택하여 파일의 입출력, 데이터의 로드와 저장에 관계없는 프린터 항목을 제거한다. 없애는 방법은 프린터 항목을 선택하면 사각형이 표시되는 데 이 때 Delete키를 누른다. 마찬가지 방법으로 본 장에서의 내용과 관련이 없는 보기 항목도 없앤다. 이상과 같은 방법을 이용하여 남은 항목은 다음과 같다.

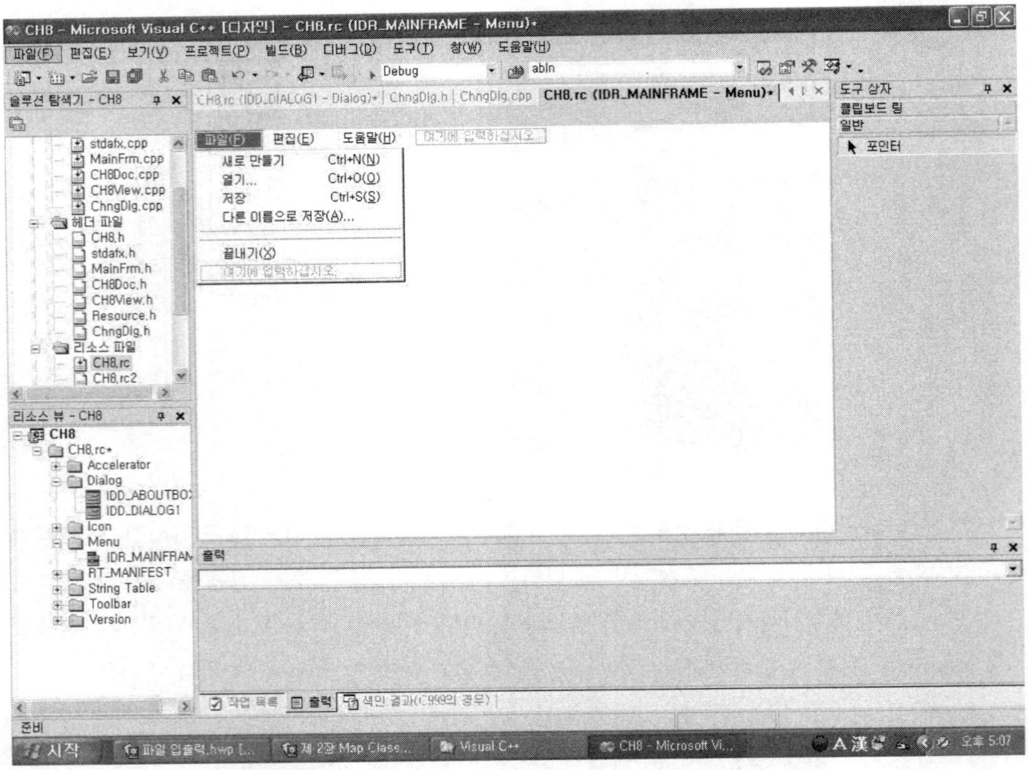

9. 편집 메뉴를 누른 후 최하단의 빈 상자에 메시지 변경이라고 입력하고 오른쪽 마우스 버튼을 누르면 나타나는 메뉴에서 ID 편집을 선택한다. 메시지 변경 옆으로 ID를 편집할 수 있는 란이 생기면 여기에 ID_EDIT_CHANGE라고 입력한다.

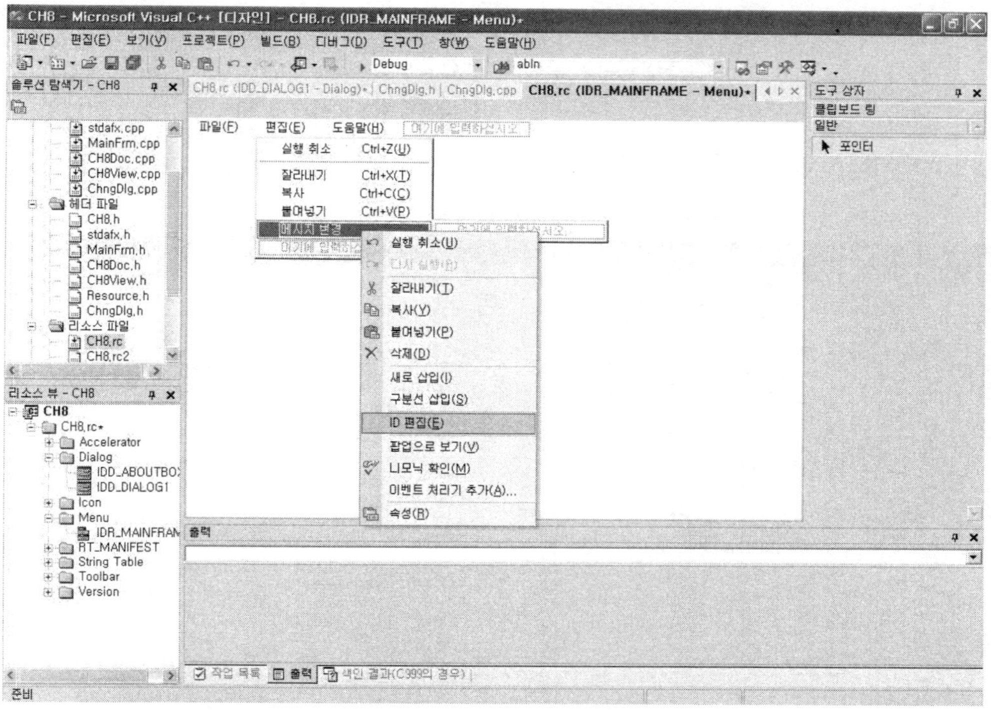
CH8 - Microsoft Visual C++ [디자인] - CH8.rc (IDR_MAINFRAME - Menu)*
파일(F) 편집(E) 보기(V) 프로젝트(P) 빌드(B) 디버그(D) 도구(T) 창(W) 도움말(H)
실행 취소 Ctrl+Z(U)
잘라내기 Ctrl+X(T)
복사 Ctrl+C(C)
붙여넣기 Ctrl+V(P)
실행 취소(U)
잘라내기(T)
복사(Y)
붙여넣기(P)
삭제(D)
새로 삽입(I)
구분선 삽입(S)
ID 편집(E)
팝업으로 보기(V)
니모닉 확인(M)
이벤트 처리기 추가(A)...
속성(R)

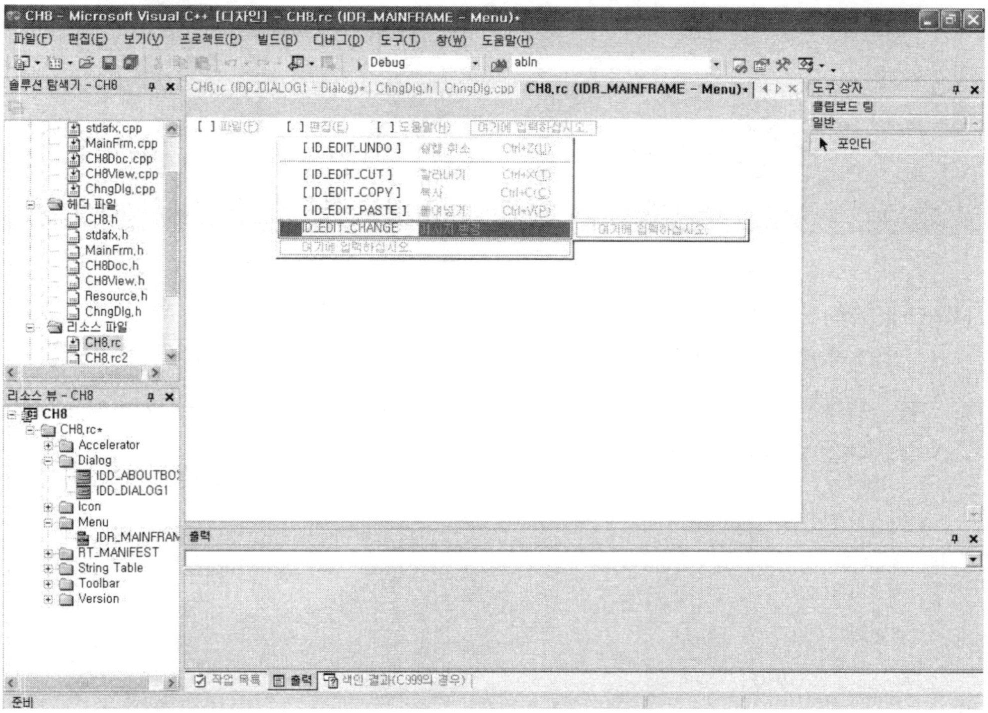
CH8 - Microsoft Visual C++ [디자인] - CH8.rc (IDR_MAINFRAME - Menu)*
[ID_EDIT_UNDO]
[ID_EDIT_CUT]
[ID_EDIT_COPY]
[ID_EDIT_PASTE]
ID_EDIT_CHANGE

10. 방금 만든 메뉴항목을 선택한 경우 이를 처리할 수 있는 메시지핸들 함수를 추가하기 위해 솔류션 뷰에서 CCH8View 클래스를 선택하고 속성창을 누르면 출력되는 속성창에서 이벤트 아이콘을 선택하여 방금 만든 ID_EDIT_CHANGE를 선택한 후 COMMAND를 선택하여 OnEditChange()라는 메시지처리함수를 추가한다.

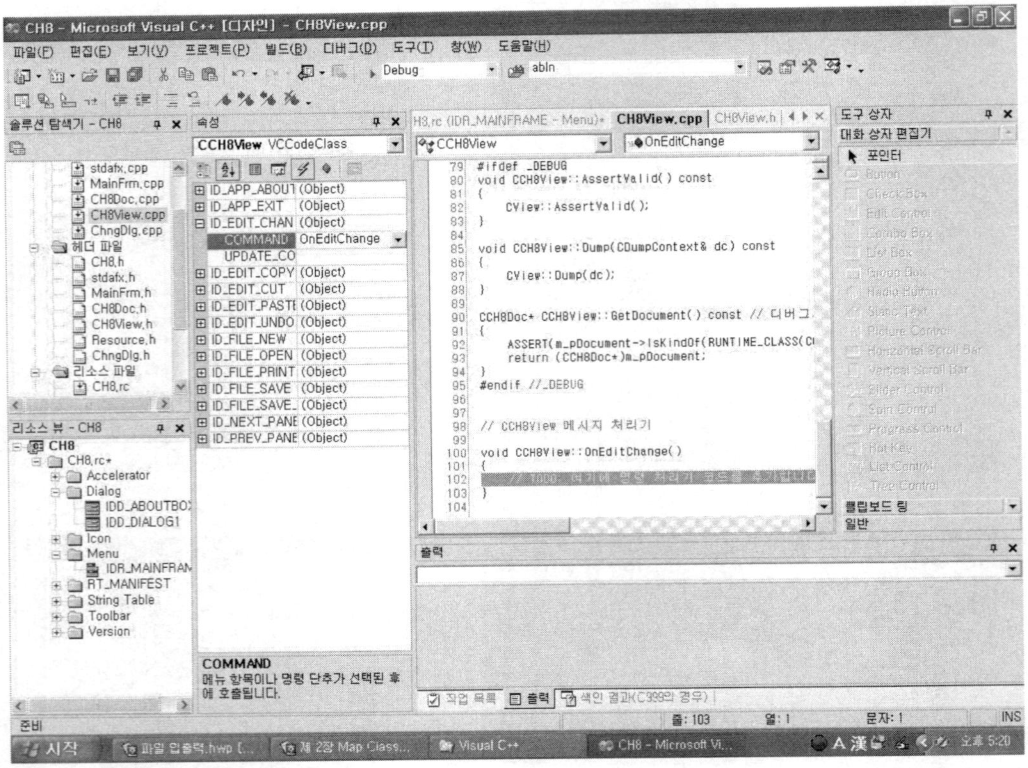

11. 편집 메뉴의 메시지 변경을 누르면 앞에서 만든 IDD_DIALOG1이라는 다이얼로그박스가 출력되어 이 다이얼로그박스의 에디터컨트롤을 통해 입력된 문자열을 저장하도록 하기 위해 데이터의 저장과 로드에 관계된 CCH8Doc라는 도큐멘트 클래스의 헤더파일에 다음과 같은 변수를 선언한다.

```
........
// Attributes
public:
        CString m_message;
```

```
//
........
```

12. 변수선언이 있고 나면 이 변수를 초기화하여야 한다. 이를 위해 CCH8Doc라는 도큐멘트 클래스의 OnNewDocument()함수에 다음과 같은 코드를 추가한다.

```
.......................
BOOL CCH8Doc::OnNewDocument()
{
	if (!CDocument::OnNewDocument())
		return FALSE;

	// TODO: add reinitialization code here
	// (SDI documents will reuse this document)
	//변수 m_message 문자열의 초기화
	m_message= "Defalut Message";

	return TRUE;
}
.....
```

13. 문자열을 초기화한 후 이를 화면에 출력하여야 한다. 이를 담당하는 함수가 뷰 클래스의 OnDraw()함수이다. 따라서 CCH8View.cpp의 OnDraw()함수에 다음과 같은 코드를 추가한다.

```
.....
void CCH8View::OnDraw(CDC* pDC)
{
	CCH8Doc* pDoc = GetDocument();
	ASSERT_VALID(pDoc);

	// TODO: add draw code for native data here
	//화면에서 x축으로 20, y축으로 20의 위치에 m_message의 문자열을 출력한다.
```

```
        pDC -> TextOut(20,20,pDoc -> m_message);
}
...
```

14. 다음으로 앞에서 만든 다이얼로그박스의 에디터입력을 프로그램과 연결시키기 위해 다음과 같이 CCH8View.cpp파일에 다음과 같이 헤더파일을 추가한다.

```
........
#include "CH8Doc.h"
#include "CH8View.h"
#include "ChngDlg.h"

......
```

15. 편집 메뉴의 메시지 변경 메뉴를 선택한 경우 실행되는 메시지처리함수가 OnEditChange() 함수이다. 이 함수에 다음과 같은 코드를 추가한다.

```
................
void CCH8View::OnEditChange()
{
        // TODO: Add your command handler code here
        //앞에서 만든 다이얼로그박스인 CChngDlg 형의 변수로  dialog를 선언한다.
        CChngDlg dialog(this);

        //CCh8Doc의 포인터를 읽어온다.
        CCH8Doc* pDoc =GetDocument();

        //CCh8Doc 도큐멘트 클래스의 m_message 변수에 있는 문자열을
        //다이얼로그박스의 에디터상자에 출력하게 한다. 따라서 다이얼로그박스의
        //  에디터상자에는 초기에 "Default Message"라는 문자열이 출력된다.
        dialog.m_message=pDoc -> m_message;

        //다이얼로그박스를 화면에 출력한다.
```

```
        int result = dialog.DoModal();

        // OK버튼을 누른 경우
        if(result==IDOK)
        {
            // 다이얼로그박스에 입력한 문자열을 도큐멘트 클래스의
            // m_message 변수에 복사한다.

                pDoc -> m_message =dialog.m_message;

             //도큐멘트 클래스의 SetModifiedFlag()함수를 호출하여
             //데이타의 내용이 변경되었음을 도큐멘트 클래스에 알린다.
                pDoc -> SetModifiedFlag();

              // OnDraw()함수를 호출하여 변경된 내용을 화면에 출력한다.
                Invalidate();
        }
}
```

16. 도큐멘트 클래스의 Serialize()함수는 도큐멘트 데이터의 저장과 로드를 처리한다. 따라서, 이 함수에 다음과 같은 코드를 추가한다.

```
.......
void CCH8Doc::Serialize(CArchive& ar)
{
        if (ar.IsStoring())
        {
                // TODO: add storing code here
                // 데이터를 archive에 저장한다.
                ar << m_message;
        }
        else
        {
```

```
            // TODO: add loading code here
          // archive에 저장된 데이터를 로드 시킨다.
      ar >> m_message;

        //archive에 저장된 데이터를 로드시킨 후 화면출력을 한다.
      UpdateAllViews(NULL);
      }
  }
```

17. 이를 실행시키면 다음과 같다. 편집 메뉴의 메시지 변경을 선택하면 앞서 편집한 다이얼로그 박스가 출력되며 에디터 상자에 메시지 변경이라는 문자를 입력하고 확인 버튼을 누르면 윈도우 화면에 입력한 문자가 출력된다. 화면에 출력된 문자열을 파일에 저장하고 파일에 입력된 문자열의 개수를 조사하여 윈도우에 출력하는 방법에 대해 살펴본다.

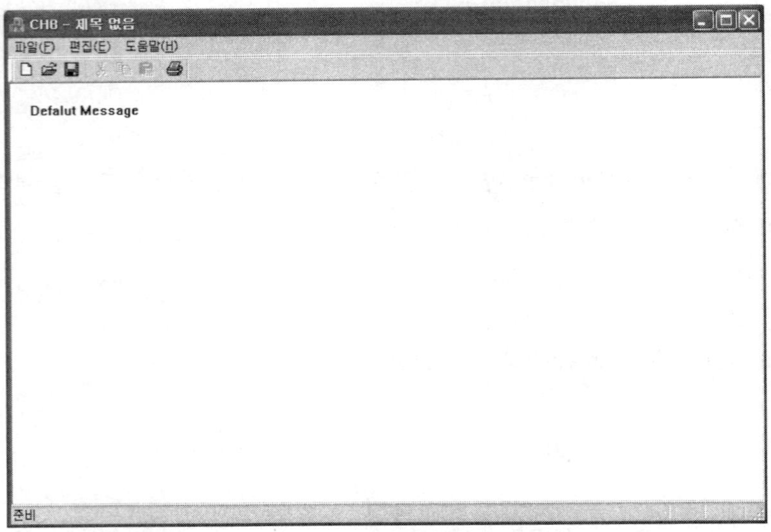

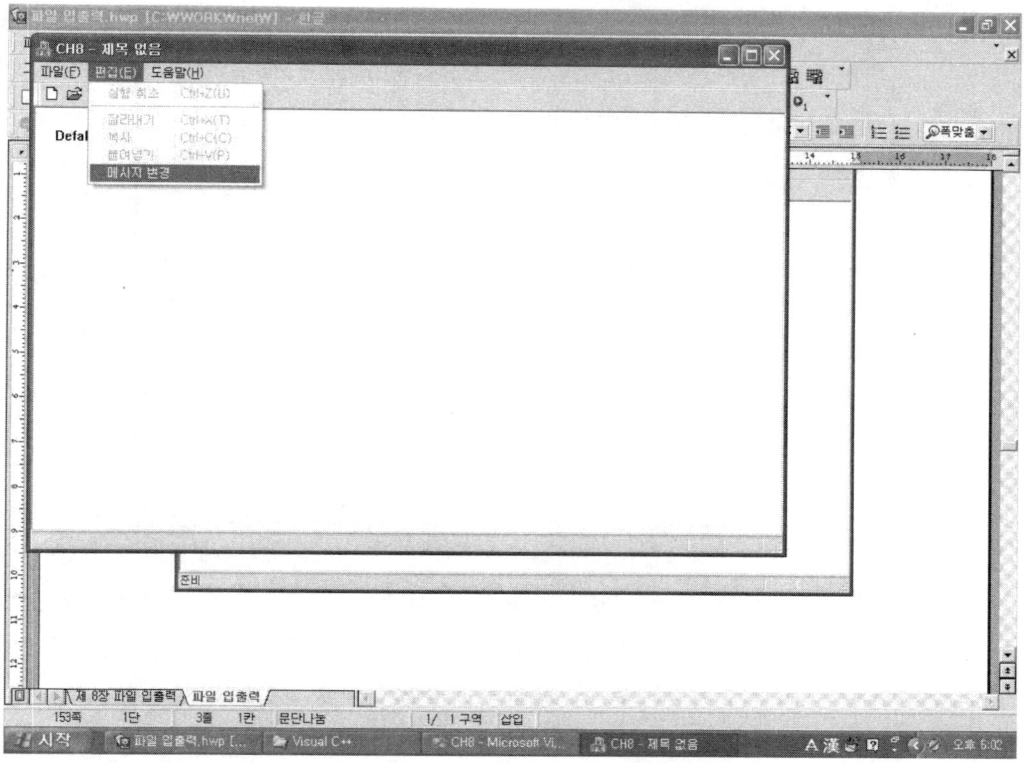
CH8 - 제목 없음
파일(F) 편집(E) 도움말(H)
실행 취소 Ctrl+Z(U)
잘라내기 Ctrl+X(T)
복사 Ctrl+C(C)
붙여넣기 Ctrl+V(P)
메시지 변경

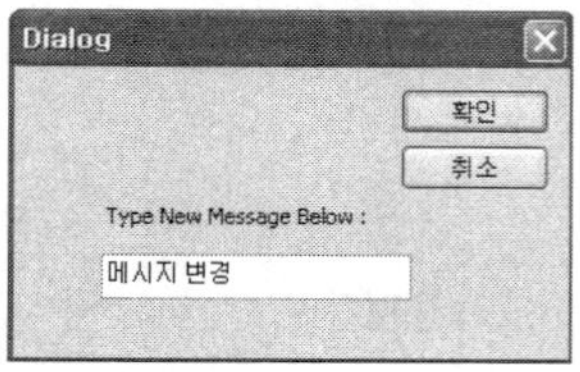
Dialog
확인
취소
Type New Message Below :
메시지 변경

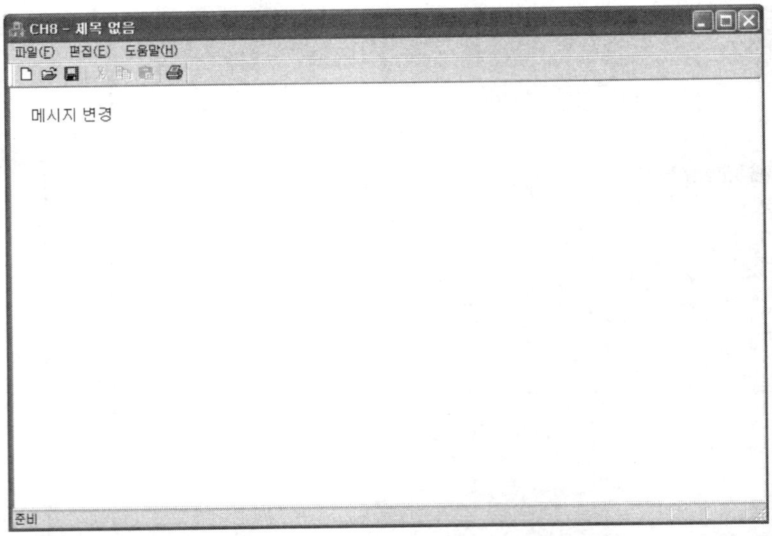

◉ 여기까지의 프로그램은 응용 프로그램의 골격에서 기본적으로 제공하는 파일 처리방법이다. 좀더 다양한 파일 처리를 위해 MFC의 CFile 클래스가 가지는 다양한 형태의 파일처리함수를 살펴본 후 이 함수를 사용하는 방법에 대해 알아본다.

CFile 클래스의 멤버함수

Abort() 에러에 관계 없이 파일을 즉시 닫는다.
Close() 파일을 닫는다.
GetFileName() 파일의 파일이름을 가져온다.
GetFilePath() 파일의 완전한 경로를 얻는다.
GetFileTitle() 확장자없이 파일의 타이틀을 얻는다.
GetLength() 파일의 길이를 얻는다.
GetPosition() 파일내에서 현재 위치를 얻는다.
GetStatus() 파일의 상태를 얻는다.
LockRange() 파일의 일부분을 잠근다.
Open() 파일을 오픈한다.
Read() 파일로부터 데이터를 읽어 드린다.
Remove() 파일을 지운다.
Rename() 파일의 이름을 바꾼다.

Seek() 파일내에서 위치를 설정한다.

SeekToBegin() 파일의 시작위치를 설정한다.

SeekToEnd() 파일의 끝 위치를 설정한다.

SetFilePath() 파일의 경로를 설정한다.

SetLength() 파일의 길이를 설정한다.

SetStatus() 파일의 상태를 설정한다.

UnlockRange() 파일 일부의 잠금을 해제한다.

Write() 파일에 데이터를 쓴다.

18. CFile 클래스에 대해 살펴보기 위해 리소스 뷰을 이용하여 Menu 항목을 선택한 후 파일 메뉴에 있는 새로 만들기, 열기, 저장, 다른 이름으로 저장 항목을 제거한다. 없애는 방법은 파일 메뉴를 선택한 후 다음에 나오는 새로 만들기 메뉴를 선택한 후 Delete 키를 누른다. 다시 String Table 항목을 더블클릭하여 ID_FILE에 관계된 모든 항목을 Delete키를 이용하여 지운다.

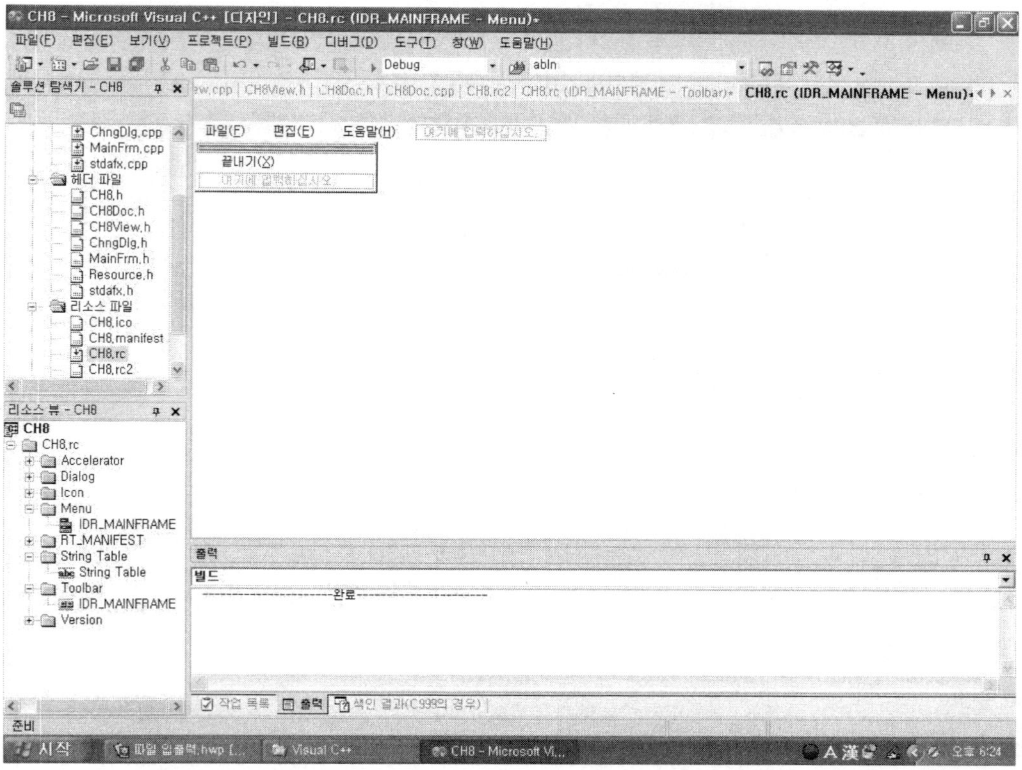

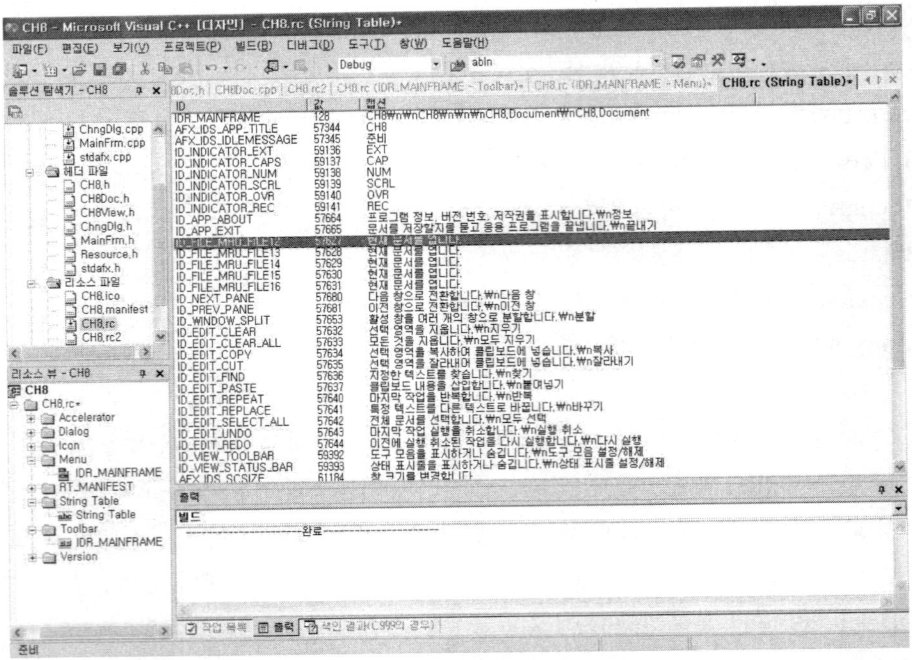

19. CFile 클래스를 이용하여 파일의 저장과 오픈에 대해 알아본다. Menu 항목을 선택한 후 끝내기 항목 밑에 있는 빈 칸에 저장이라고 입력 한 후 오른쪽 마우스 버튼을 누르면 나타나는 메뉴에서 ID 편집을 선택한다. 옆에 출력되는 ID 란에 ID_FILE_SAVE를 입력한다.

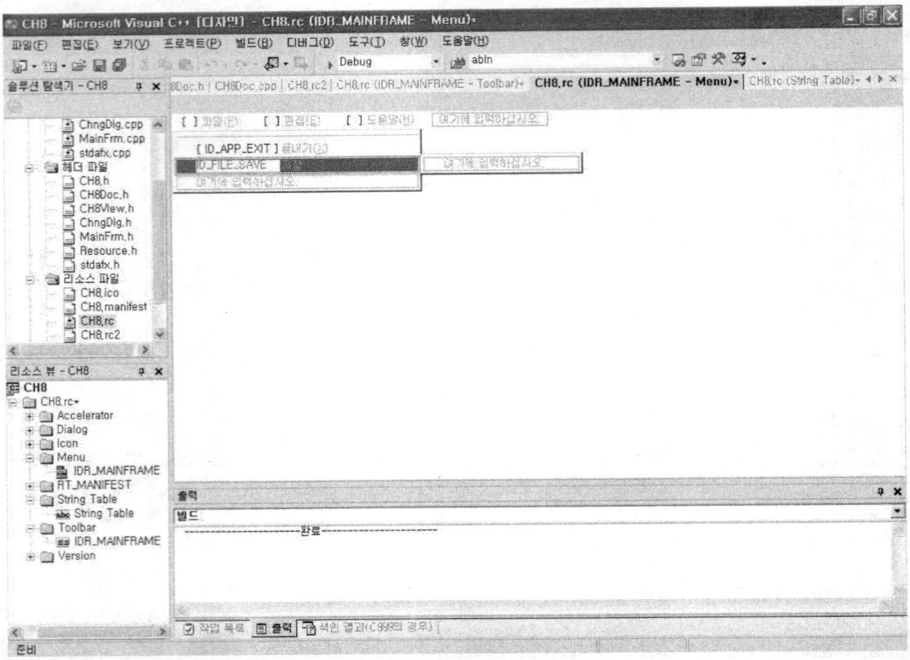

20. 마찬가지 방법으로 빈 칸에 열기라고 입력 한 후 오른쪽 마우스 버튼을 누르면 나타나는 메뉴에서 ID 편집을 선택한다. 옆에 출력되는 ID 란에 ID_FILE_OPEN을 입력한 후 열기와 저장의 순으로 메뉴를 정렬한다.

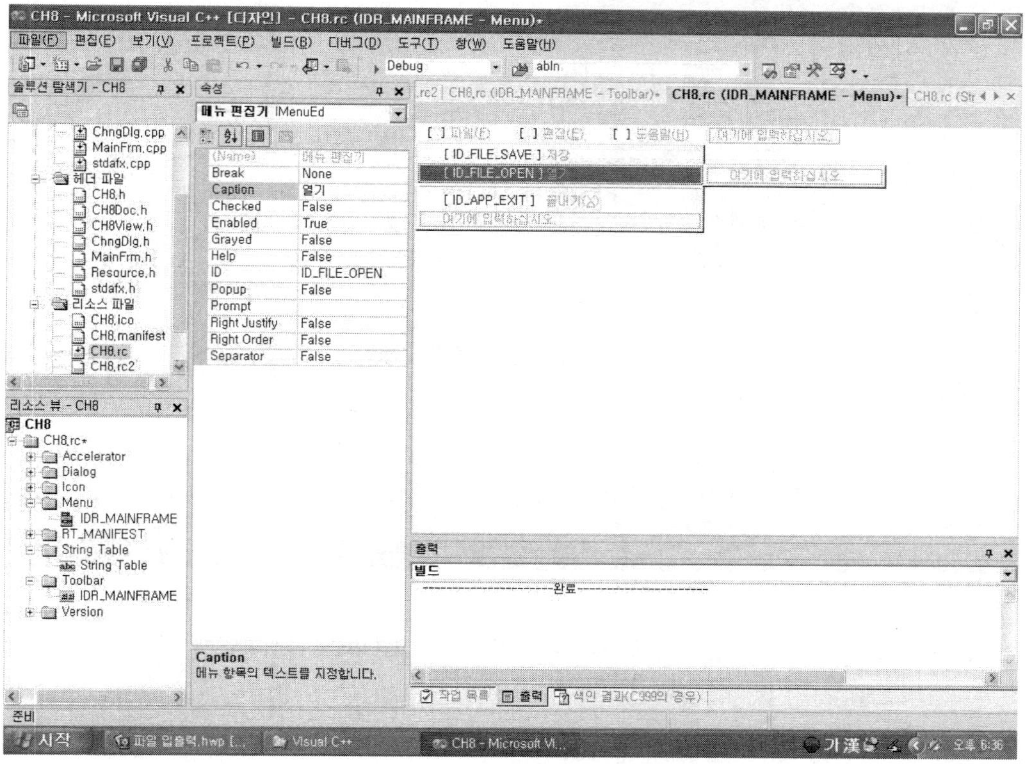

21. 방금 만든 메뉴항목을 선택한 경우 이를 처리할 수 있는 메시지핸들 함수를 추가하기 위해 솔류션 뷰에서 CCH8View 클래스를 선택하고 속성창을 누르면 출력되는 속성창에서 이벤트 아이콘을 선택하여 방금 만든 ID_FILE_SAVE와 ID_FILE_OPEN를 선택한 후 COMMAND를 선택하여 각각 OnFileOpen(), OnFileSave()라는 메시지처리함수를 추가한다.

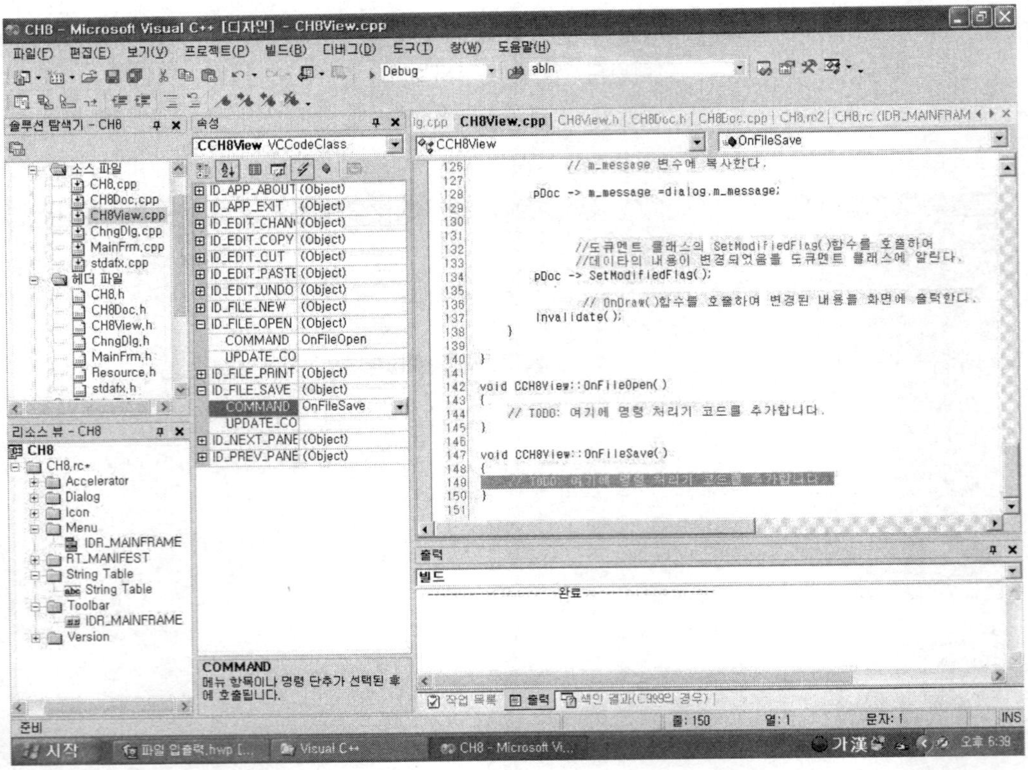

22. 몇가지 추가적인 변수가 필요하기 때문에 이를 CCH8View.h파일에 선언 한다.

```
......
public:
    CCH8Doc* GetDocument();
    CString m_message;
    int m_fileLength;
    CString m_filePath;
.....
```

23. 추가한 멤버 변수를 CCH8View의 구성자에 초기화한다.

```
......
```

```
CCH8View::CCH8View()
{
        // TODO: add construction code here
        m_message = "Default Message";
        m_fileLength = 0;
        m_filePath = "None";
}
.....
```

24. 방금 메뉴에서 추가한 항목에서 저장 항목을 선택하면 실행되는 메시지가 OnFileSave() 함수이다. 여기에 다음과 같은 코드를 추가함으로써 저장 메뉴항목을 선택한 경우에 대해 프로그램이 동작을 하도록 한다.

```
.........
void CCH8View::OnFileSave()
{
        // TODO: Add your command handler code here

        // CFile 클래스의 구성자를 호출함으로써 파일을 생성한 후
        //  파일의 접근 모드를 만든다. 여기에 사용된 파일의 접근 모드는
        // modeCreate로 이는 새로운 파일을 만들거나 현존하는
        // 파일의 길이를 0으로 둔다. 또한 modeWrite는 쓰기 동작 만을
        //가능하게 한다.
        CFile file("TESTFILE.TXT", CFile::modeCreate|CFile::modeWrite);


        //현재 다이얼로그박스를 통해 입력된 데이터의 길이를 얻는다.
        int length = m_message.GetLength();

        // CFile 객체의 Write()함수를 이용하여 다이얼로그박스를 통해
        // 입력된 데이터를 적기 위한 버퍼 포인터인 LPCTSTR과 데이터의
        // 길이를 변수로 취한다.
        file.Write((LPCTSTR)m_message,length);
```

```
        //파일의 경로를 구한다.
        m_filePath=file.GetFilePath();

        //파일의 길이를 구한다.
        m_fileLength=file.GetLength();

        //파일을 닫게 된다.
        file.Close();

        //윈도우에 새로운 정보를 출력하기 위해  Invalidate()함수를 호출한다.
        Invalidate();

}
```

25. 방금 메뉴에서 추가한 항목에서 열기 항목을 선택하면 실행되는 메시지가 OnFileOpen() 함수이다. 여기에 다음과 같은 코드를 추가함으로써 열기 메뉴항목을 선택한 경우에 대해 프로그램이 동작을 하도록 한다.

```
......
void CCH8View::OnFileOpen()
{
        // TODO: Add your command handler code here
        //CFile의 객체인 file의 구성자에서 TESTFILE.TXT를
        //오픈하고 이를 읽어드린다. modeRead 플래그는 단지 읽기
        // 동작만을 행한다.
        CFile file("TESTFILE.TXT", CFile::modeRead);

        // 오픈한 파일의 데이터를 저장할 변수
        char s[81];

        //Read()함수는 두가지의 인자를 취하는데 첫 번째는 문자열을
        //저장하는 버퍼의 주소이고 두 번째는 데이터의 바이트 수이다.
        //실질적으로 읽어드린 데이터를 리턴한다.
```

```
        int bytesRead=file.Read(s,80);

        // 실질적으로 읽어드린 데이터의 끝 부분에 0을 추가함으로써
        // m_message 데이터멤버에 설정할 수 있는 문자열을 만든다.
        s[bytesRead]=0;
        m_message= s;
        m_filePath=file.GetFilePath();
        m_fileLength=file.GetLength();

        file.Close();
        Invalidate();

    }
```

26. OnDraw()함수에 다음과 같은 코드를 추가함으로써 화면에 파일 입출력정보를 표시하게 한다.

```
......
void CCH8View::OnDraw(CDC* pDC)
{
        CCH8Doc* pDoc = GetDocument();
        ASSERT_VALID(pDoc);

        // TODO: add draw code for native data here
        TEXTMETRIC tm;
        pDC->GetTextMetrics(&tm);
        int fontHeight = tm.tmHeight;

        pDC -> TextOut(20,20,pDoc -> m_message);
        pDC->TextOut(20, fontHeight, "CURRENT MESSAGE:");
        pDC->TextOut(40, fontHeight*2, m_message);
        pDC->TextOut(20, fontHeight*4, "FILE PATH:");
        pDC->TextOut(40, fontHeight*5, m_filePath);
```

```
        char s[20];
        wsprintf(s, "%d", m_fileLength);
        pDC->TextOut(20, fontHeight*7, "FILE LENGTH:");
        pDC->TextOut(40, fontHeight*8, s);

}
......
```

27. 실행 결과는 다음과 같으며 파일 메뉴에서 저장을 선택한 경우 TESTFILE.TXT가 저장된 정보를 알려 주고 있다. 이 파일에는 Default Message라는 문자열이 저장되어 있으며 이 문자열의 길이는 15이다. 이 파일을 호출하여 내용을 변경시킨 후 열기를 실행한 경우 출력되는 화면은 다음과 같다. TESTFILE.TXT라는 파일을 열어 문자열을 입력한 경우의 파일 길이가 변경되었음을 보여준다.

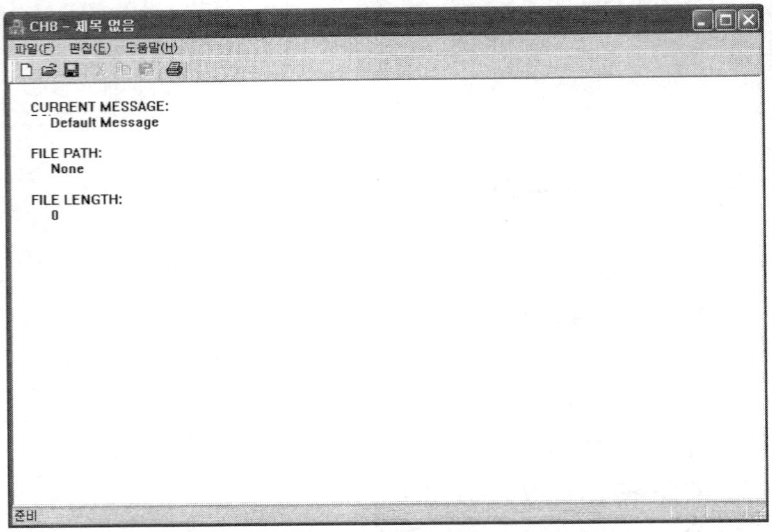

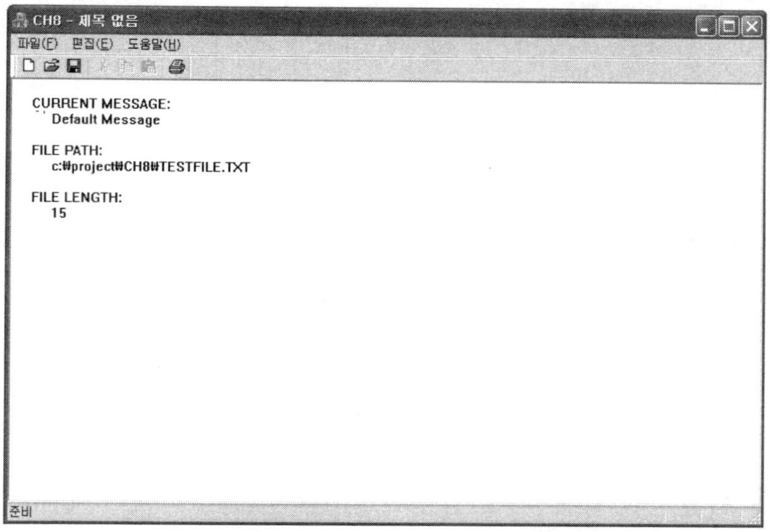
CH8 - 제목 없음
파일(F) 편집(E) 도움말(H)
CURRENT MESSAGE:
Default Message
FILE PATH:
c:\project\CH8\TESTFILE.TXT
FILE LENGTH:
15
준비

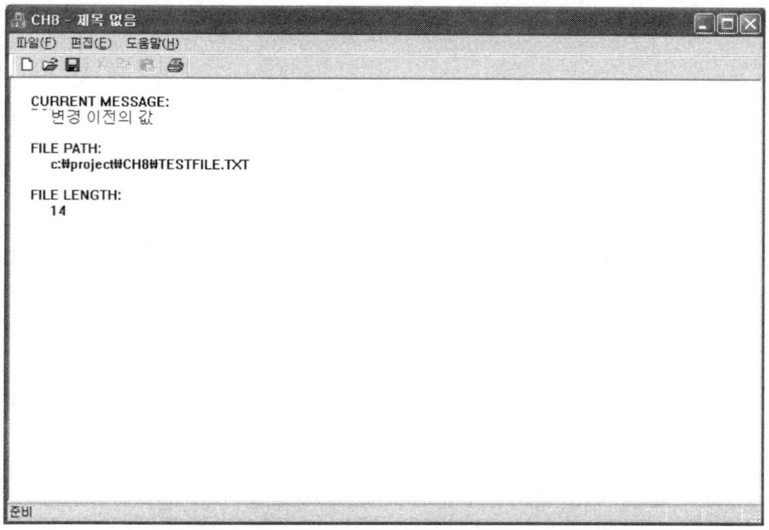
CH8 - 제목 없음
파일(F) 편집(E) 도움말(H)
CURRENT MESSAGE:
변경 이전의 값
FILE PATH:
c:\project\CH8\TESTFILE.TXT
FILE LENGTH:
14
준비

Chapter 9

CRichEditView로 구현한 간단한 워드프로세스

현재 사용중인 워드프로세서(Word Processor)는 종류만큼이나 많은 기능을 제공하고 있다. 본 장에서는 MFC의 CRichEditView 클래스를 이용하여 기본적이지만 유연성과 이식성이 높아 필요한 기능을 쉽게 추가할 수 있고 다른 응용프로그램에 쉽게 추가시킬 수 있는 워드프로세서를 만든다. 만들어진 워드프로세서는 문서작성과 문서편집이 가능하며 글씨의 속성을 바꿀 수 있으며 문서의 정돈 및 저장 등이 가능하다.

1. 다음과 같은 절차로 응용 프로그램을 만든다. 먼저 프로젝트의 이름을 CH9라고 정의한다.

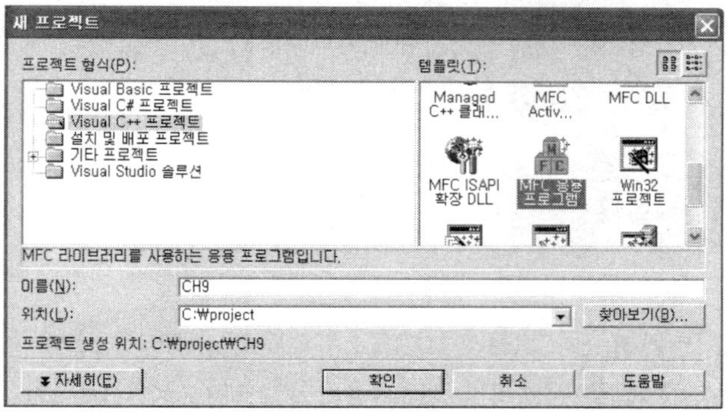

2. 응용 프로그램의 종류는 단일 문서로한다.

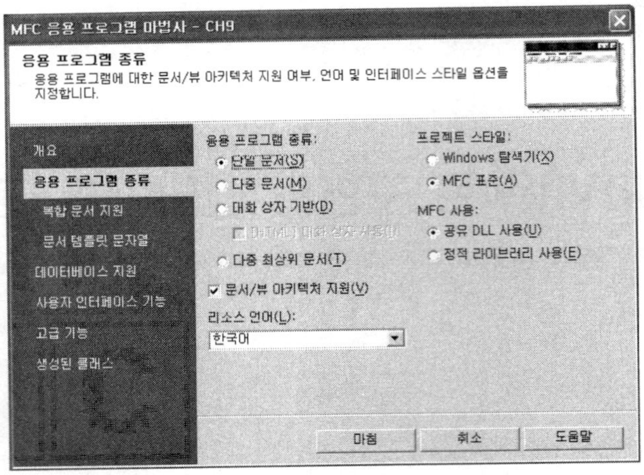

3. CRichEditView를 이용하므로 생성된 클래스 항목에서 CCH9View의 기본 클래스를 CRichEditView로 정의한다.

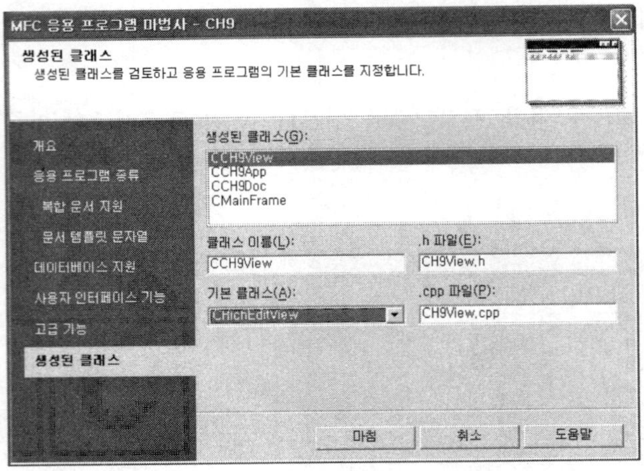

4. 툴바에 버튼을 추가하고자 하므로 리소스 뷰에서 Toolbar를 선택한 다음 다음과 같은 버튼을 추가하고 추가된 버튼을 더블 클릭하여 이 버튼의 ID를 ID_UNDERLINE이라 하고 프롬프트란에는 밑줄이라고 입력한다.

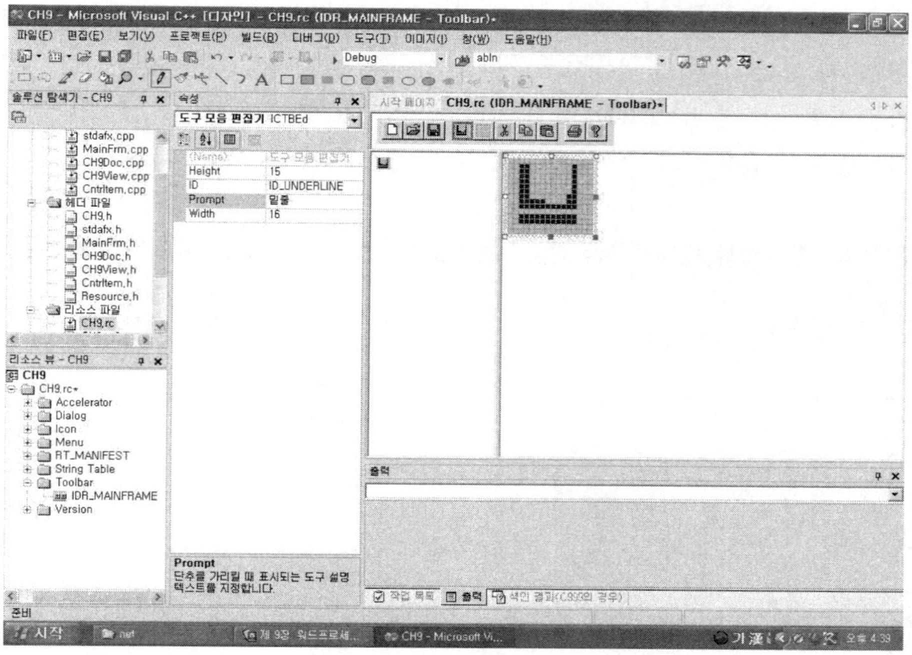

5. 이상과 같은 방법으로 ID_CENTER, ID_RIGHT, ID_LEFT라는 툴바를 만들고 각각의 프롬프트 란에 중앙정렬, 오른쪽 정렬, 왼쪽 정렬이라고 입력한다. 완성된 그림은 다음과 같다.

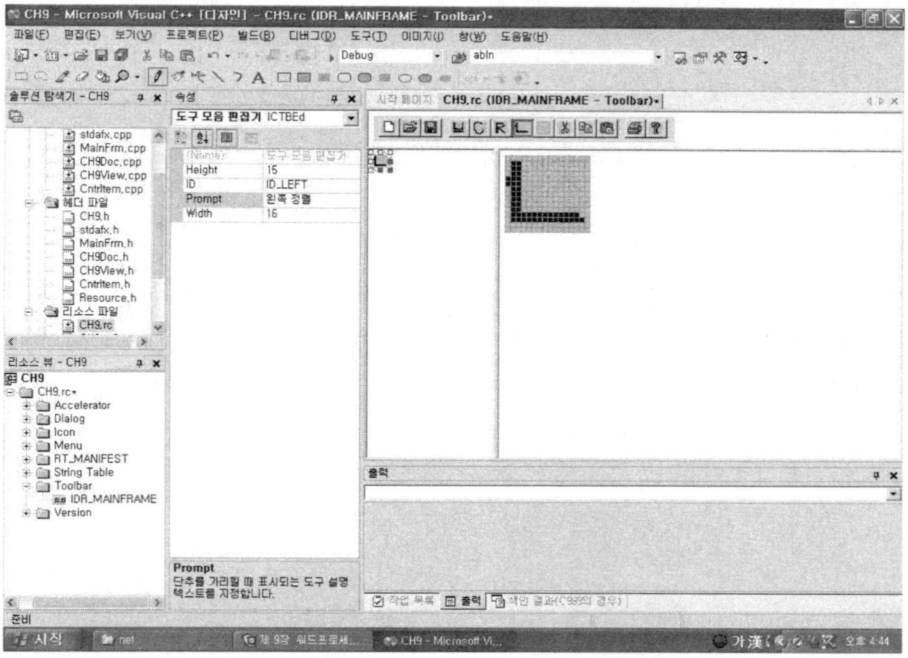

6. 다음으론 메뉴를 누른 경우도 마찬가지 동작을 수행하도록 하기 위해 오른쪽 빈 메뉴에 정렬이라고 상위 메뉴를 만든 다음 차례로 밑줄, 중앙, 오른쪽 정렬, 왼쪽 정렬이라고 한 다음 각각의 ID를 ID_UNDERLINE, ID_CENETR, ID_RIGHT, ID_LEFT라고 한다. 이상과 같이 완성된 그림은 다음과 같다.

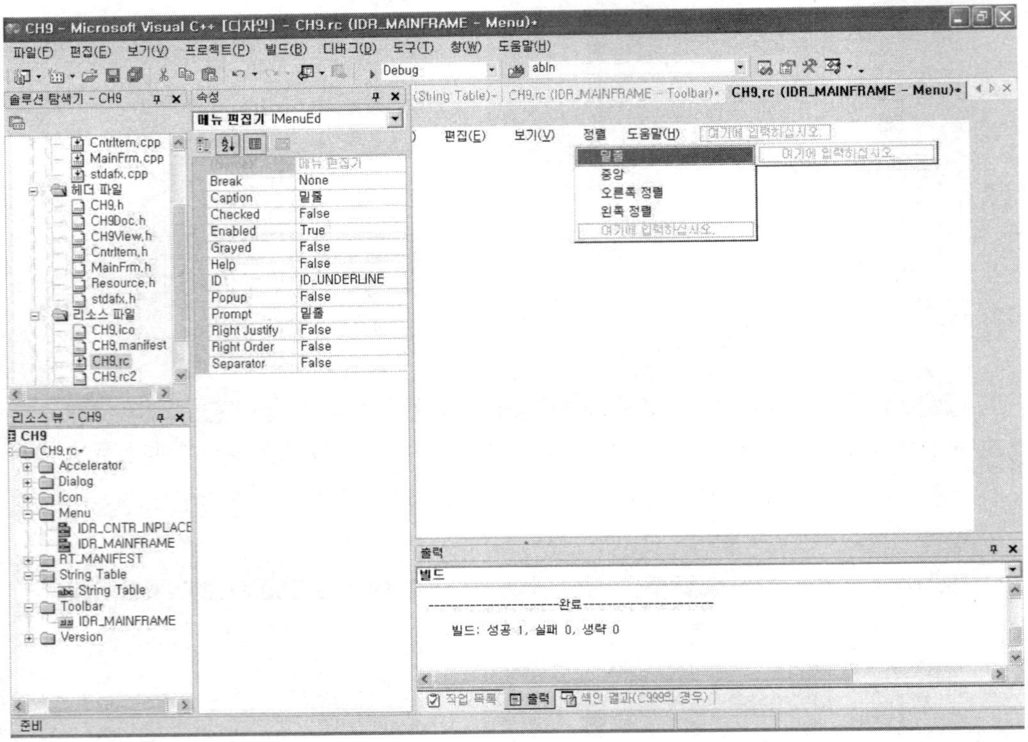

7. 다음으로 이들 아이콘이나 메뉴를 누른 경우 실행되는 메시지 처리함수를 만들기 위해 밑줄 항목에 오른쪽 마우스 버튼을 누르면 출력되는 메뉴에서 이벤트 처리기를 선택하면 출력되는 대화 상자에서 CCH9ViewView 클래스를 선택하고 메시지 형식은 COMMAND 를 선택하면 함수 처리기 이름란에 OnUnderline이라는 함수가 추가됨을 알 수 있다. 추가 및 편집 단추를 누른다.

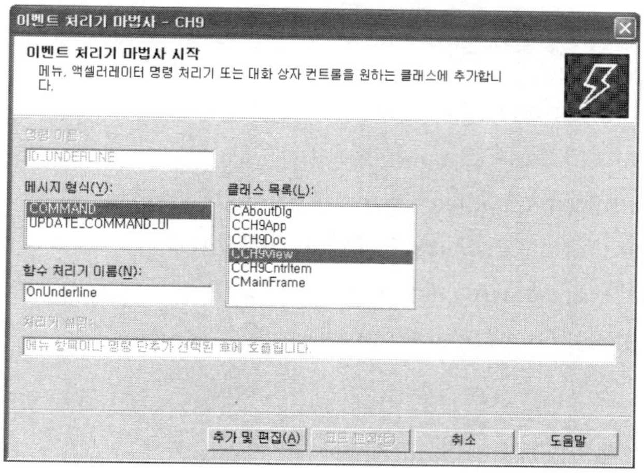

8. 이상과 같은 방법으로 각각의 메뉴에 대해 처리함수를 추가한다. OnCenter(), OnRight(), OnLeft()라는 함수가 CCH9View.cpp 파일에 추가되었을 알 수 있다. 이들에 대해 각각 다음과 같은 코드를 추가한다.

```
...
void CCH9View::OnUnderline()
{
        // TODO: Add your command handler code here
        CHARFORMAT2 charFormat;
charFormat = GetCharFormatSelection();

if (!(charFormat.dwMask & CFM_UNDERLINE) || !(charFormat.dwEffects &
CFE_UNDERLINE))
charFormat.dwEffects = CFE_UNDERLINE;
else
        charFormat.dwEffects = 0;
charFormat.dwMask = CFM_UNDERLINE;
SetCharFormat (charFormat);

}
```

```
void CCH9View::OnRight()
{
        // TODO: Add your command handler code here
        PARAFORMAT2 paraFormat;
        paraFormat.cbSize= sizeof(PARAFORMAT);
        paraFormat.dwMask=PFM_ALIGNMENT;
        paraFormat.wAlignment=PFA_RIGHT;
        SetParaFormat(paraFormat);
}

void CCH9View::OnLeft()
{
        // TODO: Add your command handler code here
        PARAFORMAT2 paraFormat;
        paraFormat.cbSize= sizeof(PARAFORMAT);
        paraFormat.dwMask=PFM_ALIGNMENT;
        paraFormat.wAlignment=PFA_LEFT;
        SetParaFormat(paraFormat);
}

void CCH9View::OnCenter()
{
        // TODO: Add your command handler code here
        PARAFORMAT2 paraFormat;
        paraFormat.cbSize= sizeof(PARAFORMAT);
        paraFormat.dwMask=PFM_ALIGNMENT;
        paraFormat.wAlignment=PFA_CENTER;
        SetParaFormat(paraFormat);
}
```

9. 실행 결과 문자를 입력한 화면은 다음과 같다.

CH9 - 제목 없음
파일(F) 편집(E) 보기(V) 정렬 도움말(H)
rururur
준비

◉ 본 장에서 사용한 구조체 중에서 글씨의 형태와 관련된 구조체인 CHARFORMAT에 대해 살펴본다.

```
typedef struct _charformat
{
    UINT        cbsize;
    _WPAD       _wPad1;
    DWORD       dwMask;
    DWORD       dwEffects;
    LONG        yHeight;
    LONG        yOffset;
    COLORREF crTextColor;
    BYTE        bCharSet;
    BYTE        bPitchAndFamily;
    TCHAR       szFaceName[LF_FACESIZE];
    _WPAD_      _wPad2;
} CHARFORMAT;
```

cbSize는 구조체의 크기를 나타내며, dwMask는 구조체의 어떤 멤버가 정확하게 사용되었는가를 표시하는데 이 마스크는 다음과 같이 구성될 수 있다.

CFM_BOLD
CFM_COLOR
CFM_FACE
CFM_ITALIC
CFM_OFFSET
CFM_PROTECTED
CFM_SIZE
CFM_STRIKEOUT
CFM_UNDERLINE

글씨의 효과를 나타내도록하는 dwEffects는 다음과 같이 구성될 수 있다.

CFE_AUTOCOLOR

CFE_BOLD
CFE_STRIKEOUT
CFE_UNDERLINE
CFE_PROTECTED

yHeight는 문자의 높이, yOffset는 첨자를 나타내기 위한 문자의 기본선, crTextColor는 텍스트의 색, bCharSet는 문자 설정치, bPitchAndFamily는 폰트의 피치이고 szFaceName은 폰트의 이름이다.

Chapter 10

비트맵 파일 출력하기

본 장에서는 비트맵(bitmap)파일의 구조와 이를 화면에 출력하는 방법에 대해 알아본다. 비트맵에는 장치 의존적 비트맵(DDB)과 장치 독립적 비트맵(DIB)이 있다. 장치 의존적 비트맵은 bmp라는 확장자를 가진 파일에서 볼 수 있는 그림으로 색상에 대한 정보를 가지기 때문에 어떠한 종류의 장치(Computer)에서도 출력 가능하다. 반면 장치 의존적 비트맵은 컴퓨터 메모리에 상주해 있다가 응용프로그램의 필요에 의해 화면에 출력되기 때문에 독자적인 형태로는 볼 수 없다. 예로 비트맵 파일의 일부를 복사하였다가 다른 응용프로그램에 다시 복사하는 경우 복사한 일부 비트맵이 메모리에 상주한 형태이므로 이를 독자적으로는 볼 수 없다.

장치 독립적 비트맵 파일의 시작 부분에는 다음의 3가지 구조체가 있어 색상 등에 대한 정보를 제공한다.

- BITMAPFILEHEADER 구조체: 비트맵 파일을 만들 때 윈도우즈에 의해 정의된다.

```
typedef struct tagBITMAPFILEHEADER {
    WORD bfType;   ASCII코드 BM(4D42 in hex)으로 파일이 DIB임을 확인한다.
    DWORD  bfSize;      DIB의 크기를 바이트 단위로 나타낸다.
    WORD  bfReservered1; 항상 0 이 된다.
    WORD  bfReservered2; 항상 0 이 된다.
    DWORD  bfOffBits; 파일의 시작부터 비트맵의 데이터가 시작되는 부분까지를
                          바이트 단위로 나타낸다.
}BITMAPFILEHEADER;
```

- BITMAPINFO 구조체: 비트맵 파일을 만들 때 윈도우즈에 의해 정의되며 BITMAPINFOHEADER, RGBQUAD의 구조체를 가진다.

```
typedef struct tagBITMAPINFO {
  BITMAPINFOHEADER bmiHeader;
  RGBQUAD bmiColors[1];
} BITMAPINFO;
```

- BITMAPINFOHEADER 구조체: 비트맵 파일을 만들 때 윈도우즈에 의해 정의된다.

```
typedef struct tagBITMAPINFOHEADER {
        DWORD   biSize; BITMAPINFOHEADER 구조체의 크기를 나타낸다.
        DWORD   biWidth; 픽셀 단위로 표시한 비트맵의 폭
        DWORD   biHeight; 픽셀 단위로 표시한 비트맵의 높이
        WORD    biPlanes; 이는 항상 1로 세트되어 있다.

        WORD   biBitCount; 픽셀 당 비트수(1 비트는 흑백, 4 비트는 16 컬러, 8 비트는
                           256 컬러를 표시한다)
        DWORD   biCompression; 비트맵 이미지에 사용한 압축방법을 표시한다.
                               0은 비압축, 1은 RLE-8 압축, 2는 RLE-4 압축을
                               표시하는데 DIB는 거의 압축이 없기 때문에
                               대부분의 경우 0을 사용한다.
        DWORD   biSizeImage; 압축된 비트맵의 크기를 나타낸다.
        DWORD   biXPelsPerMeter; 디스플레이장치의 수평미터 당 픽셀수
        DWORD   biYPelsPerMeter; 디스플레이장치의 수직미터 당 픽셀수
        DWORD   biCirUsed;    비트맵에 사용된 컬러의 총 수 일반적으로 0으로 설정
        DWORD   biCirImportant; 비트맵에 주로 사용된 컬러 수 일반적으로 0으로 설정
} BITMAPINFOHEADER
```

- RGBQUAD 구조체: 비트맵 파일을 만들 때 윈도우즈에 의해 정의된다.

```
typedef struct tagRGBQUAD{
        BYTE  rgbBlue;
        BYTE  rgbGreen;
        BYTE  rebReserved;
} RGBQUAD;
```

이 구조체는 한 컬러의 red, green, blue 농도를 나타내는 것으로 DIB에서 각 컬러는 RGBQUAD구조체로 표현된다. 16-컬러 비트맵(4 비트)인 경우는 16개의 RGBQUAD구조체로 된 컬러 테이블을 가지며, 256-컬러 비트맵(8 비트)인 경우는 256개의 RGBQUAD구조체로 된 컬러 테이블을 가진다. 단, 24 비트 비트맵인 경우는 컬러 테이블을 가지지 않는다.

BITMAPFILEHEADER
BITMAPINFOHEADER
RGBQUAD[256]
Image Data

DIF 파일의 구조

MFC가 그래픽 객체를 지원하는 많은 클래스를 가지고 있지만 DDB를 지원하기 때문에 DIB를 지원하는 클래스는 존재하지 않는다. 그러나, DIB를 처리할 수 있는 클래스를 하나 만들어 이를 앞으로 만들 응용프로그램에 접속시켜 비트맵 파일을 처리하게되면 응용프로그램이 세련되어 보인다. 본 장에서는 저장된 DIB를 메모리로 불러 DIB의 주요 정보를 얻는 CDib라는 클래스를 만들어 앞으로 작성하는 응용프로그램에 접속이 가능하도록 한다. 다음은 CDib.h파일이며, // 이하는 주석문이다. 다음과 같은 파일을 메모장이나 이외의 다른 편집기에서 작성한다.

```
#ifndef _CDIB_H
#define _CDIB_H


class CDib  : public CObject
{
```

```
protected:
        LPBITMAPFILEHEADER  m_pBmFileHeader;  //BITMAPFILEHEADER의
                                               // 주소를 저장하는 포인터
    LPBITMAPINFO m_pBmInfo; //BITMAPINFO의 주소를 저장하는 포인터
    LPBITMAPINFOHEADER m_pBmInfoHeader; // BITMAPINFOHEADER의
                                               // 주소를 저장하는 포인터
    RGBQUAD* m_pRGBTable;  //RGBQUAD의 주소를 저장하는 포인터
    BYTE*      m_pDibBits;     //이미지 데이터의 주소를 저장하는 포인터
    UINT       m_numColors;     //DIB 파일의 컬러수를 저장

public:
    CDib(const char* filename); //구성자
    ~CDib();                     //파괴자

    DWORD GetDibSizeImage(); //이미지의 크기를 바이트단위로 리턴
    UINT  GetDibWidth();         //픽셀 단위로 DIB의 폭을 리턴
    UINT  GetDibHeight();        //픽셀 단위로 DIB의 높이를 리턴
    UINT  GetDibNumColors(); //DIB의 컬러수를 리턴
    LPBITMAPINFOHEADER GetDibInfoHeaderPtr();
                     //DIB의 BITMAPFILEHEADER 구조체에 대한 포인터를 리턴
      LPBITMAPINFO GetDibInfoPtr();
                         //DIB의 BITMAPINFO 구조체에 대한 포인터를 리턴
    LPRGBQUAD GetDibRGBTablePtr();
                         //DIB의 컬러 테이블 구조체에 대한 포인터를 리턴
    BYTE* GetDibBitsPtr();
                       //DIB의 이미지 데이터에 대한 포인터를 리턴
protected:
    void LoadBitmapFile(const char* filename);
};
#endif
```

다음은 CDib 클래스의 실행파일인 CDib.cpp이다.

```
////////////////////////////////////////////////
////CDIB.CPP
////////////////////////////////////////////////

#include "stdafx.h"
#include "CDib.h"
#include "windowsx.h"

CDib::CDib(const char* fileName)
{
    //비트맵 파일을 불러온다.
    LoadBitmapFile(fileName);
}

CDib::~CDib()
{
    //비트맵이 저장된 메모리를 비운다.
    GlobalFreePtr(m_pBmInfo);
}

//////////////////////////////////////////////////////
//다음 함수는 실질적으로 디스크에 저장된 DIB를
//메모리로 불러들이며 데이타 멤버를 초기화 시킨다.
//////////////////////////////////////////////////////
void CDib::LoadBitmapFile(const char* fileName)
{
    //파일 객체를 구성하고 DIB파일을 read-only mode로 연다.
    CFile file(fileName, CFile::modeRead);
```

```
//BITMAPFILEHEADER 구조체를 선언하고 DIB의 파일헤드를
//이 구조체에 저장한다. CFile 객체의 Read()멤버함수는
//BITMAPFILEHEADER 구조체를 버퍼로 취급하고 데이타가 저장될
//버퍼의 포인터와 버퍼의 크기를 인수로 취한다.
BITMAPFILEHEADER bmFileHeader;
file.Read((void*)&bmFileHeader,sizeof(bmFileHeader));

//파일이 실질적인 비트맵인지를 조사한다.
if(bmFileHeader.bfType != 0x4d42)
{
        AfxMessageBox("Not a Bitmap file");
        m_pBmFileHeader=0;
        m_pBmInfo=0;
    m_pBmInfoHeader=0;
        m_pRGBTable=0;
        m_pDibBits=0;
        m_numColors=0;
}

//만약 비트맵파일이면 계속 파일을 읽어드린다.
else
{
        //파일의 크기를 조사하기위해 CFile 객체의
        //GetLength멤버함수를 호출한다.
        DWORD fileLength= file.GetLength();

        //DIB파일의 크기를 계산하기위해
        //파일의 크기에서 파일헤드의 크기를 뺀다.
    DWORD dibSize = fileLength- sizeof(bmFileHeader);

        //비트맵에 적합한 충분한 메모리를 활당한다.
```

```
        //윈도우즈 함수인 GlobalAllocPtr()함수는
        //두개의 프래그가 필요하다.
        //즉, 메모리를 활당하는 방법과 메모리를 얼마나
        // 활당하여야 하는가를 명시하여야한다.
BYTE* pDib=(BYTE*)GlobalAllocPtr(GMEM_MOVEABLE, dibSize);

        // 비트맵 데이타만을 메모리에 로드시킨후 파일을 닫는다.
        file.Read((void*)pDib,dibSize);
        file.Close();

    //DIB가 메모리에 저장된 상태이므로 구조체가 필요로하는
        //값을 계산하여야 한다. DIB의 BITMAPINFO 구조체와
        //BITMAPINFOHEADER 구조체는 DIB가 저장된 메모리에서 같은 곳에
        //존재하기 때문에 CDIB의 멤버 변수를 다음과 같이 초기화한다.

        m_pBmInfo=(LPBITMAPINFO) pDib;
        m_pBmInfoHeader= (LPBITMAPINFOHEADER) pDib;

        //메모리에 있는 DIB의 주소에 BITMAPINFOHEADER 구조체의 크기를
        //더함으로써(m_pBmInfoHeader -> biSize) 컬러 테이블에 대한
        //포인터를 계산한다.
m_pRGBTable=(RGBQUAD*)(pDib + m_pBmInfoHeader -> biSize);

        //비트맵의 컬러수를 얻는다. GetDibNumColors()멤버 함수를 호출한다.
        int m_numColors=GetDibNumColors();

        //비트맵 이미지의 크기를 계산한다.
        m_pBmInfoHeader -> biSizeImage=
                GetDibSizeImage();

        //만약 BITMAPINFOHEADER의 biClrUsed 멤버가 0 이면
```

```
            //m_numColors 데이타 멤버에 저장된 값으로 초기화한다.
            if(m_pBmInfoHeader -> biClrUsed ==0 )
            m_pBmInfoHeader -> biClrUsed = m_numColors;

            //pDib 포인터에 BITMAPINFOHEADER 구조체의 크기와 컬러 테이블의
             // 크기를 더하여 DIB 이미지의 주소를 계산한다.
            DWORD clrTableSize= m_numColors * sizeof(RGBQUAD);
            m_pDibBits= pDib + m_pBmInfoHeader -> biSize + clrTableSize;
    }
}

//비트맵의 이미지 크기를 바이트 단위로 계산하고 이를 넘겨준다.
DWORD CDib::GetDibSizeImage()
{
    if(m_pBmInfoHeader -> biSizeImage==0)
    {
    //BITMAPINFOHEADER 구조체의 biSizeImage 멤버변수가 0인
    // 값을 가지면 이를 계산하여 BITMAPINFOHEADER 구조체로 넘겨 준다.

    //비트맵 열의 폭을 바이트 단위로 계산한다.
    DWORD byteWidth = (DWORD)GetDibWidth();

   //비트맵 높이를 바이트 단위로 계산한다.
    DWORD height = (DWORD)GetDibHeight();

    //높이와 열을 곱하므로써 비트맵의 크기를 계산한다.
    DWORD imageSize = byteWidth * height;

    return imageSize;
    }
```

```
    //아니면 이미 BITMAPINFOHEADER에 존재하는 크기 값을 넘겨 준다.
    else
            return m_pBmInfoHeader -> biSizeImage;
}

//비트맵 한 행에 대한 폭을 바이트 단위로 넘겨준다.
UINT CDib::GetDibWidth()
{
    //DIB의 BITMAPINFOHEADER구조체에 있는 멤버변수 biWidth를 리턴한다.
    return (UINT)m_pBmInfoHeader -> biWidth;
}

//픽셀 단위로 비트맵의 높이를 리턴한다.
UINT CDib::GetDibHeight()
{
    //DIB의 BITMAPINFOHEADER구조체에 있는 멤버변수 biHeight를 리턴한다.
    return (UINT)m_pBmInfoHeader -> biHeight;
}

//비트맵에 있는 컬러수를 리턴한다.
UINT CDib::GetDibNumColors()
{
    //DIB의 BITMAPINFOHEADER구조체에 있는 멤버변수biClrUsed의
    //값이 0이면 멤버변수 biBitCount의 값을 1씩 오른쪽으로
    //쉬프트시킨다.
    if((m_pBmInfoHeader -> biClrUsed == 0) &&
        (m_pBmInfoHeader -> biBitCount <9))
            return (1 << m_pBmInfoHeader -> biBitCount);
    else
    //DIB의 BITMAPINFOHEADER구조체에 있는 멤버변수biClrUsed의
    //값이 0이 아니면 biClrUsed을 리턴한다.
```

```
        return (int)m_pBmInfoHeader -> biClrUsed;
}

//비트맵의 BITMAPINFOHEADER구조체에 대한 포인터를 리턴한다.
LPBITMAPINFOHEADER CDib::GetDibInfoHeaderPtr()
{
    return m_pBmInfoHeader;
}

//비트맵의 BITMAPINFO 구조체에 대한 포인터를 리턴한다.
LPBITMAPINFO CDib::GetDibInfoPtr()
{
    return m_pBmInfo;
}

//비트맵의 컬러 테이블 구조체에 대한 포인터를 리턴한다.
LPRGBQUAD CDib::GetDibRGBTablePtr()
{
    return m_pRGBTable;
}


//비트맵의 실제 데이타에 대한 포인터를 리턴한다.
BYTE* CDib::GetDibBitsPtr()
{
    return m_pDibBits;
}
```

응용프로그램에 접속시켜 DIB를 처리할 수 있는 CDib 클래스를 구현하였다. 이제 구현한 클래스와 이를 동작시킬 수 있는 응용프로그램을 작성한다.

1. 앞에서 만든 방법으로 CH10이라는 프로젝트명를 만든다.

2. 리소스 뷰를 사용하여 메뉴의 IDR_MAINFRAME을 선택한다.

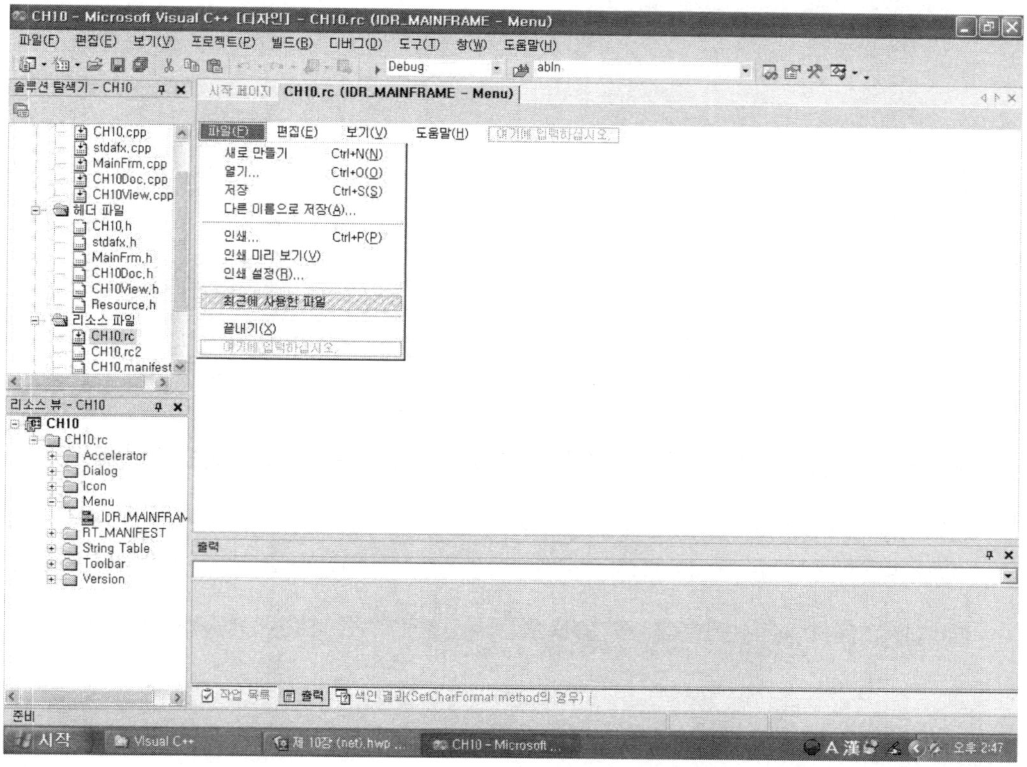

3. IDR_MAINFRAME의 편집과 보기 메뉴를 선택한 후 Delete 키를 이용하여 모두 지운다. 다음으로 파일 메뉴를 선택한 후 열기와 끝내기 항목만을 제외하고 나머지는 모두 지운다. 실행 후는 다음과 같은 화면이 된다.

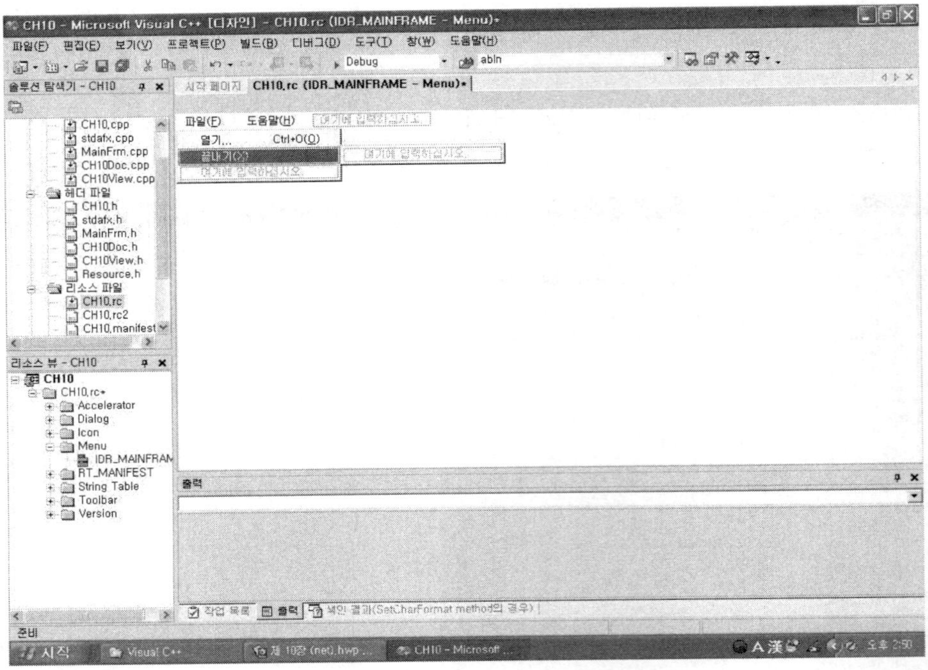

4. 가속기(Accelerator)를 선택하고 IDR_MAINFRAME을 클릭하면 단축키에 대한 리스트가 출력되는데 이 중 ID_FILE_OPEN 항목을 제외하고 Delete키를 이용하여 지운다.

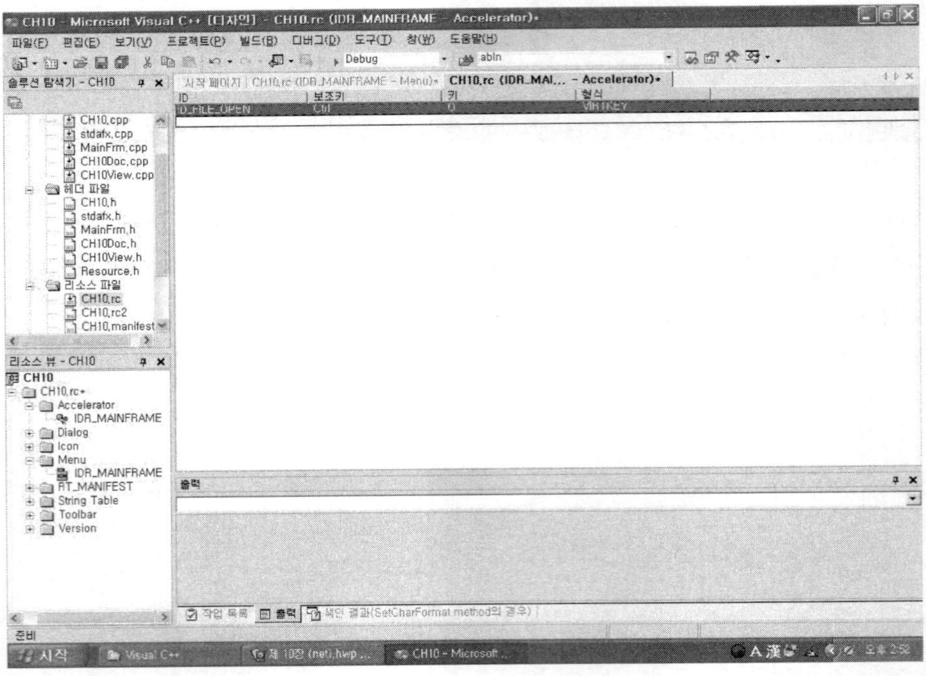

5. MainFrm.cpp를 불러온 다음 PreCreateWindow()함수에 다음과 같은 코드를 추가함으로써 윈도우의 초기 화면크기를 결정한다.

```
....
BOOL CMainFrame::PreCreateWindow(CREATESTRUCT& cs)
{
        // TODO: Modify the Window class or styles here by modifying
        //  the CREATESTRUCT cs

        cs.cx=640;
        cs.cy=480;
        return CFrameWnd::PreCreateWindow(cs);
}
```

6. CDib.h와 CDib.cpp를 CH10 프로젝트에 복사한 후 프로젝트 메뉴에서 기존 항목 추가를 선택하여 CDib.ccp와 CDib.h를 프로젝트에 삽입시킨다.

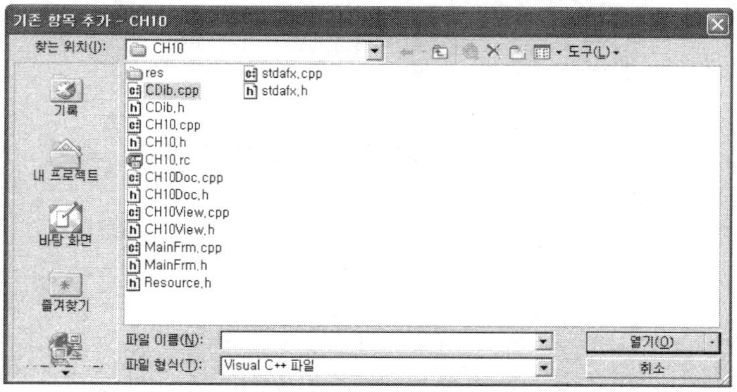

7. CH10Doc.cpp를 로드한 다음 다음의 코드를 추가한다.

```
........
#include "CDib.h"
...........
```

8. CH10Doc.h파일의 Attribute 속성에 다음과 같은 코드를 추가한다.

```
#pragma once
#include "CDib.h"
class CCH10Doc : public CDocument
{

...........................
// Attributes
public:
      CDib *m_pDib;
// Operations
public:
..................
```

9. CH10Doc.ccp파일의 구성자에 다음과 코드를 추가함으로써 초기화를 행한다.

```
.......
CCH10Doc::CCH10Doc()
{
          // TODO: add one-time construction code here
     m_pDib=0;
}
............
```

10. CCH10Doc.cpp를 선택한후 속성창 아이콘을 눌러 속성창이 출력되면 이벤트 아이콘을 선택하여 출력되는 항목에서 ID_FILE_OPEN을 선택한 후 COMMAND를 선택하면 OnFileOpen()이라는 메시지처리 함수가 추가된다. 여기에 다음과 같은 코드를 추가한다.

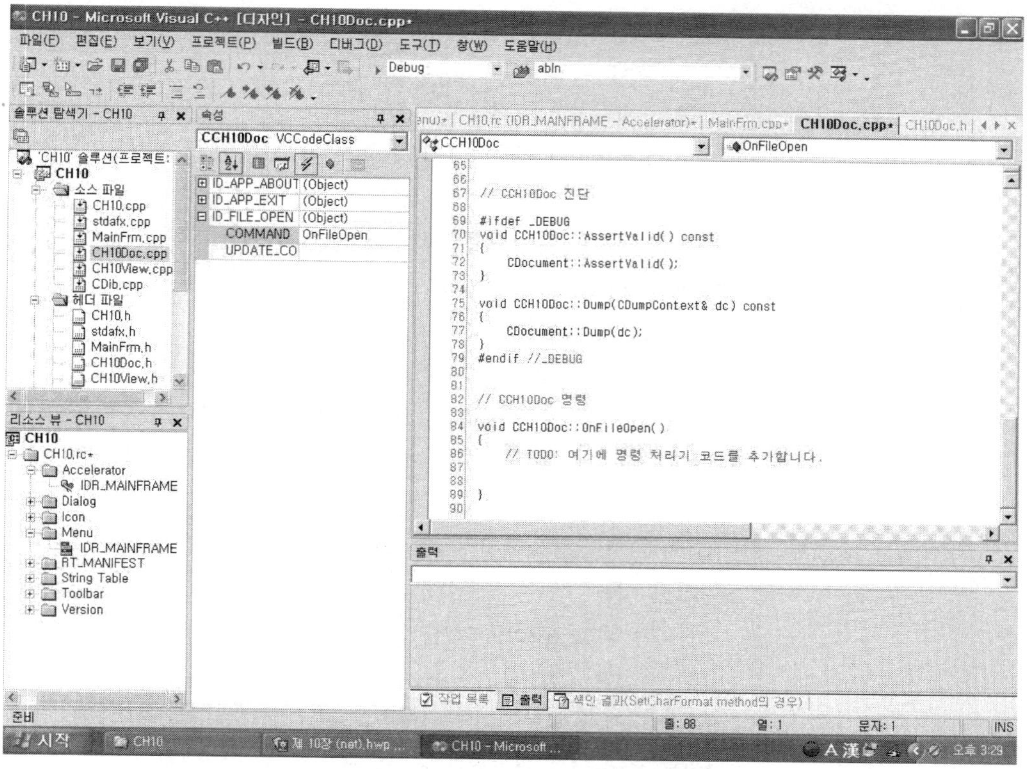

```
void CCH10Doc::OnFileOpen()
{
        // TODO: Add your command handler code here

        //MFC의 파일 다이얼로그 박스의 객체를 만들기위해
        //TRUE라는 Boolean값과 디폴트 파일 확장자, 초기 파일
        // 이름을 포함하는 문자열 3인자를 가지고 구성자를 만든다.
        CFileDialog fileDialog(TRUE, "bmp","*.bmp");

        //Open 다이얼로그 박스를 출력한다. DoModal()함수는 OK와
        //Exit 버튼을 가지고 있으며 눌러진 버튼의 ID를 리턴한다.
        int result= fileDialog.DoModal();

        //OK버튼을 누름으로써 다이얼로그 박스의 내용을
        //선택하게 되면 다음과 같은 코드가 실행된다.
```

```
        if(result==IDOK)
        {
                //선택된 파일이름과 경로를 얻는다.
                CString string=fileDialog.GetPathName();

                //얻어진 새로운 파일이름으로 CDib 객체를 만든다.
                m_pDib=new CDib(string);

                //CDib 객체가 성공적으로 만들어졌는가를 조사한다.
                //만약 error가 있다면 pBmInfo포인터를 0으로 만든다.
                LPBITMAPINFO pBmInfo = m_pDib -> GetDibInfoPtr();

                //CDib 객체가 만들어지지 않으면 이를 삭제시킨다.
                if(!pBmInfo)
                        DeleteContents();

                //CDib 객체가 성공적으로 만들어진 경우 문서의 타이틀에
                //DIB의 경로와 파일이름을 설정한다.
                else
                        SetTitle(string);
        }

    //출력할 새로운 데이타를 가지고 있음을 뷰 객체에 알린다.
    UpdateAllViews(0);
}
```

11. CCH10Doc의 속성창에서 재정의 아이콘을 선택하고 DeleteContents을 선택하면 DeleteContents()이라는 함수를 재정의하여 쓸수가 있다. 여기에 다음과 같은 코드를 추가한다.

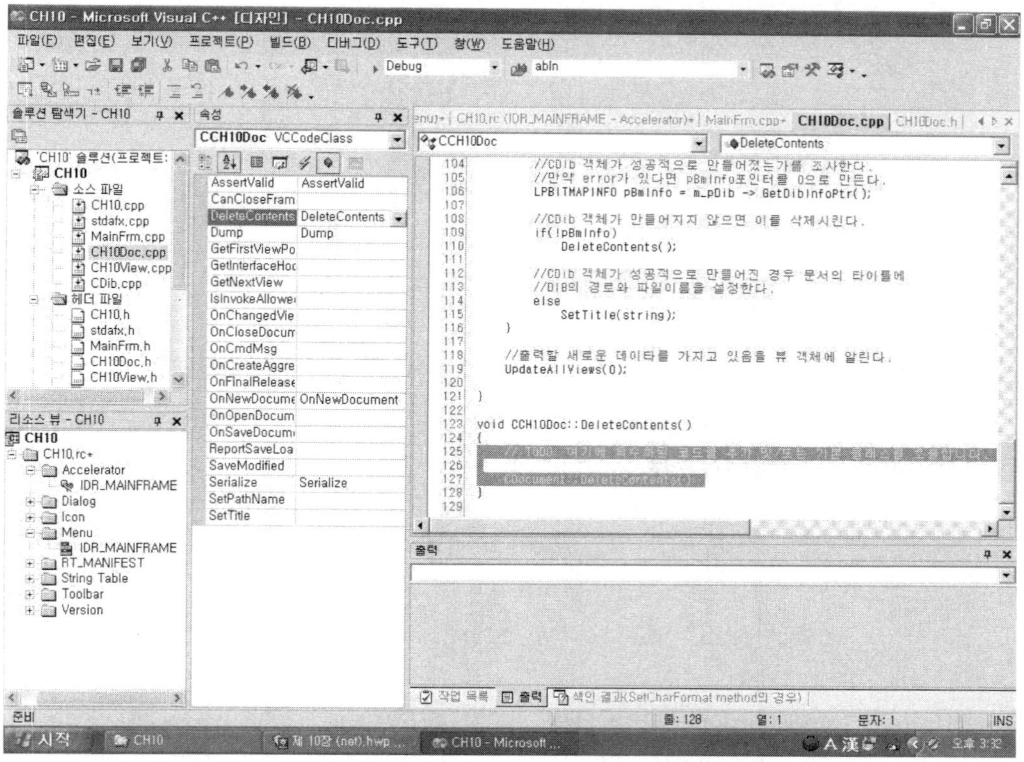


```
//m_pDib가 0이면 bmp파일이 아니므로 m_pDib를 조사한 후 0이면
//이 객체를 지우게 된다.
void CCH10Doc::DeleteContents()
{
	// TODO: Add your specialized code here and/or call the base class
	if(m_pDib)
	{
		delete m_pDib;
		m_pDib=0;
	}
	CDocument::DeleteContents();
}
```

12. CH10View.cpp에 다음과 같이 CDib.h파일을 추가한다.

```
.......................
#include "CH10.h"
#include "CDib.h"
#include "CH10Doc.h"
#include "CH10View.h"

....................
```

13. CH10View.cpp 파일의 OnDraw()함수에 다음과 같은 코드를 추가한다.

```
void CCH10View::OnDraw(CDC* pDC)
{
        //CDib 객체가 도큐멘트 클래스의 일부이므로 OnDraw(CDC* pDC)함수에서
        //제공하는 pDoc포인터를 이용하여 이 도큐멘트 객체에 접근한다.
        CDib* pDib = pDoc -> m_pDib;

        //pDib가 0이아니면 즉 응용프로그램이 DIB를 로드하면,
        //이 함수는 DIB의 이미지와 BITMAPINFO구조체에 대한 포인터를 얻는다.

        if(pDib)
        {
                //DIB의 이미지 데이타에 대한 포인터를 얻는다.
                BYTE* pBmBits = pDib -> GetDibBitsPtr();

        //DIB의 Info 구조체에 대한 포인터를 얻는다.
                LPBITMAPINFO pBmInfo = pDib -> GetDibInfoPtr();

                //DIB의 폭과 높이를 구한다.
                UINT bmWidth = pDib -> GetDibWidth();
               UINT bmHeight = pDib -> GetDibHeight();

                //DIB를 화면에 출력한다.
                StretchDIBits(pDC-> m_hDC, 10,10,
```

```
                    bmWidth, bmHeight,0,0,
            bmWidth, bmHeight,pBmBits,
                    pBmInfo,DIB_RGB_COLORS,SRCCOPY);
        }

    }
```

OnDraw() 함수는 CDib에 저장된 데이터를 화면에 출력하는 함수이다. 여기서 윈도우즈함수 *StretchBits*()에 대해 살펴본다. StretchBits()함수는 13개의 인자로 구성된 함수이다.

먼저 첫 번째 인자는 DIB가 출력될 장치 즉 목적지 디바이스 콘텍스트(Device Context)에 대한 포인터를 제공하며, DC의 핸들을 처리하기 위해 이 포인터를 사용하여야 한다. 다음의 4 인자는 목적지 사각형의 X 축, Y 축, 폭 , 높이로 이는 DIB의 복사를 원하는 목적지 DC의 넓이이다. 다음의 4 인자는 소스의 사각형을 정의한다. DIB의 전체를 출력하려고 하면 X,Y축은 0,0 이고 DIB와 같은 폭과 높이를 가져야한다. 아홉번째는 DIB이미지 데이터에 대한 포인터이고 열번째는 BITMAPINFO구조체에 대한 포인터이다. 열한번째는 DIB에 사용된 컬러를 설명하는 플래그(flag)로 DIB_RGB_COLORS 플래그는 실질적인 RGB값을 포함하는 DIB컬러 테이블을 의미하는 반면 DIB_PAL_COLORS 플래그는 컬러 테이블이 로직 팔레트를 16 비트로 지정함을 의미한다. 마지막 플래그는 소스와 목적지 사각형이 어떻게 결합하는가를 보여주는 형태로 SRCCOPY는 소스사각형이 목적지 사각형을 오버라이트할 수 있음을 의미한다. 이 함수는 목적지 표면(화면)이 비트맵보다 커거나 작으면 자동적으로 이미지의 크기를 줄이거나 늘인다.

14. CH10 응용프로그램을 명령을 실행하면 다음과 같은 초기화면이 나온다. 파일 메뉴의 열기를 선택하면 다음과 같은 다이얼로그 박스가 표시되며 여기서 원하는 BMP파일을 읽어드린다.

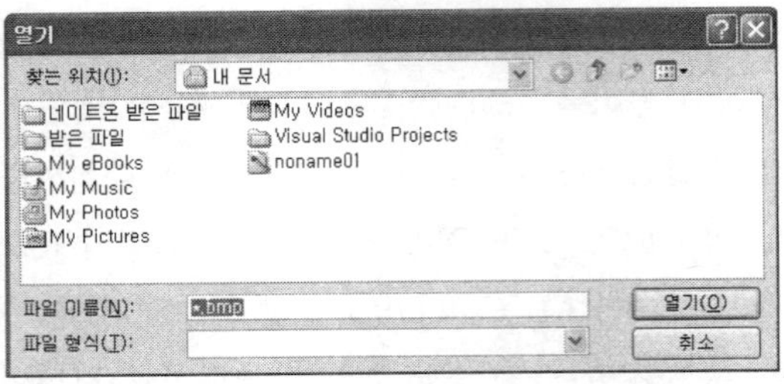

• CH10 응용프로그램은 윈도우즈의 색을 DIB를 만들 때 사용된 색에 설정되지 않았기 때문에 DIB를 적절히 표현할 수 없다. DIB를 적절히 출력하기 위해 DIB의 컬러테이블로 부터 로직 팔레트(Logical Pallete)를 만들어야 하며 DIB를 표시하기 전 이 팔레트를 구현시켜야한다. 팔레트가 구현되면 로직 팔레트에 정의된 색으로 색상이 변한다.

로직 팔레트는 응용프로그램이 가지고 있는 고유의 컬러묶음(set)이며 시스템 팔레트(Sysytem Pallete)는 현재 스크린에 표시된 컬러를 포함하고 있다. 많은 응용프로그램은 고유의 로직 팔레트를 가지며 화면이 출력될 때는 윈도우즈의 시스템 팔레트에 맵핑되어 DIB를 만들 때와 거의 비슷한 색상을 화면에 출력한다.

본 절에서는 약간 복잡하지만 좀 더 완벽한 DIB 출력을 위한 방법으로 로직 팔레트를 만드는 방법에 대해 알아본다.

15. CH10View 클래스의 CH10View.h에 다음과 같은 코드를 추가한다.

```
........................................
protected:
        HPALETTE CreateDibPalette(CDib* pDib);
// Generated message map functions
protected:
        //{{AFX_MSG(CCH10View)
                // NOTE - the ClassWizard will add and remove member functions
here.
                //     DO NOT EDIT what you see in these blocks of generated
code !
        //}}AFX_MSG
        DECLARE_MESSAGE_MAP()
};
....................................
```

16. CH10View.cpp의 맨 하단부에 다음과 같은 코드를 추가한다.

```
HPALETTE CCH10View::CreateDibPalette(CDib* pDib)
{
        //현재 로드된 DIB의 컬러팔레트에 대한 포인터를 얻는다.
        LPRGBQUAD pColorTable= pDib -> GetDibRGBTablePtr();

        //DIB 컬러테이블에 사용된 컬러수를 얻는다.
        UINT numColors = pDib -> GetDibNumColors();

        //윈도우즈가 로직 팔레트를 만드는데 필요한 정보를 가지는
        // LOGPALETTE 구조체에 대해 살펴본다. 이 구조체의
        // 데이터 타입은 윈도우즈에 의해 정의되며,
        //  로직팔레트를 처리할 때 사용한다.
        struct
        {
                WORD Version; //헥사 값으로 0x300을 가지는 멤버변수이다.
                WORD NumberOfEntries; //파레트에 있는 컬러의 수, 256이다.
```

```
            PALETTEENTRY aEntries[256]; //256컬러 로직 팔레트를 만든다.
        }logicalPalette = {0x300, 256};

        //DIB의 색으로 팔레트구조체를 채운다.
        for (UINT i=0; i < numColors;++i)
        {
                logicalPalette.aEntries[i].peRed=
                        pColorTable[i].rgbRed;

        logicalPalette.aEntries[i].peGreen=
                        pColorTable[i].rgbGreen;

        logicalPalette.aEntries[i].peBlue=
                        pColorTable[i].rgbBlue;
        logicalPalette.aEntries[i].peFlags=0;
        }

        //팔레트 객체를 만든다.
        HPALETTE hPalette=
                CreatePalette((LPLOGPALETTE)&logicalPalette);

        return hPalette;
}

HPALETTE CCH10View::CreateDibPalette(CDib* pDib)
{
        //현재 로드된 DIB의 컬러팔레트에 대한 포인터를 얻는다.
        LPRGBQUAD pColorTable= pDib -> GetDibRGBTablePtr();

        //DIB 컬러테이블에 사용된 컬러수를 얻는다.
        UINT numColors = pDib -> GetDibNumColors();

        //윈도우즈가 로직 팔레트를 만드는데 필요한 정보를 가지는
```

```
    // LOGPALETTE 구조체에 대해 살펴본다. 이 구조체의
    // 데이터 타입은 윈도우즈에 의해 정의되며,
    //  로직팔레트를 처리할 때 사용한다.
    struct
    {
            WORD Version; //헥사 값으로 0x300을 가지는 멤버변수이다.
            WORD NumberOfEntries; //파레트에 있는 컬러의 수, 256이다.
            PALETTEENTRY aEntries[256]; //256컬러 로직 팔레트를 만든다.
    }logicalPalette = {0x300, 256};

    //DIB의 색으로 팔레트구조체를 채운다.
    for (UINT i=0; i < numColors;++i)
    {
            logicalPalette.aEntries[i].peRed=
                        pColorTable[i].rgbRed;

    logicalPalette.aEntries[i].peGreen=
                        pColorTable[i].rgbGreen;

    logicalPalette.aEntries[i].peBlue=
                        pColorTable[i].rgbBlue;
   logicalPalette.aEntries[i].peFlags=0;
    }

    //팔레트 객체를 만든다.
    HPALETTE hPalette=
            CreatePalette((LPLOGPALETTE)&logicalPalette);

    return hPalette;
}
```

위에서 사용한 PALETTEENTRY 구조체에 대해 살펴본다. 이 구조체의 데이터 타입은 윈도우즈에 의해 정의되며 다음과 같은 구조를 가진다.

```
typedef struct
    {
            BYTE peRed; //Red 컬러의 농도를 나타낸다.
            BYTE peGreen;//Green 컬러의 농도를 나타낸다.
            BYTE peBlue;//Blue 컬러의 농도를 나타낸다.
               BYTE peFlags;// 이 값을 0으로 설정하면 윈도우즈는 컬러엔트리를
                              //DIB에 적당한 값으로 설정해 준다.
    }PALETTEENTRY;
```

17. OnDraw()함수에 다음과 같은 코드를 추가한다.

```
    ..............................
        if(pDib)
        {
        //DIB 컬러테이블로부터 로직 팔레트를 만든다.
                HPALETTE hPalette=CreateDibPalette(pDib);

                //DIB의 팔레트를 DC에 선택한다. 윈도우즈 함수인 SelectPalette()는
                //DC에 대한 핸들, 팔레트에 대한 핸들, 팔레트를 배경으로 할 것인가
              // (TRUE) , 팔레트를 표시할 것인가를(FALSE)를 나타내는 플레그이다.
            //만들어진 팔레트를 제거하기 위해 hOldPalette 핸들을 저장해두어야한다.
                HPALETTE hOldPalette=
                        SelectPalette(pDC -> m_hDC, hPalette, FALSE);

                //DIB의 로직팔레트를 시스템팔레트에 맵핑시킨다.
                RealizePalette(pDC -> m_hDC);

                //DIB의 이미지 데이타에 대한 포인터를 얻는다.
                BYTE* pBmBits = pDib -> GetDibBitsPtr();

         //DIB의 Info 구조체에 대한 포인터를 얻는다.
                LPBITMAPINFO pBmInfo = pDib -> GetDibInfoPtr();

                //DIB의 폭과 높이를 구한다.
```

```
                UINT bmWidth = pDib -> GetDibWidth();
        UINT bmHeight = pDib -> GetDibHeight();

                //DIB를 화면에 출력한다.
                StretchDIBits(pDC-> m_hDC, 10,10,
                        bmWidth, bmHeight,0,0,
            bmWidth, bmHeight,pBmBits,
                        pBmInfo,DIB_RGB_COLORS,SRCCOPY);

                //DC로 부터 로직팔레트를 선택한다.
                SelectPalette(pDC -> m_hDC,hOldPalette, FALSE);

                //메모리에는 계속해서 그래픽 객체가 존재하기 때문에
               // 메모리에 있는 로직 팔레트를 지운다.
                DeleteObject(hPalette);
        }
}
..............................
```

18. 프로그램을 실행시킨 후 비트맵파일을 로드시키면 더 선명한 이미지를 얻을 수 있다.

• 만약 어떤 응용프로그램들이 고유의 팔레트를 가진 경우 로드시킨 비트맵파일의 이미지는 선명하지가 않다. 이러한 경우에 대해 윈도우즈는 다음과 같은 방법을 이용하여 거의 유사한 색을 나타내어 준다.

고유의 팔레트를 가진 응용프로그램을 2개 로드시킨 경우에 대해 살펴보자.

어떤 응용프로그램을 활성화시키면 고유의 팔레트를 실현시키기 때문에 여기에 따라 시스템팔레트가 변하게 되면 비활성화된 응용프로그램의 이미지는 상당히 변하게된다.

이 문제를 다소 해결하기 위해 윈도우즈는 시스템팔레트가 변경되었음을 비활성화된 응용프로그램에게 알리게 되는데 이때 사용하는 메시지가 WM_PALETTECHANGED이다. 이 메시지를 수신한 응용프로그램은 고유의 로직 팔레트를 실현할 수 있지만 활성화된 응용프로그램이 시스템팔레트를 선점하기 때문에 완전한 자기 색을 얻을 수 없지만 윈도우즈는 최대한 비슷한 색을 찾아준다. 비활성화되어 있던 응용프로그램이 활성화되면 윈도우즈는 활성화된 응용프로그램에 WM_QUERYNEWPALETTE 메시지를 전송하게 되고 이를 수신한 응용프로그램은 로직팔레트를 시스템팔레트로 바꾸면서 자신의 색을 얻게된다.

19. WM_PALETTECHANGED, WM_QUERYNEWPALETTE메시지를 처리하는 함수를 만들기 위해 MainFrame.cpp 파일을 선택한 후 속성창을 열어 메시지 아이콘을 선택하여 이를 처리하는 함수 OnPaletteChanged(), OnQueryNewPalette()함수를 추가한다.

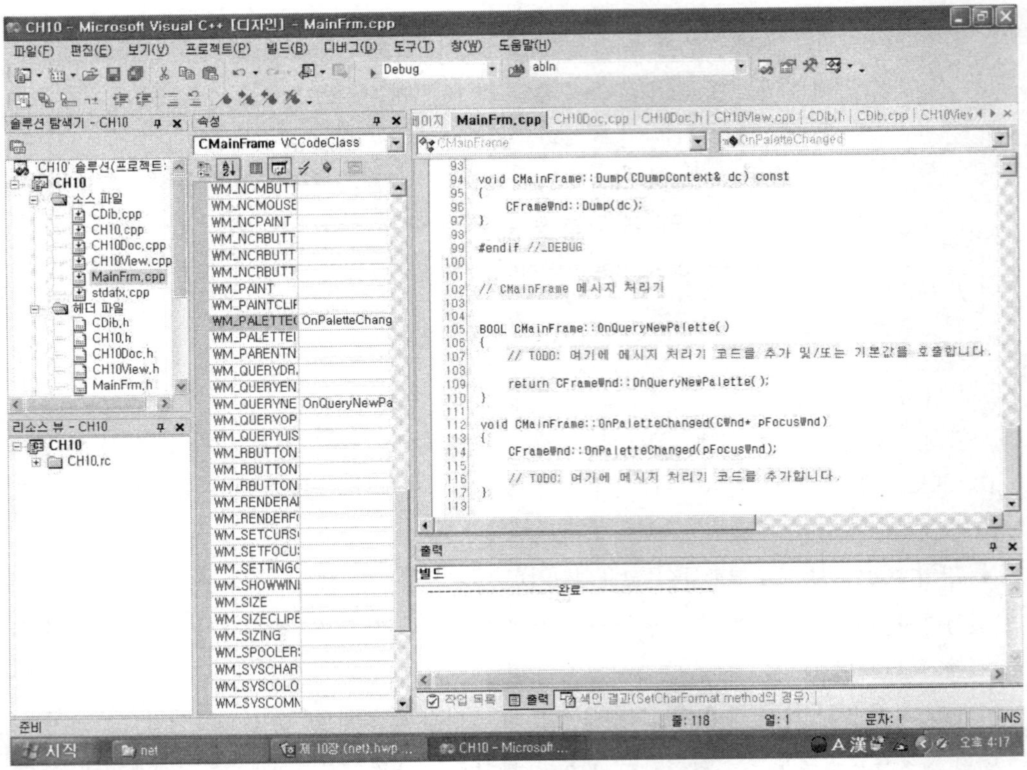

20. 추가된 OnPaletteChanged(), OnQueryNewPalette()함수에 다음과 같은 코드를 추가한다.

```
.....
void CMainFrame::OnPaletteChanged(CWnd* pFocusWnd)
{
```

```
        CFrameWnd::OnPaletteChanged(pFocusWnd);

        // TODO: Add your message handler code here
        //View클래스가 화면 출력을 책임지고 있기 때문에 View 윈도우에
        //대한 포인터를 얻어야 한다.
        CView* pView = GetActiveView();

    //고유의 팔레트를 시스템팔레트로 쓰고 있는지 여부를 조사한
        // 후 만약 그런경우 WM_PALETTECHANGED메시지를 무시하게 된다.
        //시스템팔레트를 바꾼 뷰 윈도우(비활성화된 윈도우)가 아니면
        //조건문의 두 포인터 값이 서로다르기 때문에 새롭게 매핑된
        //시스템팔레트로 뷰 를 다시 그린다.
        if(pFocusWnd != pView)
                //Invalidate()는 뷰를 새로 그릴때 사용하는 함수로
                //OnDraw()함수를 호출함으로써 기능을 수행한다.
                pView -> Invalidate();
}

BOOL CMainFrame::OnQueryNewPalette()
{
        // TODO: Add your message handler code here and/or call default
                // TODO: Add your message handler code here
        //View클래스가 화면 출력을 책임지고 있기 때문에 View 윈도우에
        //대한 포인터를 얻어야 한다.
        CView* pView = GetActiveView();

    //활성화된 뷰 윈도우이므로 자신의 로직팔레트를 시스템팔레트로
        //맵핑시켜 뷰 윈도우를 다시 그린다.
       pView -> Invalidate();
        return CFrameWnd::OnQueryNewPalette();
}
```

21. 응용프로그램을 실행시켜 BMP파일을 로드시킨다.

Chapter 11

멀티 스레드(Multi-Threads)

윈도우즈 운영체제에서 여러개의 프로그램들이 동시에 실행되는 데 이를 멀티태스킹(multitasking)이라 한다. 이는 많은 운영체제들이 일종의 subprogram과 같은 스레드(thread)를 허용하기 때문에 가능한 것으로 한 개의 응용프로그램은 몇 개의 스레드들을 가짐으로써 동시에 응용프로그램을 실행시킬 수 있다. 본 장에서는 스레드를 만드는 방법과 이를 운영하는 방법에 대해 살펴본다.

11.1 단순한 스레드

MFC를 이용하여 스레드를 만들기 위해서는 스레드임을 나타내는 함수를 표시한 다음 스레드를 실행시키기 위해 AfxBeginThread()를 호출하여야 한다. 스레드함수가 실행되고 있는 한 스레드는 계속 지속되고 스레드 함수가 종료되면 스레드도 없어진다. 스레드를 시작하기 위한 함수는

AfxBeginThread(ProcName, param, priority);

이며, ProcName은 스레드의 함수명이고, param은 스레드에 전달하는 인수이고 priority는 스레드의 우선 순위로 이는 미리 정의된 상수로 표시한다.

완전한 소스파일과 실행파일을 만들기 위한 단계는 다음과 같다.

1. 앞서의 방법으로 CH11이라는 프로젝트를 만든다.

2. 리소스 편집기를 이용하여 응용프로그램의 메뉴바에 &스레드 메뉴를 추가한다. 이는 다음 그림과 같다.

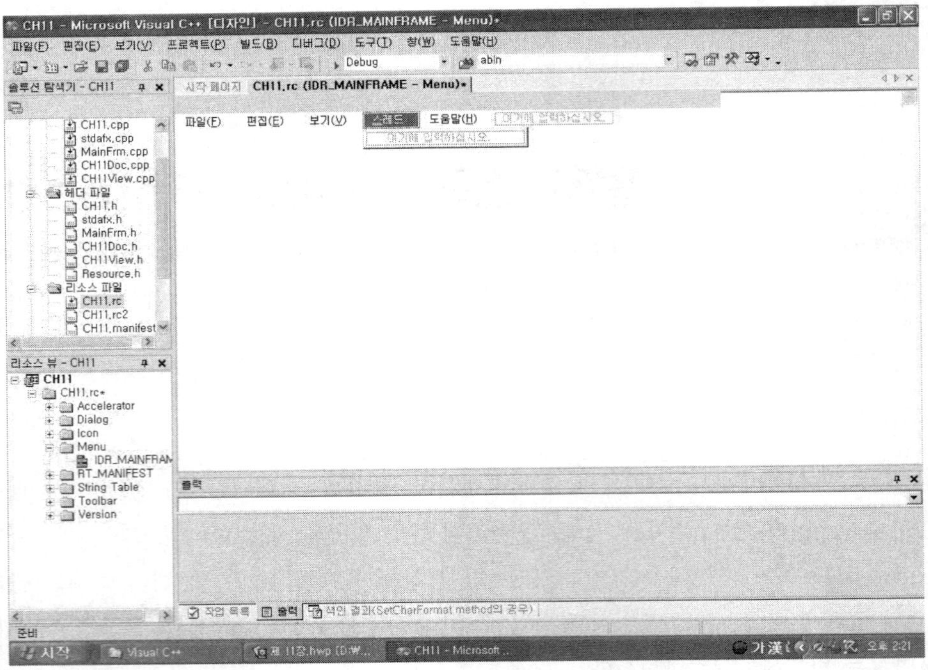

3. 스레드라고 편집한 메뉴의 하위 메뉴를 스레드 시작이라고 하고 오른쪽 마우스 버튼을 눌러 출력되는 메뉴에서 ID 편집을 선택하고 ID를 ID_STARTTHREAD라고 한다.

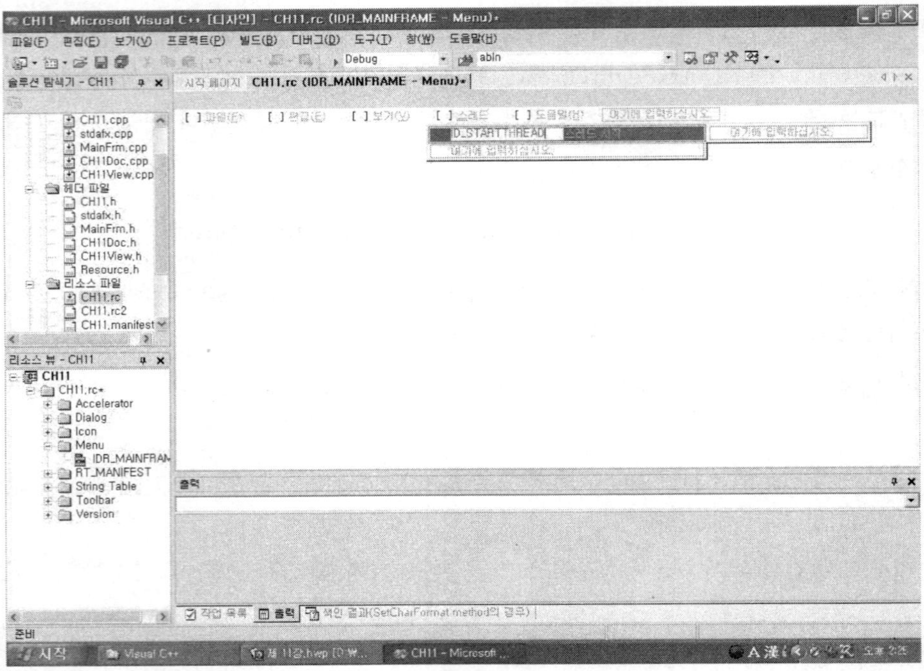

4. 이 메뉴를 선택한 경우 실행되는 메시지 처리 함수를 만들기 위해 오른쪽 마우스 버튼을 누르면 출력되는 메뉴에서 이벤트 처리기 추가 메뉴를 선택한다.

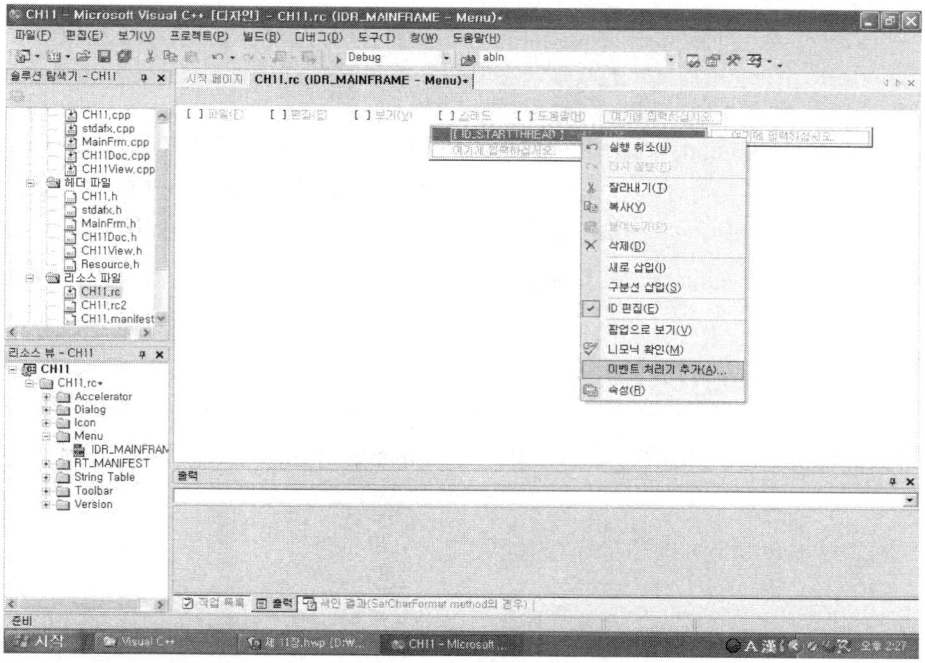

5. 이벤트 처리기 마법사에서 CCH11View를 선택하면 함수 처리기 이름으로 OnStartthread가 추가됨을 알 수 있다. 추가 및 편집 버튼을 누른다.

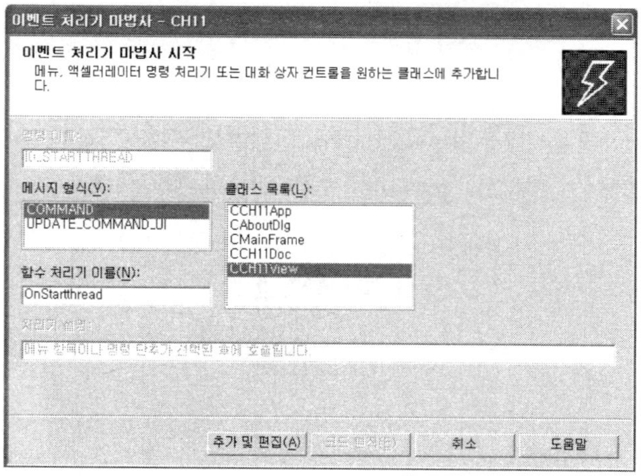

6. 새로 생성된 OnStartthread()함수에 다음과 같이 코드를 추가한다.

```
void CCh11View::OnStartthread()
{
        // TODO: Add your command handler code here
        HWND hWnd= GetSafeHwnd();
        AfxBeginThread(threadProc, hWnd, THREAD_PRIORITY_NORMAL);
       // 첫 번째 인자는 thread가 실행되는 함수를 나타내며 두 번째인자는 함수가 실
      //  행되는 장소 즉 메인 윈도우의 핸들을 나타내며 세 번째인자는 요청된
         //  thread의 우선순위를 나타낸다.
}
```

7. 문법에 의해 void CCh11View::OnStartthread()함수 앞에 스레드를 실행하는 함수인 threadProc이라는 함수를 다음과 같이 정의하여야 한다.

```
UINT threadProc(LPVOID param)
{
        ::MessageBox((HWND)param, "thread activated.", "thread", MB_OK);
        // 메시지 박스를 만드는 함수로 첫 번째인자는 메인 윈도우를 지정하는 것이고
          두 번째 인자는 메시지 박스의 내용이고 세 번째 인자는 메시지 박스의 이름
          이다.

        return 0;
}
```

8. 메뉴에서 thread의 부 메뉴 threadStart를 선택하면 다음과 같은 화면이 보이는데 이는 UINT threadProc(LPVOID param)함수를 실행한 결과이다.

11.2 메인 윈도우와 스레드 간의 통신

한 개의 스레드 만이 존재하는 경우 위의 프로그램만으로도 충분하지만 여러 개의 스레드들이 존재하는 경우 메인 윈도우에 실행하고 있는 스레드의 끝을 알려 주어야한다. 그러기 위해서는 스레드와 메인 프로그램간의 통신이 필요하다. 이를 위해 일반적으로 보조 스레드를 사용하는데 이는 메인 프레임과 통신을 담당하고 있다. 따라서 메인 프로그램이 스레드를 중지시키고자 하면 global 변수를 통하여 스레드에게 중지신호를 전송하면 된다. 이를 위해 앞의 예제에 다음과 같은 항목을 추가하면 된다.

1. 스레드 메뉴항목에 스레드 중지 항목을 추가하며 오른쪽 마우스 버튼을 눌러 출력되는 메뉴에서 ID 편집을 선택하고 이때 ID를 ID_STOPTHREAD로 한다.

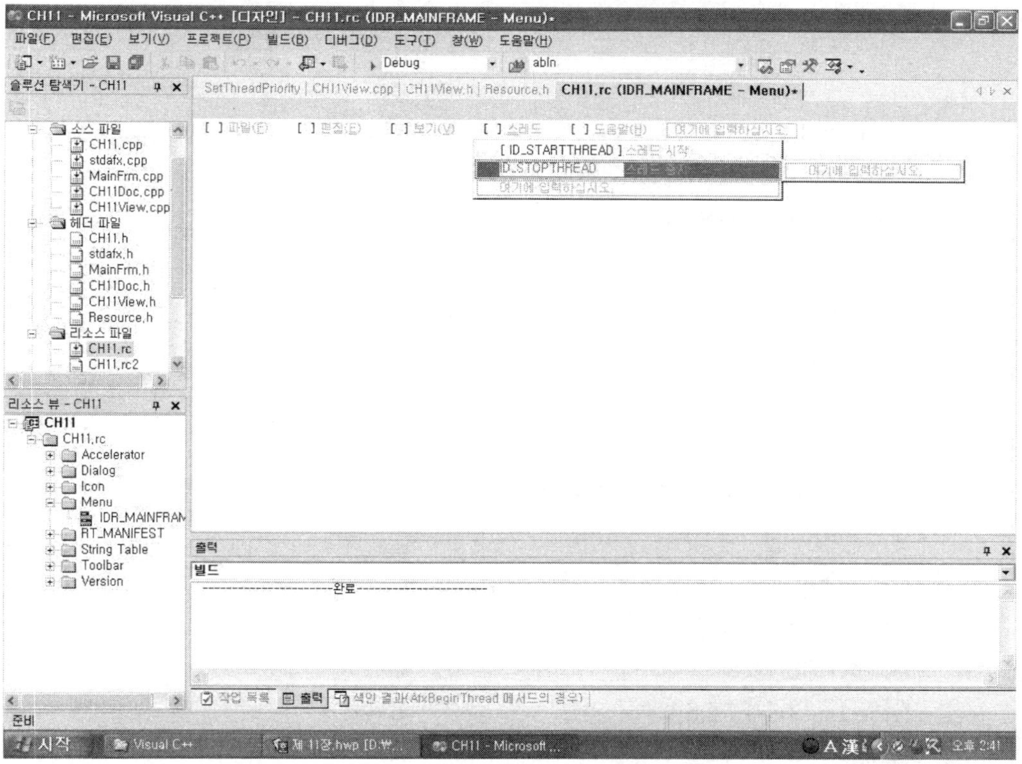

2. 이 메뉴를 선택한 경우 실행되는 메시지 처리 함수를 만들기 위해 오른쪽 마우스 버튼을 누르면 출력되는 메뉴에서 이벤트 처리기 추가 메뉴를 선택한다. 이벤트 처리기 마법사

에서 CCH11View를 선택하면 함수 처리기 이름으로 OnStopthread가 추가됨을 알 수 있다. 추가 및 편집 버튼을 누른다.

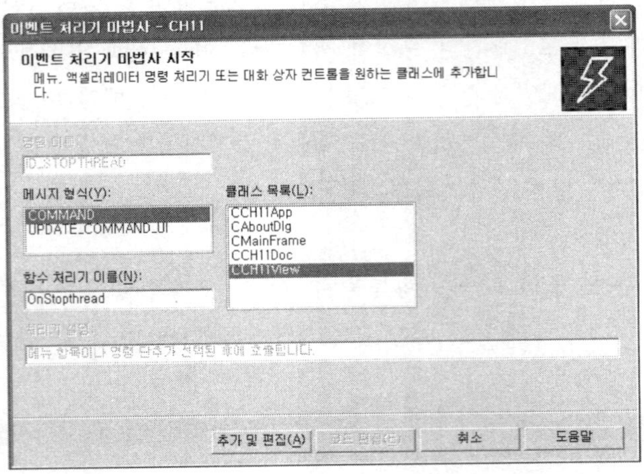

3. OnStopthread()함수에 다음과 같은 코드를 추가한다.

```
void CCh11View::OnStopthread()
{
        // TODO: Add your command handler code here
        threadController=0;
}
```

4. CH11View파일의 ENDIF구문에 global 변수를 다음과 같이 선언한다.

```
#ifdef _DEBUG
#define new DEBUG_NEW
#undef THIS_FILE
static char THIS_FILE[] = __FILE__;
#endif

volatile int threadController;
```

5. 앞의 예제 함수 Onstartthread()함수에 다음과 같은 코드를 추가한다.

```
void CCh11View::OnStartthread()
{
        // TODO: Add your command handler code here
        threadController=1;
        HWND hWnd= GetSafeHwnd();
        AfxBeginThread(threadProc, hWnd, THREAD_PRIORITY_NORMAL);
}
```

6. 앞의 예제에 다음의 코드를 추가한다.

```
UINT threadProc(LPVOID param)
{
        ::MessageBox((HWND)param, "thread activated.", "thread", MB_OK);
        while(threadController==1);
    ::MessageBox((HWND)param, "thread stopped.", "thread", MB_OK);
        return 0;
}
```

7. 프로그램을 실행시킨 후 Thread의 부메뉴 Tread Start를 실행시키면 global변수 threadController의 값은 1이 되며 while문에 의해 스레드가 계속 실행되다가 Thread의 부메뉴 Tread Stop를 실행시키면global변수 threadController의 값은 0이 되어 while문을 빠져나와 thread Stopped라는 메시지 박스를 출력하게 된다. 이상의 실행 결과는 다음과 같다.

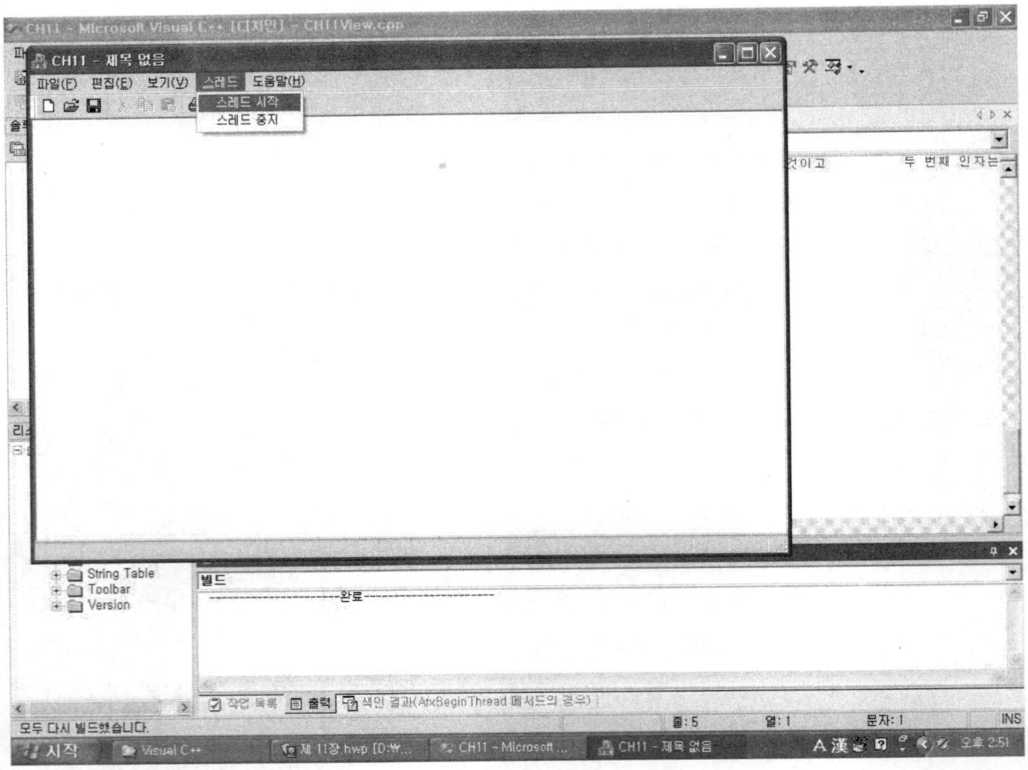
CH11 - 제목 없음
파일(F) 편집(E) 보기(V) 스레드 도움말(H)
스레드 시작
스레드 중지
String Table
Toolbar
Version
빌드
완료
모두 다시 빌드했습니다.

thread
thread activated.
확인

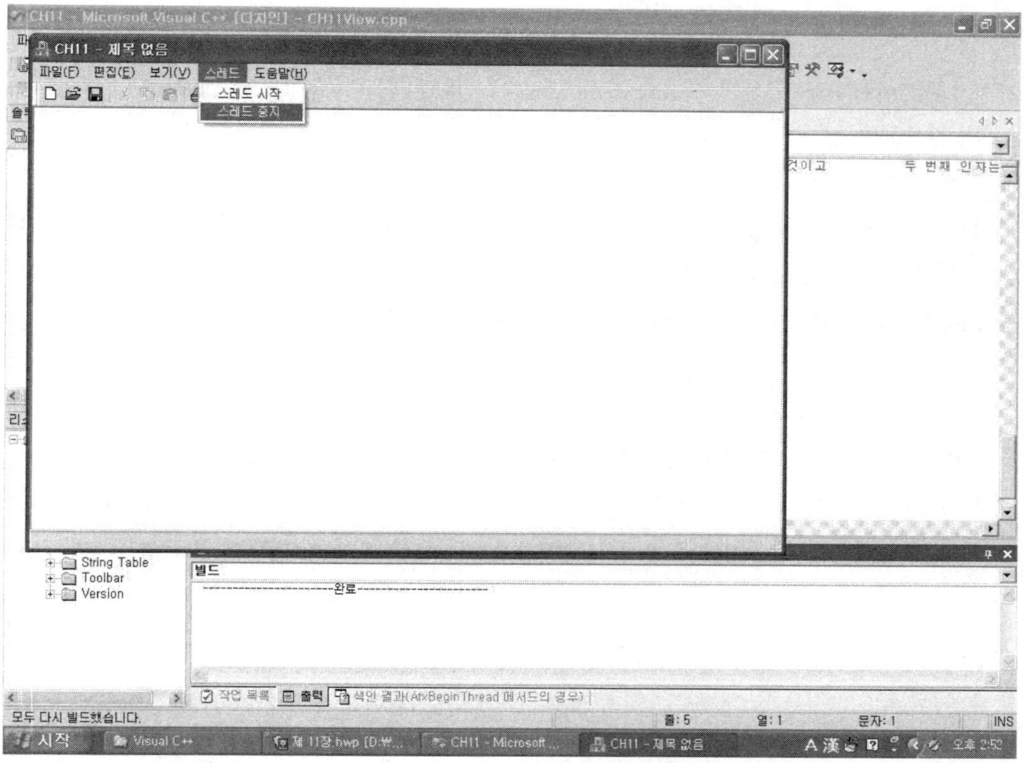

thread
thread stopped.
확인

11.3 스레드의 동기화

한 개의 데이터를 동시에 사용하는 다중 스레드의 경우 한 스레드는 데이터를 쓰고 다른 스레드는 데이터를 읽고 있다고 가정하면 데이터를 읽는 스레드는 완전한 데이터를 읽을 수가 없게 된다.

이러한 현상을 방지하는 것을 스레드 동기화(thread syncronization)라 한다. 널리 사용되고 있는 동기화 기법으로 크리티칼 세션(critical sections), 뮤텍스(mutexes), 세마포(semaphores)가 있다. 본 절에서는 이러한 동기화 기법에 대해 살펴본다.

11.3.1 크리티칼 세션

동기화의 가장 쉬운 기법으로 이는 스레드에게 데이터에 접근할 수 있는 권한(Object)를 주어 이 권한을 가진 스레드만이 데이터에 접근할 수 있고 데이터의 조작이 끝난 후 접근 권한을 다른 스레드에게 넘겨준다. 따라서 한 번에 한 스레드만이 데이터에 접근할 수 가 있다.

MFC 프로그램에서 이러한 권한을 만들기 위해 CCriticalSection 클래스의 인스턴스를 만들어야 한다. 즉,

```
CCriticalSection   criticalSection;
```

데이터에 접근하고자 할 때는 criticalSection의 멤버함수를 이용하는데 이는 다음과 같다.

```
criticalSection.Lock();
```

만약 다른 스레드가 이미 데이터에 접근해 있다면 Lock()함수는 접근권한을 다른 스레드에게 준다. 데이터의 접근이 끝나면 스레드는 criticalSection의 멤버 함수 Unlock을 호출한다. 이로써 이번 스레드의 데이터의 접근이 끝나고 다른 스레드에게 권한을 넘겨 준다.

```
criticalSection.Unlock();
```

다음과 같은 클래스를 만들어 스레드에 대한 개념을 이해하도록 한다. 파일명은 CountArray.h로 하며 다음과 같이 구성한다.

```
#include "afxmt.h"
class CCountArray
```

```
{
private:
    int array[10];
    CCriticalSection criticalSection;
public:
    CCountArray(){};
    ~CCountArray(){};
    void SetArray(int value);
    void GetArray(int dstArray[10]);
};
```

이상이 헤드파일의 구조로 첫 번째 include 문은 프로그램이 CCriticalSection 클래스에 접근할 수 있도록 하는 MFC 헤드파일이다. 두 번째의 class CCountArray 문은 CCountArray의 클래스 선언문이다. 클래스 선언문내에 있는 첫 번째 문장인 int array[10];은 10개의 정수형 데이터를 저장하는 배열문으로 앞으로 스레드가 읽고 쓰고 하는 데이터를 저장하는 배열이다. 두 번째 선언문인 CCriticalSection criticalSection;은 MFC에 있는 CCriticalSection 클래스의 인스탄스로 criticalSection이라고 정의하였다. CCountArray(){};, ~CCountArray(){};는 전자는 클래스의 구성자이고 후자는 파괴자(destruction)이다. 클래스의 멤버함수인 void SetArray(int value);는 배열에 데이터를 쓰는 함수이고, void GetArray(int dstArray[10]);함수는 배열에 쓰여진 데이터를 읽어드리는 함수이다.

다음으로 이 클래스의 실행파일을 CountArray.ccp로 정의하고 다음과 같이 프로그램한다.

```
#include "stdafx.h"
#include "countArray.h"

void CCountArray::SetArray(int value)
{
    criticalSection.Lock();

    for(int x=0; x< 10; ++x)
            array[x]=value;
```

```
        criticalSection.Unlock();
}

void CCountArray::GetArray(int dstArray[10])
{
        criticalSection.Lock();

        for(int x=0; x< 10; ++x)
                dstArray[x]=array[x];

        criticalSection.Unlock();
}
```

여기서 criticalSection.Lock();는 데이터를 읽거나 쓸 때까지 다른 스레드의 접근을 방지하는 함수이며 criticalSection.Unlock();는 데이터를 읽거나 쓰기가 끝나면 다른 스레드에게 접근할 수 있는 권한을 주는 함수이다. SetArray(int value)함수는 value라는 인자 값을 데이터로 하여 이 값을 array[x]라는 배열에 같은 값을 10개씩 저장한다. GetArray(int dstArray[10])함수는 array[x]에 저장된 값을 dstArray[x]에 적는다.

1. 위에서 만든 CountArray.ccp와 CountArray.h를 Ch11 project에 저장한다.

2. 프로젝트 메뉴의 기존 항목 추가 메뉴를 선택 한 후 CountArray.ccp와 CountArray.h를 추가시킨다.

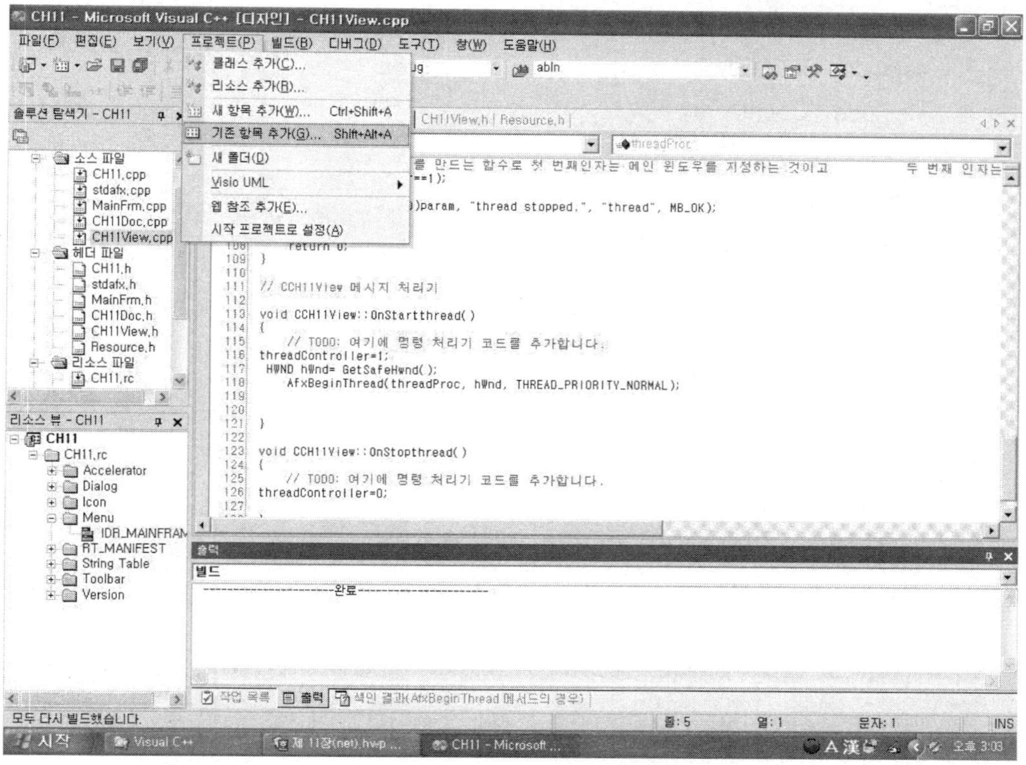

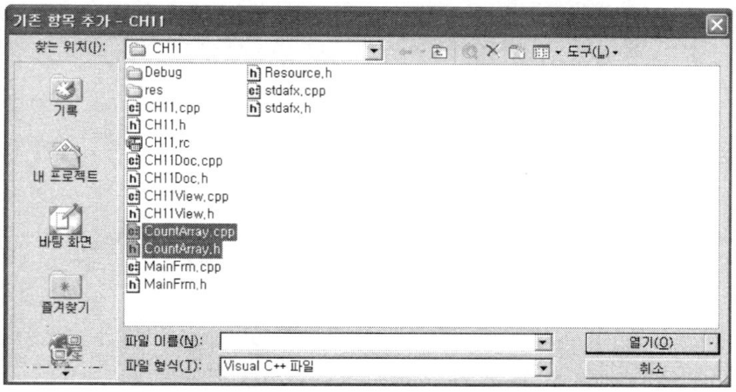

3. Ch11View.cpp를 로드시킨 다음 #include "CountArray.h"를 추가하고 #endif 다음에 CCountArray countArray를 선언한다.

```
#include "CH11.h"
```

```
#include "CH11Doc.h"
#include "CH11View.h"
#include "CountArray.h"

#ifdef _DEBUG
#define new DEBUG_NEW
#endif

//volatile int threadController;
CCountArray countArray;

// CCH11View
IMPLEMENT_DYNCREATE(CCH11View, CView)
.................
```

4. CCH11View.cpp를 선택하고 속성창에서 이벤트 아이콘을 선택하여 ID_STOPTHREAD의 처리 함수 OnStopthread를 삭제하고 리소스 에디터를 이용하여 메뉴의 스레드에 있는 스레드 중지 항목을 삭제한다.

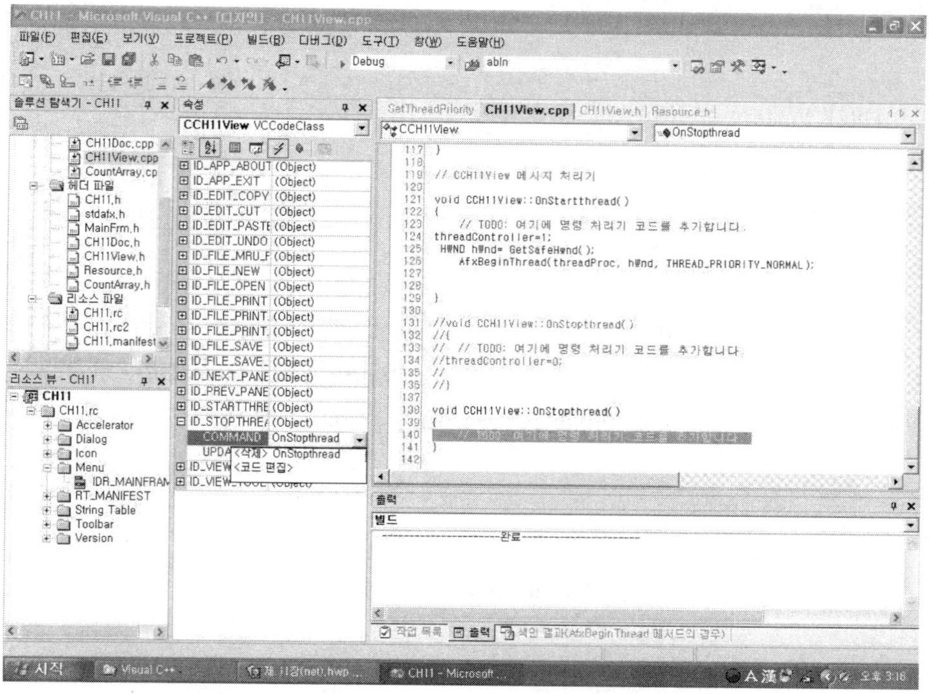

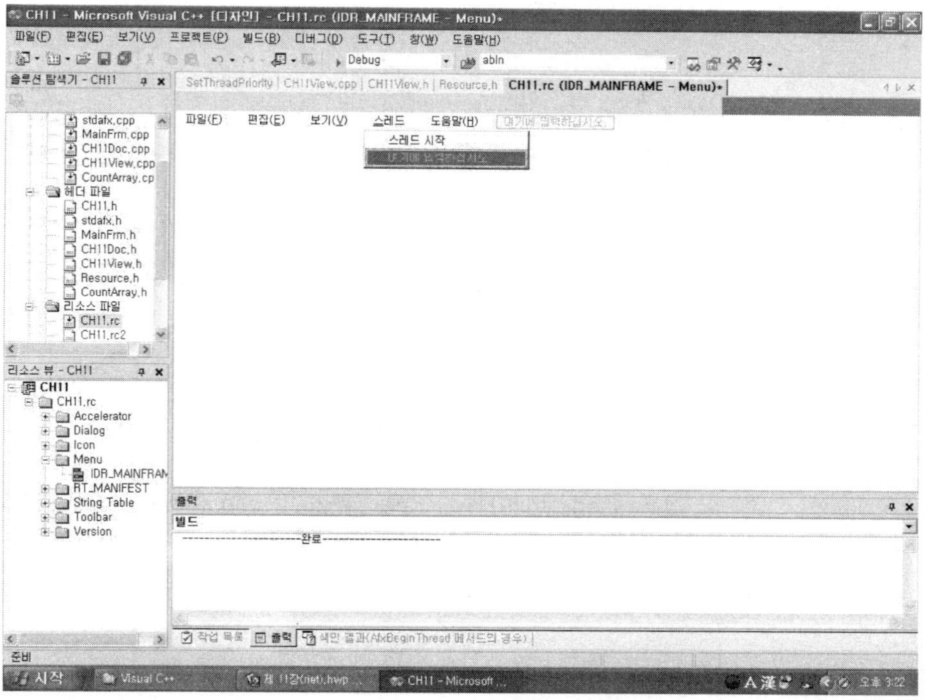

5. 앞서 만든 threadProc()함수와 OnStartthread()함수를 다음과 같이 대치한다.

```
UINT WritethreadProc(LPVOID param)
{

        for(int x=0;x<10; ++x)
        {
                countArray.SetArray(x); //x값을 증가시키면서 CountArray 클래스의
                                        //SetArray함수를 호출한다.
                ::Sleep(1000); //약 1초간 지연시킨다.
        }
        return 0;
}
UINT ReadthreadProc(LPVOID param)
{
        int array[10];

        for(int x=0;x<20; ++x) //루프가 20번 반복된다.
        {
        countArray.GetArray(array); //array라는 배열을 이용하여 CountArray 클
                // 래스의 GetArray함수를 호출함으로써 저장된 데이터를 읽어드린다.
                char str[50];
                str[0]=0;
                for(int i=0; i<10; ++i) // 배열에 있는 10개의 값을 메시지 박스에 쓴다.
                  {
                          int len = strlen(str);
                          wsprintf(&str[len],"%d", array[i]);
                  }
                  ::MessageBox((HWND)param,str,"Read thread", MB_OK);
        }
        return 0;
}
void CCh11View::OnStartthread()
```

```
{
        // TODO: Add your command handler code here
        HWND hWnd= GetSafeHwnd(); //현재 메인 프레임의 핸들값을 얻는다.
        AfxBeginThread(WritethreadProc, hWnd);
        AfxBeginThread(ReadthreadProc, hWnd);
}
```

6. 이를 실행시키고 스레드 메뉴에 있는 스레드 시작 항목을 실행시킨다.

7. 실행 결과는 다음과 같다.

8. 10개의 같은 값이 메시지 박스에 출력되는데 이는 10개의 데이터를 읽거나 쓸 때 다른 스레드의 간섭을 받지 않았다는 의미이다.

11.3.2 뮤텍스(Mutexes: Mutually Exclusive)

앞서의 Critical Sections방식은 같은 응용프로그램에서만 스레드의 동기화가 이루어지는 반면 뮤텍스 방식은 다른 응용프로그램의 스레드도 동기화 시킬 수 있기 때문에 약간 복잡하다. 앞서의 예제와 같이 CCountArray라는 클래스를 만든다. 다음은 CountArray.h 파일이다.

```
#include "afxmt.h"
class CCountArray
{
private:
    int array[10];
    CMutex mutex;
public:
    CCountArray(){};
```

```
    ~CCountArray(){};
    void SetArray(int value);
    void GetArray(int dstArray[10]);
};
```

다음은 실행파일인 CountArray.ccp 파일이다.

```
#include "stdafx.h"
#include "CountArray.h"

void CCountArray::SetArray(int value)
{
    CSingleLock singleLock(&mutex)
    singleLock.Lock();

    for(int x=0; x< 10; ++x)
            array[x]=value;

}

void CCountArray::GetArray(int dstArray[10])
{
    CSingleLock singleLock(&mutex)
    singleLock.Lock();

    for(int x=0; x< 10; ++x)
            dstArray[x]=array[x];

}
```

뮤텍스 object(CMutex 변수)를 얻기위해 실질적인 제어를 수행하는 CSingleLock 혹은

CMultiLock object를 얻어야 한다. 여기서는 한 개의 뮤텍스만을 실행하므로 CSingleLock object를 사용하며 배열이라는 자원을 조작하기 위해 CSingleLock singleLock(&mutex);를 사용하였으며 여기서 구성자 singleLock(&mutex)의 인자는 제어를 원하는 스레드 동기화 object의 포인터이다. 이 뮤텍스에 대한 점유권을 얻기 위해 singleLock.Lock();함수를 이용하여 이후 프로그램을 실행할 수가 있다.

실행 결과는 앞의 결과와 같다. 즉 10개의 같은 값이 메시지 박스에 출력되는데 이는 10개의 데이터를 읽거나 쓸 때 다른 스레드의 간섭을 받지 않았다는 것을 의미한다.

11.3.3 세마포

앞의 두 동기화 방법은 한 번 하나의 스레드만이 데이터에 접근을 하였지만 세마포는 동시에 접근할 수 있는 스레드를 복수 개로 설정할 수 있다는 점이 다르다. 세마포를 만들 때 동시에 접근할 수 있는 스레드의 최대수를 설정하여 둔다. 데이터에 접근한 스레드가 최대치에 도달하면 세마포의 내부카운터가 0이되어 다른 스레드의 접근을 막게된다. 다음의 형식으로 세마포를 설정한다.

```
CSemaphore Semaphore(1,2);
```

여기서 첫 번째 인자 1은 시작 스레드 번호이고 두 번째인자는 접근할 수 있는 스레드의 최대수이다.

이를 실행하기 위해 SomeResource.h라는 클래스의 헤드파일을 다음과 같이 구성한다.

```
#include "afxmt.h"

class CSomeResource
{
private:
    CSemaphore* semaphore; // 동적 메모리 힙에 세마포의 오브젝트를 만든다.

public:
    CSomeResource();
```

```
    ~CSomeResource();

    void UseResource();
};
```

SomeResource.cpp라는 클래스의 실행파일을 다음과 같이 구성한다.

```
#include "stdafx.h"
#include "Someres.h"

CSomeResource::CSomeResource()//구성자
{
semaphore= new CSemaphore(2,2);//2 번 부터 2개의 세마포가 동시에 실행되며
                                // 동적 메모리에 CSemaphore의 오브젝트를 만든다
}

CSomeResource::~CSomeResource()
{
    delete semaphore;//CSemaphore의 object를 없앤다.
}

void CSomeResource::UseResource()
{
    CSingleLock singleLock(semaphore);
    singleLock.Lock();

            Sleep(5000);//약 5초간 실행을 지연시킨다.
}
```

1. 위에서 만든 SomeResource.ccp와 SomeResource.h를 Ch11 project에 저장한다.

2. 프로젝트 메뉴의 기존 항목 추가 메뉴를 선택 한 후 SomeResource.ccp와 SomeResource.h

를 추가시킨다.

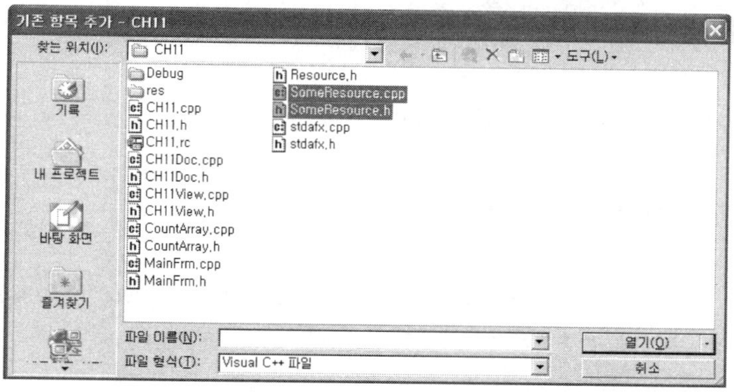

3. 솔류션 탐색기에서 위에서 만든 CountArray.ccp와 CountArray.h를 delete 키를 이용하여 삭제시킨다.

4. CH11View.cpp를 로드시킨 다음 #include "CountArray.h"를 삭제시킨 후 #include "SomeResource.h"를 다른 헤드 파일과 함께 삽입시키며 #endif 다음에 CSomeResource someRes;를 선언한다.

```
#include "stdafx.h"
#include "CH11.h"

#include "CH11Doc.h"
#include "CH11View.h"
#include  "SomeResource.h"

#ifdef _DEBUG
#define new DEBUG_NEW
#endif

//volatile int threadController;
CSomeResource   someRes;
.............
```

5. WritethreadProc()과 ReadThradProc()함수를 지우고 다음과 같은 함수로 대치시킨다.

6. OnStartthread()도 함수 또한 다음과 같이 바꾼다.

```
UINT threadProc1(LPVOID param)
{
        someRes.UseResource();

        ::MessageBox((HWND)param, "thread 1 had access", "thread 1",MB_OK);

        return 0;
        }

UINT threadProc2(LPVOID param)
{
        someRes.UseResource();

        ::MessageBox((HWND)param, "thread 2 had access", "thread 2",MB_OK);

        return 0;
        }

UINT threadProc3(LPVOID param)
{
        someRes.UseResource();

        ::MessageBox((HWND)param, "thread 3 had access", "thread 3",MB_OK);

        return 0;
        }


void CCH11View::OnStartthread()
```

```
{
        // TODO: Add your command handler code here
        HWND hWnd= GetSafeHwnd();
        AfxBeginThread(threadProc1, hWnd);
        AfxBeginThread(threadProc2, hWnd);
    AfxBeginThread(threadProc3, hWnd);
}
```

7. 이를 실행시키고 thread 메뉴에 있는 Start thread항목을 실행시킨다.

8. 실행결과는 다음과 같다. 프로그램의 실행은 Sleep(5000)에 의해 약 5초 정도 실행이 지연된다.

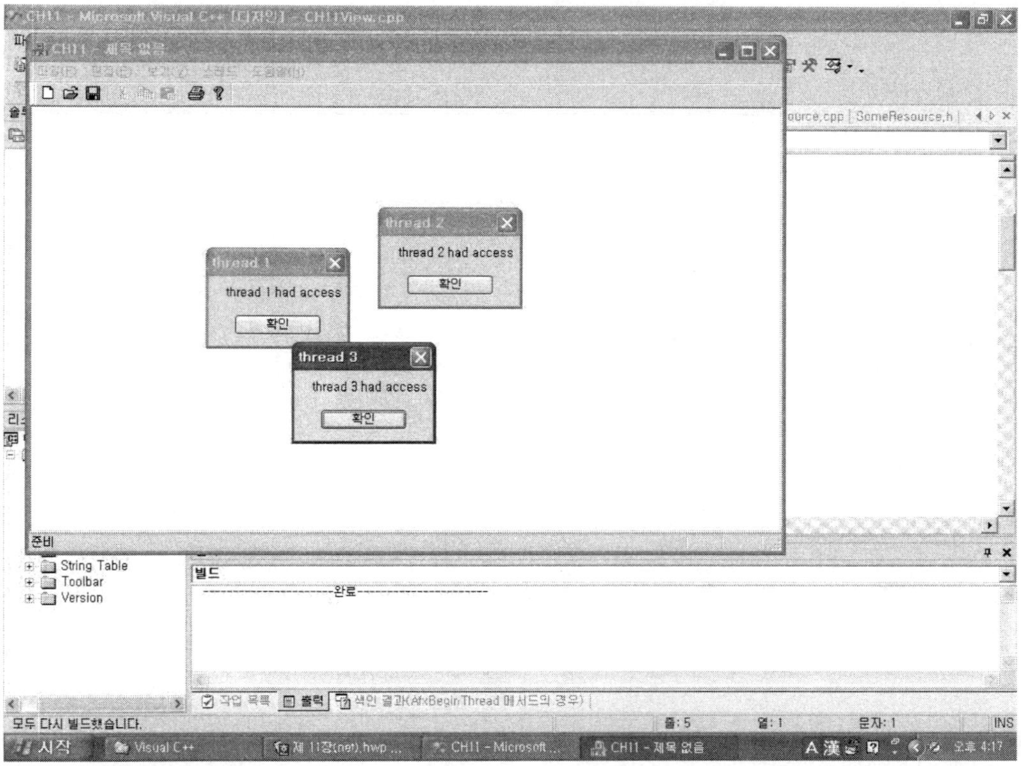

Chapter 12

OLE 자동화

12.1 OLE 자동화

응용 프로그램간의 효율적인 데이터 공유법으로 COM(Component Object Model)에 근거한 OLE(Object Linking and Embedding)가 소개되었지만 현재는 Internet상에서의 데이터공유를 위해 ActiveX라는 새로운 데이터 공유법이 새롭게 대두되고 있는 실정이다. 그러나, ActiveX의 근간은 OLE이므로 본 장에서는 OLE에 대해 살펴본다.

OLE는 응용프로그램간에 데이터를 공유하거나 편집할 수 있는 두 가지 다른 방법을 복합한 합성어이다. 먼저 Object Linking은 단지 한 문서에 여러 응용프로그램이 링크되어 있기 때문에 특정문서의 데이터가 변경되면 링크된 모든 응용프로그램의 데이터가 변경되는 반면, Object Embedding은 데이터를 여러 응용프로그램에 복사한 형태가 되기 때문에 응용프로그램 고유의 데이터로 취급이 된다. 따라서 원본을 수정하더라도 다른 응용프로그램의 복사본에는 영향을 미치지 못한다.

다른 응용프로그램의 객체를 제어하는 것을 OLE 자동화라 한다. 다른 응용프로그램이 제어할 수 있는 객체를 제공하는 응용프로그램을 OLE 자동화 서버라 하며 이러한 객체에 접근하는 응용프로그램을 OLE 자동화 클라이언트라 한다.

12.2 OLE 자동화 서버

다른 응용프로그램이 사용할 수 있는 데이터 등을 제공하는 응용프로그램을 자동화 서버라 부른다.

먼저 자동화 서버 응용프로그램을 만드는 절차는 다음과 같다.

1. AutoServer이라고 프로젝트명을 지정하고 문서의 종류는 단일 문서로 지정하고 고급

기능에서 자동화를 선택한다.

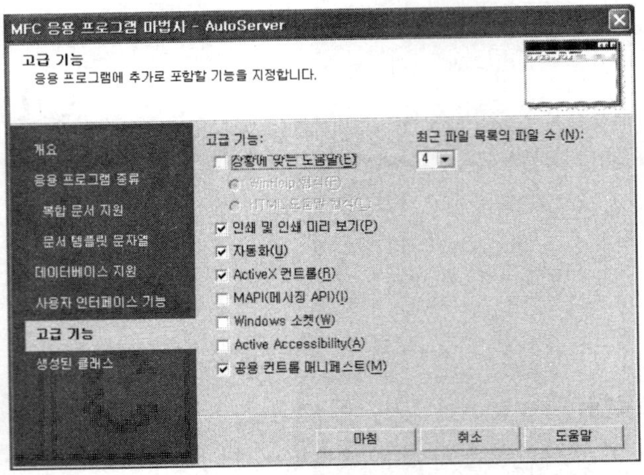

2. AutoServerDoc.h 파일을 로드시키고 클래스의 Attributes 항목에 다음과 같이 추가한다.

```
.....
UINT m_x;
......
```

이 변수는 AutoServerDoc이 가지는 변경할 수 있는 데이터이다.

3. AutoServerDoc.ccp를 로드시키고 클래스의 구성자에 다음과 같은 항목을 추가한다.

```
AutoServerDoc::CAutoServerDoc()
{
	// TODO: add one-time construction code here
    //응용 프로그램의 automation을 초기화시킨다.
	EnableAutomation();
   //Client Application이 Server의 Service를 필요로하는 한 server가 메모리에
	//남아 있도록 한다.
	AfxOleLockApp();
	m_x=20;
}
```

4. AutoServerDoc.ccp를 로드시키고 Serialize()함수에 다음과 같은 항목을 추가한다.

```
void CAutoServerDoc::Serialize(CArchive& ar)
{
        if (ar.IsStoring())
        {
                // TODO: add storing code here
                ar << m_x; //데이터를 저장
        }
        else
        {
                // TODO: add loading code here
                ar >> m_x; //데이터를 로드
        }
}
```

5. AutoServerView.ccp를 로드시키고 Ondraw()함수에 다음과 같은 항목을 추가한다.

```
void CAutoServerView::OnDraw(CDC* pDC)
{
        CAutoServerDoc* pDoc = GetDocument();
        ASSERT_VALID(pDoc);

        // TODO: add draw code for native data here
        pDC -> TextOut(pDoc ->m_x,20,"TEST STRING"); //이 함수는 화면에
                                    TEST STRING이라는 문자열을 표시하는데 표시하
                                    는 위치는 도큐멘트의 변수인 m_x에 따라서 바뀐다.
}
```

6. 리소스 뷰에서 메뉴를 선택한 후 IDR_MAINFRAME을 선택 한 후 Set 메뉴를 추가하고 부메뉴로 SetX Position 항목을 추가하며 오른쪽 마우스 버튼을 눌러 출력되는 메뉴에서 ID 편집을 눌러 메뉴의 ID를 추가하는 데 이를 ID_SET_SETPOSITION 이라고 한다.

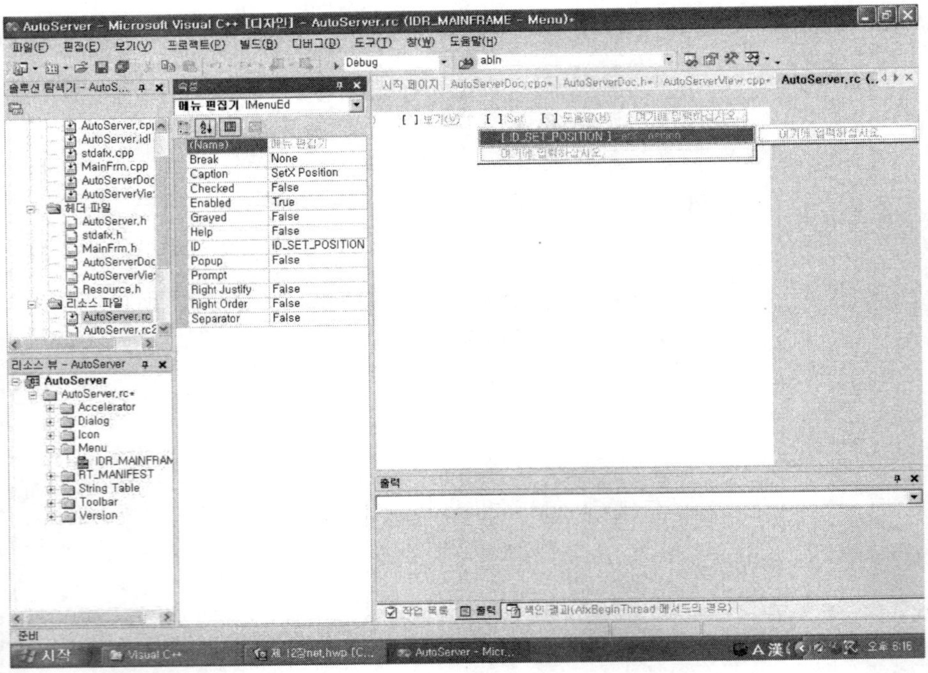

7. 방금 추가한 메뉴항목에 대응하는 메시지 핸들러를 추가하기 위해 오른쪽 마우스 버튼을 누른 경우 출력되는 메뉴에서 이벤트 처리기 추가라는 메뉴를 선택한다.

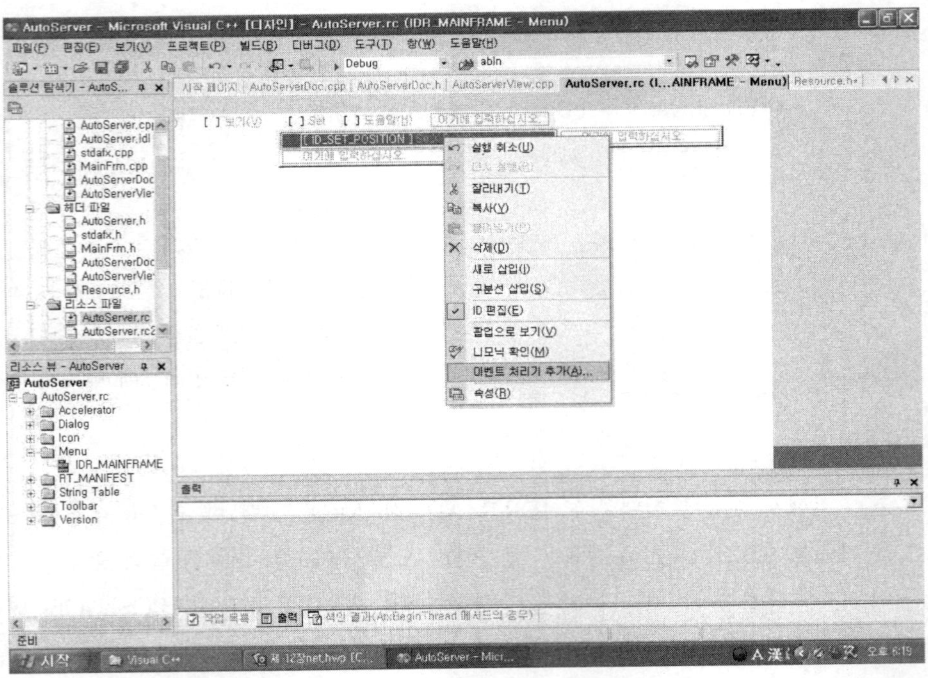

8. 이벤트 처리 추가 마법사 다이얼로그 박스에서 CAutoServerDoc 클래스를 선택하면 이 클래스에 추가되는 함수 OnSetPosition()이라는 함수가 추가됨을 알 수 있다. 추가 및 편집 버튼을 누른다.

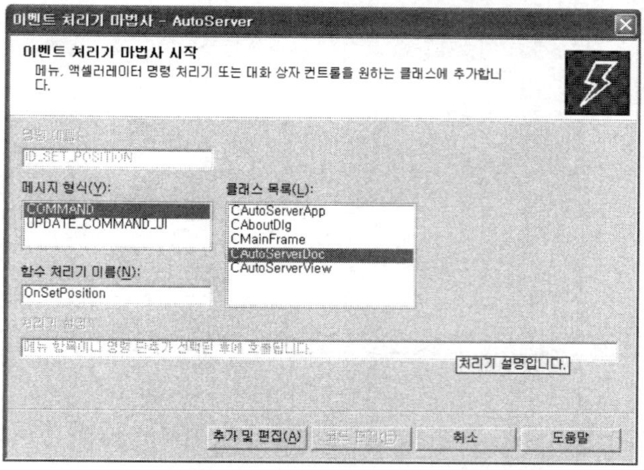

9. 다음과 같은 코드를 추가한다.

```
void CAutoServerDoc::OnSetSetxposition()
{
        // TODO: Add your command handler code here
        if(m_x == 20)      // m_x의 값이 20이면 m_x를 300으로 재설정한다.
                m_x=300;
        else
                m_x=20; // m_x의 값이 300이면 m_x를 20으로 재설정한다.
        SetModifiedFlag(); // 변경된 m_x의 값을 저장한 후
        UpdateAllViews(NULL);// OnDarw()라는 함수를 호출하여 TEST STRING이라
                              // 는 문자열을 변경된 위치에 맞게 다시 그린다.
}
```

10. 프로그램을 실행시켜 Set 메뉴의 SetX Position 메뉴를 누르면 다음과 같이 문자열이 이동하게 된다.

이렇게 실행되는 프로그램은 최종적으로 알아보고자 하는 자동화 응용프로그램이 아니며 이는 자동화 서버 프로그램을 작성한 것이다. 완전한 자동화 서버 응용프로그램을 만들기 위해서는 다른 응용프로그램(자동화 클라이언트 응용프로그램)이 접근할 수 있도록 인터페이스를 만들어 주어야하는데 이 인터페이스는 프로퍼티(properties)와 메소드(method)로 구성된다.

12.2 자동화 서버에 프로퍼티와 메소드를 추가하는 방법

프로페티는 일종의 변수 역할을 하며 메소드는 함수의 기능을 수행한다.

1. 클래스 뷰를 선택하여 형식별 그룹화를 선택한 후 인터페이스 항목을 선택한 후 하위에 있는 IAutoServer를 선택한다.

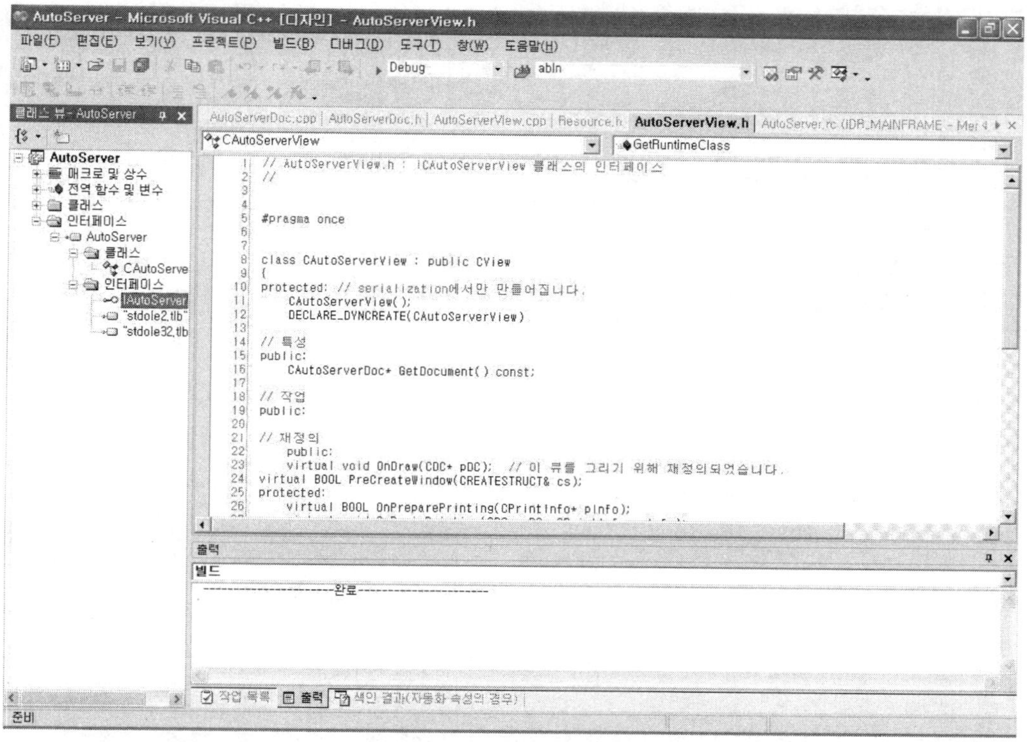

2. 다음으로는 CAutoServerDoc클래스에서 외부 클래스와 데이터를 주고 받기 위한 함수를 설정한다. 즉, x라는 새로운 프로퍼티는 도큐멘트 클래스의 m_x 변수를 나타내는 것으로 자동화 클라이언트 응용프로그램이 서버 윈도우에서 문자열의 위치를 바꿀수 있도록 해주는 변수이다. 프로젝트 메뉴에서 속성 추가라는 항목을 선택한다.

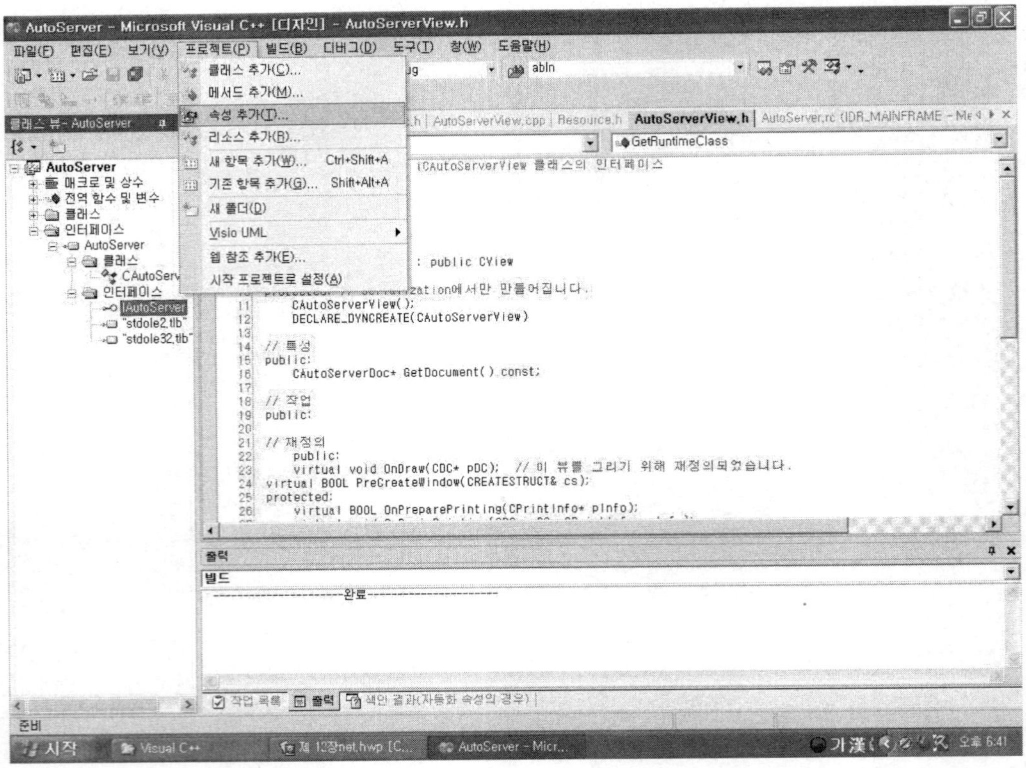

3. 다음과 같이 입력한 후 OK 버튼을 누른다. 속성 형식으로는 SHORT형을 선택한다.

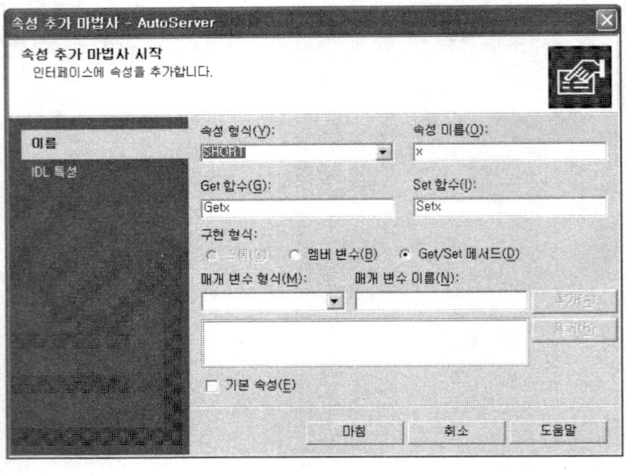

4. 일반적으로 서버 응용프로그램은 자신의 윈도우를 나타내지 않는다. 그러나 이를 화면에

출력하기 위한 함수를 추가함으로써 외부에서 변경시킨 데이터를 화면에 출력하도록 한다. 이를 위해 프로젝트 메뉴에서 메서드 추가 항목을 선택한다.

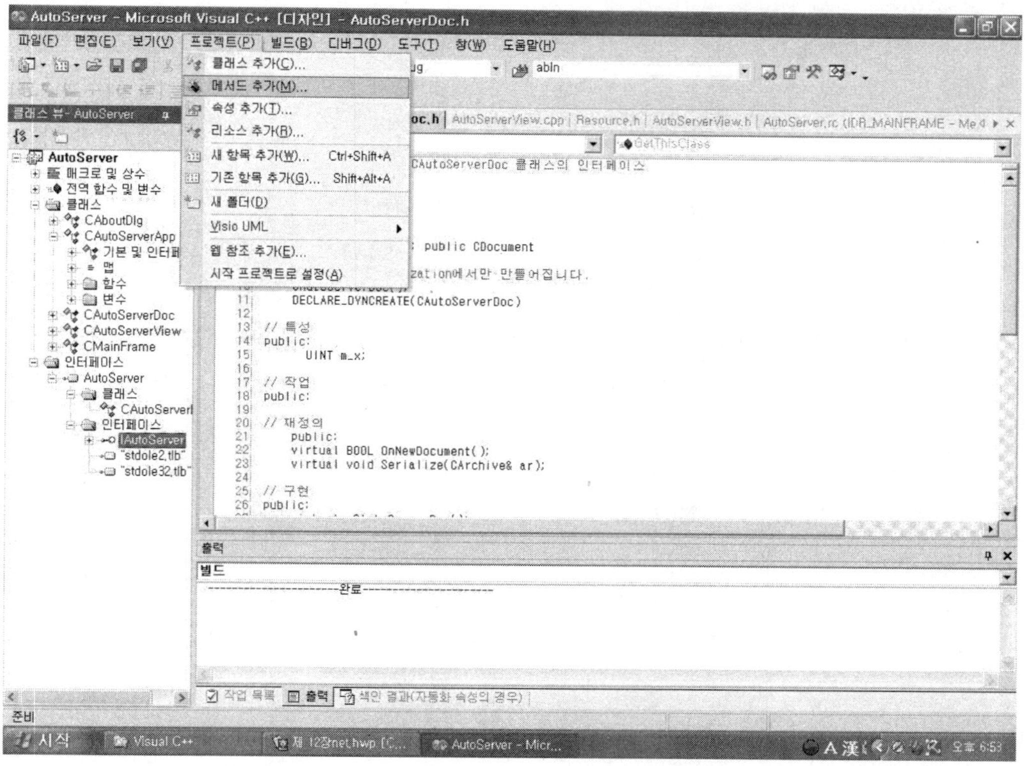

5. 메소드 추가 마법사에 다음과 같이 입력하고 여기서 함수의 반환형은 void로 한다.

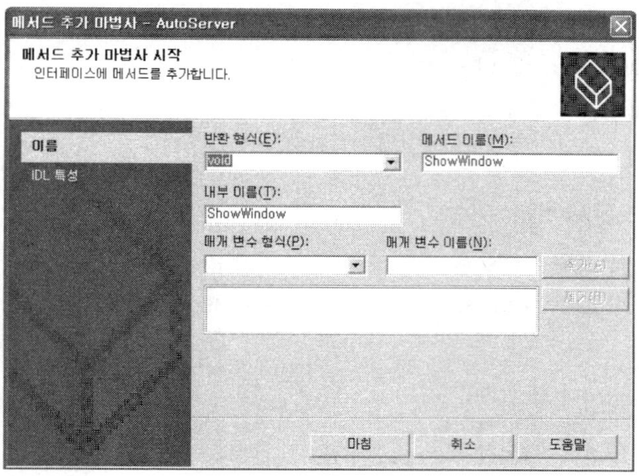

6. 솔류션 탐색기를 이용하여 AutoServerDoc.cpp파일을 연후 생성된 ShowWindow()함수에 다음과 같은 코드를 추가한다.

```
void CAutoServerDoc::ShowWindow()
{
        // TODO: Add your dispatch handler code here

        //Server View 윈도우에 대한 포인터를 얻는다.
        POSITION position = GetFirstViewPosition();

        //Sever의 Parent Window에 대한 포인터를 얻기위해 뷰 포인터를 이용한다.
         CView* pView = GetNextView(position);

        //윈도우가 존재하면
        if(pView != NULL)
        {
                //frame window에 대한 포인터를 얻는다.
                CFrameWnd* pFrameWnd = pView -> GetParentFrame();

                //frame Window를 화면에 출력한다.
                pFrameWnd -> ActivateFrame(SW_SHOW);
        }
}
```

7. GetX() 프로페티 함수에 다음 코드를 추가한다. 현재 저장되어 있는 m_x의 값을 외부 클래스에 반환한다.

```
short CAutoServerDoc::GetX()
{
        // TODO: Add your property handler here

        return (short) m_x;
}
```

8. SetX() 프로페티 함수에 다음 코드를 추가한다. 클라이언트 응용프로그램 혹은 외부 프로그램에서 설정된 값을 받아들인다.

```
void CAutoServerDoc::SetX(short newVal)
{
        // TODO: Add your property handler here
         m_x=newVal;
         SetModifiedFlag();
         UpdateAllViews(NULL);
}
```

지금까지의 프로그래밍은 서버 응용프로그램을 만들고 다른 응용프로그램과의 통신을 위한 인터페이스를 만든 것으로 아직 원하는 동작을 하지 않는다. 이제 필요한 것은 서버 응용프로그램을 제어할 수 있는 클라이언트 응용프로그램을 만드는 것이다.

12.3 자동화 클라이언트 응용프로그램

클라이언트 응용프로그램은 일반적인 응용프로그램이지만 자동화 서버를 로드시키기 위하여 인터페이스 객체 CreateDispatch()함수를 호출하여야 하며 이 함수는 인터페이스 객체와 server의 인터페이스를 연결한다. 다음은 Client 응용프로그램을 만드는 과정을 다음과 같다.

1. AutoClient라는 프로젝트명를 만든다. 이는 일반적인 응용 프로그램을 만드는 방법과 같다.

2. 프로젝트 메뉴에서 클래스 추가라는 항목을 선택한다.

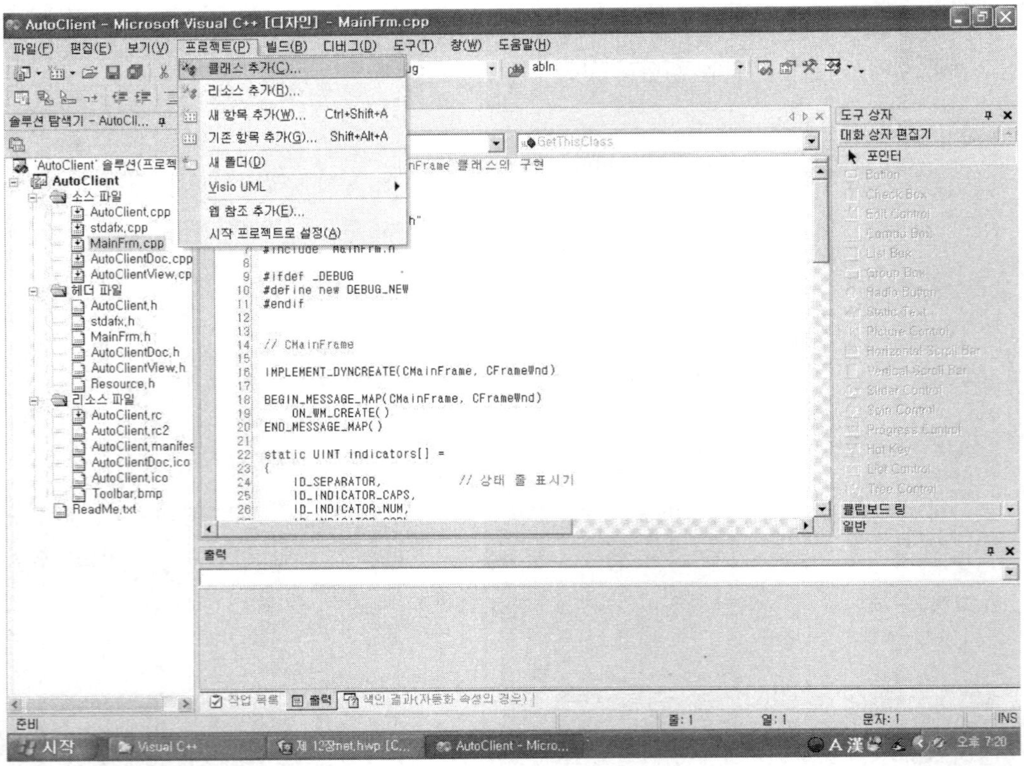

3. 출력되는 클래스 추가 다이얼로그 박스에서 TypeLib의 MFC클래스 항목을 선택한다.

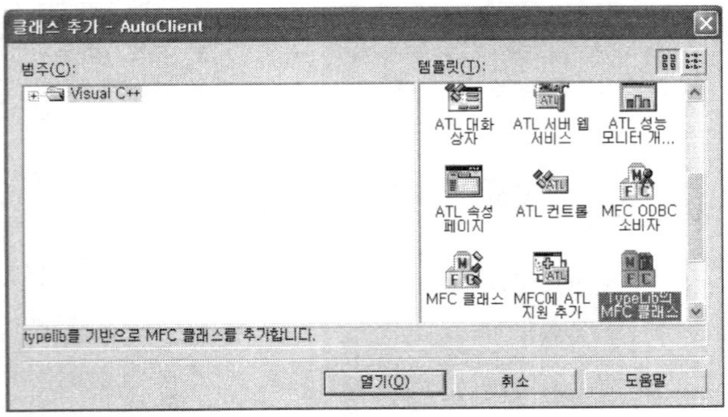

4. 열기 버튼을 선택하면 출력되는 TypeLib의 MFC클래스 추가 마법사에서 AutoServer 폴더의 디버그 디렉토리에 있는 AutoServer.tlb파일을 선택한 후 저장 버튼을 누른다. 인터페이스 항목에 IAutoServer가 생성되면 >> 버튼을 눌러 이에 대한 클래스를 생성

하면 앞에서 만든 CAutoServer 클래스가 생성됨을 알 수 있다. 여기까지의 화면 출력은 다음과 같다. 마침 버튼을 누른다.

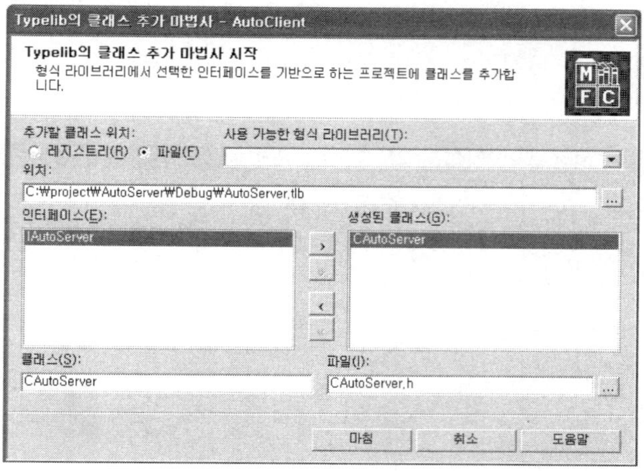

5. AutoClientView.h에 다음과 같은 코드를 추가한다. IAutoServer Interface Class을 여기에 선언함으로써 뷰 클래스에서 서버에 접근을 가능하게 한다.

```
#pragma once

#include    "CAutoClient.h"
class CAutoClientView : public CView
{
protected: // serialization에서만 만들어집니다.
        CAutoClientView();
        DECLARE_DYNCREATE(CAutoClientView)
....
// 작업
public:
CAutoServer    m_autoServer;

// 재정의
public:
```

```
        CAutoClienDoc* GetDocument();
    ........
```

6. AutoClientView 클래스를 선택한 후 속성 창에서 메시지 아이콘을 선택 한 후 WM_CREATE라는 메시지를 선택하여 OnCreate()함수를 추가한다.

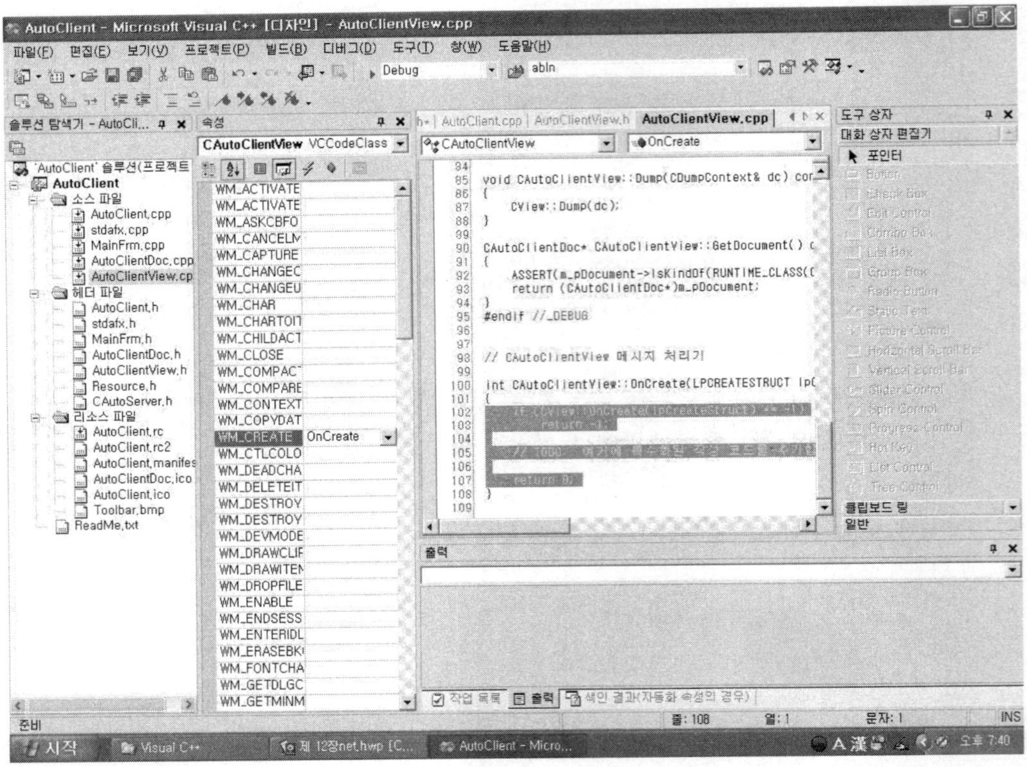

7. OnCreate()함수에 다음과 같은 코드를 추가한다.

```
int CAutoClienView::OnCreate(LPCREATESTRUCT lpCreateStruct)
{
        if (CView::OnCreate(lpCreateStruct) == -1)
                return -1;

        // TODO: Add your specialized creation code here
```

```
        //server object를 로드 한다.
         BOOL success= m_autoServer.CreateDispatch("Autoserver.Document");
         //Server Object를 로드하지 못하면 프로그램을 중지한다.
         if(!success)
         {
                  AfxMessageBox("Failed to create AutoServer object!");
             return -1;
         }
                  return 0;
}
```

8. 리소스 뷰의 메뉴 항목을 선택하고 다음과 같이 Automate메뉴를 추가한 다음 첫번째 부메뉴로 SetX Position으로 한 다음 오른쪽 마우스 버튼을 눌러 출력되는 메뉴항목에서 ID 편집 항목을 선택한 후 ID_AUTOMATE_SETXPOSITION으로, 다음번 부메뉴를 Show Window를 입력하고 마찬가지 방법으로 ID를 ID_ AUTOMATE_SHOWWINDOW로 한다.

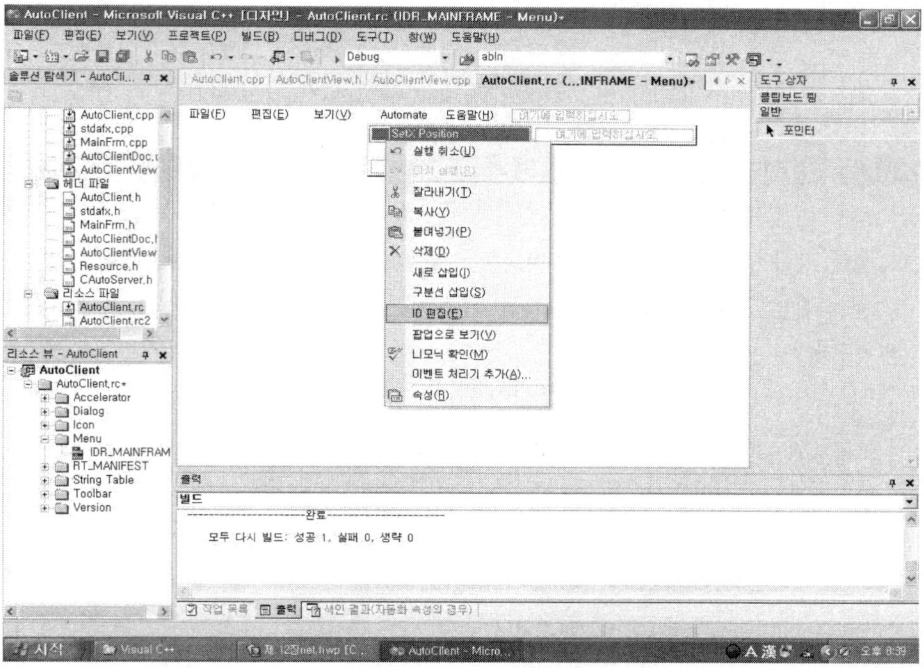

9. SetX Position 메뉴를 선택한 후 오른쪽 마우스 버튼을 누르면 출력되는 메뉴에서 이벤트 처리기 추가 메뉴를 선택한다. OnAutomateSetxPosition() 메시지 핸들러함수에 다음과 같은 코드를 추가한다.

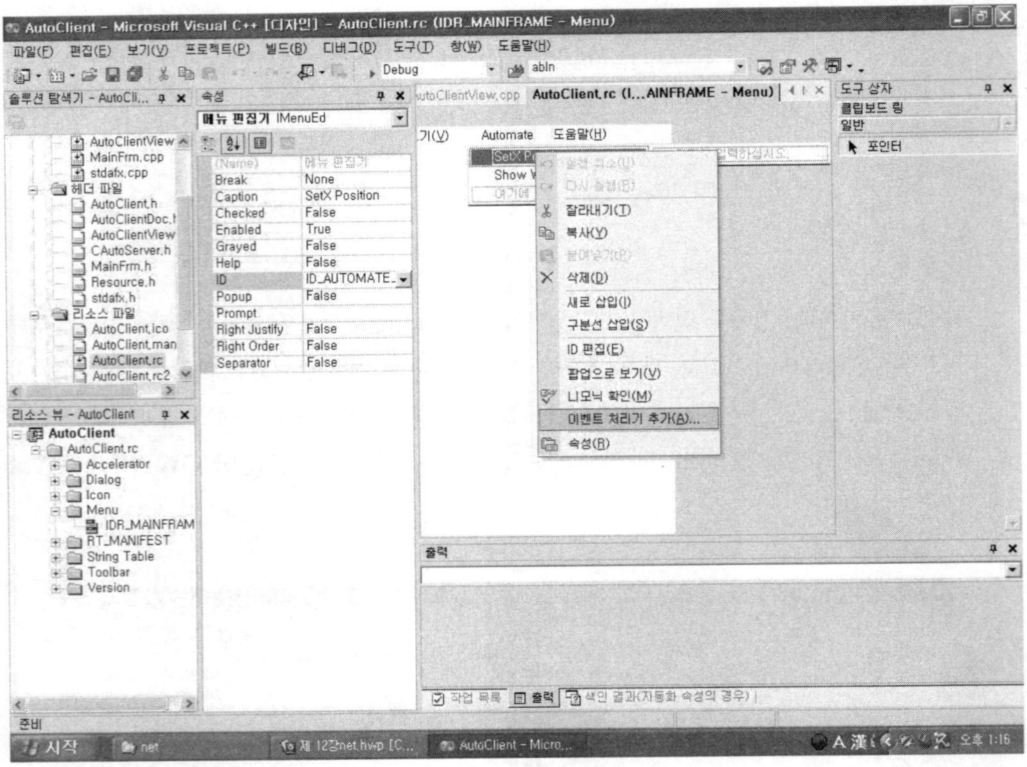

10. 이벤트 처리기 추가 마법사가 출력되면 CAutoClientView를 선택하고 여기에 추가 및 편집 단추를 눌러 OnAutomateSetxposition()함수를 추가한 후 다음과 같은 코드를 작성한다.

```
void CAutoClienView::OnAutomateSetxposition()
{
        // TODO: Add your command handler code here
        //현재 X점의 위치를 가져온다.
        int x=m_autoServer.Getx();
```

```
        //새로운 X점의 위치를 설정한다.
        if(x==20)
                m_autoServer.Setx(300);
        else
                m_autoServer.Setx(20);
}
```

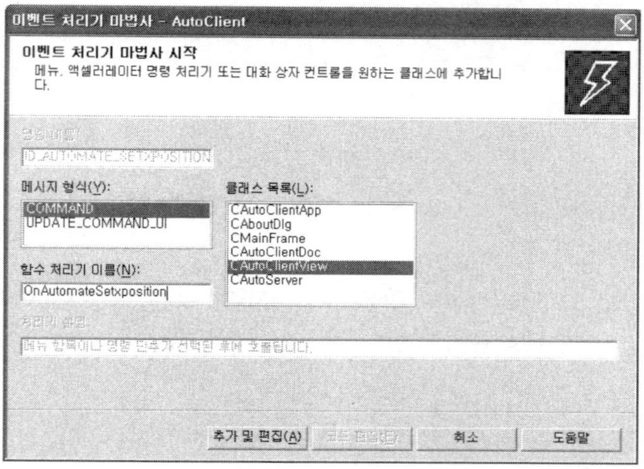

11. 8, 9의 방법으로 ShowWindow메뉴에 OnAutomateShowwindow() 메시지 핸들러를 추가한 후 다음과 같은 코드를 작성한다.

```
void CAutoClienView::OnAutomateShowwindow()
{
        // TODO: Add your command handler code here
      m_autoServer.ShowWindow();          //server 윈도우를 보여주도록한다.
}
```

12. 솔류션 탐색기에서 AutoClient.cpp 파일을 로드시킨 후 InitInstance()함수에 다음과 같은 코드를 추가한다.

```
BOOL CAutoClienApp::InitInstance()
{
```

```
        if(!AfxOleInit())
        {
AfxMessageBox("OLE initialization failed!"); //OLE 초기화가 실패하면
                                               메시지 박스에 이를 출력한다.
                return FALSE;
        }
..........
```

13. MainFrame.cpp파일을 로드하여 PreCreateWindow()함수에 다음과 같은 코드를 추가한다.

```
BOOL CMainFrame::PreCreateWindow(CREATESTRUCT& cs)
{
        // TODO: Modify the Window class or styles here by modifying
        //  the CREATESTRUCT cs

        cs.cx=250; //크라이언트 응용프로그램의 메인 윈도우의 크기를
                  가로 250 세로 200으로 만든다.
        cs.cy=200;
        return CFrameWnd::PreCreateWindow(cs);
}
```

14. 응용프로그램을 실행시키면 다음과 같은 화면이 출력된다.

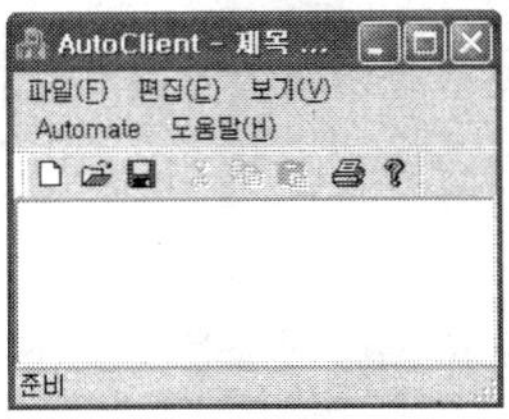

15. Automate 메뉴에서 Showwindow 메뉴를 누르면 다음과 같은 화면이 출력된다. 여기서 Automate 메뉴의 Set X Position을 누르면 문자열이 이동하는 것을 알 수 있는 이것이 본 장에서 언급한 OLE의 기본적인 응용프로그램이다.

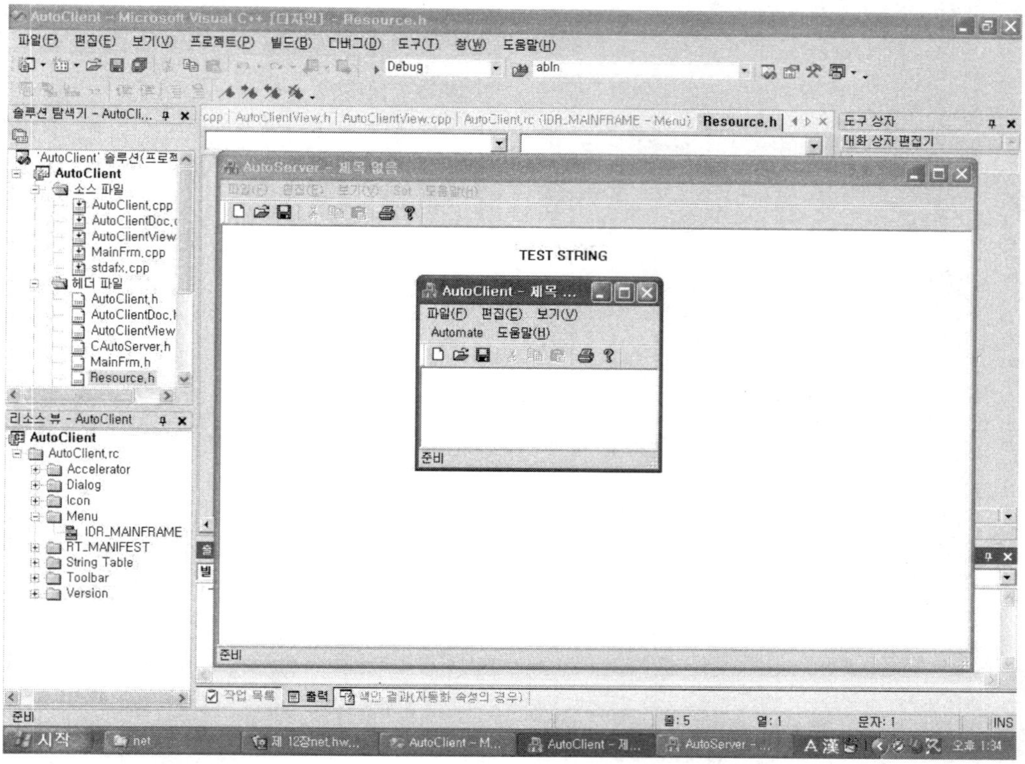
AutoServer - 제목 없음
TEST STRING
AutoClient - 제목 ...
파일(F) 편집(E) 보기(V)
Automate 도움말(H)
준비

Chapter 13

AVI 파일 출력하기

멀티미디어 데이터는 텍스트, 이미지, 애니메이션, 오디오, 비디오 등의 여러 가지 데이터가 조합된 새로운 형태의 데이터를 말하며, 멀티미디어란 이러한 데이터를 이용할 수 있는 매체를 의미한다. 여러 가지 종류의 매체가 있으며 서로 통신이 가능한 컴퓨터도 그 중 하나이다.

윈도우즈용 기본 파일인 AVI파일을 구동시키는 방법으로 MMSYSTEM내에 있는 저레벨(low level) AVI 함수를 이용하는 방법과 하이레벨(high level) AVI함수를 이용하는 두가지 방법이 있다. 저레벨 AVI 함수를 이용하여 다양한 효과음이나 배경화면 등을 추가하여 AVI 파일을 좀더 세련되게 할 수 있지만 코드의 작성이 많고 제어하기가 어렵다. 또한 함수들이 지원하는 파일의 형식도 WAVE 파일, MIDI 파일, AVI 파일 3종류에만 국한되어 코드의 작성에 대한 대가를 기대하기가 어렵다.

반면 윈도우즈에서 단순한 소리나 동화상을 지원하는 고레벨 함수들을 모아 사용하고 있는 MCIWind (Media Control Interface Window) 라는 윈도우를 이용하면 간단히 멀티미디어 장치를 제어할 수 있다.

본 장에서는 AVI파일의 출력을 위하여 MCIWind를 사용하여 응용프로그램을 작성하였고 약간의 조작을 가하면 다른 매체의 제어도 가능하도록 하였다. 한편 응용프로그램을 만든 후 MCI장치를 열고 제어하기 위한 메시지를 전송하여야 한다. MCIWnd 윈도우를 일반적인 CView 클래스에 embbedding 시킴으로써 이 클래스가 가지는 여러 가지 특징을 활용할 수 있도록 하였다.

1. CH13이라는 프로젝트를 만든다..

2. StdAfx.h 파일을 로드시키고 다음과 같은 항목을 추가한다.

```
....
#include <afxwin.h>          // MFC core and standard components
#include <afxext.h>          // MFC extensions
#include <afxdisp.h>         // MFC OLE automation classes
#include <vfw.h>
#pragma comment(lib, "vfw32.lib")
.......
```

3. CH13.cpp 파일을 로드시킨 다음 InitInstance()에 다음의 항목을 추가한다.

```
BOOL CCH13App::InitInstance()
{
        AfxEnableControlContainer();

        // Standard initialization
        // If you are not using these features and wish to reduce the size
        //  of your final executable, you should remove from the following
        //  the specific initialization routines you do not need.

        if(!MCIWndRegisterClass())
                return FALSE;


..............................


}
```

MCI Wnd 클래스를 사용하기 위해 이를 시스템에 등록을 시켜야하는데 이를 위해 MCIWndRegisterClass()함수를 사용한다.

4. CH13View.h 파일을 로드한다. embedded된 MCI Wnd 의 HWND를 가지는 멤버변수가 필요하다. 따라서, m_hAVI라는 변수를 추가해준다.
   MCI Wnd는 창의 크기를 조절하기 위해 메시지를 전송하므로 이 메시지를 처리 할 함수가 필요하다. 따라서, 다음과 같이 메시지 처리함수를 정의해준다.

```
class CCH13View : public CView
{
protected: // create from serialization only
        CCH14View();
        DECLARE_DYNCREATE(CCH14View)

// Attributes
public:
    CCH14Doc* GetDocument();
    HWND m_hAVI;
// Operations
public:

// Overrides

...............................

protected:
        //{{AFX_MSG(CCH14View)
        // NOTE - the ClassWizard will add and remove member functions here.
                //      DO NOT EDIT what you see in these blocks of generated
code !
        //}}AFX_MSG
        afx_msg LONG OnNotifySize(UINT wParam,   LONG lParam);
        DECLARE_MESSAGE_MAP()
};
```

5. CH13View 클래스를 선택한 후 속성창을 열어 재정의 함수 아이콘을 선택 한 후 OnInitialUpdate함수를 추가한다. 여기서 MCI Wnd 윈도우를 만들고 AVI파일을 로드할 수 있는 다이얼로그박스를 만든다.

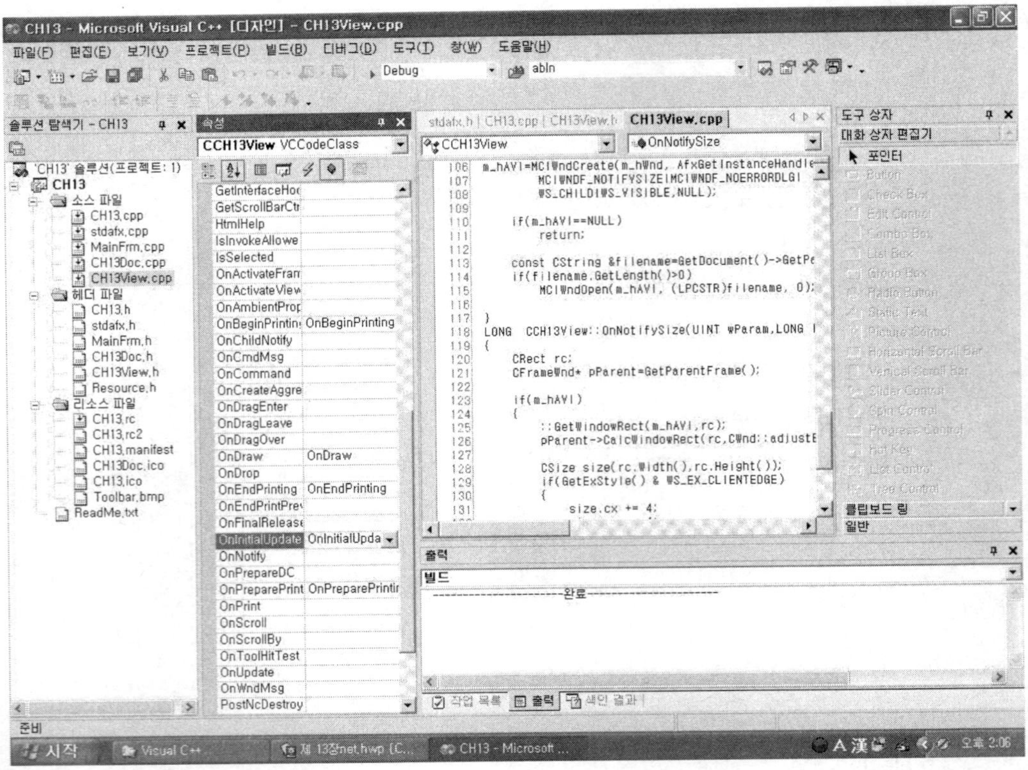

```
....
void CCH13View::OnInitialUpdate()
{
        CView::OnInitialUpdate();

        // TODO: Add your specialized code here and/or call the base class
        m_hAVI=MCIWndCreate(m_hWnd, AfxGetInstanceHandle(),
                MCIWNDF_NOTIFYSIZE|MCIWNDF_NOERRORDLG|
                WS_CHILD|WS_VISIBLE,NULL);

        if(m_hAVI==NULL)
                return;

        const CString &filename=GetDocument()->GetPathName();
        if(filename.GetLength()>0)
```

```
            MCIWndOpen(m_hAVI, (LPCSTR)filename, 0);
}
```

6. CCH13View의 구성자 CCH14View::CCH13View()에 다음과 같이 멤버 변수 m_hAVI를 초기화한다.

```
CCH13View::CCH13View()
{
        // TODO: add construction code here
    m_hAVI=NULL;
}
```

7. 파일크기에 따른 화면크기를 조정하기 위해 MCI Wnd 윈도우에서 전송되는 MCIWNDM_NOTIFYSIZE 메시지를 처리하는 함수가 OnNotifySize()이다.

```
BEGIN_MESSAGE_MAP(CCH14View, CView)
        //{{AFX_MSG_MAP(CCH14View)
                // NOTE - the ClassWizard will add and remove mapping macros
here.
                //    DO NOT EDIT what you see in these blocks of generated
code!
        //}}AFX_MSG_MAP
        // Standard printing commands
        ON_COMMAND(ID_FILE_PRINT, CView::OnFilePrint)
        ON_COMMAND(ID_FILE_PRINT_DIRECT, CView::OnFilePrint)
        ON_COMMAND(ID_FILE_PRINT_PREVIEW, CView::OnFilePrintPreview)
        ON_MESSAGE(MCIWNDM_NOTIFYSIZE, OnNotifySize)
END_MESSAGE_MAP()
```

8. OnNotifySize(UINT wParam,LONG lParam)함수에서는 AVI 파일의 크기에 따라 parent MDI child frame의 크기와 툴바의 위치를 결정하게 된다.

```
LONG CCH13View::OnNotifySize(UINT wParam,LONG lParam)
```

```
{
        CRect rc;
        CFrameWnd* pParent=GetParentFrame();

        if(m_hAVI)
        {
                ::GetWindowRect(m_hAVI,rc);
                pParent->CalcWindowRect(rc,CWnd::adjustBorder);

                CSize size(rc.Width(),rc.Height());
                if(GetExStyle() & WS_EX_CLIENTEDGE)
                {
                        size.cx += 4;
                        size.cy += 4;
                }

                pParent -> SetWindowPos(NULL,0,0,size.cx,size.cy,
                SWP_NOZORDER | SWP_NOACTIVATE | SWP_NOMOVE);
        } else {

        pParent -> SetWindowPos(NULL,0,0,200,60,
                SWP_NOZORDER | SWP_NOACTIVATE | SWP_NOMOVE);
        }
        return TRUE;
}
```

9. 응용프로그램을 실행시킨 결과는 다음과 같다. 여기서 파일 메뉴의 열기를 선택하면 AVI파일을 브라우저할 수 있다.

Chapter 14

DLL(Dynamic Link Libraries)

1. DLL의 종류

DLL은 윈도우즈가 시스템 차원에서 지원하는 프로그램 모듈이므로 종류라는 것이 없지만 MFC에서는 링크방식과 사용범위에 따라 편의상 분류하였다. MFC에서 만들 수 있는 DLL은 일반 DLL과 확장 DLL로 나눌 수 있다.

- 일반 DLL(Regular) : 윈도우즈 표준 DLL로 C, 델파이, 비주얼 베이직 등의 다른 언어나 개발 툴에서도 이 DLL을 마음대로 호출할 수 있다.
- 확장 DLL(Extension) : MFC 전용 DLL로 MFC에 적합하기는 MFC 애플리케이션 이외의 프로그램에서는 이 DLL을 사용할 수 없다.

일반 DLL은 다시 다음 두 가지로 나누어진다.

- 일반 공유 DLL : MFC의 공유(shared) 링크 라이브러리를 사용하는 것이다. 이 DLL에서 MFC DLL을 다시 호출하기 때문에 MFC의 화일도 같이 배포해 주어야 한다.
- 일반 정적 DLL : MFC의 정적 링크 라이브러리를 사용하는 DLL이다. DLL내에 있는 MFC의 코드가 복사되므로 실행시에 MFC DLL은 없어도 상관없다.

이 둘의 차이는 응용 프로그램을 만들 때 마법사에서 설정하는 옵션과 같은 의미를 가진다. 하지만 일반 DLL은 정적이든 공유든 거의 차이점이 없으므로 굳이 구분하지 않아도 된다. 결국 MFC로 만들 수 있는 DLL은 윈도우 환경에서 범용으로 사용할 수 있는 일반적인 DLL과 MFC 애플리케이션끼리만 사용할 수 있는 확장 DLL이 있다고 할 수 있다.

DLL에서는 자신이 제공하고자 하는 함수에 대한 정보를 공개해 놓아야 하며 이 동작을 엑스포트(Export)라고 하며 DLL을 사용하는 클라이언트에서는 어떤 DLL에 있는 어떤 함수를 사용하겠다고 선언해야 하는데 이 동작을 임포트(Import)라고 한다. 즉 함수를 제공하는 측에서는 어떤 함수를 제공하겠다는 선언이 있어야 하며 함수를 사용하는 측에서는 어떤 함수를 사용하겠다는 선언이 있어야 한다.

_declspec

_declspec은 함수에 대한 정보를 제공하는 선언문이며 엑스포트 또는 임포트하는 함수 앞에 수식어로 이 문구가 있어야 한다. 원형은 다음과 같다.

_declspec (extended-gllribule) declcrclor

이 문은 기억부류(Storage Class)에 관한 정보를 단순화, 표준화하며 원래의 C++에는 없는 문장이지만 마이크로소프트사에서 C++문법을 확장한 예 중 하나에 해당한다. 언뜻 보기에는 괄호가 있어 함수 같지만 컴파일러가 제공하는 키워드이다. 기억부류의 속성을 괄호 안의 인수(?)로 지정한다. 사용 가능한 인수에는 다음과 같은 것들이 있다.

인수	설 명
thread	TLS(Thread Local Storage) 데이터로 지정한다. 이 지정자가 붙은 변수는 해당 스레드에서만 사용할 수 있는 변수가 된다.
naked	접두사, 접미어를 생성시키지 않는다. 어셈블리 언어를 사용하여 가상 디바이스 드라이버를 작성할 때 이 기억부류를 사용한다. 함수에만 적용되며 변수에는 적용되지 않는다.
dllimport	DLL에 있는 데이터, 오브젝트, 함수를 임포트한다. DLL에 있는 이렇게 생긴 함수를 앞으로 사용한다는 선언이다.
dllexport	DLL에 있는 데이터, 오브젝트, 함수를 엑스포트한다. DLL을 사용하는 클라이언트(실행파일이거나 또는 다른 DLL)에게 DLL의 정보를 명시적으로 제공하는 역할을 한다. dllexpot로 함수를 선언하면 DEF파일의 Exports란에 이 함수를 명시하지 않아도 되며 _expori 키워드를 대체한다.

기억부류 지정자이므로 이 키워드가 붙은 오브젝트나 함수에만 국한되어 적용된다. 위의 두 인수는 아직까지 사용할 필요가 없으며 DLL을 만들때는 아래쪽의 두 인수만 사용하면 된다.

extern "C"

C++언어는 작성된 모든 함수에 대한 정보를 밖으로 공개하여 별도의 선언 없이(물론 원형 선언은 해주어야 한다) 외부에서 함수를 사용할 수 있도록 해준다. 그런데 외부로 공개되는 함수에 대한 정보가 C언어와C ++어의 경우가 각각 다르다. 다음과 같은 함수가 있다고 하자.

int func (int) ;

C에서는 이름만으로 함수간의 구분이 가능하기 때문에 이 함수의 이름과 함수의 번지만 공개한다. 이렇게 해도 같은 이름의 함수가 존재할 수 없기 때문에 아무런 지장이 없다. 그러나 C++의 경우는 그렇지 않다. C++은 이름이 같아도 인수의 개수나 타입이 다르면 다른 함수로 취급하는 다형성을 가진 언어이기 때문에 함수의 이름뿐만 아니라 인수의 타입도 같이 공개한다. 다음과 같이 선언된 세 함수를 보자.

```
int func (int);
int func (double);
int func (int, int);
```

세 함수가 인수의 타입과 갯수가 다르기 때문에 모두 다른 함수로 된다. C++이 공개하는 함수의 정보를 mangled name이라고 하며 이런 식으로 공개된 함수는 C++ 이외의 다른 언어(C나 파스칼 등)에서는 사용가능하다. extern "C" 지정자는 mangled name을 만들지 않도록 지정함으로써 C형식으로 함수의 정보를 공개하도록 한다.

DLL에서 함수를 엑스포트하거나 클라이언트에서 임포트할 때는_declspec과 extern "C" 지정을 같이 써주어야 한다. DLL에서 엑스포트되는 함수는 다음과 같이 선언해 준다.

```
extern "C" _declspec(dllexport) 함수원형;
```

클라이언트에서는 임포트하는 함수의 원형을 다음과 같이 써준다.

```
extern "C" _declspec (dllimport )함수원형;
```

DLL에서 함수를 엑스포트하고 클라이언트에서 함수를 임포트하겠다고 선언하는 것 외에 한 가지 일을 더 해주어야 한다. 클라이언트에서의 임포트 선언은 함수의 원형이 어떠하다는 것을 밝힐 뿐 그 함수가 어느 DLL에 있는지를 알려주지는 않는다. 그렇다면 클라이언트는 자신이 임포트해야할 함수가 어느 DLL에 있는지 어떻게 알 수 있겠는가? 윈도우즈의 system디렉토리와 현재 디렉토리에 있는 모든 DLL을 열어 함수를 찾아보지는 않을 것이다.

임포트 라이브러리는 DLL에서 엑스포트되는 함수에 대한 정보는 물론이 함수의 코드가 어떤 DLL에 정의되어 있는지에 대한 정보를 가지고 있다. 함수에 대한 정보만을 가질 뿐이지 함수의 코드는 가지고 있지 않다. 그래서 클라이언트 프로그램은 링크시에 임포트 라이브러리를 링크해야하며 LIB파일이 지정하는 DLL파일을 실행시에 읽어와야 한다. 임포트 라이브러리는 DLL을 만들 때 비주얼 C++이 DLL과 함께 만들어주므로 우리는 이 라이브러리를 잘 써먹기만 하면 된다. 참고로 클라이언트 프로그램에서 DLL파일을 찾는 순서는 다음과 같다.

- 클라이언트 프로그램이 포함된 디렉토리
- 윈도우즈의 시스템 디렉토리
- 윈도우즈의 디렉토리
- PATH 환경변수가 지정하는 모든 디렉토리

만약 이 순서대로 DLL을 찾아보고 원하는 DLL이 발견되지 않으면 클라이언트 프로그램은 에러 메시지를 출력하고 실행을 종료한다.

2. DLL을 이용한 프로그램의 구현

2.1 일반 DLL

2.1.1 묵시적 연결

DLL은 비교적 간단한 프로그램 모듈이지만 그래도 처음 배우는 사람에게는 만드는 절차가 그리 쉽게 느껴지지 않을 것이다. 다음 절차를 따라 실습을 해보면서 앞에서 배운 이론들을 다시 한번 확인해 보도록 하자. 매우 간단한 함수를 가진 DLL을 만들어보고 이 DLL에서 함수를 불러 사용해 볼 것이다.

가) DLL 생성

1. DLL을 만드는 첫 시작은 응용 프로그램 마법사를 이용하여 뼈대를 만드는 일이다. 새 프로젝트를 선택하면 다음 대화상자를 보여줄 것이다. 이 대화상자의 우측에 있는 템프렛 란에서 우리는 항상 MFC 응용을 선택해서 실행파일을 만들었지만 이번에는 DLL을 만들 것이므로 MFC DLL을 선택한다. 프로젝트의 이름은 MyDll로 한다.

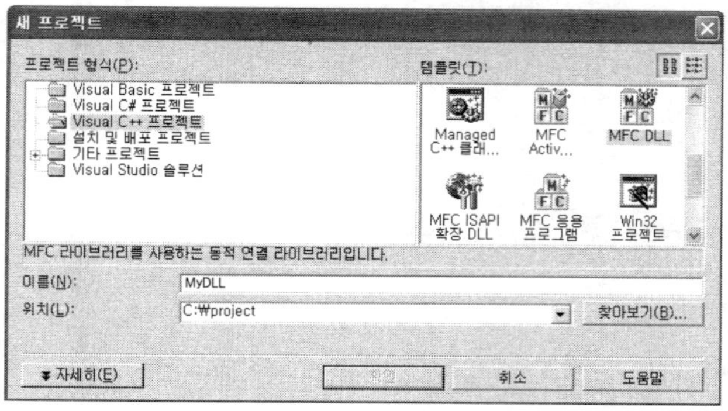

실행파일을 만들 때는 여러 가지 선택 사항에 대해 답을 해주어야 했지만 DLL은 옵션이 많지 않기 때문에 이 대화상자에만 답을 해주면 된다. 어떤 종류의 DLL을 만들 것인가를 물어오는데 일반 공유DLL이 디폴트로 선택되어 있으며 이를 선택한다. 어떤 소스가 만들어 졌는지를 살펴본다. CMyDllApp클래스밖에 만들어져 있지 않다. DLL은 대부분 함수의 집합이므로 윈도우를 만들지는 않으며 따라서 메인 프레임이나 도큐멘트, 뷰가 필요없기 때문에 애플리케이션 클래스 하나만 있다. 독립적으로 실행되는 프로그램이 아니므로 메뉴나 아이콘 따위는 불필요하다. 물론 필요할 경우는 DLL에도 리소스를 만들어 넣을 수 있다. 이제 어떤 파일들이 프로젝트에 포함되었는지 파일 뷰를 보자.

모듈 정의 파일인 MyDll.def가 있고 리소스 파일인 MyDll.re 파일도 있지만 이 파일들은 윈도우즈용 프로젝트라면 의례 포함되어야 하는 것일 뿐 코드를 가지고 있지는 않다. stdafx.cpp 파일은 PCH파일을 만들기 위해 포함되어 있지만 실질적으로 코드를 가지고 있는 소스파일은 MyDll.cpp 파일 하나뿐이며 여기에 MyDll.h 파일까지 포함하면 살펴봐야할 파일은 둘 뿐이다. 먼저 헤더파일을 보자.

MyDLL.h

```
#pragma once
#ifndef __AFXWIN_H__
        #error include 'stdafx.h' before including this file for PCH
#endif
#include "resource.h"                    // 주 기호입니다.
```

```
// CMyDllApp
// 이 클래스의 구현을 보려면 MyDll.cpp를 참조하십시오.
//

class CMyDllApp : public CWinApp
{
public:
        CMyDllApp();

// 재정의
public:
        virtual BOOL InitInstance();

        DECLARE_MESSAGE_MAP()
};
```

MyDLL.cpp

```
#include "stdafx.h"
#include "MyDll.h"

#ifdef _DEBUG
#define new DEBUG_NEW
#endif

//
//      참고:
//
//              이 DLL이 MFC DLL에 대해 동적으로 링크되어 있는 경우
//              해당 DLL에서 내보내고 MFC로 호출하는 모든 함수의
//              시작 부분에 AFX_MANAGE_STATE 매크로가 들어 있어야 합니다.
//
```

```
//                  예:
//                  extern "C" BOOL PASCAL EXPORT ExportedFunction()
//                  {
//                          AFX_MANAGE_STATE(AfxGetStaticModuleState());
//                          // 함수의 나머지 본문은 여기에 옵니다.
//                  }
//
//                  이 매크로는 MFC로 호출하기 전에 함수에 반드시 들어 있어야 합니다.
//                  즉, 매크로는 함수의 첫 번째 문이어야 하며 개체 변수의 생성자가 MFC
//                  DLL로 호출할 수 있으므로 개체 변수가 선언되기 전에 나와야 합니다.
//
//                  자세한 내용은
//                  MFC Technical Note 33 및 58을 참조하십시오.
//
// CMyDllApp

BEGIN_MESSAGE_MAP(CMyDllApp, CWinApp)
END_MESSAGE_MAP()

// CMyDllApp 생성

CMyDllApp::CMyDllApp()
{
        // TODO: 여기에 생성 코드를 추가합니다.
        // InitInstance에 모든 중요한 초기화 작업을 배치합니다.
}

// 유일한 CMyDllApp 개체입니다.
CMyDllApp theApp;

// CMyDllApp 초기화
BOOL CMyDllApp::InitInstance()
{
```

```
        CWinApp::InitInstance();

        return TRUE;
    }
```

빈 메시지 맵이 있고 역시 코드가 없는 빈 생성자만 정의되어 있으며 실질적인 코드는 제일 아래쪽에 있는 애플리케이션 객체인 theApp를 선언하는 코드뿐이다. 결국 응용 프로그램 마법사가 만들어준 코드는 CWinApp로부터 파생된 CMyDllApp 클래스를 정의하고 이 클래스의 객체 theApp만을 선언하고 있으며 함수는 하나도 정의되어 있지 않다.

다음으로 DLL에 포함될 함수의 코드를 작성해 보자. theApp 선언문 아래에 다음과 같은 함수를 작성한다.이는 정수형 인수 두 개를 받아서 두 정수의 합을 리턴하는 간단한 함수다.

```
// The one and only CMyDllApp object
CMydllapp theApp;
extern "C" _declspec (dllexport) int AddInteger(int a, int b)
{
    return a+b;
}
```

앞에서 살펴본 것처럼 extern "C"를 사용하여 링키지 지정을 해주었으며 외부로 함수의 정보를 공개하기 위해 _declspec(dllexport)문이 사용되었다. 두개의 지정자 외에는 아주 일반적인 함수 정의문일 뿐이다

DLL의 작성이 끝나면 빌드 메뉴의 MyDll 빌드를 선택하여 프로젝트를 빌드시킨다. 에러없이 컴파일되면 탐색기를 열어 MyDll\Debug 디렉토리에 어떤 파일들이 만들어졌는가 살펴보면 중간파일 몇 가지와 MyDll.dll과 MyDll.lib가 만들어져 있을 것이다. MyDll.d11에 AddInteger 함수의 코드가 정의되어 있으며 임포트 라이브러리인 MyDll.lib에는 함수의 위치와 원형에 대한 정보가 포함되어 있다. 현재까지는 DLL만 만들었으므로 이 프로젝트를 단독으로 실행시킬 수는 없다.

나. Usedll

앞에서 만들었던 MyDll.d11을 사용하는 예제를 만들어보고 DLL에 있는 함수가 제대로 호출되는지 살펴보자. Mydll.dll에 정의되어 있는 AddInteger함수를 호출하여 두 정수간을 더하는 작업을 해본다.

1. 응용프로그램 마법사를 실행시켜 UseDll을 만들되 이번에는 실행파일을 만들어야 하므로 MFC 응용을 선택해야 한다. SDI 옵션만 선택하고 나머지는 모두 디폴트를 받아들인다.

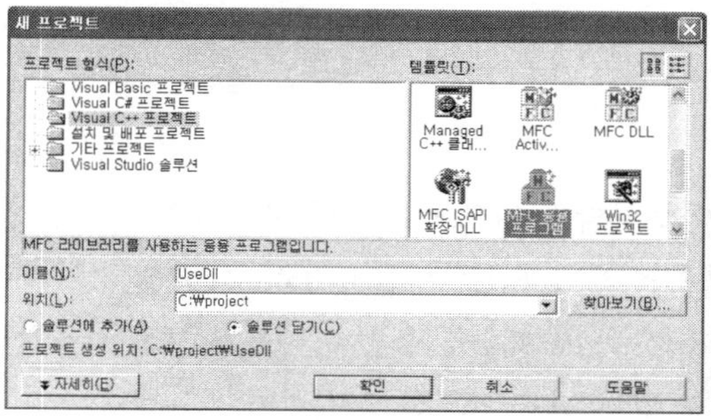

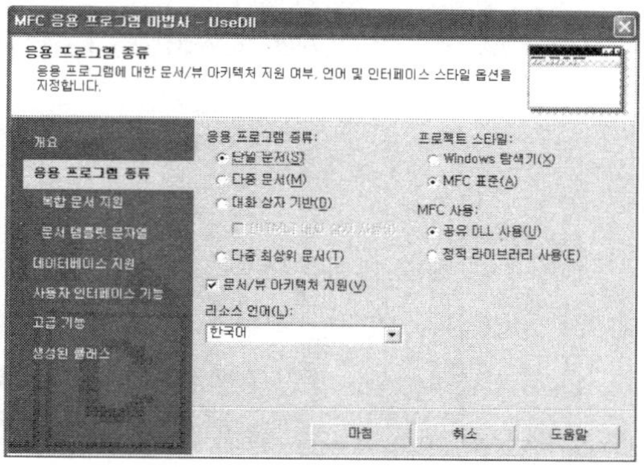

2. DLL을 사용하기 위해서는 일단 다음 두 가지 작업을 해주어야 한다. 첫째 MyDll.dll을 윈도우즈의 시스템 디렉토리로 복사해 주어 이 DLL을 사용하는 클라이언트 프로그램이 실행중에 이 파일을 찾을 수 있도록 해주어야 한다. 물론 클라이언트 프로그램이 있는 디렉토리나 PATH가 지정된 디렉토리라면 어디에 복사해 주어도 상관없다. 두번째로 MyDll.lib를 UseDll 디렉토리로 복사해 준다. MyDll.dll은 실행중 UseDll.exe와 동적으로 링크되며 MyDll.lib는 컴파일중에 AddInteger함수에 대한 정보를 제공해 준다.

3. UseDllView.h 파일을 열어 사용하고자 하는 함수의 원형을 다음과 같이 선언해 준다. 외부에 있는 함수라는 것을 알려 주기 위해 _declspec(dllimport)문을 사용해야 하며 링커 지정을 하기위해 extern "C"가 앞에 있어야 한다. 또한 컴파일러에게 MyDll.lib가 함께 링커되어야 함을 알리기 위해 #pragma comment(lib, "MyDll")라는 명령어를 프로그램에 삽입하였다.

UseDllView.h

```
...............
#pragma    comment(lib, "MyDll")
extern "C"__declspec(dllimport)    int    AddInteger(int,    int);

class CUseDllView : public CView
{
protected: // serialization에서만 만들어집니다.
        CUseDllView();
        DECLARE_DYNCREATE(CUseDllView)

......
```

이 경우는 DLL에서 사용하고자 하는 함수가 하나밖에 없으므로 뷰의 헤더파일에 함수의 원형을 직접 써주었지만 함수가 많을 경우는 별도의 헤더파일을 만들고 include하는 것이 좋다. UseDllView.cpp 파일에서 DLL에 있는 AddInteger 함수를 불러서 사용해 보도록 하자. UseDllView.cpp 파일을 열고 OnDraw 함수를 열어 다음 코드를 작성한다.

```
....
void CUseDllView::OnDraw (CDC* pDC)
{
        UseDllDoc* pDoc = GetDocument();
        ASSERT_VALID (pDoc ) ;

        CString str;
        str.Format("3+5= %d", AddInteger(3,5));
        pDC->TextOut(100,100, str, str.GetLength());
}
```

AddInteger 함수를 호출해서 덧셈을 제대로 하는지만을 점검해 보는 아주 간단한 코드이다. 3+5의 결과인 8을 출력해 낸다면 함수 호출이 제대로 이루어진다고 볼 수 있다. 이제 프로젝트를 빌드시키고 실행시켜 보자. 실행중의 모습은 다음과 같다.

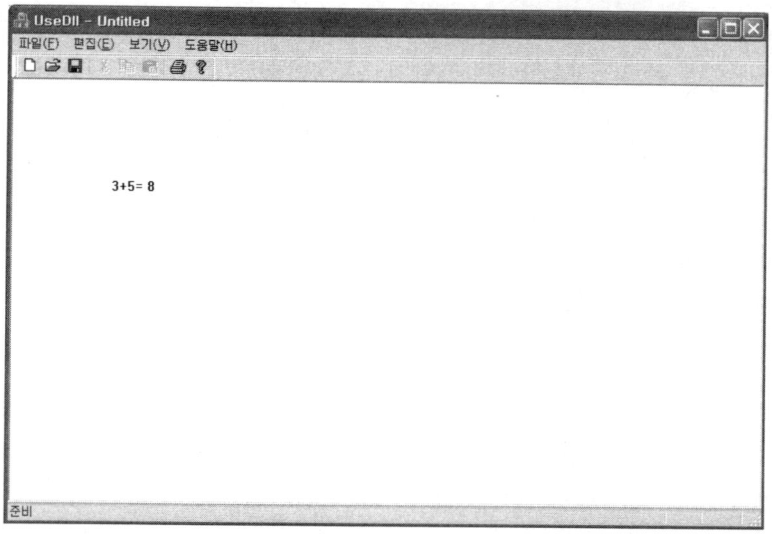

UseDll.exe에는 AddInteger 함수가 정의되어 있지 않지만 DLL에 정의되어 있는 AddInteger 함수를 실행중에 호출하여 3과 5를 더하는 계산을 수행하고 있다. 어디까지나 예제이므로 이런 간단한 함수를 호출하는 예를 보였지만 DLL에 어떤 종류의 함수든지 만들어 포함시킬 수 있으며 실행파일에서 DLL 함수를 자유롭게 호출해서 사용할 수 있다.

MyDll.d11이 일반 공유 DLL이므로 이 모듈에서 MFC의 DLL을 사용한다. 또한 UseDll.exe는 실행중에 MyDll을 사용할 뿐만 아니라 MFC의 DLL도 사용하므로 UseDll.exe가 실행되기 위해서는 실행파일뿐만 아니라 두 개의모듈이 더 필요한 셈이다. 이 상황을 그림으로 그려보면 다음과 같다.

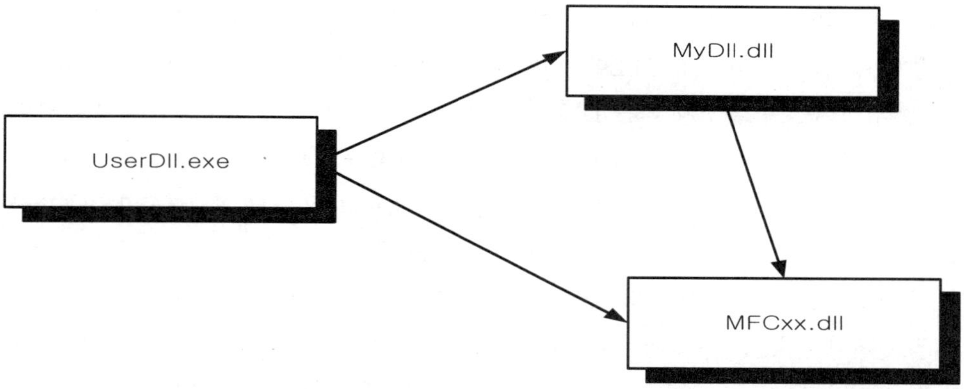

DLL이 다른 DLL을 사용하는 것도 얼마든지 가능하며 이 경우 MyDll.dll은 UseDll.exe의 DLL임과 동시에 MFC DLL의 클라이언트로그램이 된다. 또한 MFC의 DLL은 윈도우즈 시스템 DLL들(User,Kernel,Gdi)을 사용하며 윈도우즈의 시스템 DLL들은 디바이스 드라이버 등의 DLL을 사용한다.

2.1.2 명시적 연결

실행파일에서 DLL의 함수를 호출하는 방법에는 다음 두 가지가 있으며 앞의 예제는 묵시적 연결방법이다.

- 묵시적(Implicit) 연결 : 함수가 어느 DLL에 있는지 밝히지 않고 그냥 사용한다. 프로젝트에 임포트 라이브러리를 포함해 주어야 하며 윈도우즈는 임포트 라이브러리의 정보를 참조하여 DLL을 로드하고 함수를 찾아준다. 클라이언트 프로그램이 로드될 때 DLL이 같이 로드되거나 이미 DLL이 로드되어 있으면 사용 카운트를 1증가시킨다.
- 명시적(Explicit) 연결 : 어느 DLL에 있는 함수인지를 밝히고 사용하는 방법이다. 클라이언트 프로그램이 실행될 때 DLL이 로드되는 것이 아니라 DLL을 로드하라는 명령이 있을 때 로드된다. 필요할 때 선택적으로 DLL을 로드하므로 상황에 따른 리소스 교체가 가능하다. DLL의 이름을 밝히고 사용하므로 임포트 라이브러리는 불필요하다.

DLL을 명시적으로 읽고 사용함에 있어 다음 세 가지 함수가 사용된다. 일단 코드를 작성하기 전에 개별 함수들에 대해 알아보자. 이 함수들은 모두 MFC에서 제공하는 함수가 아니라 Win32 API 함수들이다.

HINSTANCE LoadLibrary(LPCTSTR lpLibFileName);

사용하고자 하는 DLL을 메모리로 읽어와 현재 프로세스의 메모리 영역에 DLL을 매핑시켜 사용할 수 있도록 해주되, DLL이 이미 메모리에 올라와 있는 상태라면 사용 카운트만 1증가시킨다. 인수로는 읽고자 하는 DLL의 파일 이름을 명시하는 널 종료 문자열을 주며 보통 경로는 생략한다. 경로 생략시 DLL을 찾는 순서에 따라 경로를 뒤져보고 찾아낸다. 즉 현재 디렉토리, 윈도우즈 시스템 디렉토리, 윈도우즈 디렉토리, PATH 환경변수가 지정하는 디렉토리 순으로 DLL을 찾는다. 경로를 지정한 경우는 물론 지정한 경로에서 DLL을 찾되 지정한 경로에 DLL이 꼭 있어야 하므로 경로는 지정하지 않는 것이 좋다. 확장자를 생략할 경우 디폴트 확장자인.DLL이 적용된다. DLL을 읽어오는데 성공하면 DLL의 모듈 핸들을 리턴한며 이 핸들은 GetProcAddress 함수에서 사용된다. 에러 발생시 NULL을리턴한다.

FARPROC GetProcAddress(HMODULE hModule, LPCSTR IpProcName);

DLL에서 엑스포트한 함수의 번지를 찾아 그 함수의 함수 포인터를 리턴해 준다. 첫 번째 인수 hModule은 함수가 포함된 DLL의 모듈 핸들이며 LoadLibrary 함수가 리턴해 준 값이다. 두 번째 인수 IpProcName은 찾고자하는 함수 이름을 지정하는 널 종료 문자열이거나 함수의 서수값(ordinalvalue)이다. 널 종료 문자열로 함수의 이름을 명시할 경우는 특히 대소문자구분에 유의해야 한다. C언어는 대소문자를 철저하게 구분한다는 점을 명심하도록 하자. 이 함수가 리턴한 함수 포인터를 사용하여 DLL에 있는 함수를 호출한다. 함수를 찾을 수 없다거나 DLL의 핸들이 무효라든가 하는 에러 발생시는 NULL을 리턴한다.

BOOL FreeLibrory(HMODULE hLibModule):

DLL의 사용 카운트를 1감소시키며 사용 카운트가 0이 되었을 경우 메모리에서 DLL을 삭제시킨다. hLibModule 인수는 LoadLibrary가 리턴한DLL의 모듈 핸들이다. LoadLibrary로 DLL을 읽어왔다면 프로세스를 종료하기 전에 반드시 이 함수를 호출해 주어 DLL을 해제해 주어야 한다. 그렇지 않으면 사용되지도 않는 DLL이 메모리에 계속 남아있게 되므로 불필요하게 메모리를 낭비하게 된다. 에러 발생시는 FALSE를 리턴한다.

앞에서 실습해 본 Usedll.dsw에서 사용한 방법은 임포트 라이브러리를 사용한 묵시적 연결방법이었다. 명시적 연결방법을 사용해 보기 위해Usedll의 OnDraw 코드를 다음과 같이 변경해 보자

```
void CUsedllView::OnDraw(CDC* pDC)
{
        CUsedllDoc* pDoc=GetDocument();
        ASSERT_VALID(pDoc);

        HINSTANCE hInst;                                    ①
        int (*pFunc) (int,int);                             ②
        hInst=LoadLibrary("MyDll.dll");                     ③
        pFunc=(int (*)(int,int))GetProcAddress
                (hInst, "AddInteger");                      ④
        int c=(*pFunc)(3,5);                                ⑤

        CString str;
```

```
            str.Format("3+5=%d",c);
            pDC->TextOut(100,100,str,str.GetLength());          ⑥

            FreeLibrary(hInst);                                 ⑦
    }
```

OnDraw에서 DLL을 읽어오고 사용하고 해제까지 하므로 코드가 복잡해졌다. 실행 순서대로 코드를 분석해 보자.

1) LoadLibrary가 리턴하는 DLL의 모듈 핸들을 저장하기 위해 HINSTANCE형의 변수 hInst를 선언한다.

2) DLL의 함수 번지를 저장하기 위해 함수 포인터 pFunc를 선언한다. 우리가 사용하고자 하는 함수 AddInteger는 정수형 인수를 두 개 취하며 정수형의 값을 리턴해 주므로 함수 포인터의 형은 int (")(int, int)되어야 한다. 함수 포인터에 대해 익숙하지 못한 사람은 이 문장이 무척 이상하게 보일 것이다.

3) LoadLibrary 함수를 호출하여 MyDll.dll을 읽어온다. 물론 이미 메모리에 올라와 있다면 다시 읽어올 필요없이 UseDll의 메모리에 MyDll.dll을 매핑시키기만 할 것이고 사용 카운트를 1증가시킨다. DLL의 경로를 지정하지 않았으므로 MyDll.dll은 현재 디렉토리나 윈도우즈의 시스템 디렉토리 있기만 하면 된다. LoadLibrary는 DLL을 읽어와 메모리에 올린 후 DLL의 모듈 핸들을 리턴하며 이 핸들을 hInst에 대입해 두었다.

4) GetProcAddress 함수로 hInst 모듈에 있는 AddInteger 함수의 번지를 조사한다. 이때 GetProcAddress가 리턴하는 값은 FARPROC형이므로 pFunc에 대입하기 위해서는 함수 포인터형으로 캐스팅 해주어야한다. (int (")(int, int))가 정수형 인수 둘을 취하고 정수형을 리턴하는 함수 포인터형이다. 이 문장에 의해 pFunc는 AddInteger 함수의 번지를 가지게 될 것이다.

5) 함수 포인터 pFunc를 사용하여 AddInteger 함수를 호출한다. 인수로는 3과 5 정수 둘을주며 리턴되는 값은 정수형 변수 c에 대입한다.

6) 함수 호출의 결과를 화면으로 출력한다.

7) FreeLibrary 함수로 DLL을 메모리에서 제거시킨다. 인수로는 LoadLibrary가 리턴해 준 모듈 핸들을 주었다. DLL의 사용 카운트가 1감소할 것이며 감소 결과 0이 되면 DLL이 메모리에서 제거된다.

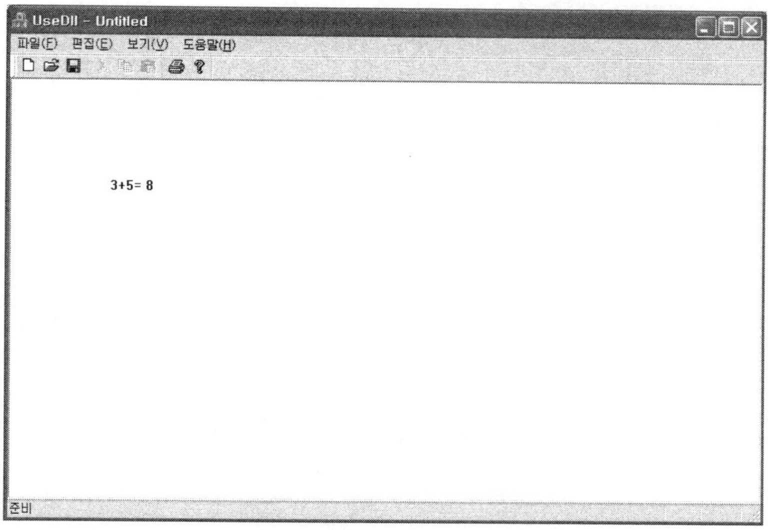

2.1.3 DLL의 배포

UseDll.exe가 상용으로 판매되는 프로그램이라고 가정한 경우 이 프로그램은 MyDll.dll을 보조 모듈로 사용하고 있기 때문에 실행파일만 배포해서는 절대로 실행될 수 없으며 당연히 MyDll.d11도 같이 배포해야 한다. 그러나 UseDll.exe가 실행되는데 필요한 모듈이 MyDll.d11 하나가 아니라 MFC 프로그램이므로 MFCxx.DLL도 필요하며 또 어떤 DLL이 더 필요한지 알 수 없다. 특히 외부 라이브러리를 프로젝트에서 사용한 경우 배포파일 선정에 곤란을 겪는 경우가 발생한다. 개발 시스템에서는 잘 실행되는데 다른 시스템에 설치하면 실행되지 않는 상황이 가끔 발생한다.

따라서 실행파일이 필요로 하는 모듈을 정확하게 조사해 주는 유틸리티가 Visual C++ .NET과 함께 제공되는 Dependency Walker(Depends.exe)이며 이는 응용 프로그램에 종속된 DLL을 확인할 수 있다. Depends.exe는 \Microsoft Visual Studio .NET\Common7\Tools에 설치되어 있으며 이 프로그램은 실행파일이 필요로 하는 모든 모듈을 조사해 주며 각 모듈에 어떤 함수가 있는지도 조사해 주기 때문에 프로그램을 실행한 후 file/open메뉴를 선택하고 조사하고자 하는 실행파일을 선택해 주면된다.

프로그램은 묵시적으로 연결되는 모듈에 대해서만 조사를 해주며 LoadLibrary 등의 함수에 의해 실행중 호출되는 DLL에 대해서는 조사해 주지 않는데 이는 기술적으로 거의 불가능한 일이므로 명시적으로 호출하는 DLL에 대해서는 프로그래머가 스스로 목록을 작성하는 수밖에 없다. 이 프로그램은 강력한 기능에 비해 무척 사용하기 쉬우므로 쉽게 익숙해질 것이다.

Chapter 15

확장 DLL

1. 특징

일반 DLL에 비한 확장 DLL의 특징은 다음과 같다.

1) 일반 DLL은 이름 그대로 일반적인 인터페이스를 사용하지만 확장DLL은 C++ 인터페이스를 사용한다. 일반적 인터페이스란 C언어나 파스칼, 어셈블리 등에서 사용하는 방법으로 이름만으로 함수를 엑스포트하는 방법이다. 이에 비해 C++ 인터페이스는 장식명 (decoratedname)을 사용하여 함수명 뿐만 아니라 인수의 형까지도 엑스포트한다.

2) 확장 DLL은 MFC 전용 DLL이므로 DLL 내부에서 MFC의 DLL(MFCxx.DLL)을 동적으로 호출하기 때문에 단독으로는 사용할 수 없다. 그러므로 확장 DLL은 MFC로 만든 프로그램의 기능을 확장하기 위한 최적의 방법이 되지만 MFC로 만들어지지 않은 일반적인 프로그램에서는 확장 DLL을 사용할 수 없다.

3) C++ 인터페이스를 사용하기 때문에 함수뿐만 아니라 클래스를 통째로 엑스포트할 수 있고 윈도우나 대화상자를 클래스로 만든 후 엑스포트하면 다른 프로그램에서 DLL에 있는 대화상자를 호출해서 사용할 수 있으며 DLL에 정의된 클래스를 상속한 후 변형하는 것도 가능하다.

확장 DLL을 사용할 때는 DLL과 같은 버전, 같은 빌드 모드로 프로그을 만들어야 한다. 즉 DLL이 비주얼 C++ 6.0으로 만들어졌으면 이 DLL사용하는 프로그램도 비주얼 C++ 6.0 버전으로 만들어져야 한다. 같은 비주얼 C++이라 하더라도 버전이 다른 컴파일러로 만든 프로그램끼리는 코드가 호환되지 않을 수 있으며 빌드 모드도 완전히 일치시켜야 하는데 DLL이 디버그 모드로 만들어졌으면 프로그램도 마찬가지로 디버그 모드로 만들어져야 한다.

2. 확장 DLL생성

확장 DLL을 만들어보고 사용해 보도록 하자. 여기서 만들 예제는 DLL에 대화상자를 만든 후 클라이언트 프로그램에서 DLL에 있는 대화상자를 사용하도록 하는 예제이다. 다음 단계를 따라 먼저 DLL을 만든다.

1. ExDll이라는 이름의 프로젝트를 만들고 템플릿에서 MFC DLL 아이콘을 선택하고 확인 버튼을 누른다. MFC DLL 마법사 상자의 응용 프로그램 설정을 선택하여 MFC 확장 DLL 라디오 버튼을 선택하고 마침 버튼을 누른다. MFC DLL 마법사에 의해 만들어진 응용 프로그램의 소스는 ExDll.cpp뿐이다.

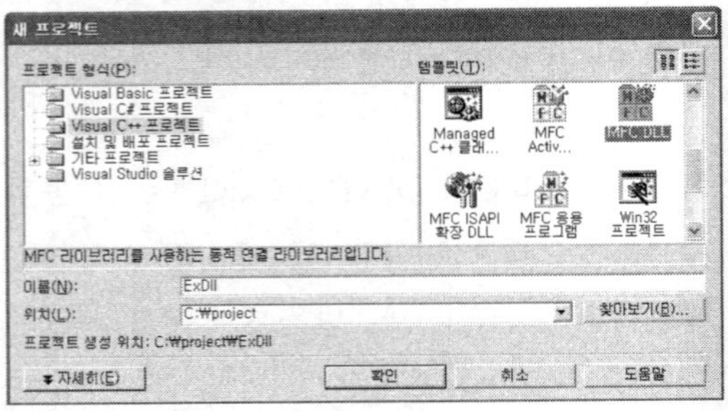

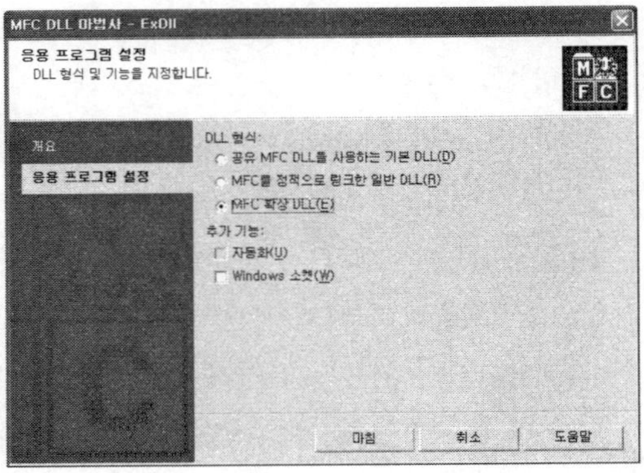

2. DLL 마법사에 의해 만들어진 코드는 다음과 같다.

```
ExDll.cpp

#include "stdafx.h"
#include <afxdllx.h>

#ifdef _DEBUG
#define new DEBUG_NEW
```

```
#endif

static AFX_EXTENSION_MODULE ExDllDLL = { NULL, NULL };

extern "C" int APIENTRY
DllMain(HINSTANCE hInstance, DWORD dwReason, LPVOID lpReserved)
{
        // lpReserved를 사용하는 경우 다음을 제거하십시오.
        UNREFERENCED_PARAMETER(lpReserved);

        if (dwReason == DLL_PROCESS_ATTACH)
        {
                TRACE0("ExDll.DLL 초기화!\n");

                // 확장 DLL을 한 번만 초기화합니다.
                if (!AfxInitExtensionModule(ExDllDLL, hInstance))
                        return 0;

                // 이 DLL을 리소스 체인에 삽입합니다.
                // 참고: 이 확장 DLL이 MFC 응용 프로그램이
                // 아닌 ActiveX 컨트롤 같은 MFC 기본 DLL에
                // 의해 명시적으로 링크되어 있는 경우에는
                // DllMain에서 이 줄을 제거하고, 제거한 줄은 이 확장 DLL에서
                // 내보낸 별도의 함수에 추가합니다.
                // 그런 다음 이 확장 DLL을 사용하는 기본 DLL은
                // 해당 함수를 명시적으로 호출하여 이 확장 DLL을
                // 초기화해야 합니다. 그렇지 않으면, CDynLinkLibrary 개체가
                // 확장 DLL의 리소스 체인에 추가되지 않으므로
                // 심각한 문제가 발생합니다.

                new CDynLinkLibrary(ExDllDLL);

        }
```

```
    else if (dwReason == DLL_PROCESS_DETACH)
    {
        TRACE0("ExDll.DLL 종료!\n");

        // 소멸자가 호출되기 전에 라이브러리를 종료합니다.
        AfxTermExtensionModule(ExDllDLL);
    }
    return 1;   // 확인
}
```

여기서 DllMain 함수는 DLL의 시작점(Entry point)이 됨과 동시에 종료점이 된다. 두 번째 인수 dwReason은 이 함수가 호출되는 이유를 설명해 주며 DllMain 함수가 초기화를 위해 호출되었는지 종료 처리를 위해 호출되었는지는 이 인수를 보면 알 수 있다. DLL이 처음 메모리로 올라올 때 DLL_PROCESS_ATTACH가 넘어오고 DLL이 메모리에서 해제될 DLL_PROCESS_DETACH가 넘어온다. AppWizard가 작성해 준 코드는 필요한 초기화와 종료화를 해주기 때문에 사용자가 직접 DllMain함수를 편집해야 할 경우는 거의 없지만 동적으로 메모리를 할당한다거나 DLL실행을 위해 꼭 필요한 초기화가 있다면 DllMain 함수에 초기화 코드와 종료 코드를 삽입해 넣으면 된다. dwReason이 DLL_PROCESS_ATTACH일 경우 초기화 작업을 하고 DLL_PROCESS_DETACH일 때 종료 작업을 해주어야 한다.

3. 일반 DLL과 마찬가지로 확장 DLL도 리소스는 Version밖에 없다. 먼저 리소스 뷰를 선택하고 ExDll.rc를 선택한 후 오른쪽 마우스 버튼을 누르면 발생되는 메뉴에서 리소스 추가를 선택하면 리소스 추가 다이얼로그 박스가 생성되며 여기서 다이얼로그를 선택한 후 새로 만들기 버튼을 누른다. 특별한 기능을 하는 것이 아닌 다이얼로그 박스를 만들기 때문에 임의의 컨트롤을 가져와 다음과 같이 편집한다.

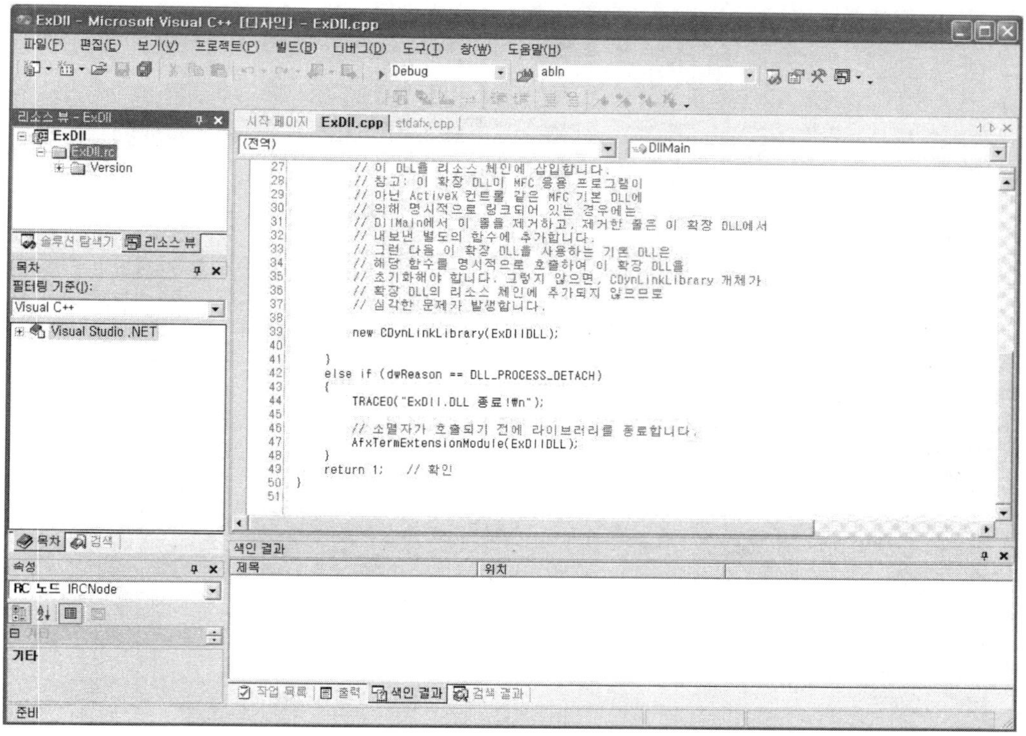

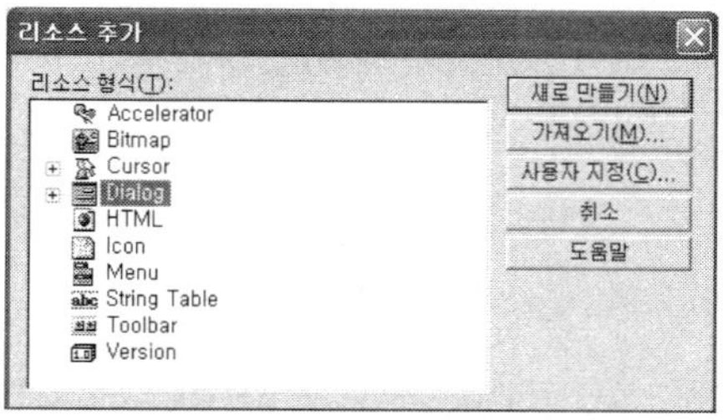
리소스 추가
리소스 형식(T):
Accelerator
Bitmap
Cursor
Dialog
HTML
Icon
Menu
String Table
Toolbar
Version
새로 만들기(N)
가져오기(M)...
사용자 지정(C)...
취소
도움말

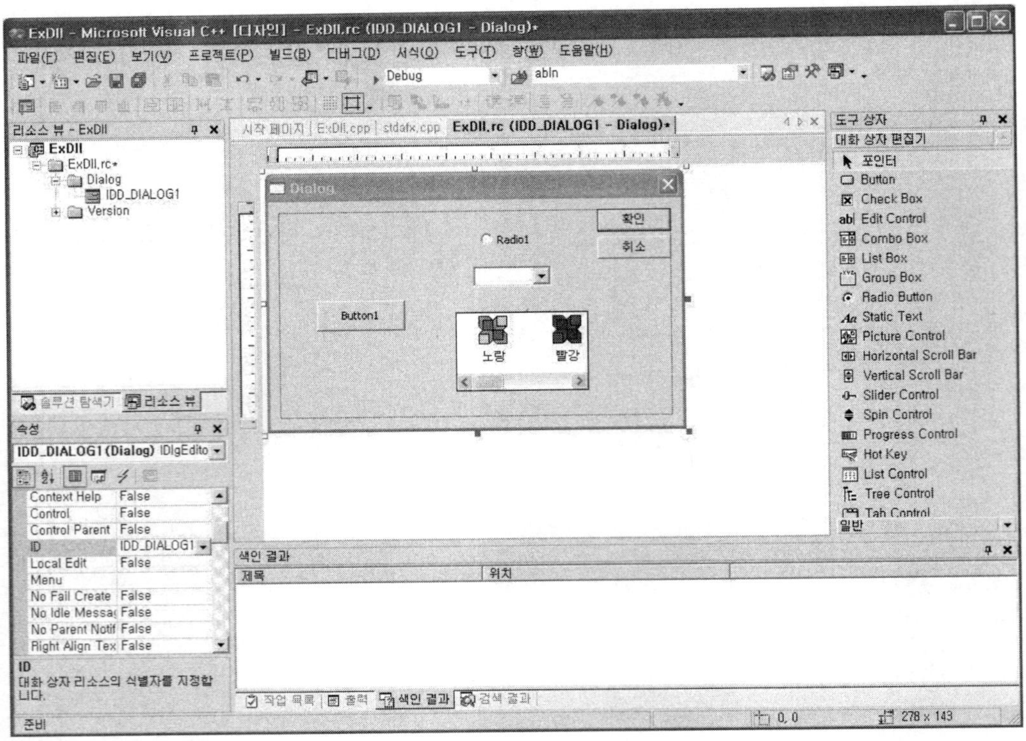

4. 방금 만든 다이얼로그 박스를 클래스로 만들기 위해 다이얼로그 전체를 선택한 후 오른쪽 마우스 버튼을 누르면 출력되는 메뉴에서 클래스 추가라는 항목을 선택하면 MFC 클래스 마법사라는 항목의 다이얼로그박스가 출력되며 클래스 이름난에 CDllDialog를 기본 클래스란에 CDialog를 선택하고 마침을 누르면 방금 만든 다이얼로그 박스가 클래스 형태로 변형되어 DllDialog.h와 DllDialog.cpp 파일이 생성되었음을 알 수 있다.

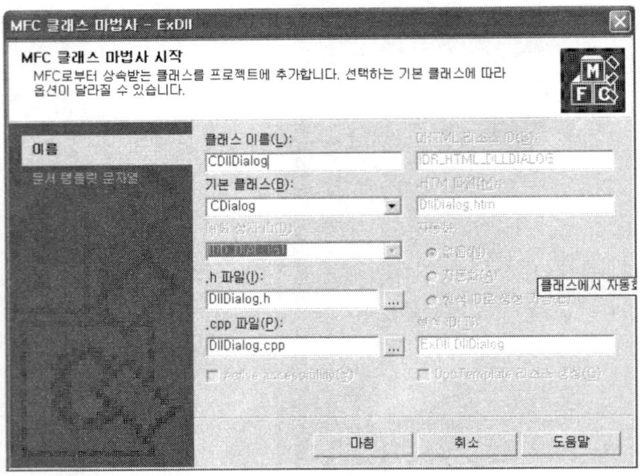

헤더파일의 클래스 선언부에AFX_EXT_CLASS라는 지시어를 넣어 주도록 하고 resource.h를 포함시켜주도록 하자.

```
#pragma once
#include "Resource.h"

// CDllDialog 대화 상자입니다.

class AFX_EXT_CLASS  CDllDialog : public CDialog
{
        DECLARE_DYNAMIC(CDllDialog)

..........
```

AFX_EXT_CLASS 매크로를 풀어보면 _declspec(dllexport)가 되며 이 매크로는 클래스 전체를 엑스포트할 수 있도록 해준다. 프로젝트를 컴파일하면 Debug 디렉토리에 ExDll.Dll 과ExDll.lib 파일이 생성되며 DLL 파일에 대화상자가 포함되어 있다.

나) UseExDll

앞에서 만들었던 ExDll.dll 을 사용하는 클라이언트 프로그램을 작성해보자. 일반 DLL이나 확장 DLL이나 클라이언트 프로그램을 만드는 방법은 큰 차이가 없다. 다음 단계를 따라 프로젝트를 만든다.

1. UseExDll이라는 이름으로 프로젝트를 만들고 단일 문서 옵션을 선택한다.

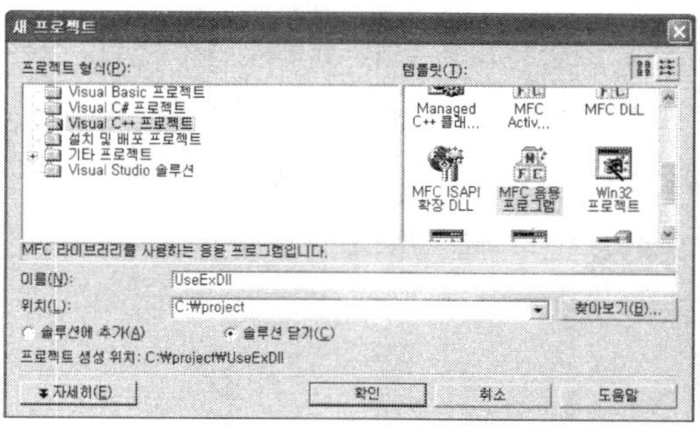

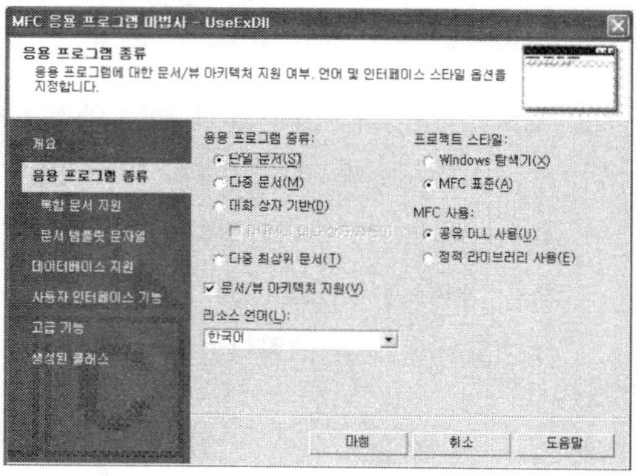

2. ExDll을 컴파일하여 만들어진 ExDll.dll과 ExDll.lib를 UseEx.dll 디렉토리로 복사한다. LIB파일은 이 프로젝트를 컴파일하기 위해 필요하며 DLL파일은 이 프로그램을 실행하기 위해 필요하다. DLL파일은 이 프로그램을 실행하기 위해 필요하다. 물론 DLL파일은 윈도우즈의 System 디렉토리에 복사해 줘도 된다.

3. DLL에 정의된 클래스를 컴파일러에게 알리기 위해 UseExDllView.cpp 파일에 다음 문장을 추가한다.

```
#include "stdafx.h"
#include "UseExDll.h"
#include "UseExDllDoc.h"
#include "UseExDllView.h"
#include "..\ExDll\DllDialog.h"
```

4. UseExDllView.h 파일을 열어 컴파일러에게 ExDll.lib가 함께 링커되어야 함을 알리기 위해 #pragma comment(lib, "ExDll")라는 명령어를 프로그램에 삽입하였다.

```
#pragma comment(lib, "ExDll")
class CUseExDllView : public CView
{
protected: // serialization에서만 만들어집니다.
        CUseExDllView();
        DECLARE_DYNCREATE(CUseExDllView)

.......
```

4. 마우스 왼쪽 버튼을 누를때 DLL의 대화상자를 호출하도록 다음 코드를 작성한다. 다른 핸들러를 사용할 수도 있지만 WM_LBUTTONDOWN이 가장 프로그래밍 하기 쉬우므로 이 메시지를 선택하였다. 클래스 뷰에서 CUseExDllView를 선택하고 메시지 아이콘을 눌러 WM_LBUTTONDOWN을 선택하고 리스트 박스에서 추가를 선택하면 OnLButtonDown()함수가 추가된다. 이 함수 내에 다음과 같은 코드를 추가한다.

```
....
void CUseExDllView::OnLButtonDown(UINT nFlags, CPoint point)
{
        CDllDialog Mydll;
        Mydll.DoModal();

        CView::OnLButtonDown(nFlags, point);
}
```

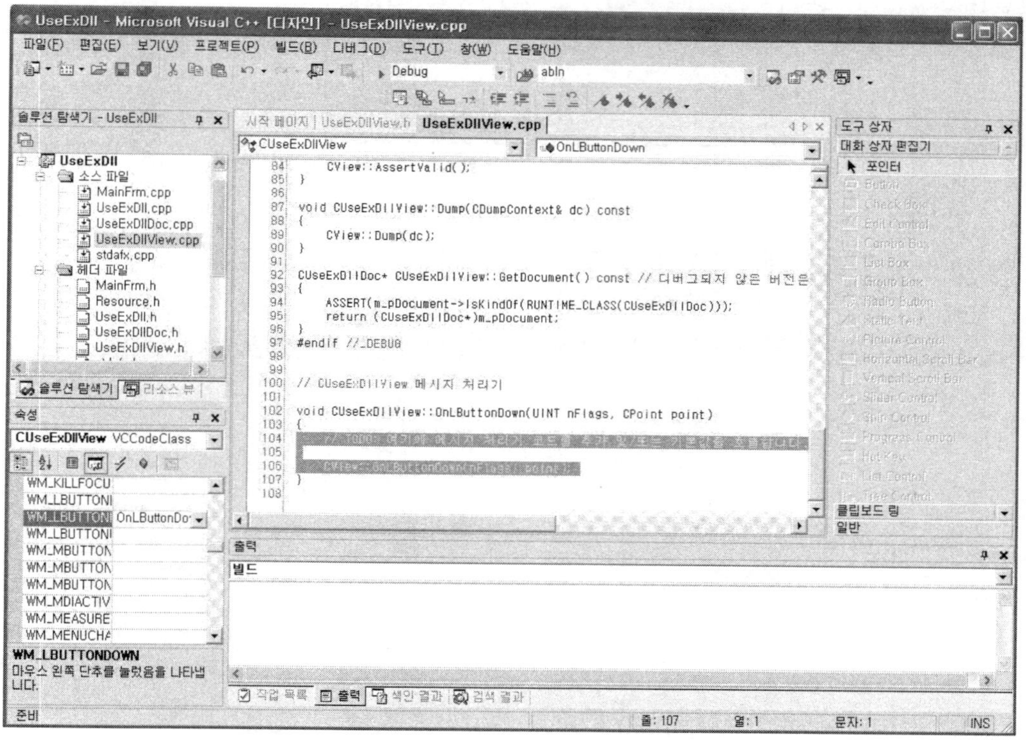

CDllDialog 클래스의 객체 Mydll을 선언하고 이 객체의 DoModal함수를 호출하여 대화상자를 실행하는 코드이다. 보통의 대화상자를 호출하는 법과 동일한 방법으로 DLL에 있는 대화상자를 호출하고 있다.

5. 프로그램을 실행시킨 결과는 다음과 같다. DLL에서 만든 다이얼로그 박스가 출력됨을 알 수 있다.

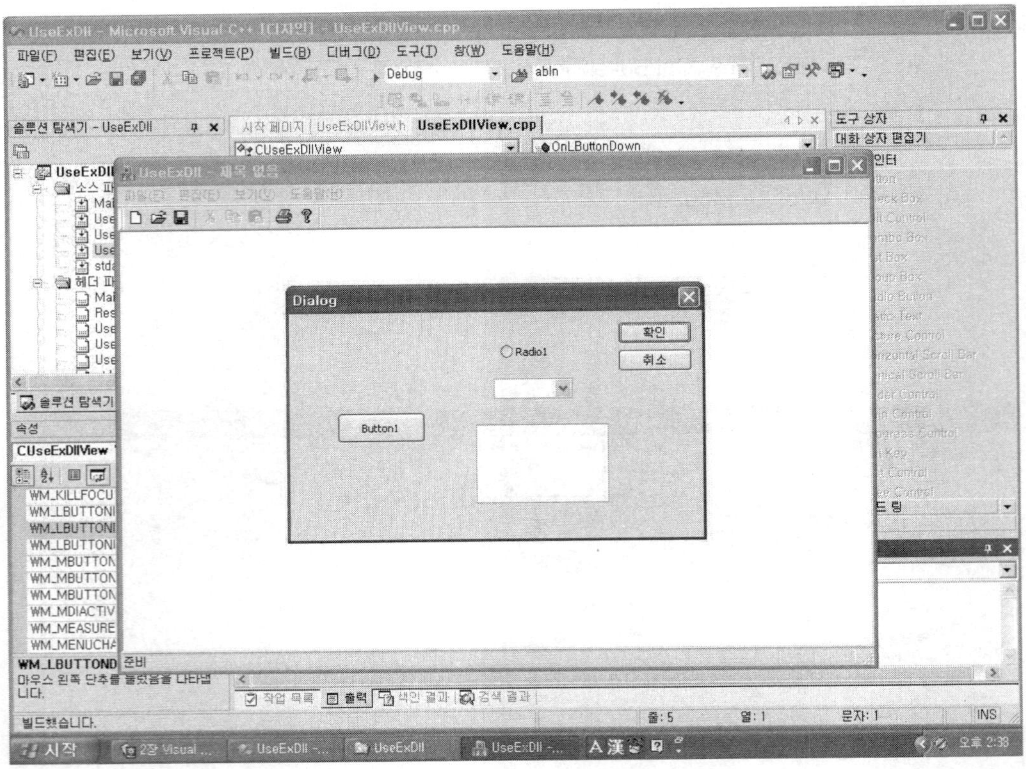
파일(F) 편집(E) 보기(V) 프로젝트(P) 빌드(B) 디버그(D) 도구(T) 창(W) 도움말(H)
Debug
abln
솔루션 탐색기 - UseExDll
UseExDllView.cpp
CUseExDllView
OnLButtonDown
도구 상자
대화 상자 편집기
Dialog
Radio1
확인
취소
Button1
속성
CUseExDllView
WM_KILLFOCU
WM_MBUTTON
WM_MDIACTIV
WM_MEASURE
WM_MENUCHA
준비
빌드했습니다.
작업 목록
출력
줄: 5
열: 1
문자: 1
INS
시작

Chapter 16

ActiveX Controls

본 장에서는 ActiveX Controls를 만든다. ActiveX Controls를 지원하는 응용 프로그램이 점점 늘어나고 있으며 Internet상에서도 광범위하게 사용된다. ActiveX Controls를 만들기 위해 MFC ActiveX 컨트롤을 이용한다.

ActiveX Controls에서는 Properties와 Methods, Events라는 개념을 사용하고 있으며 Properties는 데이터를 저장하거나 읽을 수 있도록 해주는 ActiveX Controls의 변수이고, Method는 ActiveX Controls이 embed된 응용 프로그램에 필요한 ActiveX Controls의 함수, Events는 윈도우즈 프로그래밍에서 사용하는 Events와 동일한 개념이다.

캐럿, 문자열 오려두기와 붙이기 등이 가능한 기능을 가지는 ActiveX Control을 만들어 본다. 이는 Event와 Property를 포함하며 컨트롤에 키 입력을 한 경우 Event 즉 Change Event를 유발하여 TextWriter 컨트롤을 포함하는 TextWriterApp가 Event에 대응하도록 한다. Event가 발생하면 TextWriterApp는 입력된 문자열의 길이를 저장하는 Length Property를 조사하며 이 값을 출력한다.

또한 컨트롤을 포함하는 TextWriterApp가 컨트롤에 접근할 수 있도록 내장시킨 Clear() 라는 메소드를 사용하여 컨트롤에 있는 문자열을 완전히 지우도록한다.

새로운 ActiveX Controls을 만드는 절차는 다음과 같다.

1. MFC ActiveX 컨트롤을 선택하고 이름의 에디터 상자에 TextWriter라고 입력한 후 확인 버튼을 누른다.

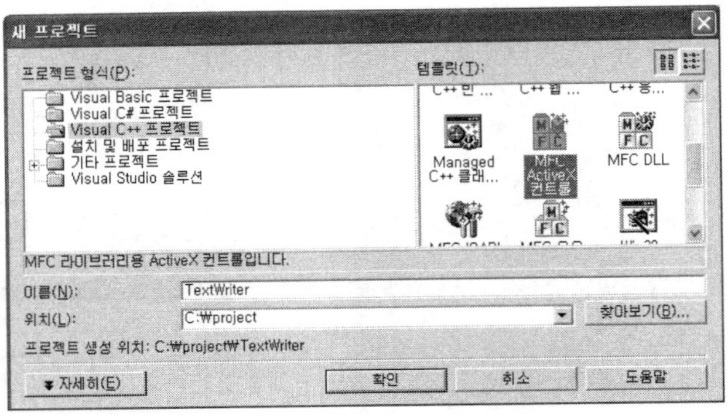

2. 문자열을 입력할 수 있는 Edit 상자를 만들기 위해 컨트롤 기준에서 Edit를 선택한다. 이에 대한 그림이 다음과 같다. 확인 버튼을 누른다.

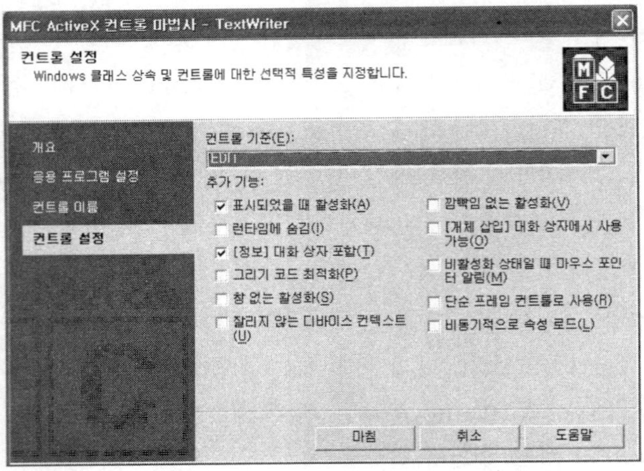

3. 컨트롤에 속성을 추가하기 위해 클래스 뷰에서 속성을 추가할 인터페이스 이름을 마우스 오른쪽 단추로 클릭한다. 이를 위해 그래스 뷰를 형식별 그룹화하였다. 다음으로 인터페이스를 선택하고 하위에 있는 TextWriterLib 하위 항목의 인터페이스를 선택한 후 _DTextWriter를 선택하였다.

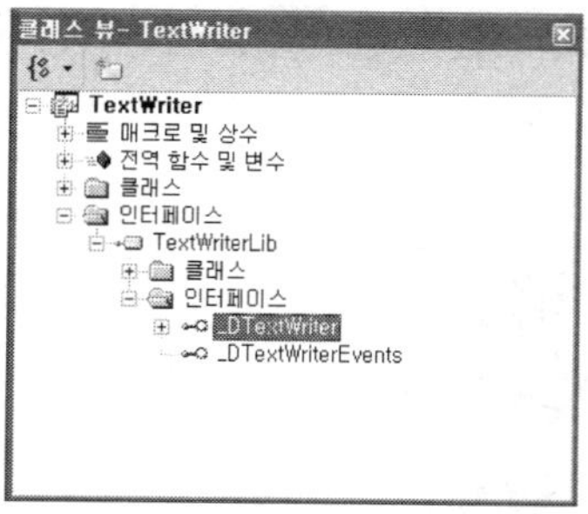

4. 프로젝트 메뉴에서 속성 추가 항목을 선택한다.

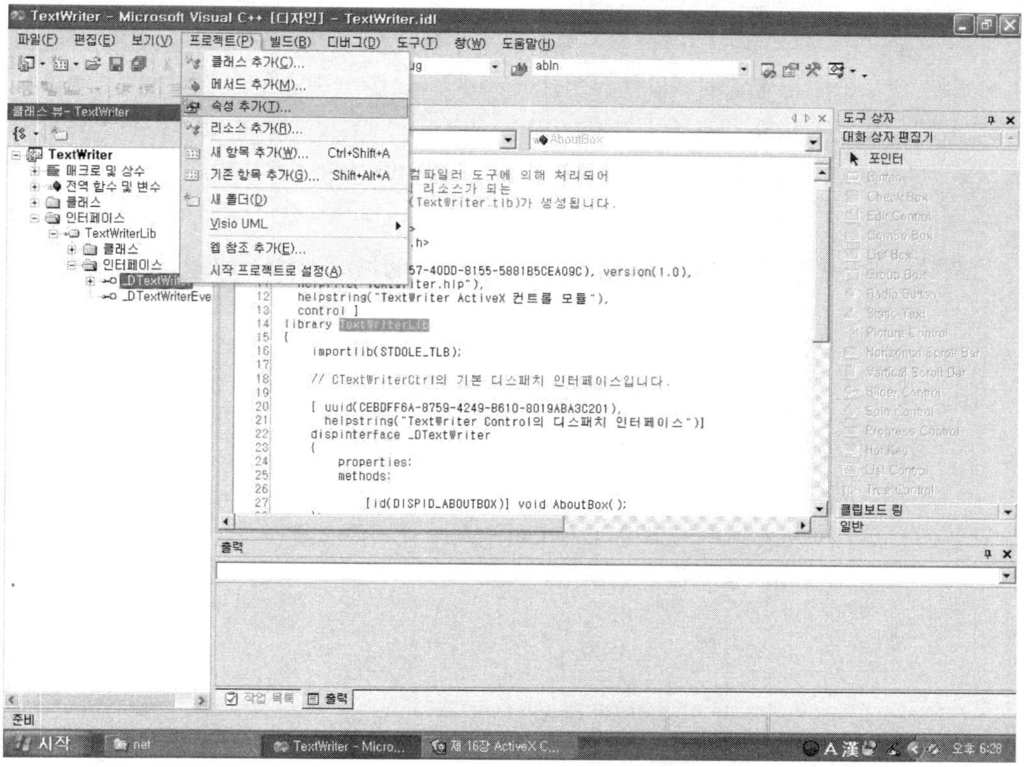

5. 속성 추가 마법사 상자에서 속성 형식은 SHORT를 선택하고 속성 이름은 Length를 선택하며 액세스는 public을 선택한다. 또한 Get/Set 메서드를 선택한다. 이는 외부에 입력된 문자열의 수를 알리는 GetLength 함수와 입력된 문자열의 수를 설정하는 함수이다. 이 함수는 TextWriterCtrl.cpp에 추가된다.

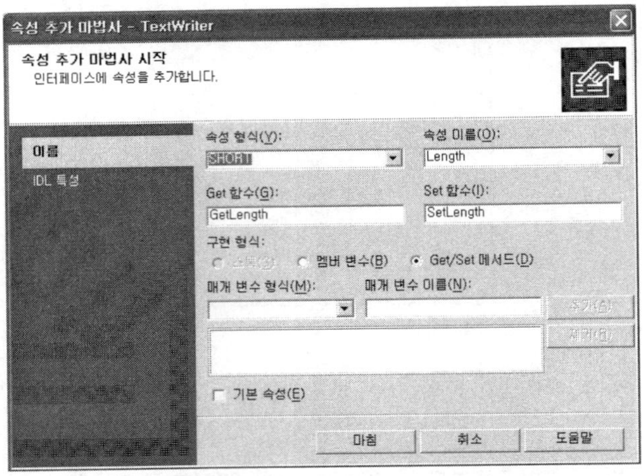

6. Edit 컨트롤에 입력된 문자열의 길이를 알아내는 GetLength()함수는 Edit 컨트롤을 이용하기 때문에 Edit 컨트롤이 가지는 멤버 함수 GetWindowTextLength()를 이용한다. 이 함수를 CTextWriterCtrl에 추가된 GetLength()함수에 추가시키다. 만약 다른 응용 프로그램에서 문자열의 길이를 변경시키려 한다면 이를 방지하기 위해 경고음을 발생시킨다. 이를 위해 CTextWriterCtrl에 추가된 SetLength() 함수에 다음과 같은 코드를 추가 한다.

```
..............................
short CTextWriterCtrl::GetLength()
{
        AFX_MANAGE_STATE(AfxGetStaticModuleState());
        return GetWindowTextLength();
}

void CTextWriterCtrl::SetLength(SHORT newVal)
{
        AFX_MANAGE_STATE(AfxGetStaticModuleState());

        // TODO: 여기에 속성 처리기 코드를 추가합니다.
    MessageBeep(-1);
        SetModifiedFlag();
```

```
}
```

7. 입력한 문자열을 지우기 위한 함수를 추가시키기 위해 클래스 뷰에서 메소드를 추가할 인터페이스 이름을 마우스 오른쪽 단추로 클릭한다. 이를 위해 그래스 뷰를 형식별 그룹화 하였다. 다음으로 인터페이스를 선택하고 하위에 있는 TextWriterLib 하위 항목의 인터페이스를 선택한 후 _DTextWriter를 선택하였다. 그리고 프로젝트 메뉴에서 메서드 추가 메뉴를 선택하였다.

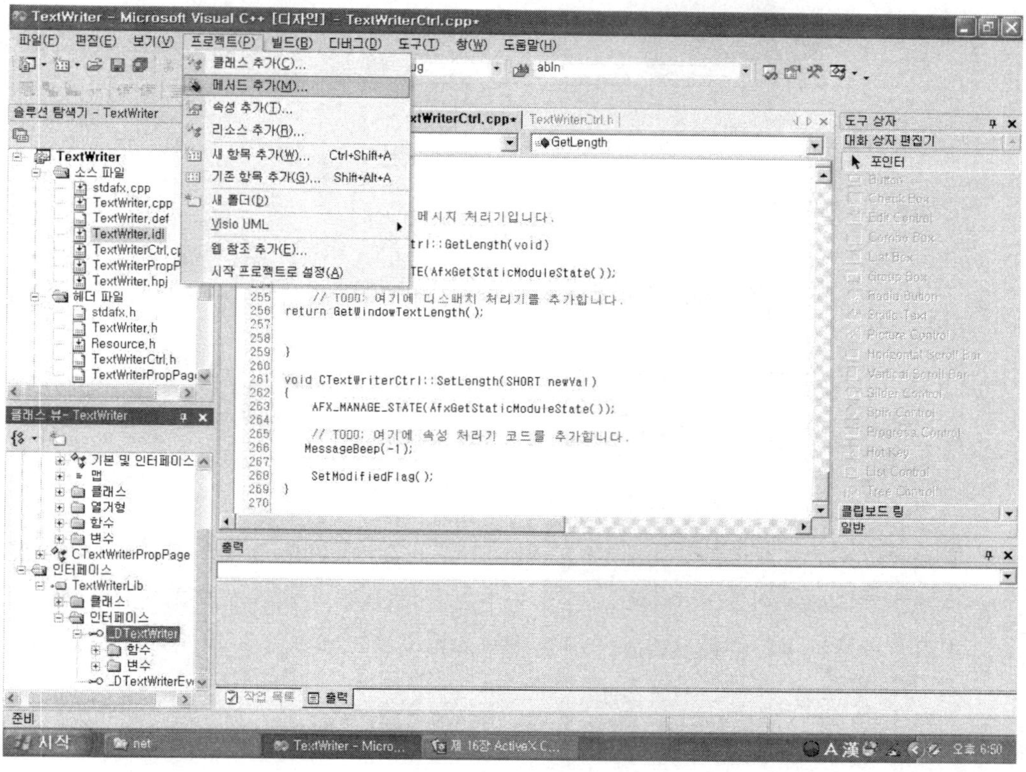

8. 메서드 추가 마법사에서 반환 형식은 void로 하고 메서드의 이름은 Clear라 하며 다음과 같은 코드를 입력한다. Edit 컨트롤의 SetWindowText()함수를 이용하여 외부에서 이 함수를 호출한 경우 입력된 문자열을 지운다.

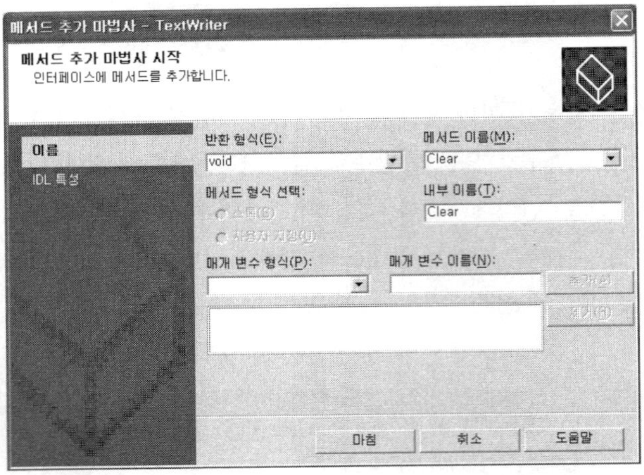


```
....................
void CTextWriterCtrl::Clear(void)
{
        AFX_MANAGE_STATE(AfxGetStaticModuleState());

        // TODO: 여기에 디스패치 처리기를 추가합니다.
  SetWindowText("");
}
```

9. TextWriter라는 새로운 Control에 Event를 추가시키기 위해 클래스 뷰에서 이벤트를 추가할 클래스의 이름을 마우스 오른쪽 단추로 클릭한다. 이를 위해 그래스 뷰를 형식별 정리를 선택한 후 CTextWriterCtrl를 선택하고 오른쪽 마우스 버튼을 눌러 추가 항목의 이벤트 추가 항목을 선택하였다.

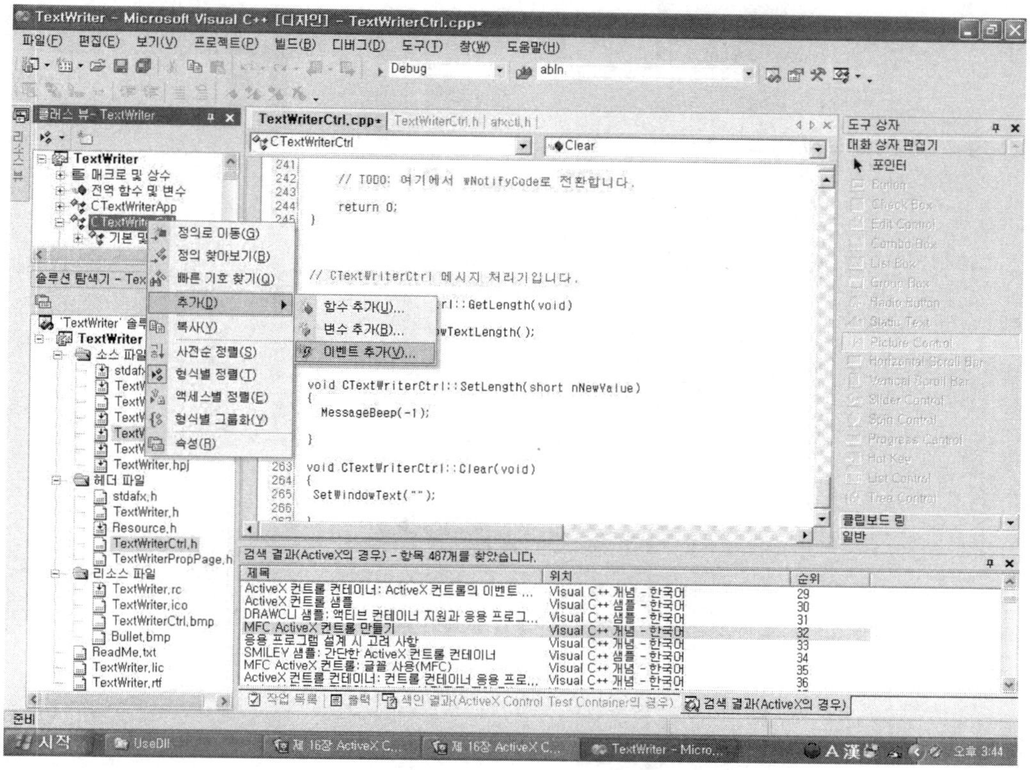

10. 새로운 Event의 이름을 Change라 하고 내부 이름을 FireChange라 하고 마침 버튼을 누른다. 이로써 Change라는 새로운 Event가 만들어 졌으며 TextWriter라는 새로운 Control에 문자열을 입력하면 이 Event가 발생하도록 하기 위해 CTextWriterCtrl의 속성창에서 메시지 아이콘을 선택하여 WM_KEYDOWN 메시지를 선택하며 이를 처리하는 OnKeyDown() 함수내에 다음과 같은 코드를 추가한다.

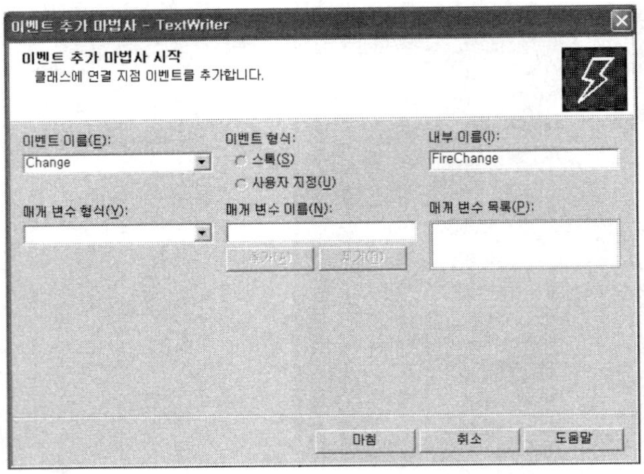

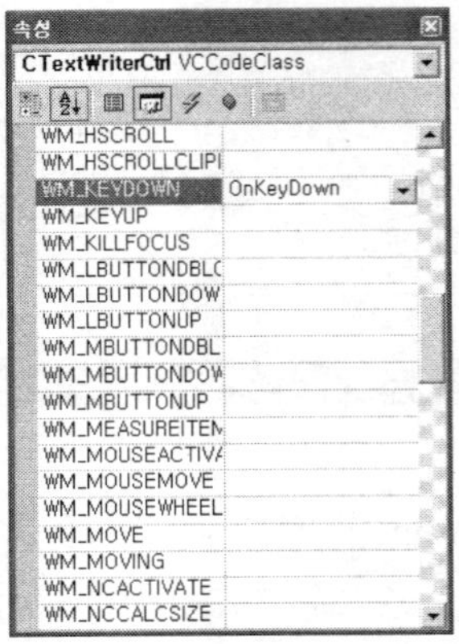


```
.......
void CTextWriterCtrl::OnKeyDown(UINT nChar, UINT nRepCnt, UINT nFlags)
{
        // TODO: Add your message handler code here and/or call default
        FireChange();
        COleControl::OnKeyDown(nChar, nRepCnt, nFlags);
}
```

11. 이상에서 만든 컨트롤이 제대로 동작하는 지를 간단히 살펴보기 위해 도구의 ActiveX Test Container 항목을 선택한다.

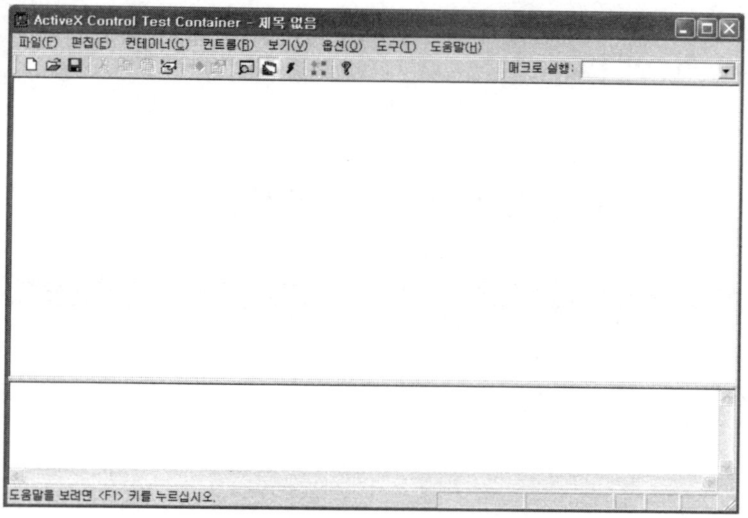

12. 출력되는 ActiveX Test Container의 편집 메뉴에서 새 컨트롤 삽입을 선택하고 출력되는 다이얼로그 박스에서 방금 만든 컨트롤인 TextWriterCtrl을 선택하여 문자열을 입력한다. 문자열을 입력한 결과는 다음과 같다.

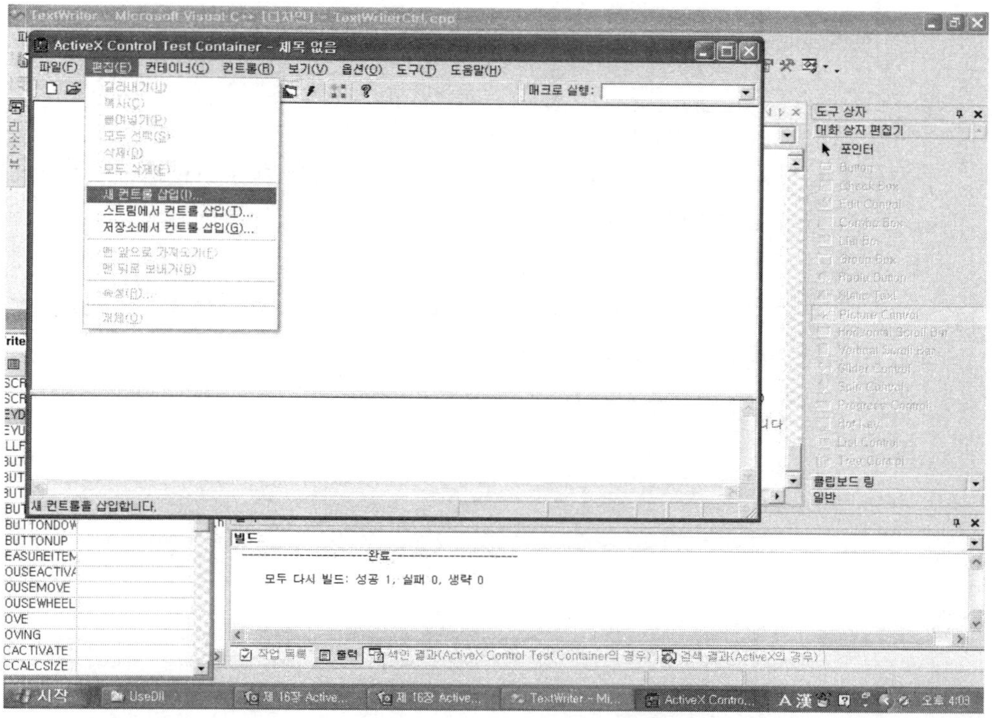

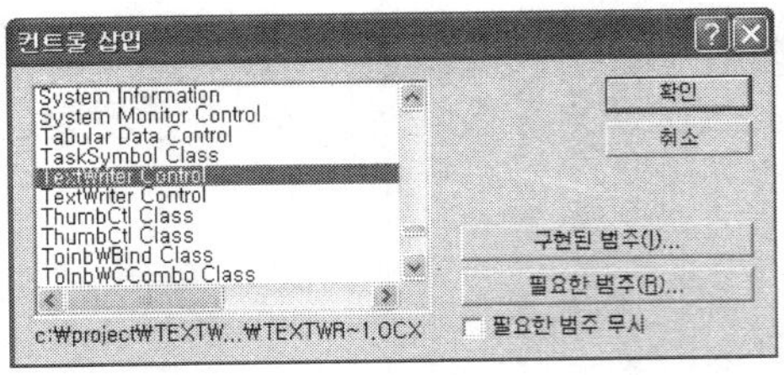

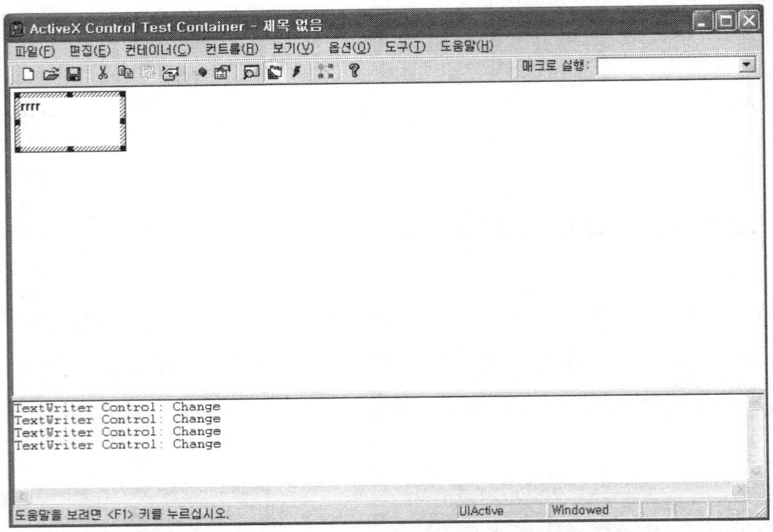

13. 이상과 같은 과정을 거쳐 새로운 컨트롤인 TextWriter에 Property, Method, Event를 추가하였다. 다음으로 이 컨트롤이 사용될 응용 프로그램을 작성한다. 즉, 이 컨트롤이 embed될 응용 프로그램을 작성한다.

14. 새로운 응용 프로그램을 만들기 위해 프로젝트의 이름을 TextWriteApp라 하고 템플릿에서 MFC 응용 프로그램을 선택한다.

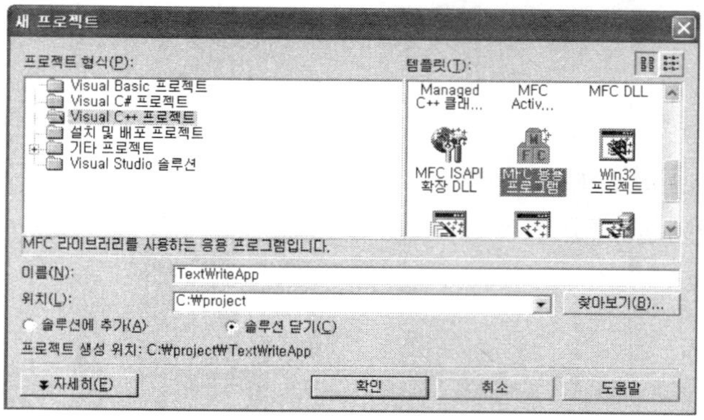

15. 응용 프로그램의 종류에 단일 문서를 선택하고 생성된 클래스 항목에서 View 클래스의 기본 클래스를 CFormView로 선택함으로써 작성한 Control의 embed를 쉽게 한다.

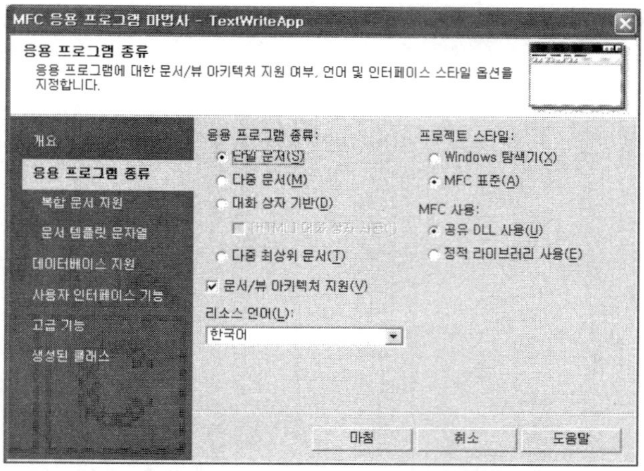

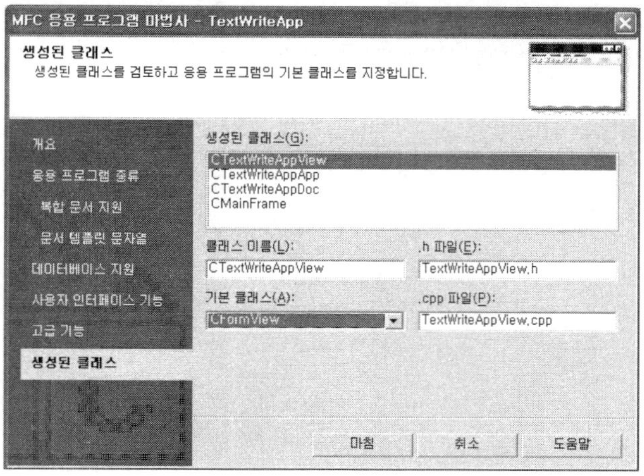

16. 만들어진 응용 프로그램에 앞서 만든 ActiveX 컨드롤을 embed시키기 위해 먼저 응용 프로그램을 편집한다. 만들어진 응용 프로그램의 형태가 다이얼로그 박스이므로 리소스 뷰의 IDD_TEXTWRITEAPP_FORM을 선택하면 다음과 같은 다이얼로그 박스가 출력된다. 다이얼로그에 출력되는 글씨를 지운다. 다음으로 도구 상자의 Custom Control을 선택한 후 오른쪽 마우스 버튼을 누르면 출력되는 도구상자 사용자 지정항목을 선택한다.

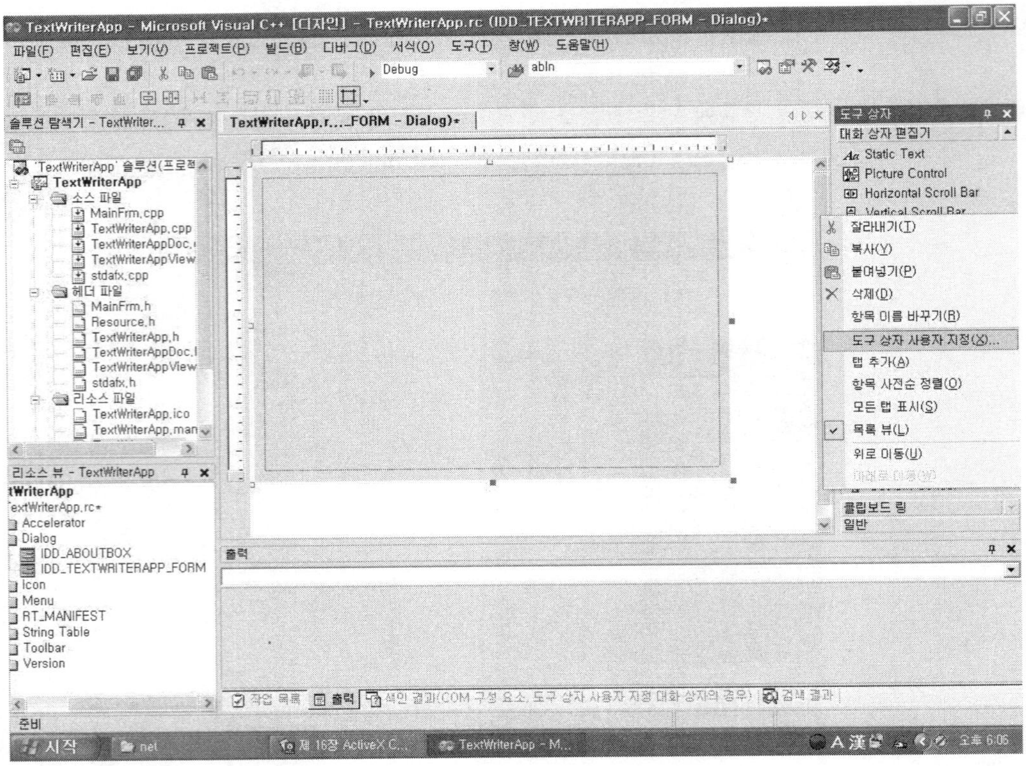

17. 도구상자 사용자 지정이라는 다이얼로그 박스가 출력되면 앞서 만든 TextWriter 컨트롤을 선택하고 확인 버튼을 누른다.

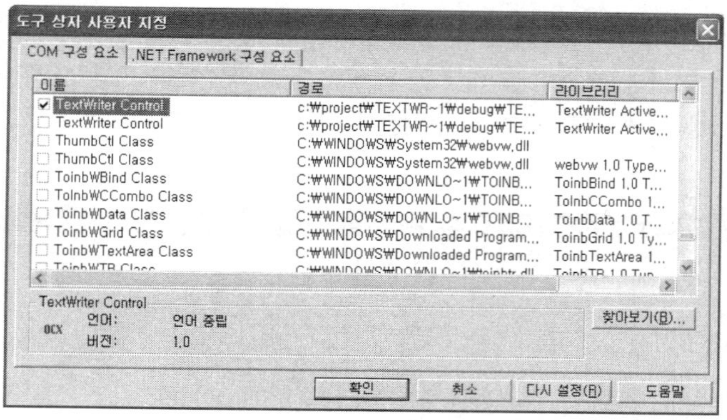

18. 도구 상자 맨 하단에 OCX형의 TextWriter 컨트롤이 추가 되었음을 알 수 있다. 이를 다이얼로그 박스에 두며 그 아래에 Edit 박스 컨트롤과 버튼 컨트롤을 추가하며 버튼 컨트롤의 캡션을 Clear라 한다.

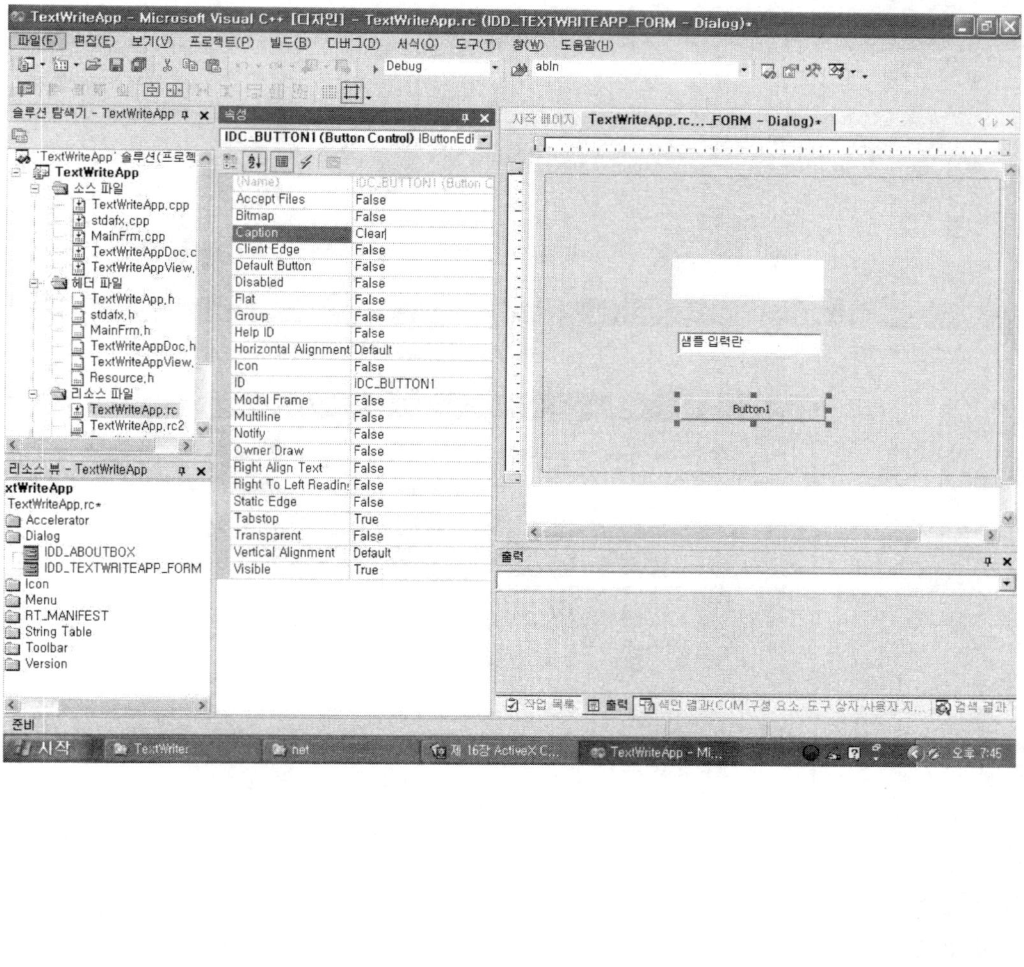

19. OCX형의 TextWriter 컨트롤을 선택한 후 오른쪽 마우스 버튼을 눌러 변수 추가라는 항목을 선택하며 나타나는 다이얼로그 박스에서 변수명을 m_textwriter라 한다. 이로써 이 컨트롤의 변수와 함수에 자유롭게 접근할 수 있다.

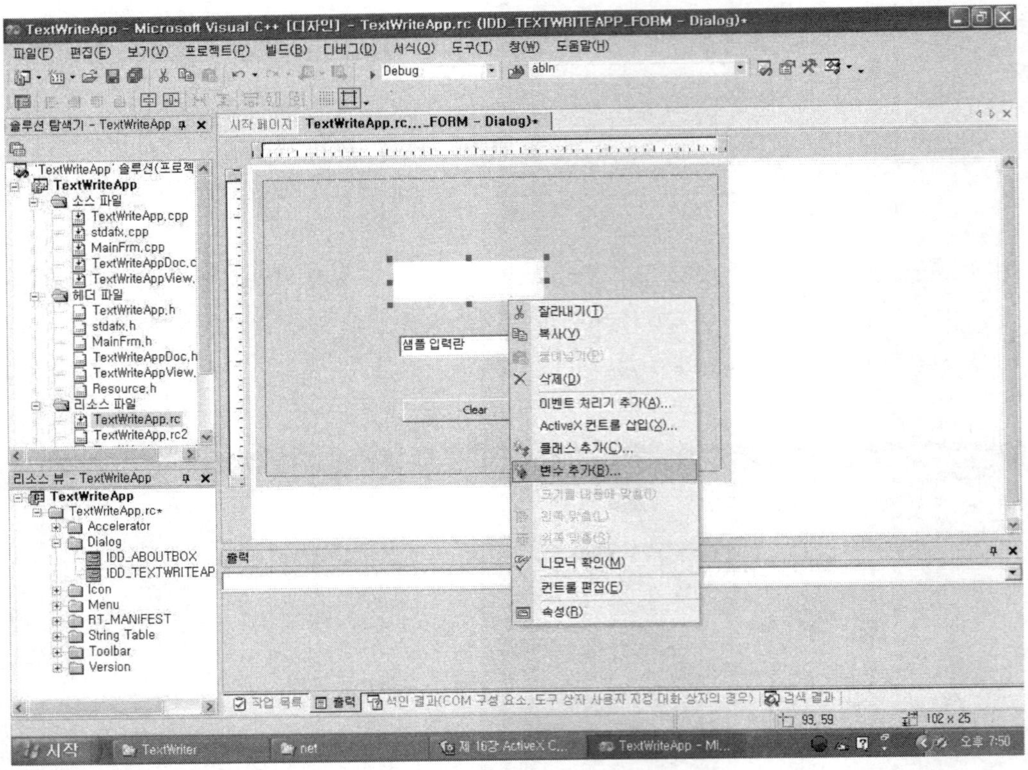

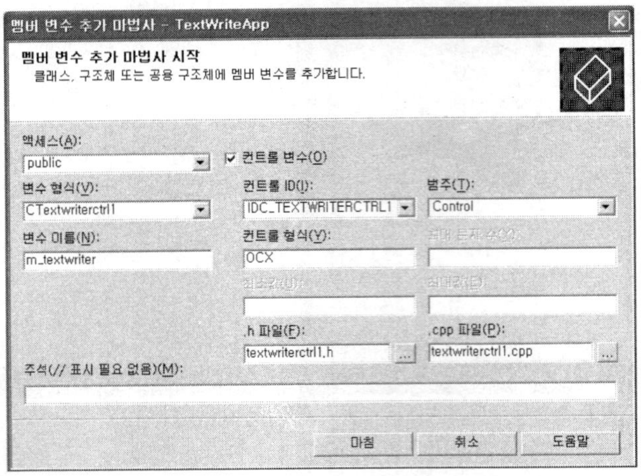

20. TextWriterApp에 만든 에디터 박스가 동작하도록 한다. TextWriter Control에 문자열을 입력할 때 입력된 문자열의 길이를 출력하기 위해 이 Control이 가지는 Change Event를 이용한다. 이를 위해 솔루션 뷰에서 TextWriterAppView를 선택하여 나타나는 속성창에서 이벤트 항목을 선택한다. IDC_TEXTWRITERCTRL1에서 Change라는 이벤트를 추가시킨다. 이 함수에 다음과 같은 코드를 추가한다.

```
void CTextWriterAppView::OnChangeTextwriterctrl1()
{
        // TODO: Add your control notification handler code here
        char text[30];

        // GetLength()는 현재 key입력 전의 문자열 길이를 반환하기 때문에
        // 1을 더한다.
        wsprintf(text, "Text Length= %d", m_textwriter.GetLength()+1);

        m_LengthText=text;
        UpdateData(false);
}
```

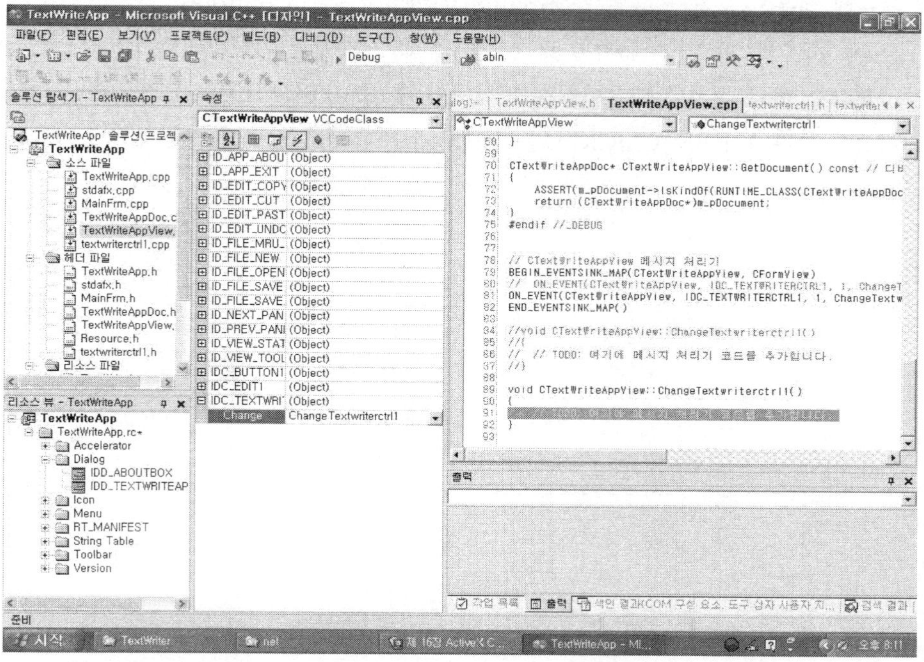

21. Control에 있는 Length Property를 이용하여 문자열의 길이를 출력하기 위해 다이얼로그 박스의 에디터 상자를 선택하여 CString 형의 변수를 추가하고 변수명으로 m_LengthText라 한다. Control의 변수 m_textwriter의 GetLength() 멤버 함수를 호출함으로써 문자열의 길이를 알 수 있다. 이를 위한 코드가 위에서 작성한 코드이다.

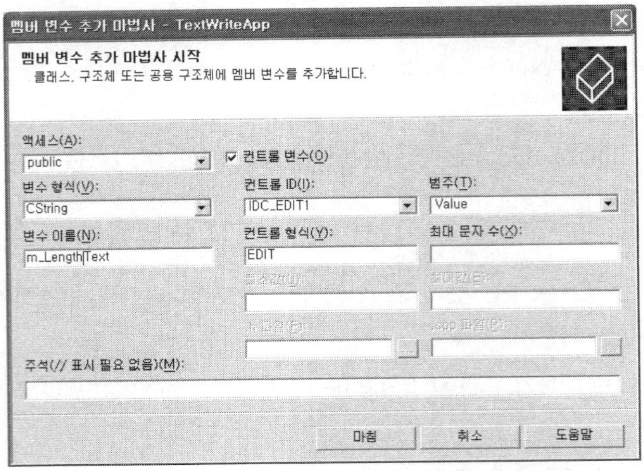

22. 마지막으로 TextWriterApp에 있는 Clear 버튼에 기능을 추가한다. 이 버튼이 눌러진 경우에 대응하는 처리 함수는 OnButton1()이며 기능은 Control에 있는 문자열을 지우고 에디터 박스에 있는 문자열을 갱신하는 것이다. 이를 위해 TextWriterAppView를 선택하고 이의 속성창에서 이벤트를 선택한 후 IDC_BUTTON1을 선택하면 나타나는 이벤트 목록에서 BN_CLICKED를 선택하여 추가되는 함수에 다음과 같은 코드를 추가 한다.

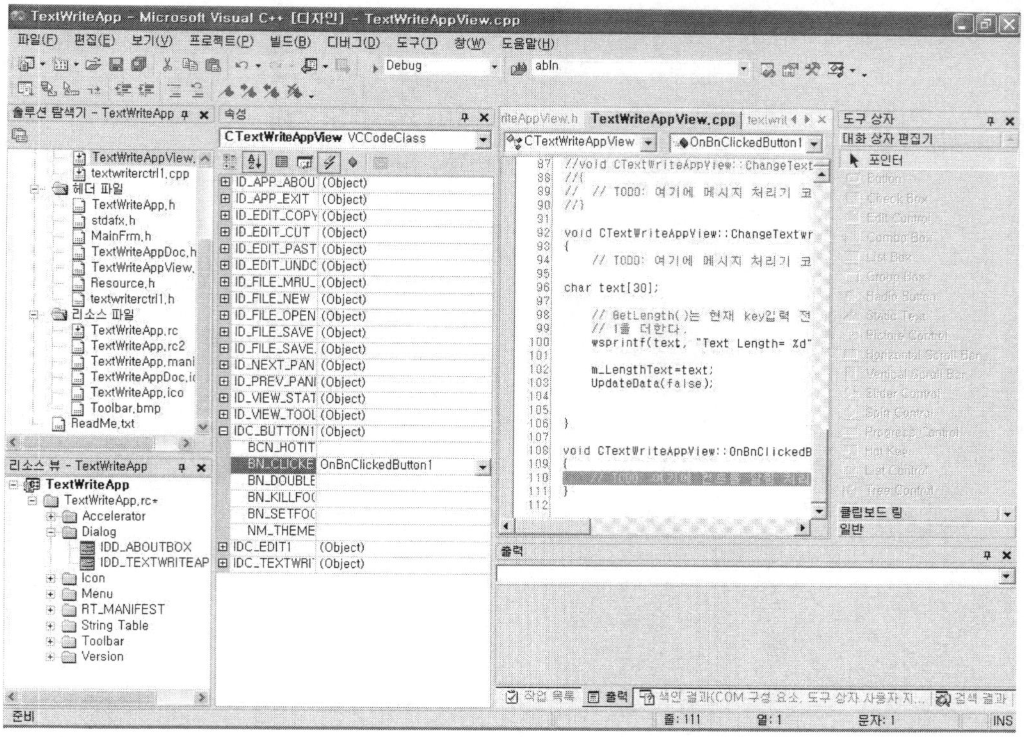

```
void CTextWriterAppView::OnBnClickedButton1()
{
        // TODO: Add your control notification handler code here
        m_textwriter.Clear();
        m_LengthText= "Text length = 0";
        UpdateData(false);
}
```

23. 컴파일 후 실행 파일을 만들고 key 입력을 하면 다음과 같이 ActiveX Control에 문자가 입력되며 이 문자열의 길이가 에디터 박스에 출력된다. Clear 버튼을 누르면 문자열이 모두 없어지고 문자열의 길이도 0이 된다.

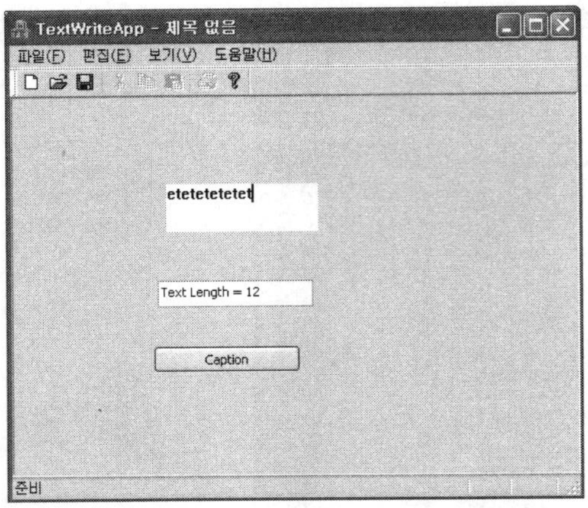
TextWriteApp - 제목 없음
파일(F) 편집(E) 보기(V) 도움말(H)
etetetetetet
Text Length = 12
Caption
준비

Chapter 17

분할 윈도우

하나의 응용에 복수개의 창을 출력하는 다중 문서 인터페이스(MDI) 자식 윈도우 즉 분할 윈도우를 사용할 수 있다. 분할 윈도우는 판넬에 몇가지 View를 가지는 프레임 윈도우의 특별한 형태이다. 응용은 생성시 윈도우를 분할하거나 혹은 메뉴 명령어를 선택하거나 윈도우의 스크롤 바에 있는 분할 박스를 드래그함으로써 윈도우를 분할시킬 수 있다. 윈도우가 분할된 후 사용자는 판넬의 상대적인 크기를 조정하기 위해 마우스를 이용하여 Splitter 바를 움직일 수 있다.

분할 윈도우는 Single Document Interface (SDI)와 MDI 응용에서 사용할 수 있다. CSplitterWnd 클래스의 객체는 분할 윈도우를 나타낸다. Windows에 관한한 CSplitterWnd 객체는 프레임 윈도우의 사용자 영역을 완전히 차지하는 실질적인 윈도우이다.

동적 분할 윈도우는 메뉴 명령어나 스크롤 바에 분할 박스를 드래그 함으로써 언제든지 윈도우를 분할시킨다. 동적 분할 윈도우에 있는 판넬은 동일한 뷰 클래스를 사용한다. 최 상위의 왼쪽 판넬은 분할 윈도우가 생성되었을 때 특정한 뷰를 초기화한다. 동적 분할 윈도우에서 스크롤 바는 뷰 사이를 공유한다. 예로 수평 바를 가진 윈도우에서 하위 스크롤 바는 양쪽의 뷰를 제어한다. 동적 분할 응용은 single view 객체로 시작한다. 사용자가 프레임을 분할할 때 다른 뷰 객체가 만들어 진다. 사용자가 프레임을 분할하지 않을 때 뷰 객체는 파괴된다.

동적 분할 윈도우의 판넬은 윈도우가 생성될 때 정의되며 변경되지 않는다. 사용자는 바를 움직일 수 있지만 윈도우를 재분할시키거나 분할된 윈도우를 변경시킬 수 없다. 동적 분할 윈도우는 생성시의 형상을 가지고 복수개의 뷰 클래스를 수용할 수 있다. 정적 분할 윈도우 응용에서 모든 뷰 객체는 프레임이 생성되었을 때 만들어지며 프레임이 파괴되었을 때 파괴된다.

EX 17A 단일 문서의 동적 분할 창

이 절에서는 단일 뷰 클래스에 의해 제어되는 4개의 분리된 판넬을 가지는 응용 프로그램을 작성해 본다. 이 경우 MFC 응용 프로그램 마법사를 이용하면 동적 분할 윈도우를 가지는 응용을 쉽게 만들 수 있다.

분할 창을 가지는 응용프로그램을 만드는 과정은 다음과 같다.

1. 앞에서 설명한 MFC 응용 프로그램 마법사를 이용하여 CH17A이라고 프로젝트명을 지정한다.

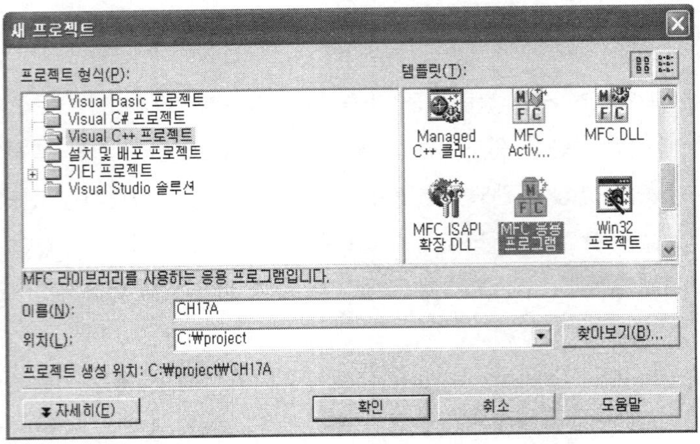

2. 응용 프로그램의 종류에서 단일 문서를 선택한다.

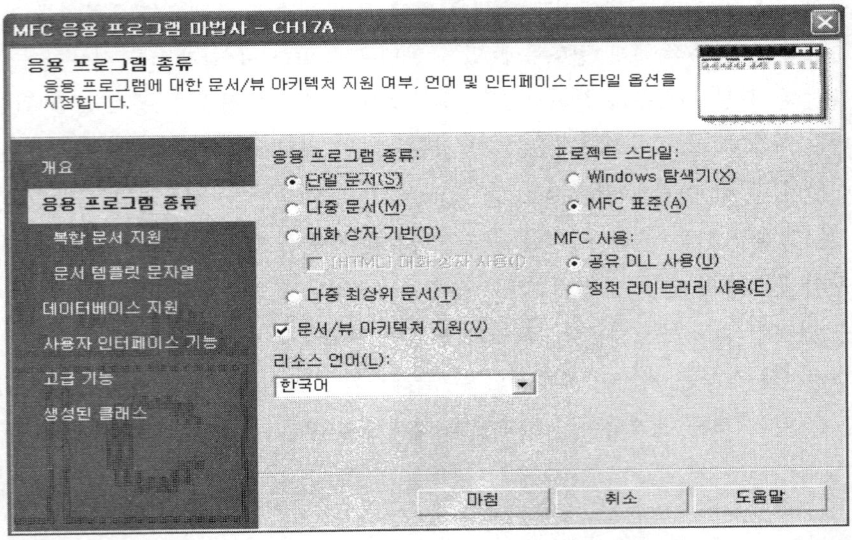

3. 사용자 인터페이스 기능 난에서 분활창에 체크 표시를 한다.

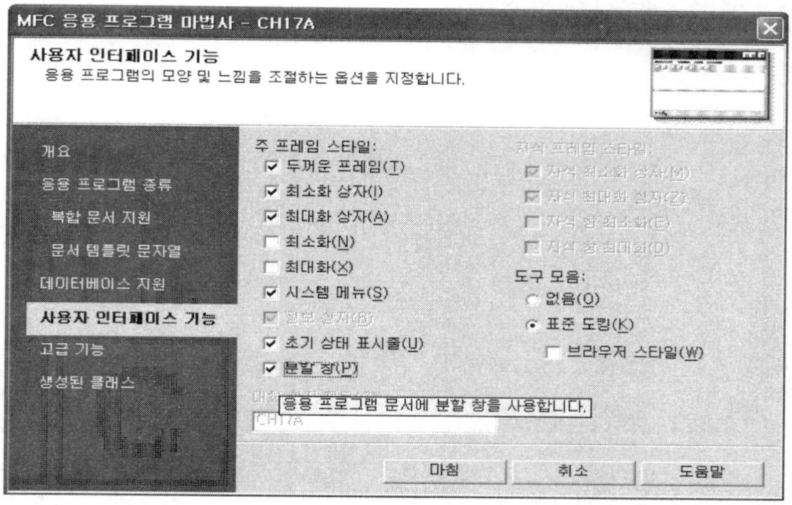

4. CH17AView.cpp 파일의 OnDraw 함수에 다음과 같이 입력한다.

```
....
void CCH17AView::OnDraw(CDC* pDC)
{
        CCH17ADoc* pDoc = GetDocument();
        ASSERT_VALID(pDoc);

        // TODO: 여기에 원시 데이터에 대한 그리기 코드를 추가합니다.

        pDC -> TextOut(20,20,"이름");
}
```

5. 프로그램을 실행시킨 결과는 다음과 같다.

6. 보기 메뉴의 하위 메뉴에서 분할 메뉴를 선택하면 다음과 같이 4개의 분할 창이 생성됨을 알 수 있다. 동적 분할 창이므로 크기를 임의로 조정할 수 있다.

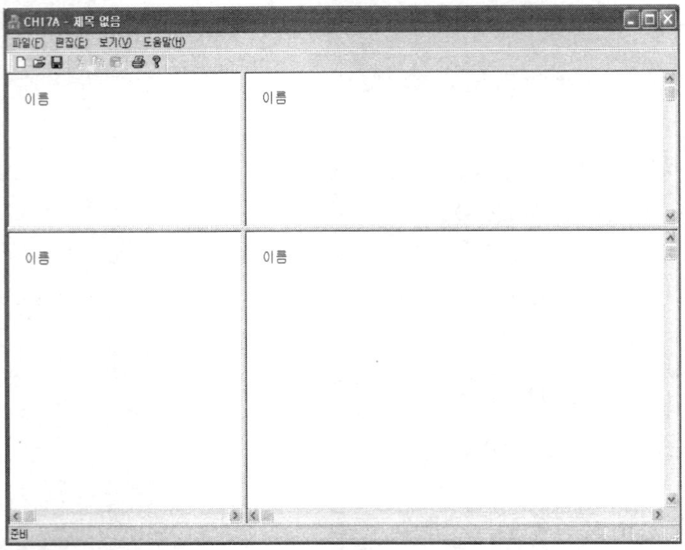

• 응용 프로그램 마법사에서 분할 윈도우를 선택한 경우 CMainFrame.cpp에 다음과 같은 코드가 추가된다.

```
BOOL CMainFrame::OnCreateClient(LPCREATESTRUCT /*lpcs*/,
          CCreateContext* pContext)
{
          return m_wndSplitter.Create(this,
                    2, 2,                    // TODO: 행 및 열의 개수를 조정합니다.
                    CSize(10, 10),           // TODO: 최소 창 크기를 조정합니다.
                    pContext);
}
```

EX 17A 단일 문서의 정적 분활 창

동적 분활 창이 서로 같은 내용의 문서나 혹은 내용을 출력하는 데 반해 정적 분활 창은 서로 다른 내용을 가진 문서나 기능을 사용하기 위해 만들어 진다. 이를 위해 앞서 만든 동적 분활 창을 정적 분활 창으로 변경시킨다. 서로 다른 내용의 동작을 위해 다음과 같이 새로운 클래스를 만든다.

1. 비주얼 스튜디오의 프로젝트 메뉴에서 클래스 추가 메뉴를 선택한다.

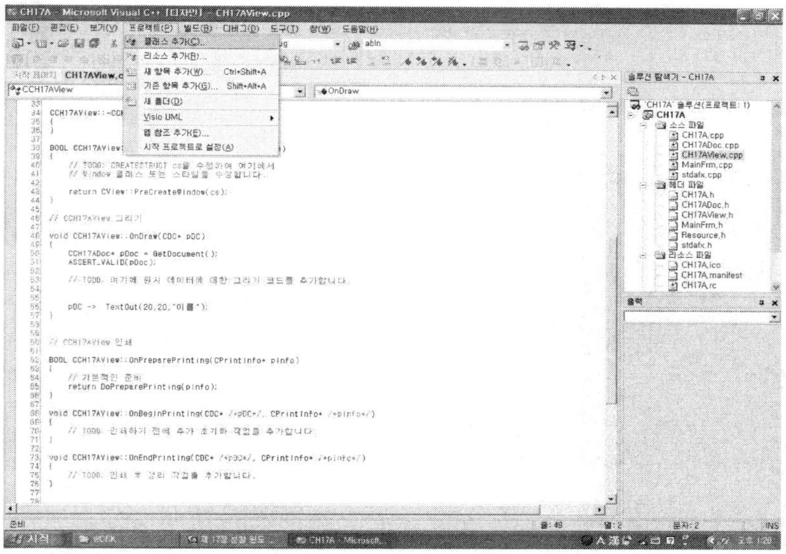

2. 클래스 추가라는 다이얼로그 박스가 출력되면 템플릿에서 MFC 클래스를 선택하고 열

기 버튼을 누른다.

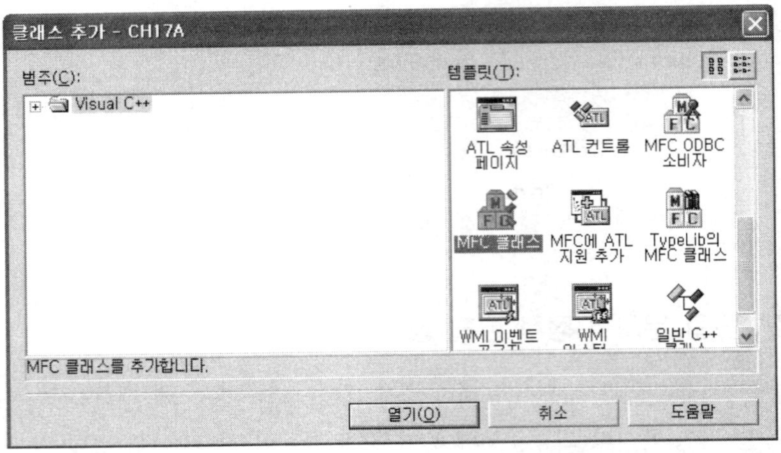

3. 클래스 마법사 다이얼로그 박스에서 기본 클래스를 CView로 하고 클래스 이름을 EX17AA로 하는 클래스를 만든다.

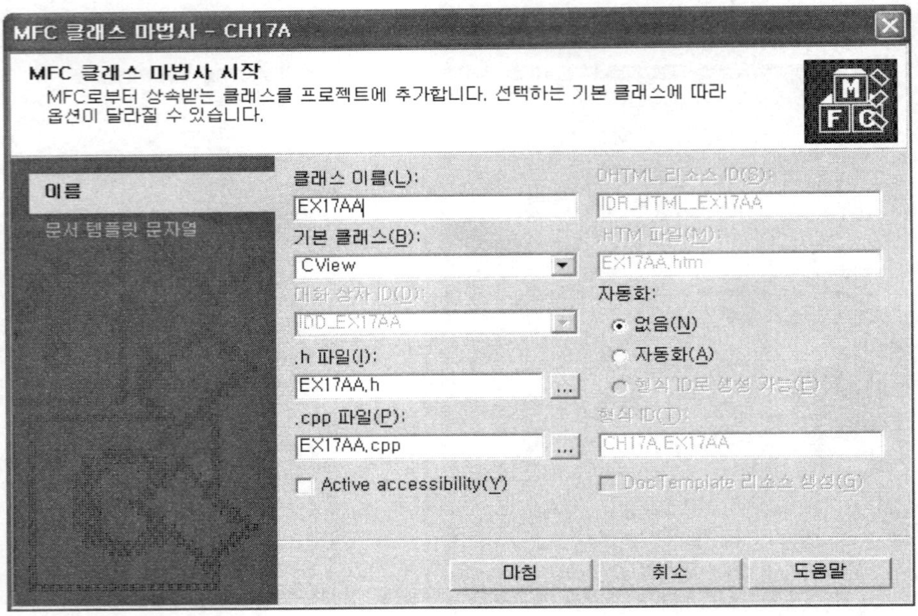

4. EX17AA 클래스를 도형을 그리는 클래스로 만들기 위해 EX17AA.h 파일에 다음과 같

은 코드를 추가한다.

```
........
public:
        int   m_x;  // 마우스의 좌표를 얻는 변수
        int   m_y;

protected:
.....
```

5. EX17AA.cpp 파일을 선택한 후 속성 창을 눌러 WM_LBUTTONDOWN을 선택한 후 생성된 OnLButtonDown()함수에 다음과 같은 코드를 추가한다.

```
......
void EX17AA::OnLButtonDown(UINT nFlags, CPoint point)
{
        // TODO: 여기에 메시지 처리기 코드를 추가 및/또는 기본값을 호출합니다.
            m_x =  point.x;
        m_y =  point.y;
        Invalidate();

        CView::OnLButtonDown(nFlags, point);
}
```

6. 도형을 그리기 위해 OnDraw()함수에 다음과 같은 코드를 추가한다.

```
........

    void EX17AA::OnDraw(CDC* pDC)
    {
        CDocument* pDoc = GetDocument();
        // TODO: 여기에 그리기 코드를 추가합니다.
```

```
        pDC -> LineTo(m_x, m_y);
    }
```

7. MainFrame.cpp 파일에 다음과 같은 코드를 추가한다.

```
.....

#include    "CH17ADoc.h"
#include    "CH17AView.h"
#include    "EX17AA.h"
....
```

8. 다음으로 OnCreateClient() 함수를 다음과 같이 변경한다.

```
....
BOOL CMainFrame::OnCreateClient(LPCREATESTRUCT /*lpcs*/,
        CCreateContext* pContext)
{
 VERIFY(m_wndSplitter.CreateStatic(this,2, 1)); // TODO: 행 및 열의 개수를 조정
합니다.
 VERIFY(m_wndSplitter.CreateView(0,0,RUNTIME_CLASS(CCH17AView),
CSize(100, 100), pContext));
 VERIFY(m_wndSplitter.CreateView(1,0,RUNTIME_CLASS(EX17AA),
CSize(100, 100), pContext));

        return TRUE;
}
```

9. 프로그램을 구동시킨 결과는 다음과 같다.

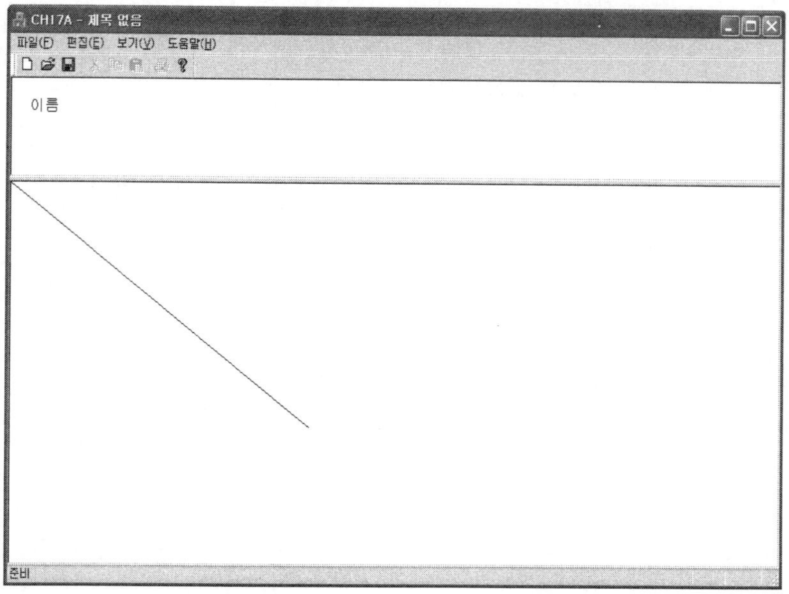

Chapter 18

Status Bar(상태 바)와 Rebar(리바)

18.1 상태바

상태바는 사용자의 입력을 받아들이지도 않고 명령어를 생성하지도 않는다. 이는 단순히 프로그램의 제어로 판넬에 문자열을 출력한다. 상태바는 메시지 라인 판넬과 상태 표시 판넬 두 종류의 판넬이 있다. 응용 프로그램에서 명시한 데이터를 상태바에 출력하기 위해 메뉴 프롬프트와 키보드 상태를 출력하는 표준 상태바를 disable 시켜야 한다. 상태바를 사용하는 응용 프로그램을 만드는 순서는 다음과 같다.

1. 응용 프로그램 마법사를 이용하여 CH18이라는 프로젝트 명을 입력한 후 상태바를 사용하기 위해 고급 기능 페이지에서 인쇄 및 인쇄 미리보기 항목의 체크 표시를 해제한다.
   또한 응용 프로그램의 종류에서 단일 문서를 선택하고 마침 버튼을 누른다.

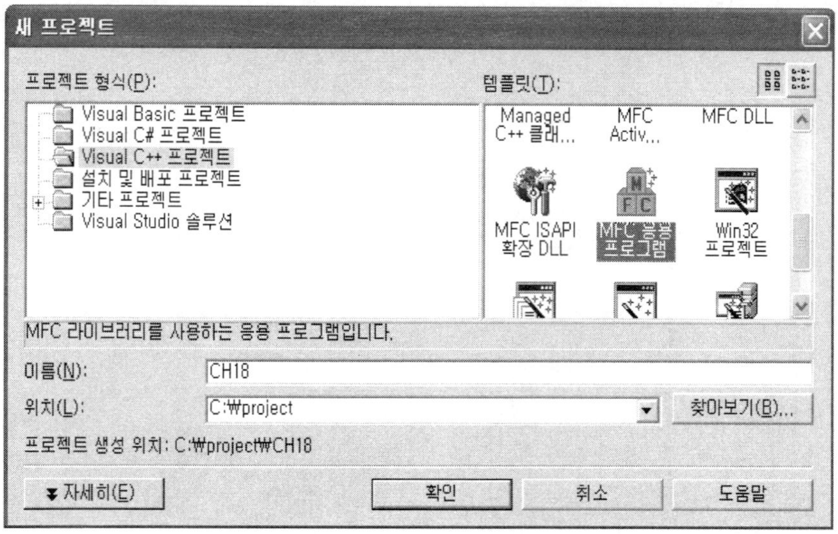

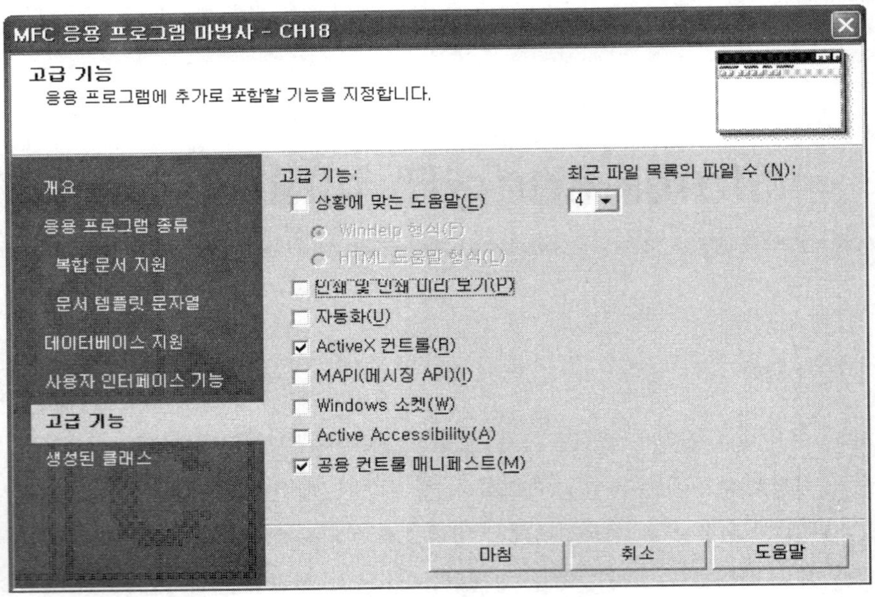

2. 리소스 뷰에서 String table을 편집한다. 최하단의 빈 사각형을 선택한 후 ID란에 ID_INDICATOR_LEFT, 캡션란에는 왼쪽 마우스를 입력한다.

   입력 후 다시 생기는 빈 사각형에 ID란에는 ID_INDICATOR_RIGHT 캡션란에는 오른쪽 마우스를 입력한다.

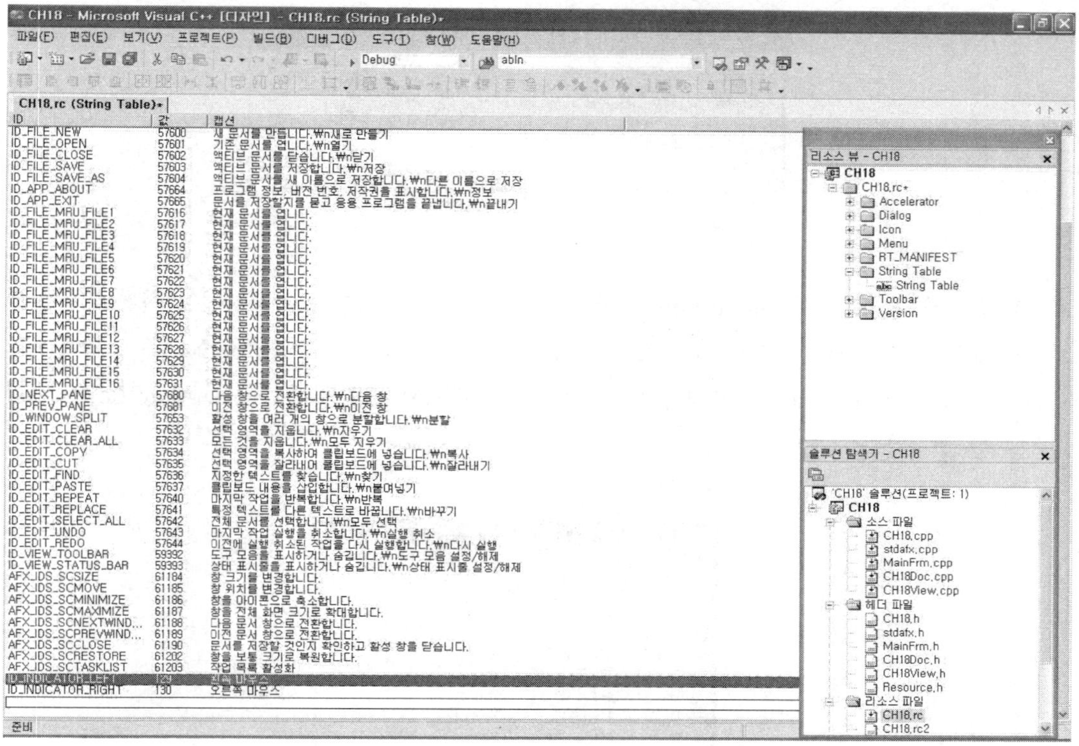

3. 스튜디오의 편집 메뉴에서 리소스 기호 항목을 선택한 후 새로 만들기 버튼을 누른 후 변경된 상태바의 인식자를 ID_MY_STATUS_BAR를 입력하고 디폴트 값을 101을 선택한 후 확인 버튼을 누른다.

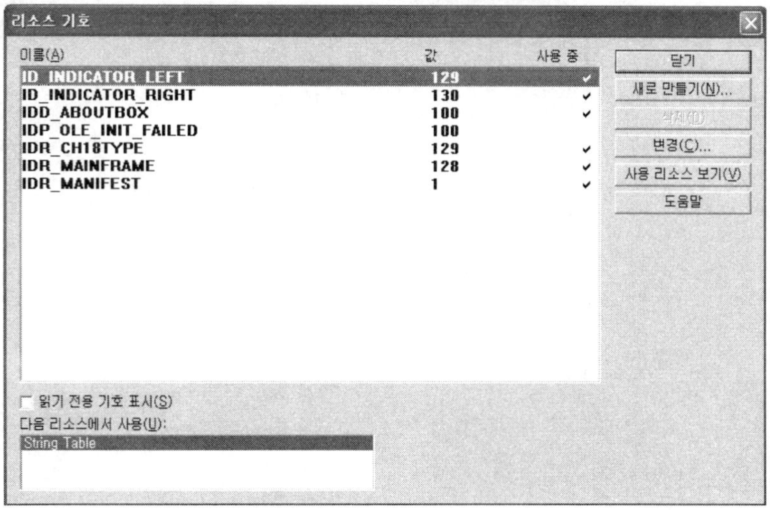

4. 솔루션 탐색기에서 MainFram.cpp를 더블 클릭하면 출력되는 속성창에서 이벤트 버튼을 누른 후 ID_VIEW_STATUS_BAR의 하위 메뉴 COMMAND를 항목에는 OnViewStatusBar를 선택하고 UPDATE_COMMAND에는 OnUpdateViewStatus를 선택한다.

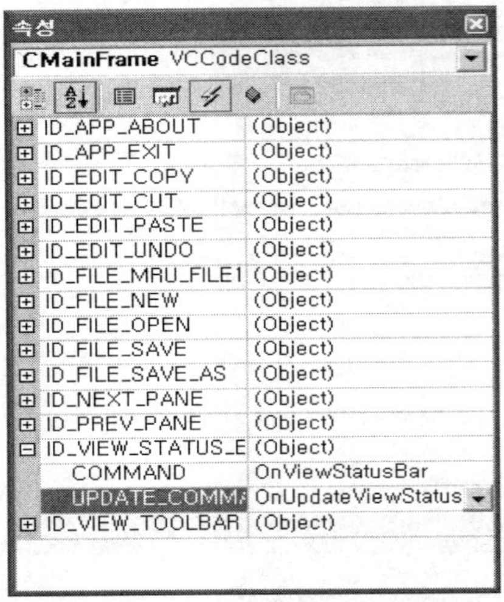

5. 사용자가 발생시키는 메시지를 다음과 같이 등록하기 위해 MainFrame.h 파일에 다음과 같이 입력하고 m_wndStatusBar의 접근자를 public으로 변경한다.

```
.......
public:
    CStatusBar  m_wndStatusBar;
    CToolBar    m_wndToolBa

....

afx_msg void OnViewStatusBar();
 afx_msg void OnUpdateViewStatusBar(CCmdUI *pCmdUI);
 afx_msg void OnUpdateLeft(CCmdUI *pCmdUI);
 afx_msg void OnUpdateRight(CCmdUI *pCmdUI);
};
```

6. Mainfrm.cpp 파일의 indicators 배열을 다음과 같이 변경한다.

```
......

static UINT indicators[] =
{
    ID_SEPARATOR,           // 상태 줄 표시기
        ID_SEPARATOR,
    ID_INDICATOR_LEFT,
    ID_INDICATOR_RIGHT,
};
...
```

7. 다음으로 Mainfrm.cpp 파일의 OnCreate 멤버 함수를 다음과 같이 변경한다. 이는 AFX_IDW_STATUS_BAR대신 새로운 상태바인 ID_MY_STATUS_BAR를 사용하도록 한다.

```
........

int CMainFrame::OnCreate(LPCREATESTRUCT lpCreateStruct)
{

            .....
    if (!m_wndStatusBar.Create(this, WS_CHILD|VISIBLE|CBRS_BOTTOM,
                        ID_MY_STATUS_BAR) ||

!m_wndStatusBar.SetIndicators(indicators,
        sizeof(indicators)/sizeof(UINT)))

            .........
}
```

8. 컴파일러에게 string table ID를 객체 ID로 인식시키기 위해 다음과 같이 메시지 맵 엔트리를 추가한다.

```
        ..........
BEGIN_MESSAGE_MAP(CMainFrame, CFrameWnd)
ON_WM_CREATE()
ON_COMMAND(ID_VIEW_STATUS_BAR, OnViewStatusBar)
ON_UPDATE_COMMAND_UI(ID_VIEW_STATUS_BAR, OnUpdateViewStatusBar)
ON_UPDATE_COMMAND_UI(ID_INDICATOR_LEFT, OnUpdateLeft)
ON_UPDATE_COMMAND_UI(ID_INDICATOR_RIGHT, OnUpdateRight)
END_MESSAGE_MAP()
  ......
```

9. 두 상태 바의 표시자를 경신하기 위해 다음과 같은 멤버 함수를 추가한다. 오른쪽과 왼쪽 마우스 버튼은 키보드가 가지는 키와 같이 가상 키를 가진다.

```
    ......

void CMainFrame::OnUpdateLeft(CCmdUI *pCmdUI)
{
        // TODO: 여기에 명령 업데이트 UI 처리기 코드를 추가합니다.
        pCmdUI -> Enable(::GetKeyState(VK_LBUTTON) < 0);
}

void CMainFrame::OnUpdateRight(CCmdUI *pCmdUI)
{
        // TODO: 여기에 명령 업데이트 UI 처리기 코드를 추가합니다.
        pCmdUI -> Enable(::GetKeyState(VK_RBUTTON) < 0);
}
```

10. 마지막으로 다음과 같은 코드를 추가한다. 이 함수는 보기 메뉴의 Status Bar 명령어를 새로운 상태바와 연결시키다.

```
........

void CMainFrame::OnViewStatusBar()
{
        // TODO: 여기에 명령 처리기 코드를 추가합니다.
m_wndStatusBar.ShowWindow((m_wndStatusBar.GetStyle()&WS_VISIBLE) ==
0);
        RecalcLayout();
}

void CMainFrame::OnUpdateViewStatusBar(CCmdUI *pCmdUI)
{
        // TODO: 여기에 명령 업데이트 UI 처리기 코드를 추가합니다.
   pCmdUI -> SetCheck((m_wndStatusBar.GetStyle()&WS_VISIBLE) != 0);
}
 ....
```

11. CH18View.cpp 파일의 OnDraw() 함수에 다음과 같은 코드를 추가한다.

```
  ......
void CCH18View::OnDraw(CDC* pDC)
{
        CCH18Doc* pDoc = GetDocument();
        ASSERT_VALID(pDoc);

        // TODO: 여기에 원시 데이터에 대한 그리기 코드를 추가합니다.

    pDC -> TextOut(0,0, "마우스를 움직이고 클릭하면서 상태바를 조사한다.");

}
    ....
```

12. CH18View.cpp 파일의 속성창에서 메시지 버튼을 누른 후 OnMouseMove 함수를 추가한다. 이 함수는 상태바 객체에 대한 포인터를 얻은 후 첫 번째와 두 번째 메시지 판넬을 경신하기 위해 SetPaneText 함수를 호출한다.

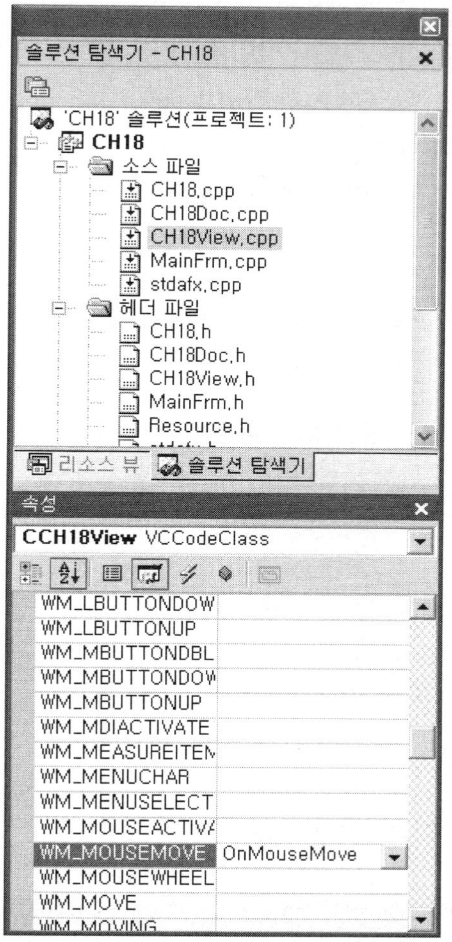


```
.....
// CCH18View 메시지 처리기

void CCH18View::OnMouseMove(UINT nFlags, CPoint point)
{
	// TODO: 여기에 메시지 처리기 코드를 추가 및/또는 기본값을 호출합니다.
		CString str;
		CMainFrame* pFrame = (CMainFrame*) AfxGetApp() -> m_pMainWnd;
		CStatusBar* pStatus = &pFrame -> m_wndStatusBar;
		if(pStatus)
```

```
        {
          str.Format("x=%d", point.x);
          pStatus -> SetPaneText(0,str);
           str.Format("y=%d", point.y);
          pStatus -> SetPaneText(1,str);

        }
        CView::OnMouseMove(nFlags, point);
}
```

13. CH18View.cpp 파일에 다음과 같은 코드를 추가한다.

```
....

#include "CH18Doc.h"
#include "CH18View.h"
#include "MainFrm.h"
....
```

14. 프로그램을 실행시키면 다음과 같은 결과가 출력된다.

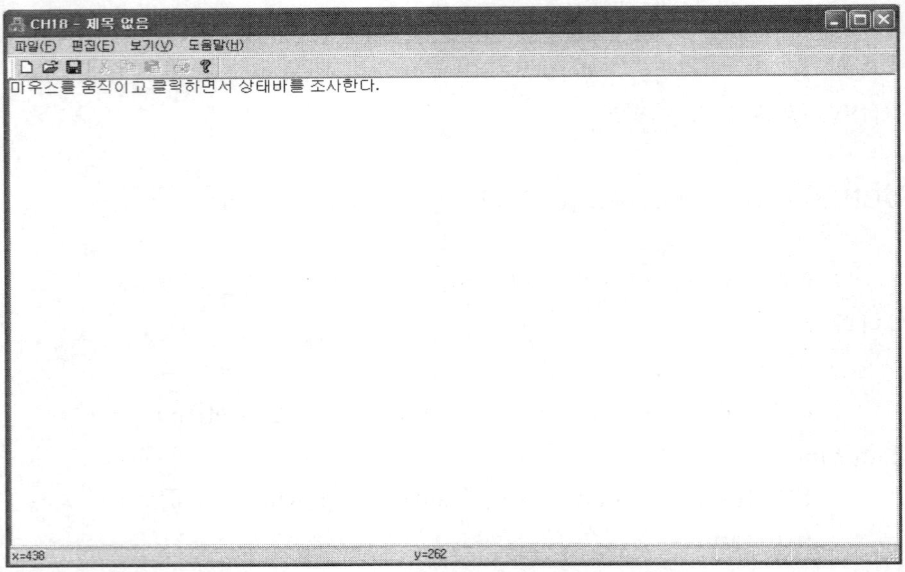

18.2 리바

원칙적으로 Visual C++에서 컴파일된 결과 파일은 Internet Exploer에서 볼 수 있는 특성 즉 common 컨트롤을 가지고 있다. 이러한 것 중 하나가 새로운 툴바 형태로 리바이다. 리바는 디폴트로 만들어진 툴바보다 더 많은 기능을 제공하며 리바내의 각 툴바를 밴드(Band)라 한다.

각 밴드는 라벨을 가질 수 있다. MFC는 리바의 처리를 용이하게 하기 위해 두 개의 클래스를 제공한다.

CReBar : CToolBar와 CDialogBar 클래스를 리바에 밴드로 추가할 수 있도록 해주는 멤버를 제공하는 클래스이다. 이는 컨트롤과 MFC 프레임 워크 간의 통신을 처리한다.

CReBarCtrl : 이는 리바를 생성하는 많은 멤버를 제공하지만 CReBar에서 제공되는 여러가지 기능을 제공하지 못한다.

대부분의 MFC 응용은 CReBar를 이용하고 필요한 경우 CReBarCtrl 포인터를 반환하는 멤버 함수 CReBarCtrl()를 호출한다.

1. 응용 프로그램 마법사를 이용하여 CH18R이라는 프로젝트 명을 입력하고 사용자 인터페이스 페이지에서 표준 도킹과 브라우저 스타일을 선택한다. 또한 응용 프로그램의 종류에서 단일 문서를 선택하고 마침 버튼을 누른다.

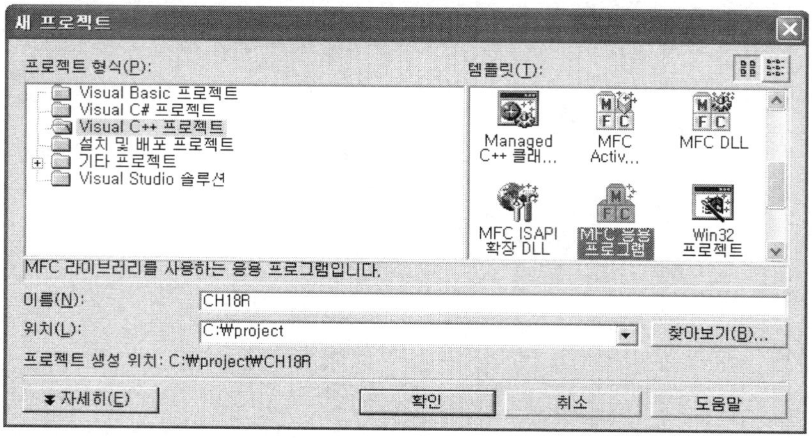

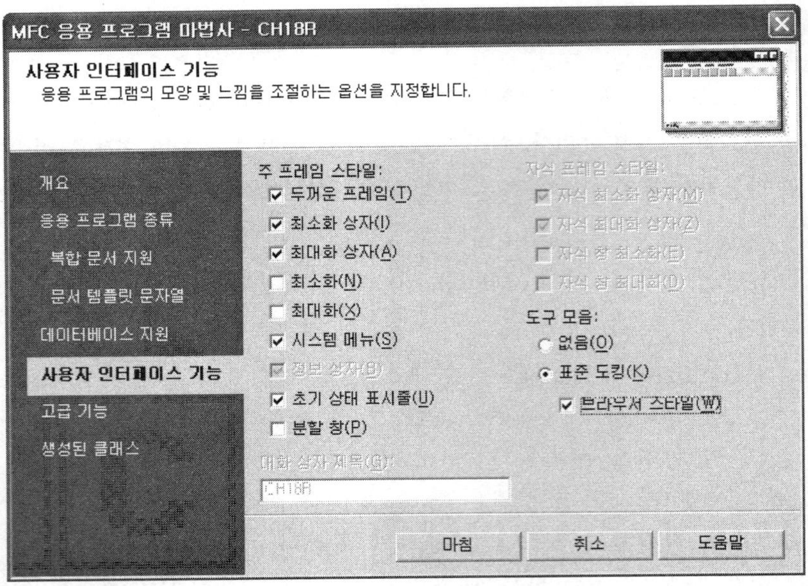

2. 프로그램의 실행 결과 하나는 일반적인 툴바이고 다른 하나는 TODO : 대화상자 모음을 배치합니다라는 두 개의 밴드를 가진 리바가 출력된다.

MainFrm.h 파일은 CReBar 의 데이터 멤버 m_ndReBar를 정의 하는 코드를 볼 수 있다.

```
.....
protected:  // 컨트롤 모음이 포함된 멤버입니다.
        CStatusBar   m_wndStatusBar;
        CToolBar      m_wndToolBar;
        CReBar        m_wndReBar;
        CDialogBar        m_wndDlgBar;

// 메시지 맵 함수를 생성했습니다
......
```

MainFrm.cpp 파일은 CReBar 객체에 툴바와 다이얼로그 바를 추가하는 코드를 볼 수 있다.

```
.........

        if (!m_wndReBar.Create(this) ||
                !m_wndReBar.AddBar(&m_wndToolBar) ||
                !m_wndReBar.AddBar(&m_wndDlgBar))
        {
                TRACE0("크기 조정 막대를 만들지 못했습니다.\n");
                return -1;        // 만들지 못했습니다.
        }
.......
```

3. 리소스 뷰의 다이얼로그에서 IDR_MAINFRAME을 선택하면 TODO : 대화상자 모음을 배치합니다라는 다이얼로그 바를 볼 수 있다. 이 다이얼로그 바에 실질적인 컨트롤 추가한다. 먼저 이 문자열을 지운 후 콤보 박스를 추가한다.

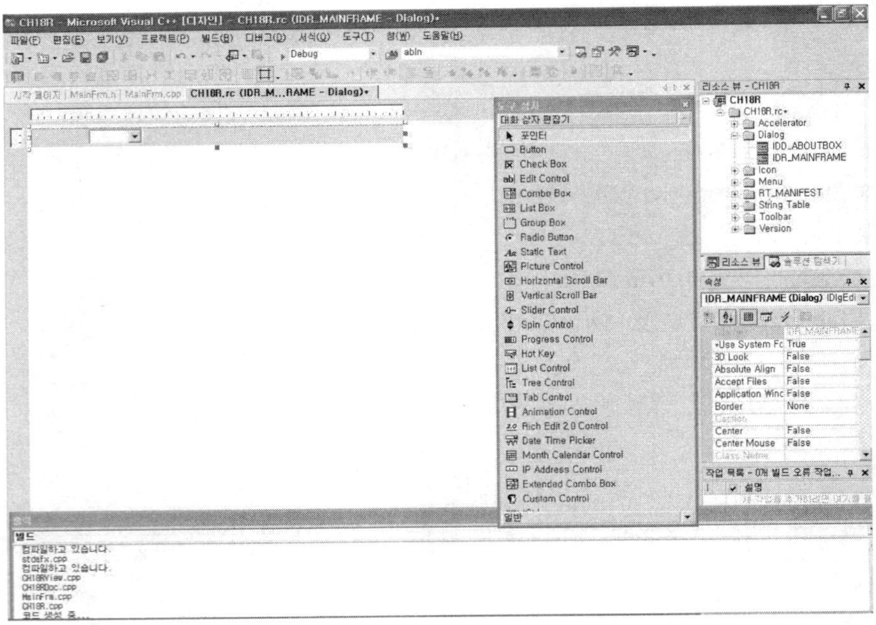

4. 속성 창의 Data 항에 One;Two;Buckle;My;Shoe!;라고 입력한다.

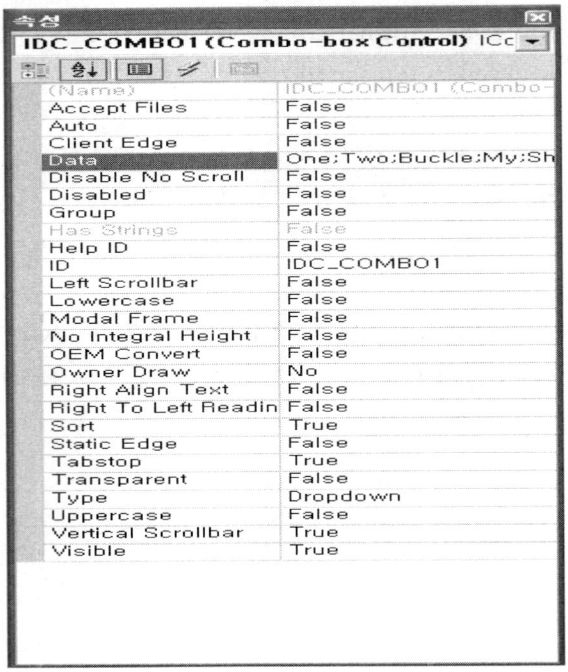

5. 다이얼로그 바에 버튼을 두고 버튼의 캡션을 Increment라 한다. 다음으로 Progress control을 두고 속성창에서 Smooth 항을 True로 둔다. 마지막으로 버튼을 두고 버튼의 캡션을 Decrement라 한다. 다음과 같은 화면이 생성된다.

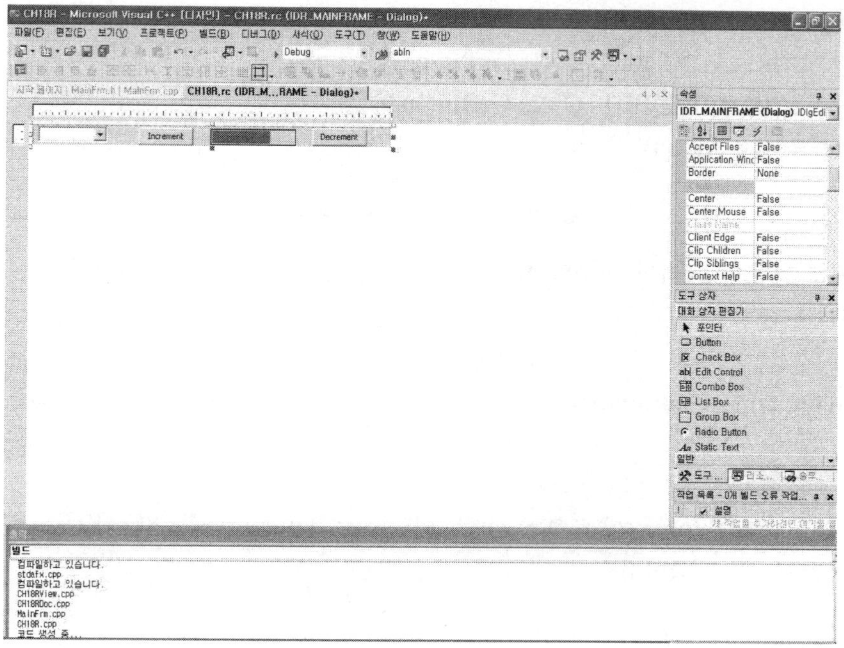

6. 다이얼로그 바에 추가된 컨트롤을 동작시키기 위해 CMainFrame.h 파일에 다음과 같은 코드를 추가한다.

```
..........

protected:
	afx_msg   int   OnCreate(LPCREATESTRUCT lpCreateStruct);
		afx_msg   void   OnButton1();
		afx_msg   void   OnButton2();
	DECLARE_MESSAGE_MAP()
};
```

7. 버튼1과 버튼 2에 대한 메시지 맵을 추가하기 위해 MainFrm.cpp에 다음과 같은 코드를 추가한다.

```
.......
BEGIN_MESSAGE_MAP(CMainFrame, CFrameWnd)
ON_WM_CREATE()
ON_BN_CLICKED(IDC_BUTTON1, OnButton1)
ON_BN_CLICKED(IDC_BUTTON2, OnButton2)
END_MESSAGE_MAP()
  ....
```

8. 다음으로 버튼이 눌러진 경우의 동작을 위해 다음과 같은 코드를 추가한다.

```
        .........
void CMainFrame::OnButton1()
{
          CProgressCtrl *pProgress =
                  (CProgressCtrl *)m_wndDlgBar.GetDlgItem(IDC_PROGRESS1);
        pProgress ->StepIt();

}

void CMainFrame::OnButton2()
{
     CProgressCtrl *pProgress =
                  (CProgressCtrl *)m_wndDlgBar.GetDlgItem(IDC_PROGRESS1);
        int nCurrentPos = pProgress ->GetPos();
        pProgress ->SetPos(nCurrentPos-10);

}
.........
```

9. 프로그램을 실행시킨 결과 다음과 같은 화면이 출력된다.

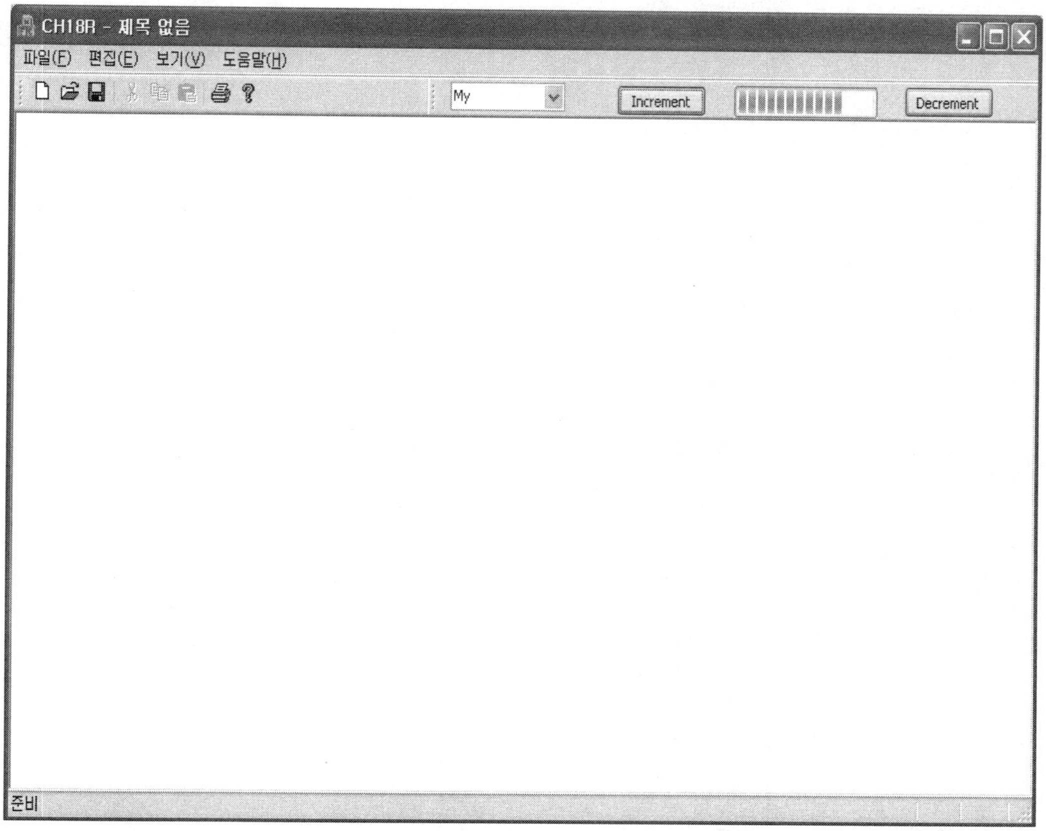

Chapter 19

DHTML(Dynamic HTML)

Explorer 4.0의 일부로 소개된 DHTML은 웹 마스터와 웹 응용 개발자에게 큰 도움을 주는 기술이다. DHTML이 각광을 받고 있는 이유는 Explorer 사용자에게 DHTML은 종전의 기술에서 제공하는 것 보다 훨씬 많은 것을 제공하고 있기 때문이다.

Trident라고 불리우는 Explorer 4.0의 HTML display 엔진은 HTML 페이지를 출력하기 위해 사용되는 많은 내부 객체를 가지고 있는 COM 컴포넌트를 제공하고 있다. 이는 HTML이 데이터 구조체인 것처럼 취급하여 HTML 페이지의 일부를 조정할 수 있다.

그러나 DHTML의 실질적인 용도는 HTML 객체에 접근하는 능력에 있는 것이 아니라 HTML 페이지를 변경하고 조작하는 능력에 있다.

따라서 DHTML에 대한 개념을 가지고 있으면 여러 가지 응용을 개발할 수 있다. 웹 마스터에 있어 DHTML은 웹 페이지를 조작하는 많은 논리가 클라이언트에게 download되는 스크립트에 있을 수 있다는 것을 의미한다. C++ 개발자는 응용에 DHTML을 엠베드시킬 수 있으며 이를 엠베드된 웹 클라이언트 혹은 응용에서 변경시킬 수 있는 동적인 형태로 이용할 수 있다.

DHTML을 지원하는 클래스는 CView에서 파생된 클래스인 CHtmlView이다. 이 클래스는 응용 윈도우 혹은 분리된 응용 윈도우에 HTML view를 엠베드 시킬 수 있으며 일부 DHTML 작업을 통해 동적인 형태로 동작할 수 있다.

19.1 디폴트 DHTML

1. 응용 프로그램 마법사를 이용하여 CH19이라는 프로젝트 명을 입력한 후 생성된 클래스 페이지에서 View 클래스의 기본 클래스로 CHtmlView를 선택한다. 또한 응용 프로그램의 종류에서 단일 문서를 선택하고 마침 버튼을 누른다.

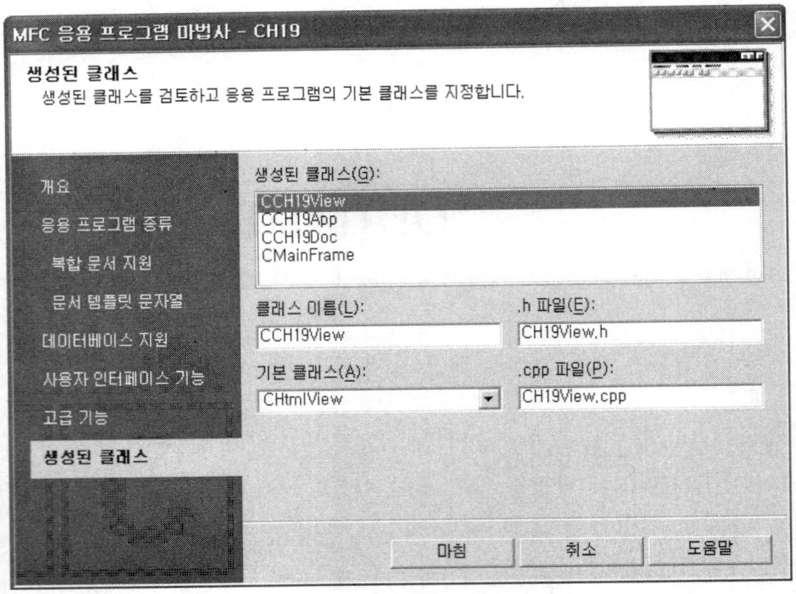

2. CH19View.cpp 파일에는 응용 프로그램에 포함시킬 URL을 다음과 같이 추가되어 있다.

```
....
void CCH19View::OnInitialUpdate()
{
    CHtmlView::OnInitialUpdate();
    Navigate2(_T("http://www.msdn.microsoft.com/visualc/"),NULL,NULL);
}
...
```

3. 응용 프로그램을 구동시키면 다음과 같은 화면이 출력된다.

19.2 MFC를 이용한 DHTML

MFC를 가지는 DHTML을 사용하는 예제를 살펴본다. 이 예제는 CHtmlView 객체와 CListView 객체를 분리시키는 응용이다. 이 후 CHtmlView 객체에서 HTML 요소를 구분하여 이를 CListView 객체에 출력한다. 결과는 HTML 파일의 DHTML 객체 모델을 볼 수 있는 DHTML explorer 이다. 응용 프로그램을 만드는 과정은 다음과 같다.

1. 응용 프로그램 마법사를 이용하여 CH19B이라는 프로젝트 명을 입력한 후 응용 프로그램의 종류에서 단일 문서와 Windows 탐색기를 선택하고 후 생성된 클래스 페이지에서 View 클래스의 기본 클래스로 CHtmlView를 선택하고 마침 버튼을 누른다.

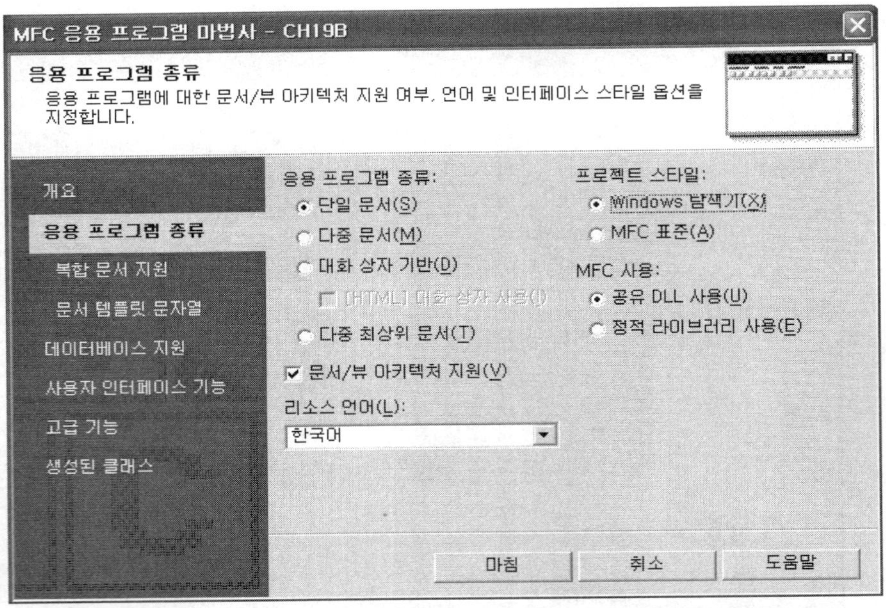
MFC 응용 프로그램 마법사 - CH19B
응용 프로그램 종류
응용 프로그램에 대한 문서/뷰 아키텍처 지원 여부, 언어 및 인터페이스 스타일 옵션을 지정합니다.
개요
응용 프로그램 종류
복합 문서 지원
문서 템플릿 문자열
데이터베이스 지원
사용자 인터페이스 기능
고급 기능
생성된 클래스
응용 프로그램 종류:
단일 문서(S)
다중 문서(M)
대화 상자 기반(D)
[HTML] 대화 상자 사용(I)
다중 최상위 문서(T)
문서/뷰 아키텍처 지원(V)
리소스 언어(L):
한국어
프로젝트 스타일:
Windows 탐색기(X)
MFC 표준(A)
MFC 사용:
공유 DLL 사용(U)
정적 라이브러리 사용(E)
마침
취소
도움말

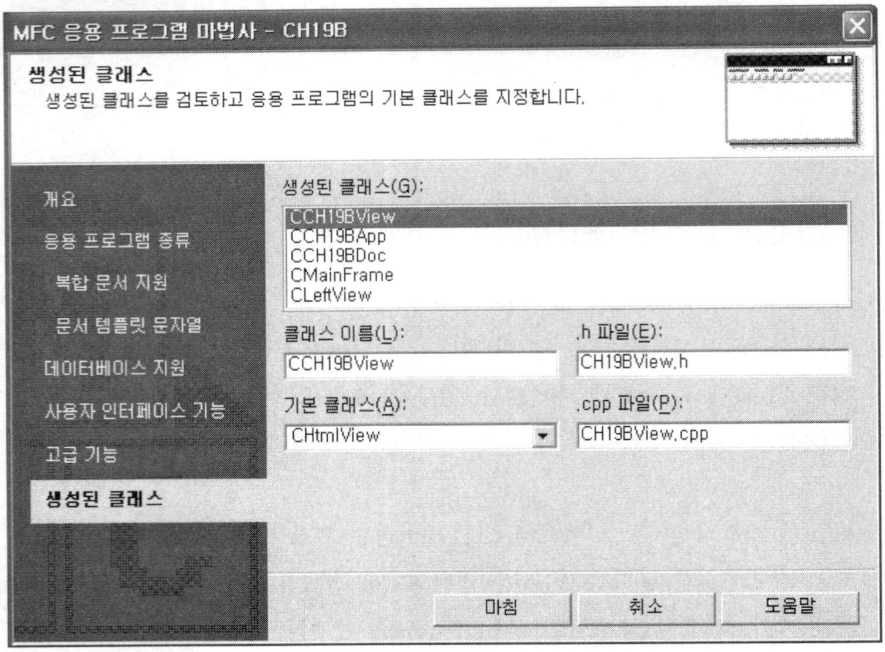
MFC 응용 프로그램 마법사 - CH19B
생성된 클래스
생성된 클래스를 검토하고 응용 프로그램의 기본 클래스를 지정합니다.
개요
응용 프로그램 종류
복합 문서 지원
문서 템플릿 문자열
데이터베이스 지원
사용자 인터페이스 기능
고급 기능
생성된 클래스
생성된 클래스(G):
CCH19BView
CCH19BApp
CCH19BDoc
CMainFrame
CLeftView
클래스 이름(L):
CCH19BView
.h 파일(E):
CH19BView.h
기본 클래스(A):
CHtmlView
.cpp 파일(P):
CH19BView.cpp
마침
취소
도움말

2. 디폴트로 MFC 응용 마법사는 분할 윈도우의 CLeftView를 CTreeView에서 파생된 것으로 만든다. 이를 CListView에서 파생된 것으로 변경시킨다. 먼저 LeftView.h 파일을 열고 다음과 같이 변경한다.

```
....
class CCH19BDoc;

class CLeftView : public CListView
{
protected: // serialization에서만 만들어집니다.
    CLeftView();
    DECLARE_DYNCREATE(CLeftView)

// 특성
public:
    CCH19BDoc* GetDocument() const;

// 작업
public:
  ......
```

3. 다음으로 LeftView.cpp 파일을 열고 다음과 같이 변경하고 프로그램을 실행시킨 결과 출력된 화면은 다음과 같다.

```
#include "stdafx.h"
#include "CH19B.h"

#include "CH19BDoc.h"
#include "LeftView.h"

#ifdef _DEBUG
```

```
#define new DEBUG_NEW
#endif


// CLeftView

IMPLEMENT_DYNCREATE(CLeftView, CListView)

BEGIN_MESSAGE_MAP(CLeftView, CListView)
END_MESSAGE_MAP()


// CLeftView 생성/소멸

CLeftView::CLeftView()
{
	// TODO: 여기에 생성 코드를 추가합니다.
}

CLeftView::~CLeftView()
{
}

BOOL CLeftView::PreCreateWindow(CREATESTRUCT& cs)
{
	// TODO: CREATESTRUCT cs를 수정하여 여기에서 Window 클래스 또는 스타
일을 수정합니다.

	return CListView::PreCreateWindow(cs);
}
```

```
void CLeftView::OnInitialUpdate()
{
    CListView::OnInitialUpdate();

    // TODO: GetTreeCtrl()을 호출하여 해당 tree 컨트롤을 직접 액세스하면
    // TreeView를 항목으로 채울 수 있습니다.
}


// CLeftView 진단

#ifdef _DEBUG
void CLeftView::AssertValid() const
{
    CListView::AssertValid();
}

void CLeftView::Dump(CDumpContext& dc) const
{
    CListView::Dump(dc);
}

CCH19BDoc* CLeftView::GetDocument() // 디버그되지 않은 버전은 인라인으로 지정
됩니다.
{
    ASSERT(m_pDocument->IsKindOf(RUNTIME_CLASS(CCH19BDoc)));
    return (CCH19BDoc*)m_pDocument;
}
#endif //_DEBUG
....
```

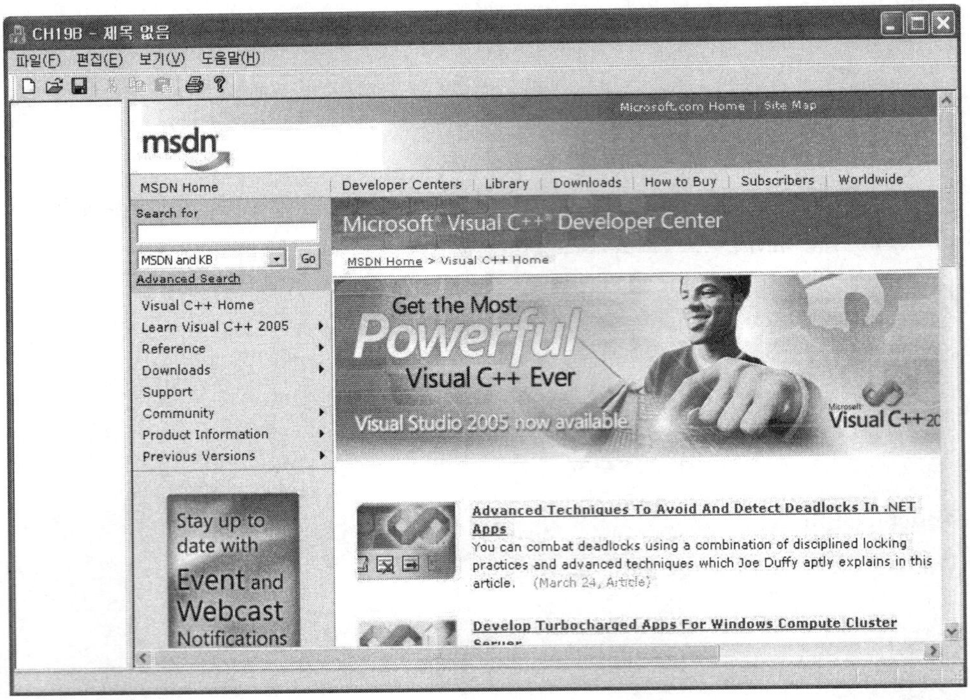

4. 왼쪽 화면을 이용하기 위해 CMainFrame 클래스에 다음과 같은 코드를 추가한다. 먼저 CMainFrame.h 파일에 다음과 같은 코드를 추가한다.

```
    .......
public:
virtual BOOL OnCreateClient(LPCREATESTRUCT lpcs, CCreateContext* pContext);
virtual BOOL PreCreateWindow(CREATESTRUCT& cs);
virtual void DoDHTMLExplore(void);
    .....
```

5. DHTML을 이용하여 HTML 문서를 조사하기 위해 DoHTMLExplore 함수는 CListView와 CHhtmlView에 대한 포인터를 얻는다. 이 후 DHTML 문서 객체에 대한 IDispatch 포인터를 얻기 위해 GetHtmlDocument를 호출한다. 다음으로 IHTMLDocument2 인터페이스에 대한 포인터를 얻은 후 모든 객체를 조사한다. 조사 과정에서 객체의 형을 조사하여 이미지이거나 다른 링커가 된 객체이면 이미지에 대한 링커나 혹은 관련된 다른 정보를 얻은 후 HTML 요소에 대한 설명문을 CListView 객체에 둔다. 이를 위해 CMainFrame.cpp 파일에 다음과 같은 코드를 추가한다.

```
.......
void CMainFrame::DoDHTMLExplore(void)
{

  CLeftView *pListView = (CLeftView *)m_wndSplitter.GetPane(0,0);

  CCH19BView *pDHTMLView = (CCH19BView *)
                     m_wndSplitter.GetPane(0,1);

             pListView ->GetListCtrl().DeleteAllItems();
   IDispatch* pDisp = pDHTMLView ->GetHtmlDocument();

   if(pDisp != NULL)
   {
           IHTMLDocument2* pHTMLDocument2;
           HRESULT hr;

         hr = pDisp ->QueryInterface(IID_IHTMLDocument2, (void
                        **)&pHTMLDocument2 );

           if(hr == S_OK)
           {
                 IHTMLElementCollection* pColl = NULL;
```

```
hr = pHTMLDocument2 ->get_all(&pColl);
if(hr == S_OK && pColl != NULL)
{
        LONG celem;
        hr = pColl ->get_length(&celem);

         if(hr == S_OK)
         {
                 for (int i=0; i<celem; i++)
                 {
                     VARIANT varIndex;
                     varIndex.vt=VT_UINT;
                     varIndex.lVal=i;


                     VARIANT var2;
                     VariantInit(&var2);
                     IDispatch* pDisp;
                     hr = pColl ->item(varIndex, var2, &pDisp);
                     if(hr==S_OK)
                     {

IHTMLElement* pElem;

 hr = pDisp ->QueryInterface(IID_IHTMLElement, (void**)&pElem );
                      if(hr==S_OK)
                      {

BSTR bstr;
                  hr = pElem ->get_tagName(&bstr);
                      CString strTag (bstr);
                      IHTMLImgElement* pImgElem;
```

```
hr = pDisp ->QueryInterface(IID_IHTMLImgElement,(void **)&pImgElem);
                    if(hr == S_OK)
                         {
                              pImgElem ->get_href(&bstr);
                                   strTag += "-";
                                   strTag += bstr;
               pImgElem ->Release();
                         }
                    else
                    {
               IHTMLAnchorElement* pAnchElem;
hr = pDisp ->QueryInterface(IID_IHTMLAnchorElement,(void **)&pAnchElem);
                    if(hr == S_OK)
                    {
                              pAnchElem ->get_href(&bstr);
                              strTag += "-";
                              strTag += bstr;
                              pAnchElem ->Release();
                                        }
                                          }
pListView ->GetListCtrl().InsertItem(pListView ->GetListCtrl().GetItemCount(),strTag);
                                   }
                                   pElem ->Release();
                                   }
                         }
                    }
          pColl ->Release();
                    }
     pHTMLDocument2 ->Release();
          }
     pDisp ->Release();
     }
}
```

```
.....
```

6. MainFrame.cpp 파일에 다음과 같은 헤드 파일을 추가한다.

```
....
#include "MainFrm.h"
#include "LeftView.h"
#include "CH19BView.h"
#include <mshtml.h>
....
```

7. CH19BApp.cpp 파일의 OnAppAbout() 함수에 다음과 같은 코드로 대치한다.

```
........
void CCH19BApp::OnAppAbout()
{

    CMainFrame* pFrame =(CMainFrame *)AfxGetMainWnd();
    pFrame ->DoDHTMLExplore();
}
```

8. LeftView.cpp 파일의 PreCreateWindow() 함수에 다음과 같은 코드를 추가한다.

```
......
BOOL CLeftView::PreCreateWindow(CREATESTRUCT& cs)
{
// TODO: CREATESTRUCT cs를 수정하여 여기에서 Window 클래스 또는 스타일을
  수정합니다.
        cs.style |= LVS_LIST;
```

```
    return CListView::PreCreateWindow(cs);
}
```

9. 프로그램을 실행시키면 다음과 같은 화면이 출력된다.

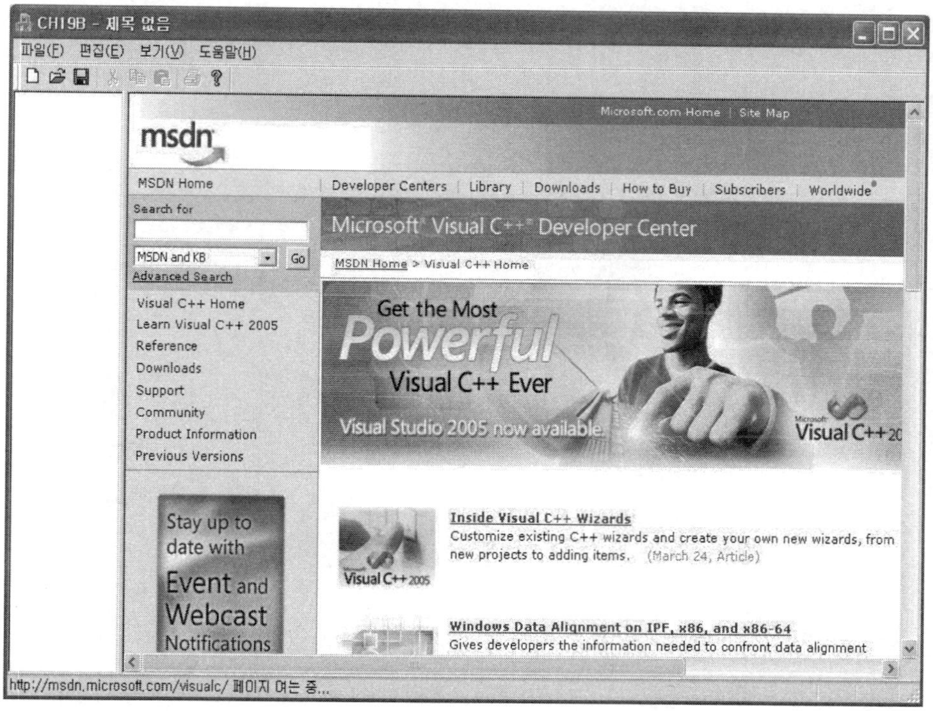

10. 도움말 메뉴의 하위 버튼이나 혹은 물음표 버튼을 누르면 왼쪽 화면에 HTML의 속성이 출력된다.

Chapter 20

ASP.NET과 웹 폼

.NET의 주요 특징은 ASP.NET이라고 알려진 기술을 이용하여 웹 응용을 개발할 수 있다는 것이다. Active Server Pages (ASP)보다 더 많은 기술적인 진전을 통해 이루어진 ASP.NET은 복잡한 웹 응용의 실행을 단순히 할 수 있는 통합된 웹 개발 플랫폼이다.

이 장에서는 ASP.NET의 기본적인 사항에 대해 소개하고 웹 페이지를 간단히 만들 수 있는 Web Form에 대해 살펴보고, 매우 단순한 웹 응용을 개발함으로써 ASP.NET의 주요 사항에 대해 살펴보고, ASP.NET 프로그래밍에 대한 테스트 베드를 만드는 것과 함께 웹 처리의 기본적인 사항에 대해 살펴본다.

웹 응용은 다양한 형태의 문서와 코드로 구성되며 문서의 가장 단순한 종류는 DHTML이고 이는 웹 브라우즈에 의해 표시되고 형식화되는 정보를 포함한다. 한 HTML 문서는 다른 HTML 페이지에 대한 하이퍼링커를 포함하고 있다. 하이퍼링커는 주소 혹은 타켓 문서의 위치를 나타내는 URL(Uniform Resource Locator) 을 포함한다. 컨텐츠와 링커의 결합을 하이퍼텍스트라고 부르며 이는 WWW(World Wide Web)에 있는 정보를 쉽게 찾을 수 있게 한다.

응용 프로그램을 구동하기 위해 IIS(Internet Information Service)가 설치되어 있어야 한다. IIS에 있는 문서를 찾기 위해 웹 브라우즈의 URL 창에 http::/ /localhost를 입력한다. 이에 대한 그림은 다음과 같다.

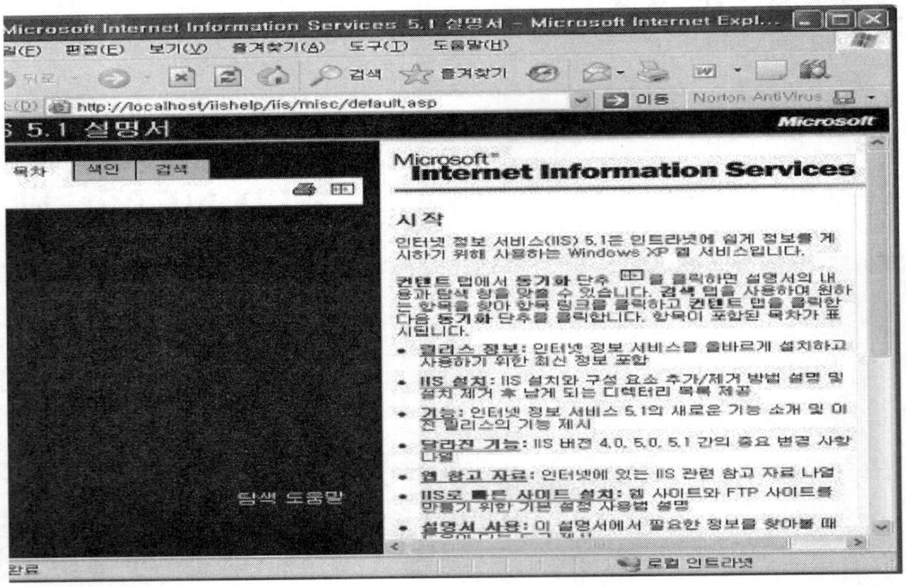

IIS를 관리하는 툴은 MMC(Microsoft Management Cosole) snap-in으로 이는 제어판의 관리도구를 선택한 후 생성되는 화면에서 인터넷 정보 서비스를 선택한다.

최종적으로 생성되는 화면은 다음과 같다.

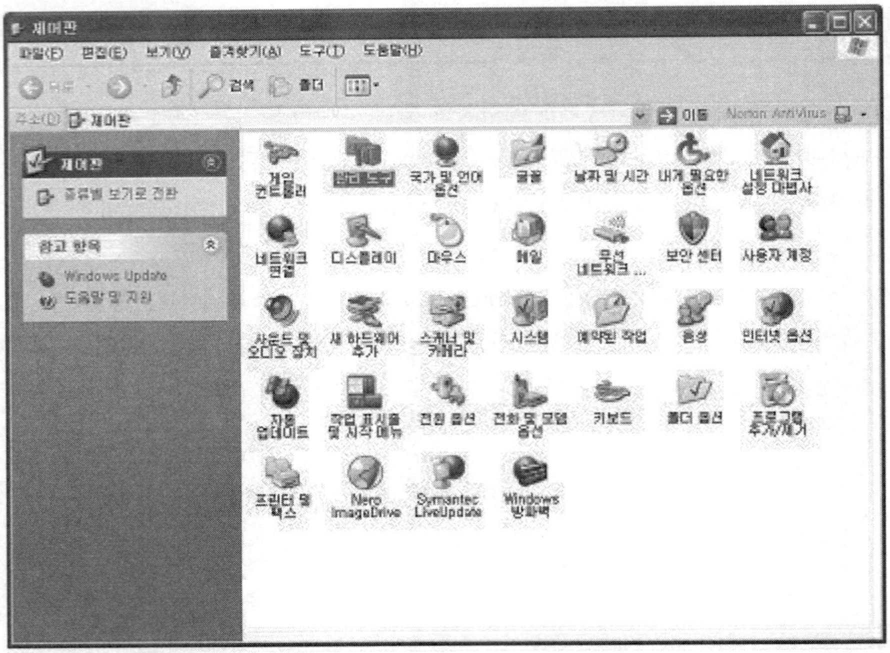

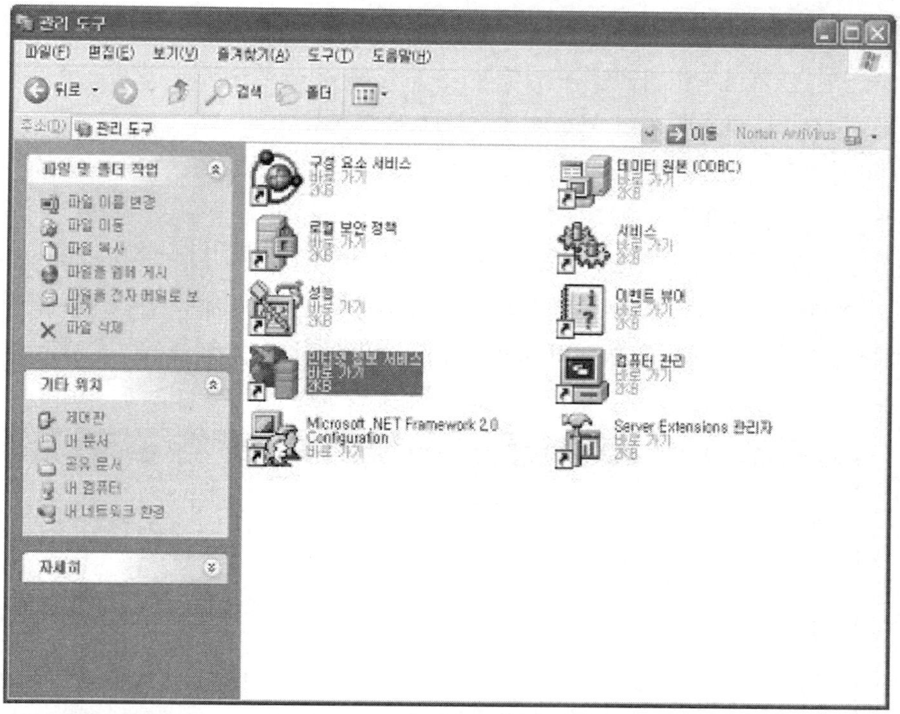
관리 도구
파일(F) 편집(E) 보기(V) 즐겨찾기(A) 도구(T) 도움말(H)
뒤로
검색
폴더
주소(D) 관리 도구
이동
Norton AntiVirus
파일 및 폴더 작업
파일 이름 변경
파일 이동
파일 복사
파일을 웹에 게시
파일 삭제
기타 위치
제어판
내 문서
공유 문서
내 컴퓨터
내 네트워크 환경
자세히
구성 요소 서비스
데이터 원본 (ODBC)
로컬 보안 정책
서비스
성능
이벤트 뷰어
인터넷 정보 서비스
컴퓨터 관리
Microsoft .NET Framework 2.0 Configuration
Server Extensions 관리자

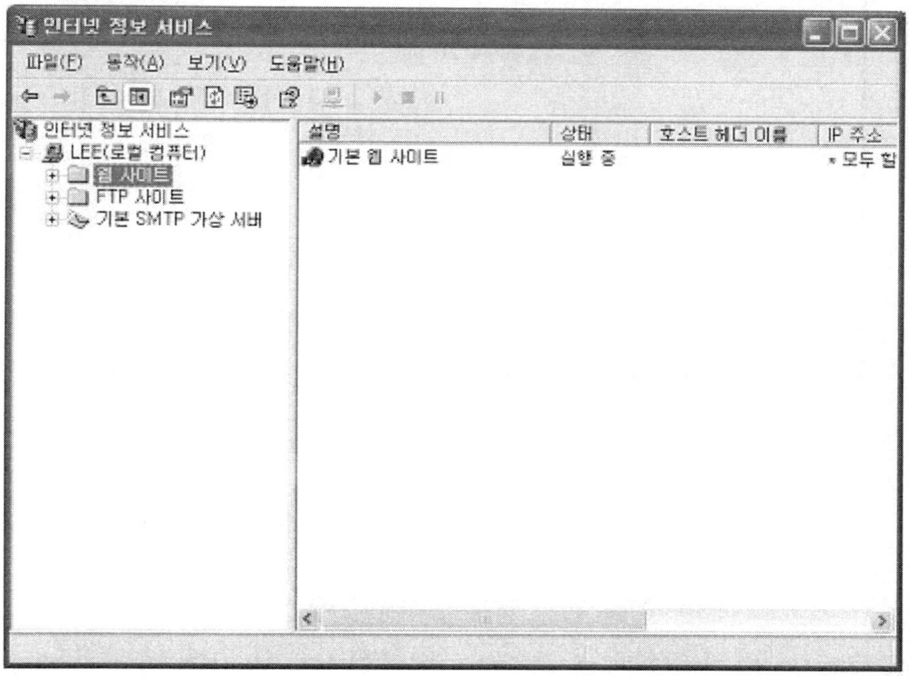
인터넷 정보 서비스
파일(F) 동작(A) 보기(V) 도움말(H)
인터넷 정보 서비스
LEE(로컬 컴퓨터)
웹 사이트
FTP 사이트
기본 SMTP 가상 서버
설명
상태
호스트 헤더 이름
IP 주소
기본 웹 사이트
실행 중

웹 파일의 디폴트 홈 디렉토리는 윈도우즈가 설치된 드라이브의 \Inetpub\wwwroot이고 인터넷 서비스 관리자를 이용하여 이를 변경시킬 수 있다. 가상 디렉토리를 만들어 하드 디스크에 저장된 웹 페이지에 접근할 수 있다. 이를 만들 수 있는 가장 쉬운 방법은 익스플로러를 이용하는 것이다. 다음과 같이 가상의 웹 디렉토리를 만든다.

임의 폴드를 만든다. 본 장에서는 Web Folder라 하였다. 생성된 폴드의 오른쪽 마우스 버튼을 선택하면 출력되는 메뉴에서 속성을 선택한 후 웹 공유 탭을 선택하면 다음과 같은 화면이 출력된다. 이 폴드를 공유하게 선택하고 가상 디렉토리의 이름이 되는 alias를 입력한다. 이 예제에서는 NetCpp라 하였고 입력후 다음과 같은 확인 창이 출력된다. 이 디렉토리에 있는 문서에 접근하기 위한 URL로 http://localhost/NetCpp/를 입력한다.

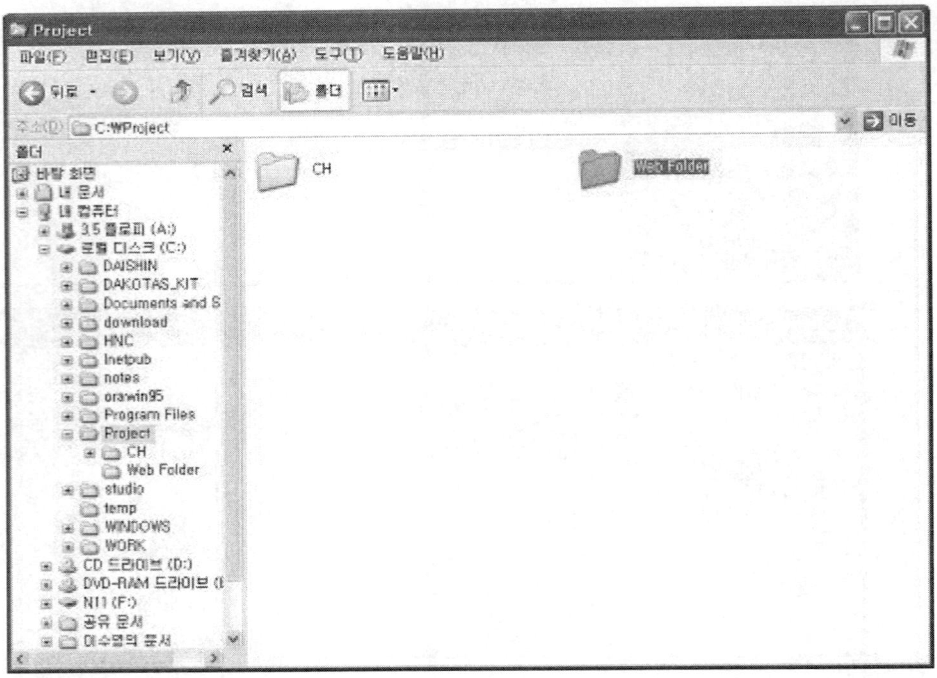

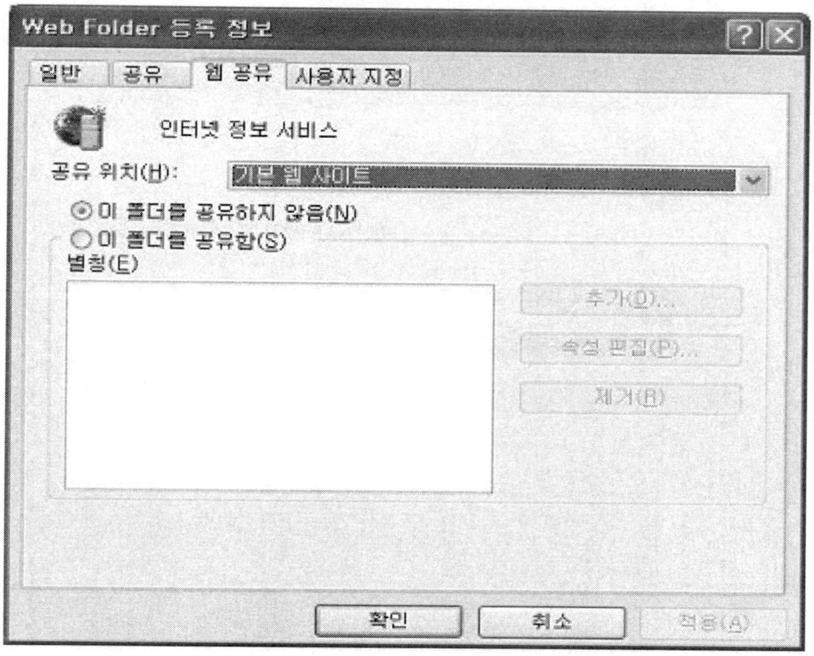
Web Folder 등록 정보
일반
공유
웹 공유
사용자 지정
인터넷 정보 서비스
공유 위치(H):
기본 웹 사이트
이 폴더를 공유하지 않음(N)
이 폴더를 공유함(S)
별칭(E)
추가(D)...
속성 편집(P)...
제거(R)
확인
취소
적용(A)

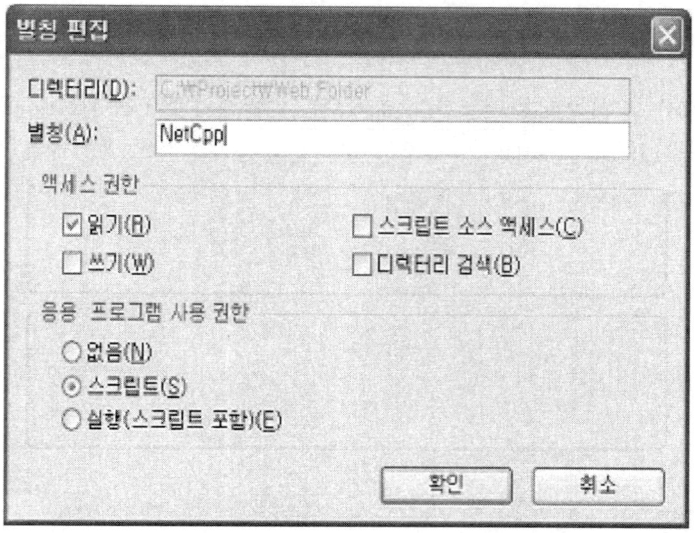
별칭 편집
디렉터리(D):
C:\Project\Web Folder
별칭(A):
NetCpp
액세스 권한
읽기(R)
스크립트 소스 액세스(C)
쓰기(W)
디렉터리 검색(B)
응용 프로그램 사용 권한
없음(N)
스크립트(S)
실행(스크립트 포함)(E)
확인
취소

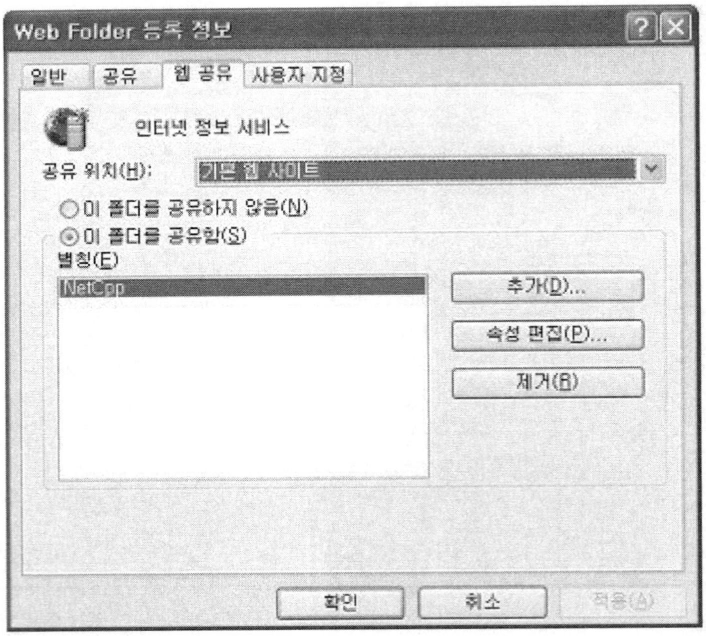

이 장의 첫 번째 예제 프로그램은 Hello.aspx이다. 이는 한 파일에 ASP.NET 서버 스크립트 코드를 모두 엠베디드하고 있기 때문에 모노리틱이라고 한다.

웹 응용을 만드는 과정은 다음과 같다.

1. 파일 메뉴에서 웹 사이트를 선택한다. 출력되는 대화상자에서 ASP.NET 웹 사이트를 선택하고 언어는 C#을 선택하며 위치는 가상으로 만든 폴드로 접근하기 위해 위치란에는 http://localhost/NetCpp를 입력하였다.

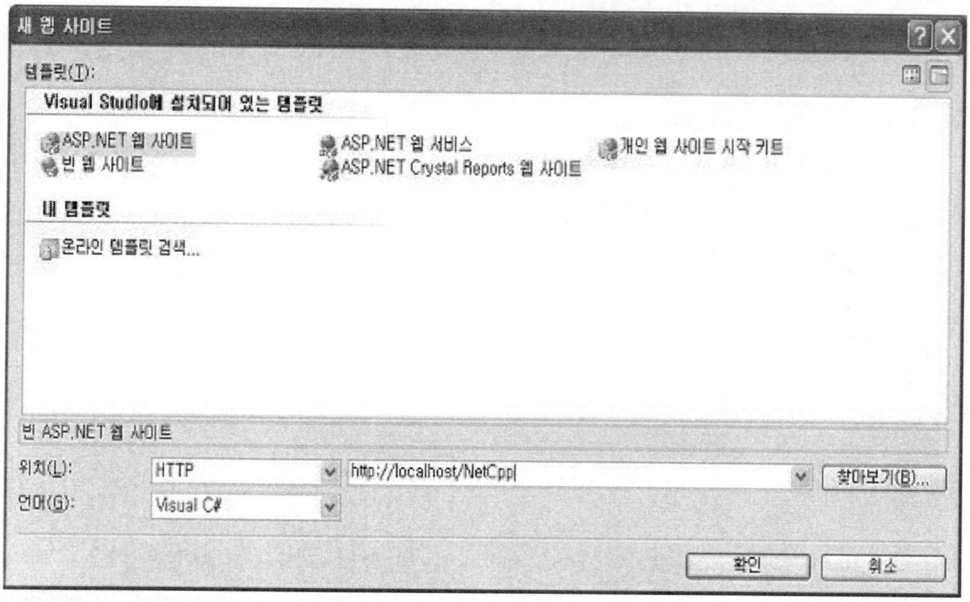

2. 솔루션 탐색기에서 디폴트로 만들어진 Default.aspx를 Hello.aspx로 변경하고 다음과 같은 코드를 추가한다.

```
<%@ Page Language="C#"%>
<head>
  <script runat="server">
    protected void cmdEcho_Click(object Source, EventArgs e)

lblGreeting.Text= "Hello, "+txtName.Text;



</script>


</head>
<body>
    <form runat="server">Your Name: 
```

```
    <asp:TextBox ID=txtName  runat="server"></asp:TextBox>
    <p><asp:Button ID = cmdEcho OnClick= cmdEcho_Click Text="Echo" runat="server"
ToolTip ="Click to echo your name" />
    </asp:Button></p>
    <asp:Label ID=lblGreeting runat="server"></asp:Label>
    <p></p>
    </div>
    </form>
</body>
</html>
```

3. 디버그 메뉴에서 디버그하지 않고 시작 버튼을 눌러 실행되는 화면은 다음과 같다.

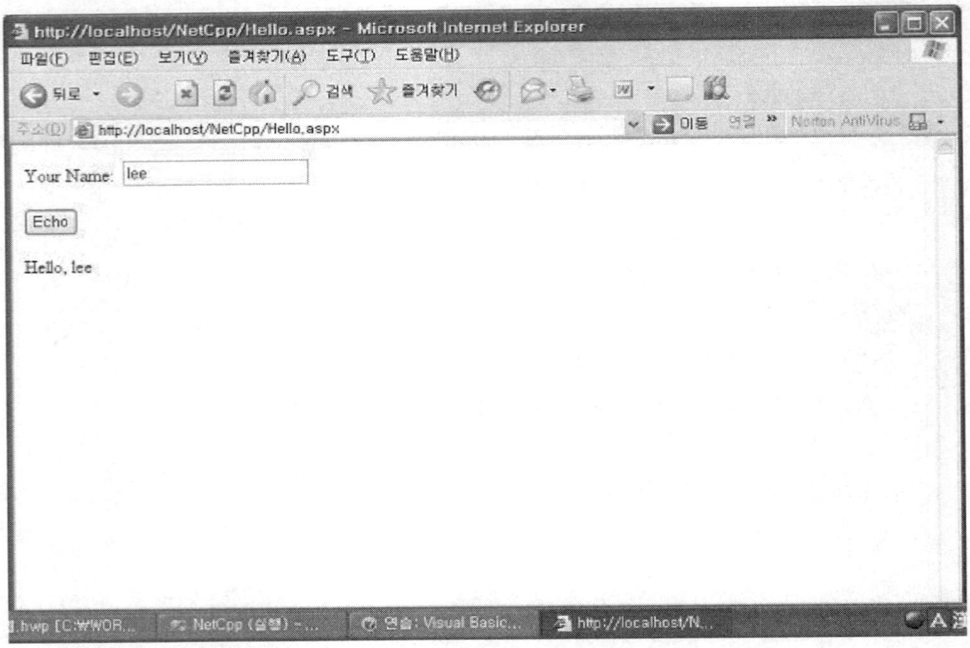

4. 익스프로러에서 URL http://localhost/NetCpp/Hello.aspx를 입력하여 실행해도 된다.

Chapter 21

ATL 웹 서버 사이트와 웹 서비스

웹 응용과 서비스를 작성하는 몇가지 방법 중 Visual C++에 의해 지원되는 방법은 ATL 서버이다. ASP.NET은 몇가지 언어에서 지원되는 기술을 이용하여 단순하고 쉽게 사용할 수 있지만 ATL 서버를 사용하면 ASP.NET에서 제공되는 것보다 높은 성능을 가지는 웹 응용을 개발 할 수 있다.

비록 ATL 서버를 이용하면 ISAPI (Internet Services API)라는 종전의 C++ 기반의 웹 기술보다 훨씬 간단하게 구현 할 수 있지만 ASP.NET보다 상당한 기술을 요한다. ATL 서버 기술이 구현하기 어렵기 때문에 웹 개발의 대부분을 ASP.NET에 의존하지만 상당한 성능을 필요로 하는 분야에서는 ATL을 사용한다. 이는 ISAPI의 장점이며 ATL 서버는 이를 계승하고 있다.

ATL은 종전의 C++ 템플렛 클래스 라이브러리를 제공한다. C++ 템플릿의 장점중 하나는 컴파일러에 제공되는 파라메터에 입각하여 새로운 클래스를 정의할 수 있다는 것이다. 결과 새로운 클래스를 가지는 확장된 클래스 라이브러리를 제공한다는 것이다.

ATL 서버 응용은 HTTP 요청을 IIS를 경유하여 정보를 수신하는 ISAPI Extension DLL에 대한 출발 코드와 실질적인 기능을 수행하는 웹 응용 DLL을 가지고 있다.

ISAPI Extension과 웹 응용 DLL은 HTML과 스크립트 태그 등을 포함하는 SRF 파일 (Service Request File)과 협력한다. 각 SRF 파일은 두 개의 중괄호내에 나타난 내용을 대치함으로써 클라이언트에 대한 웹 페이지를 생성하는 템플릿을 제공한다. 각각의 중괄호는

웹 응용 DLL에서 수행되는 함수를 명시하는 이름이 주어진다. 이러한 각 DLL 함수는 클라이언트에 되돌려질 응답을 생성하기 위해 이중 따옴표 태그를 대신하는 HTML의 문자열을 대신한다.

일반적으로 웹 응용 DLL 부분에 코드를 추가함으로써 ATL 서버 응용을 개발한다. 그러나 소스코드를 가져야하기 때문에 ISAPI Extension DLL 부분을 변경시키는 것도 가능하다.

ATL 서버는 ISAPI에 입각

ATL 서버를 이해하기 위해 ISAPI에 대한 기본적인 지식을 가지고 있는 것이 중요하다.

ISAPI는 IIS로 입출력되는 HTTP 요청을 필터링하거나 클라이언트로 반환되는 HTML 응답을 생성하기 위해 사용된다. ISAPI 필터와 확장은 정상적인 IIS 행위의 변경 혹은 확장을 위해 사용된다. ISAPI 필터는 데이터 암호화, 성능 모니터링, 승인과 같은 일을 하기에 적합하다. ISAPI 확장은 HTML을 생성하거나 혹은 데이터베이스 레코드와 같은 비 HTML 데이터를 HTML 형식으로 변경시키기 위해 적합하다. 예로, ISAPI 확장은 데이터베이스에 질의하거나 혹은 결과를 형식화된 HTML 페이지에 두도록 한다.

ATL 서버 응용 구조

종전의 ISAPI 확장 DLL처럼 GetExtensionVersion, HttpExtensionProc 그리고 TerminateExtension과 같이 ATL에 입각한 ISAPI 확장 DLL export 함수가 있다. 또한 각 HTTP 요청에 대해 IIS에 의해 제공되는 EXTENSION_CONTROL_BLOCK 구조체가 있다. 이 구조체는 HttpExtensionProc에 파라메터로 전달된다. 이 구조체는 HTTP 헤더 정보에 접근할 수 있도록 해줄 뿐 아니라 HTTP 클라이언트와 통신하기 위한 데이터 스트림에 접근할 수 있도록 해준다.

HttpExtensionProc 함수는 ISAPI 확장에 대한 주된 진입점이며 ISAPI 확장을 위해 의도된 HTTP 요청을 처리하기 위해 필요한 경우 IIS에 의해 자동적으로 호출되며 클라이언트 데이터를 읽고 이에 적절히 응답하기 위해 EXTENSION_CONTROL_BLOCK에 의해 제공되는 callback 함수를 사용한다. 그림 1은 ATL 서버 웹 응용에서 ISAPI가 어떻게 사용되는지를 보여 주고 있다.

그림 1에서 하나의 ISAPI 확장 DLL을 볼 수 있다. 이는 IIS 가상 디렉토리당 하나의 ISAPI 확장 DLL만을 가질 수 있기 때문이다. 하나의 가상 디렉토리내에서 복수개의 웹 응용 DLL과 복수개의 .SRF 파일을 가질 수 있음을 보여준다.

ISAPI 확장 DLL에서 코드를 커스텀화하는 것이 가능하지만 요청을 처리하는 것은 DLL은 웹 응용 DLL이다.

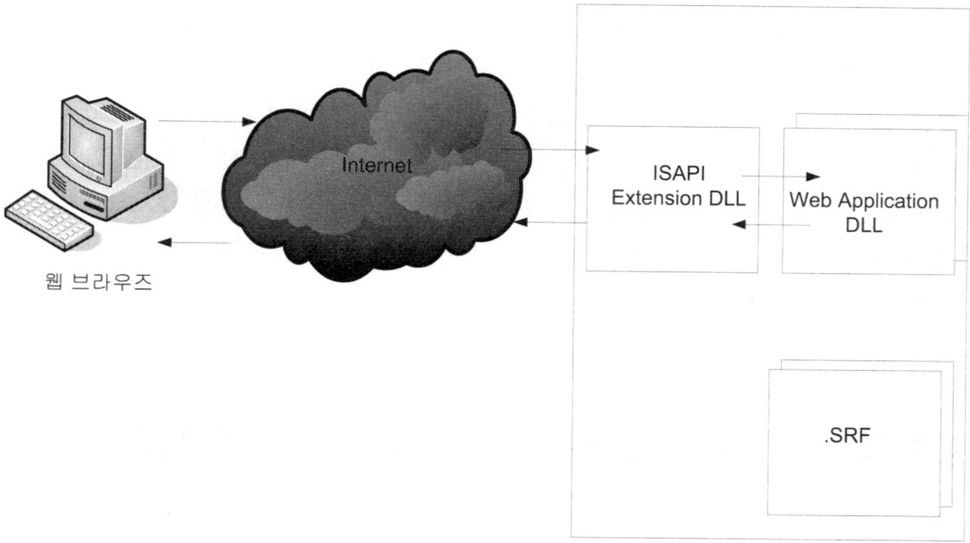

그림 1 ATL Server 응용 구조

21.1 ATL 서버 프로젝트

1. 새 프로젝트에서 Visual C++의 ATL을 선택하고 템플릿은 ATL 서버 프로젝트를 선택하고 프로젝트의 이름을 ATLServer라 하고 개발자 지원 옵션 페이지에서 속성 코드 부분에 체크 표시를 한다.

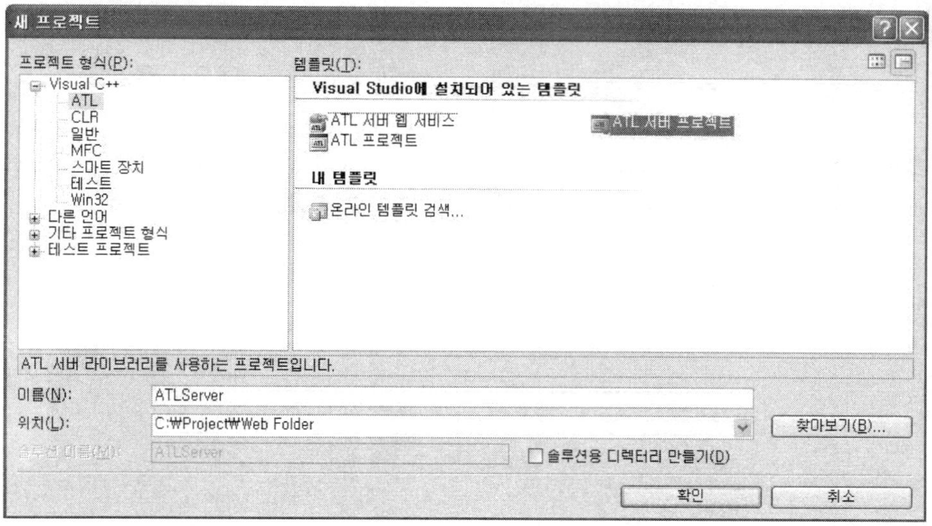

2. 프로젝트 설정 페이지에서는 생성된 프로젝트의 위치와 이름을 변경시킬 수 있다. 또한 응용에서 웹 응용 DLL의 생성 여부를 선택할 수 있다. 웹 응용 DLL은 HTTP 요청 처리를 수행한다. 또한 이 페이지는 ISAPI 확장 DLL의 생성 여부를 선택하도록 한다. 이 DLL은 HTTP 요청을 웹 응용 DLL에 있는 요청 처리기에 전달하는 코드를 포함하고 있다. 두 프로젝트를 하나의 DLL로 결합시킬 것인지의 여부를 결정할 수 있다. 마지막으로 만들 프로젝트가 빌드 동작의 일부로 웹 서버에 설치될 수 있도록 자동적인 배포 지 선택할 수 있도록 한다. 자동적인 배포 지원을 선택하면 이 프로젝트가 설치되어야 하는 가상 디렉토리를 명시할 수 있다.

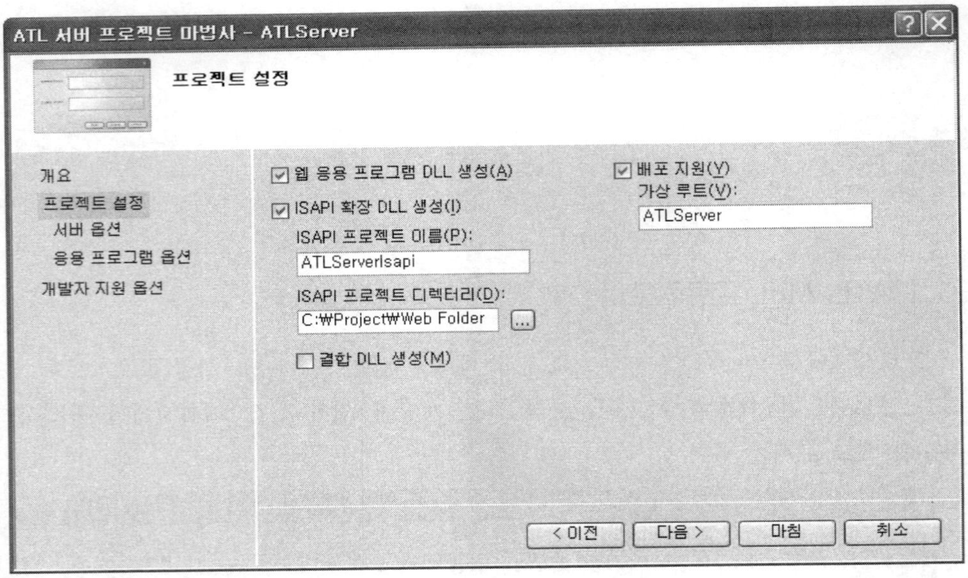

3. 다음 그림은 서버 옵션 페이지이다. 이 페이지는 ISAPI 확장 DLL에 캐쉬, 성능 계수기, 세션 상태 지원과 같은 몇 가지 기능을 추가하도록 하고 있다.

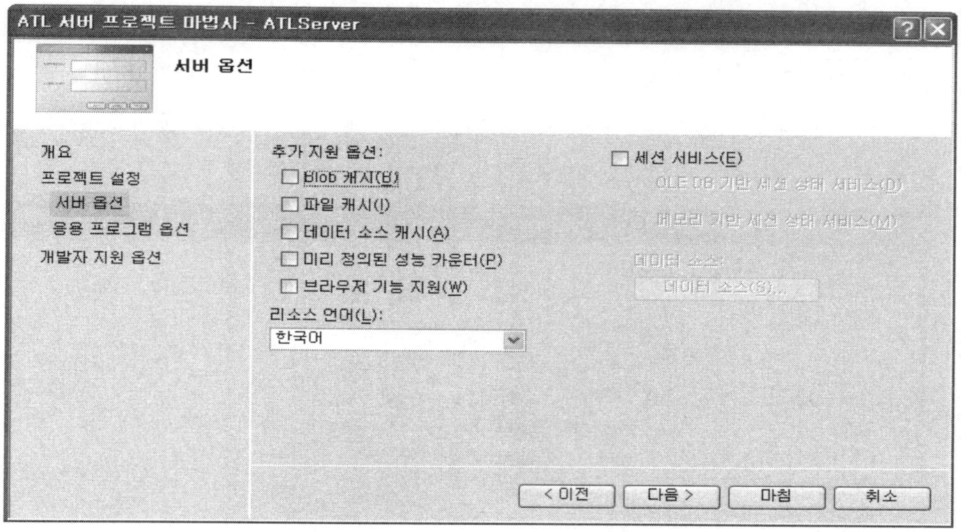

4. 다음 그림은 응용 옵션 페이지를 나타내고 있다. 이 페이지에서 웹 응용 DLL에 질의 파라메터와 폼 변수의 유효성, 스텐실 태그 처리와 같은 기능을 추가할 수 있다. 코드 페이지는 실행 시간이 오래 걸리지만 다국어를 지원하는 유니코드를 사용하였다.

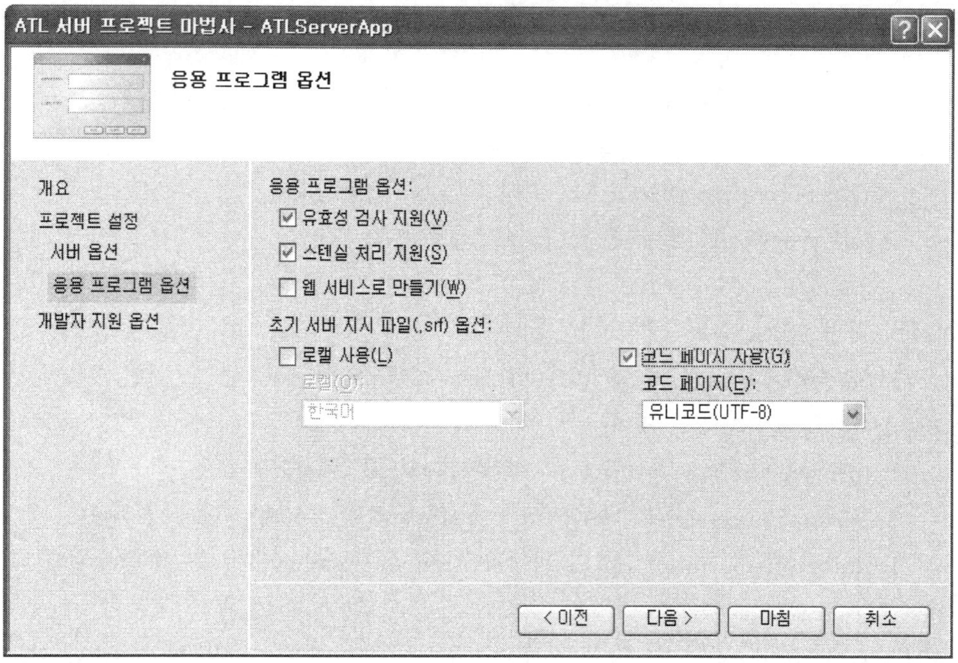

5. 개발자 자원 옵션 페이지에서는 TODO 주석 사용과 속성과 사용자 정의 assert 그리고 추적 처리 지원을 사용할 수 있도록 해준다. 특성 사용 코드에 체크 표시를 한다.

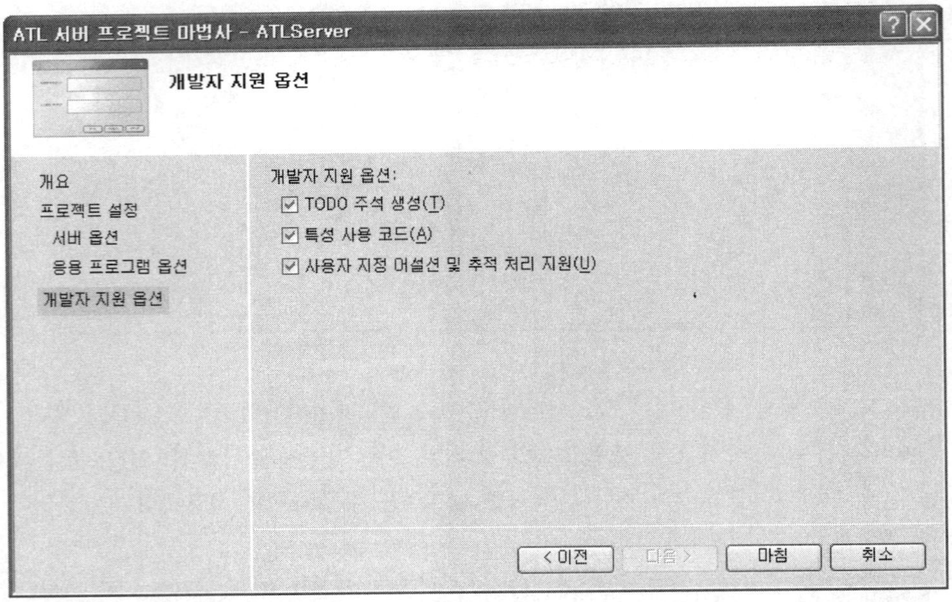

모든 디폴트 옵션을 선택한 후 마침 버튼을 눌러 생성된 코드를 살펴보면 Web 응용 DLL 과 ISAPI 확장 DLL 두 개의 프로젝트가 존재함을 알 수 있다.

즉, ATLServerAppIsapi는 ISAPI 확장 DLL 프로젝트이고,

ATLServerApp는 웹 응용 DLL 프로젝트이다.

ISAPI 확장 DLL

ATLServerAppIsapi 노드를 열고 ATLServerAppIsapi.def 파일을 열면 다음의 3 함수를 export 함을 볼 수 있을 것이다.

- HttpExtensionProc 은 ISAPI에 대한 HTTP 요청에 대해 호출된다.
- GetExtensionVersion은 ISAPI 확장이 IIS에 의해 로드되었을 때 호출된다.
- TerminateExtension은 ISAPI 확장이 IIS에 의해 unload되었을 때 호출된다.

ATLServerAppIsapi.cpp는 각각의 export 함수에 대한 수행을 제공한다. 각 함수는 세부

적인 사항을 처리하기 위해 theExtension 객체를 사용한다. theExtension 객체는 CIsapiExtension 템플릿을 정의하는 ExtensionType 형이다.

HttpExtensionProc 함수의 파라메터로 전달되는 EXTENSION_CONTROL_BLOCK 구조체는 몇 가지 주요한 멤버를 전달한다. 비록 ATLServerAppIsapi 프로젝트가 있지만 사용자 정의 필터링 기능을 수행하기 위해 HTTP 요청에 대해 이 정보를 사용한다. 다음은 이 구조체의 주요 멤버를 나타내고 있다.

```
typedef struct  _EXTENSION_CONTROL_BLOCK
{
     ...
    HCONN   ConnID; HTTP 서버로부터 전송되는 유일한 수
    DWORD   dwHttpStatusCode; 상태의 완료
    ..
    LPSTR   lpszMethod; 요청된 메소드
    LPSTR   lpszQueryString; 쿼리 정보
    ..
    LPBYTE  lpbData; 클라이언트에 의해 전송되어진 데이터
    LPSTR   lpszContentType; 데이터의 컨텐츠 형
    ...
    BOOL (WINAPI* WriteClient) //클라이언트에 대한 응답 작성
  ( HCONN ConnID, LPVOID Buffer, LPWORD lpdwBytes, DWORD
dwReserved);
    BOOL (WINAPI *ReadClient) //HTTP 요청으로 부터의 읽기
    (HCONN ConnID, LPVOID lpvBuffer, LPWORD lpdwSize);
    ...
  } EXTENSION_CONTROL_BLOCK, *LPEXTENSION_CONTROL_BLOCK;
```

웹 응용 DLL

웹 응용 DLL 폴더에 있는 ATLServerAPP.h 파일을 열면 CATLServerAppHandler라는 이름의 클래스 정의를 볼 수 있다. request_handler 속성은 클래스가 Default 라는 이름의 ATL 서버 요청 핸들러로 노출될 것임을 명시하고 있다. 이 클래스에서 OnHello 라는 이름의 메소드는 Hello 라는 이름을 명시하는 tag_name 속성을 제공하고 있다. 이러한 속성이 실질적인 클라이언트 요청에 어떻게 관계되는 지를 살펴볼 것이다. 스트림 삽입 연산자를 이용하여 m_HttpResponse 데이터 멤버를 통해 클라이언트로 HTML 데이터가 얼마나 쉽게 되돌려지는 지를 알 수 있다.

```
......
   protected:
        [tag_name(name = "Hello")]
        HTTP_CODE OnHello(void)
        {
          m_HttpResponse << "Hello World!";
          return HTTP_SUCCESS;
        }
```

웹 응용 DLL은 .srf 파일과 함께 동작한다. .srf 파일은 이중 중괄호에 놓일 다양한 데이터 태그를 포함하는 HTML 파일이다. 이러한 태그는 요청이 처리될때 ATL 스텐실 프로세스에 의해 대치될 수 있는 placeholder이다. 각 placeholder는 웹 응용 DLL에서 수행될 클래스의 메소드로 채워진다. .srf 파일에서 placehoder 태그에 대한 대용으로 사용되는 HTML을 생성한다.

ATLServerApp 프로젝트 노드에서 ATLServerApp.srf을 열면 텍스트와 다음에 소개하는 대용 태그가 있다. 이 .srf 파일을 ATLServerApp.h 파일과 비교한다. CATLServerApp Handler 클래스는 request_handler 속성을 "Default"로 표시하며 이는 Default를 포함하는 아래의 handler tag에 대응한다. 이 태그는 웹 응용 DLL의 이름을 ATLServerApp.dll로 명

시하고 있다. 동일한 가상 디렉토리에 이러한 웹 응용 DLL이 많이 있을 수 있기 때문에 이 이름은 매우 중요한 의미를 가진다. 이 .srf 파일은 태그 대치를 수행하기 위해 CATLServerAppHandler 클래스를 사용한다.

또한 위의 코드에서 tag_name 속성은 "Hello"라는 이름을 명시하고 있다. 이는 아래의 .srf 파일에 있는 Hello라는 단어를 포함하는 태그에 해당한다. 이는 위에서 사용된 OnHello 메소드의 m_HttpResponse 에 적힌 텍스트로 대치된다. 처음 생성된 코드는 "Default"와 "Hello"를 사용한다. 기능을 추가하는 경우 요청 처리자와 태그 이름 속성자에 대해 의미있는 이름을 제공한다.

```
{{handler  ATLServerApp.dll/Default}}
 This is a test:{{Hello}}
```

21.2 ATL 서버 프로젝트의 실행

빌드 과정동안 출력 창은 배포되어지는 ATLServerApp 프로젝트를 보여 주며 ATLServerApp.srf, ATLServerApp.dll, ATLServerAppIsapi.dll 파일이 \inetpub\wwwroot\ATLServerApp 디렉토리로 복사된다. 다음 그림은 이를 실행 시킨 후 IIS에서의 변경된 그림을 보여 주고 있다.

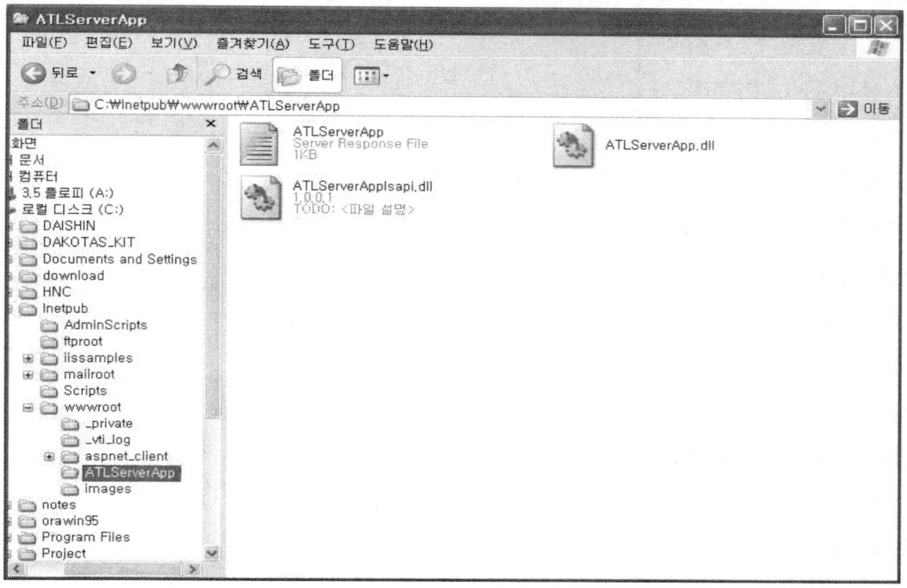

구조체 멤버	값
lpszMethod	"GET"
lpszQueryString	""
lpszPathInfo	"/ATLServerApp/ATLServerApp.srf"
pbData	0

표1. EXTENSION_CONTROL_BLOCK 구조체

실행 결과는 Visual Studio.NET에서 응용 프로그램을 구동시키거나 혹은 컴파일이 끝난 후 웹 브라우즈의 URL 창에서 http://localhost/ATLServerAPP/ATLServerApp.srf를 입력 한 후 사용할 수 있다.

표 1에 있는 구조체를 포함하는 EXTENSION_CONTROL_BLOCK 파라메터를 이용하여 ATLServerAPPIsapi.dll에 있는 HttpExtensionProc 함수가 가장 먼저 호출되며 이러한 구조체의 값은 URL에서 명시된 값을 이용한다.

다음으로 컨텐츠의 형인 text/html을 HTTP 응답에 전송하는 ValidateAndExchange 함수가 호출된다. 이 함수는 요청을 처리하기 전 초기화와 입력된 값의 정당화 비교에 사용된다.

마지막으로 Web 응용 DLL에 있는 CATLServerAppHandler 클래스의 OnHello 메소드가 호출된다. 이는 HTTP 응답에 "Hello World"라는 문자열을 전송한다. 결과적인 데이터는 HTML로 전송되며 브라우즈를 통해 응답이 출력된다.

```
ATLServerApp.srf
<html>
{{handler ATLServerApp.dll/Default}}
<head>
{{codepage utf-8}}
<meta http-equiv="Content-Type" content="text/html; charset=utf-8">
</head>
<body>
This is a test: {{Hello}}<br>
</body>
</html>
```

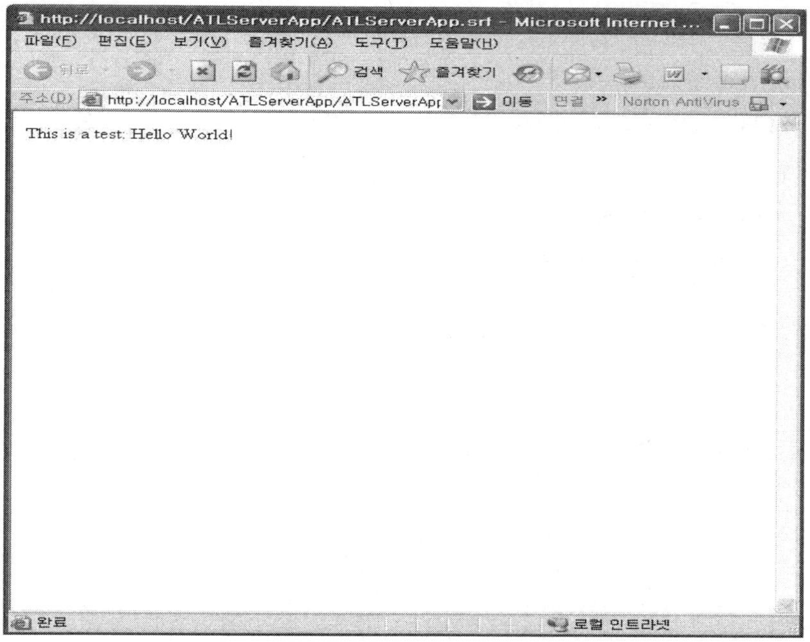

.srf 파일은 ATLServerApp.dll에 있는 Default 핸들러 메소드를 명시하고 있으며 웹 응용 DLL에 의해 대치될 Hello 라는 태그를 명시하고 있다.

```
{{handler ATLServerApp.dll/Default}}
 This is a test: {{Hello}}<br>
```

명시된 DLL 소스 코드에서 Default 핸들러 속성은 CATLServerAppHandler 클래스에 적용되며 이 클래스는 태그 Hello에 해당하는 tag_name 속성을 가지는 OnHello 메소드를 포함한다. 이는 IIS가 특정한 .srf 파일로부터 요청을 받으면 명시된 클래스에 있는 OnHello 메소드를 호출하여 태그 대치물로 클라이언트에게 전송될 문자열을 제공한다.

```
[request_handler("Default")]
calss CATLServerAppHandler
```

```
{
 ......
  [tag_name(name="Hello")]
   HTTP_CODE OnHello(void)
    {
      m_HttpResponse << "Hello World!";
       return HTTP_SUCCESS;
   }
```

21.3 다른 핸들러 추가

- 시간 출력

ATL Server Wizard에서 생성된 요청 처리자는 단지 요청 처리자를 어떻게 작성하는 지를 보여 준다. 추가적인 기능을 추가하는 예를 살펴본다. ATLServerApp.h에 다음과 같은 코드를 추가한다.

```
 ......
 [ request_handler("Another") ]
class CAnotherATLServerAppHandler
{
 public:
        HTTP_CODE ValidateAndExchange()
   {
          m_HttpResponse.SetContentType("text/html");
             return HTTP_SUCCESS;
   }
  protected:
          [ tag_name(name="Time") ]
          HTTP_CODE GetTheCurrentTime(void)
   {
```

```
            SYSTEMTIME systemTime;
                GetLocalTime(&systemTime);
            m_HttpResponse << systemTime.wHour<<":"<<systemTime.wMinute;
            return HTTP_SUCCESS;
        }
};
```

다음으로 Visual Studio의 프로젝트 메뉴에서 새 항목 추가 메뉴를 선택하면 출력되는 대화상자에서 범주에서는 웹을 선택하고 템플릿에서는 HTML을 선택한 후 파일명을 Another라고 입력한다. 솔루션 탐색기를 이용하면 Another.html이 추가됨을 알 수 있다. Another.html을 선택 한 후 오른쪽 마우스 버튼을 누르면 선택되는 메뉴에서 이름 바꾸기를 선택하여 Another.srf로 변경한 후 다음과 같은 코드를 추가한다.

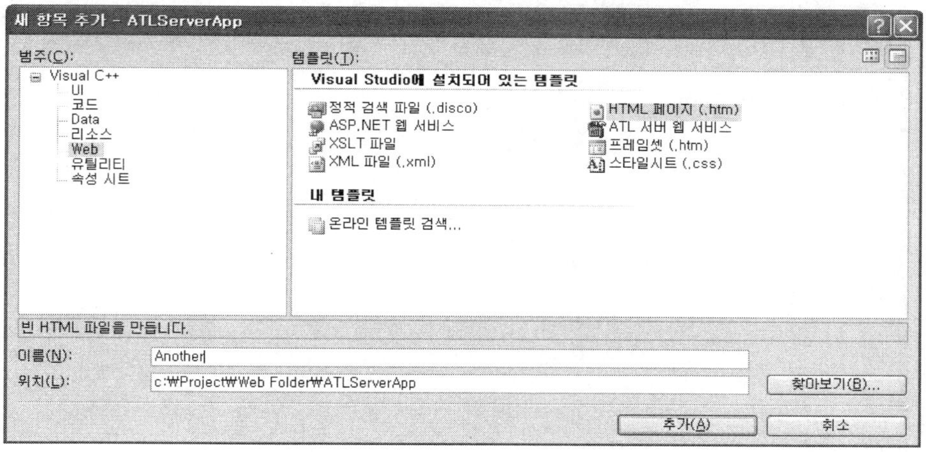

Another.srf

```
<html>
{{handler ATLServerApp.dll/Another}}
<head>
{{codepage utf-8}}
```

```
<meta http-equiv="Content-Type" content="text/html; charset=utf-8">
</head>
<body>
{{Time}} is Current time;
</body>
</html>
```

프로그램을 실행시키면 초기화면은 앞의 예에서 출력된 화면과 동일한 화면이 출력된다. 주소란의 URL http://localhost/ATLServerApp/ATLServerApp.srf을 http://localhost/ATLServerApp/Another.srf로 변경시킨 후 얻고자하는 화면 출력은 다음과 같다.

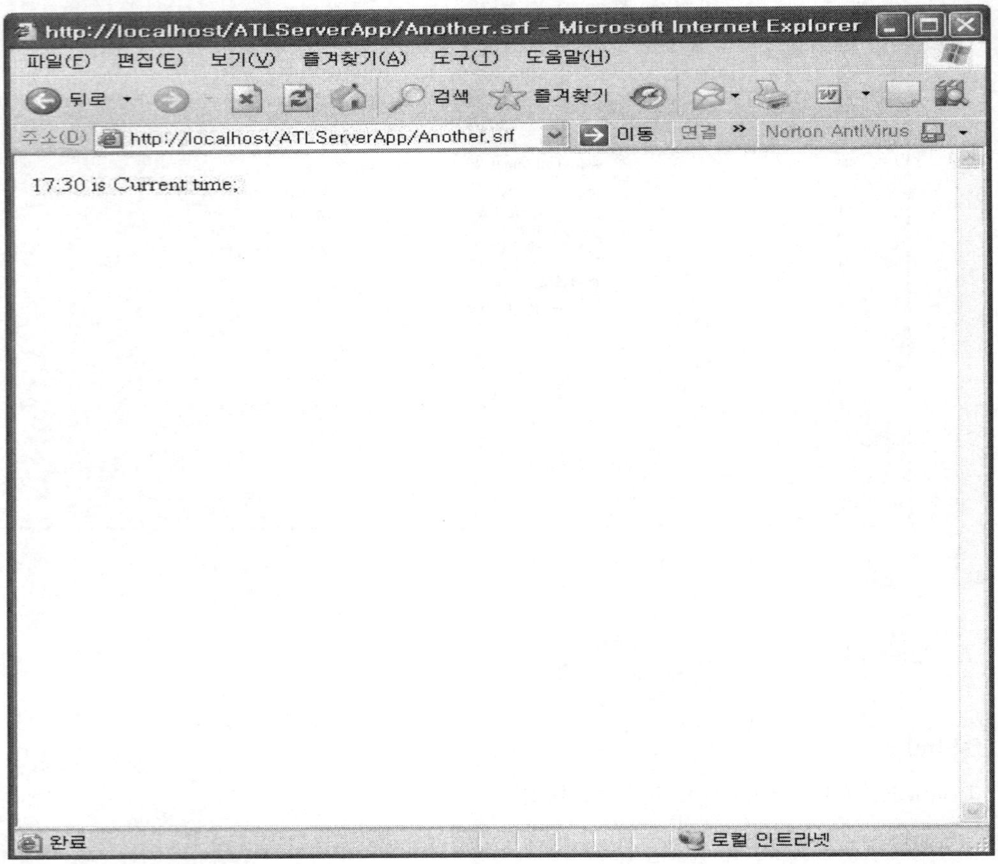

- if-else-endif 처리기 추가

if-else-endif.srf 파일은 if-else-endif 제어 구문을 포함하고 있다. 이와 관련된 처리기를 웹 응용 DLL에 추가한다. 만약 요청 시간의 초 단위가 짝수이면 HTTP_SYCCESS값이 반환되며 홀수인 경우 HTTP_S_FALSE 값이 반환된다. HTTP_S_FALSE에 있는 S는 실질적인 에러라기 보다는 반환에 성공한 코드임을 시사한다. 결과는 50%이다.

이는 클라이언트가 여러 차례 요청을 한 경우라도 결과는 50%임을 의미한다. ShouldThisBeDone 메소드는 클라이언트로 아무런 데이터를 전송하지 않는다. 이 예의 목적은 .srf 파일에 if, else, 그리고 elseif 태그내의 태그와 문자열에 대한 표현문을 제어하는 것이다. 앞의 예와 같은 방법으로 ATLServerApp.h에 다음과 같은 코드를 추가한다.

```
......
[ request_handler("if_else_endif") ]
class C_if_else_endif_ATLServerAppHandler
{
  public:
        HTTP_CODE ValidateAndExchange()
    {
          m_HttpResponse.SetContentType("text/html");
             return HTTP_SUCCESS;
    }
  protected:
          [ tag_name(name="ShouldThisBeDone") ]
          HTTP_CODE ShouldThisBeDone(void)
    {
            SYSTEMTIME systemTime;
                GetLocalTime(&systemTime);
                if(systemTime.wSecond % 2)
                    return HTTP_SUCCESS;
            else
            return HTTP_S_FALSE;
```

```
        }
};
```

HTTP_SUCCESS와 HTTP_S_FALSE은 실질적으로 TRUE와 FALSE를 나타내며 if_else_endif.srf를 이용하여 서버에 요청한 경우 결과는 성공과 실패가 동일한 확률로 출력된다.

다음으로 Visual Studio의 프로젝트 메뉴에서 새 항목 추가 메뉴를 선택하면 출력되는 대화상자에서 범주에서는 웹을 선택하고 템플릿에서는 HTML을 선택한 후 파일명을 if_else_endif라고 입력한다. 솔루션 탐색기를 이용하면 if_else_endif.html이 추가됨을 알 수 있다. if_else_endif.html을 선택 한 후 오른쪽 마우스 버튼을 누르면 선택되는 메뉴에서 이름 바꾸기를 선택하여 if_else_endif.srf로 변경한 후 다음과 같은 코드를 추가한다.

```
if_else_endif.srf
<html>
{{handler ATLServerApp.dll/if_else_endif}}
<head>
{{codepage utf-8}}
<meta http-equiv="Content-Type" content="text/html; charset=utf-8">
</head>
<body>
{{if ShouldThisBeDone}}
Here is text that is displayed if ShouldThisBeDone
{{else}}
Here is text that is displayed if *not* ShouldThisBeDone
{{endif}}
</body>
</html>
```

프로그램을 실행시키면 초기화면은 앞의 예에서 출력된 화면과 동일한 화면이 출력된다.

주소란의 URL http://localhost/ATLServerApp/ATLServerApp.srf을 http://localhost/ATLServerApp/if_else_endif.srf로 변경시킨 후 얻고자하는 화면 출력은 다음과 같다.

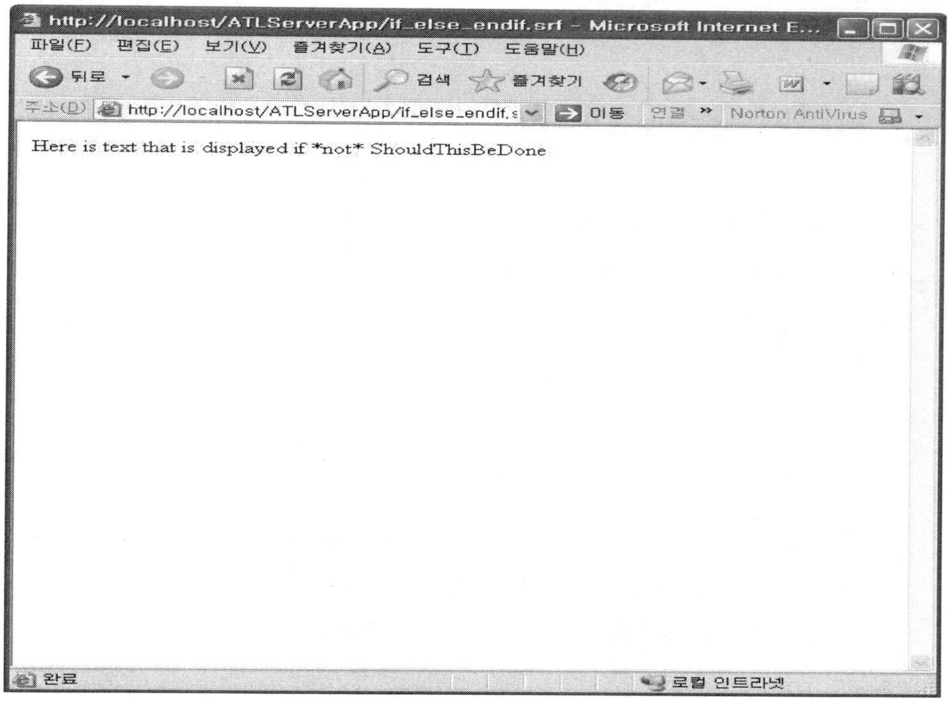

- while-endwhile 처리자

다음 예는 while-endwhile.srf 파일에 해당하는 while-endwhile 루프를 지원하는 예이다. int 형의 count는 루프가 반복된 수를 알수 잇도록 하기 위해 추가되어 있다. 이 값은 처리기 클래스 구성자에서 0으로 초기화되어 있으며 ShouldThisBeDoneAgain 함수를 호출할 때 마다 증가하게 되어 있다. 이러한 반복은 count <= 10이 더 이상 참이 아닐때 까지 계속된다. C++ 코드에서는 실질적으로 while 루프가 존재하지 않는다. 따라서 while 루프는 대응하는 .srf 파일에 존재한다. 처리자를 가진 클래스는 GetNextNumber와 GetNextNumberSquared 라는 두 개의 태그 대치 메소드를 제공한다. 이러한 메소드는 .srf 파일에 있는 두 개의 태그에 대응하는 함수이다. 앞의 예와 같은 방법으로 ATLServerApp.h에 다음과 같은 코드를 추가한다.

```
......
[ request_handler("while_endwhile") ]
```

```
class C_while_endwhile_ATLServerAppHandler
{
  public:
        HTTP_CODE ValidateAndExchange()
    {
          m_HttpResponse.SetContentType("text/html");
             return HTTP_SUCCESS;
    }
   protected:
          int count;
           C_while_endwhile_ATLServerAppHandler():count(0)
           {
           }
          [ tag_name(name="ShouldThisBeDoneAgain") ]
          HTTP_CODE ShouldThisBeDoneAgain(void)
    {
             count++;
                if(count <= 10)
                   return HTTP_SUCCESS;
             else
             return HTTP_S_FALSE;
        }
         [ tag_name(name="GetNextNumber") ]
          HTTP_CODE GetNextNumber(void)
    {
          m_HttpResponse
              << "The square of " << count << "is";

             return HTTP_SUCCESS;
          }
```

```
        [ tag_name(name="GetNextNumberSquared") ]
         HTTP_CODE GetNextNumberSquared(void)
    {
         m_HttpResponse
             << "The square of " << count*count;

             return HTTP_SUCCESS;
         }
    };
```

다음으로 Visual Studio의 프로젝트 메뉴에서 새 항목 추가 메뉴를 선택하면 출력되는 대화상자에서 범주에서는 웹을 선택하고 템플릿에서는 HTML을 선택한 후 파일명을 while_endwhile라고 입력한다. 솔루션 탐색기를 이용하면 if_else_endif.html이 추가됨을 알 수 있다. while_endwhile.html을 선택 한 후 오른쪽 마우스 버튼을 누르면 선택되는 메뉴에서 이름 바꾸기를 선택하여 while_endwhile.srf로 변경한 후 다음과 같은 코드를 추가한다.

```
while_endwhile.srf
<html>
{{handler ATLServerApp.dll/while_endwhile}}
<head>
{{codepage utf-8}}
<meta http-equiv="Content-Type" content="text/html; charset=utf-8">
</head>
<body>
<table>
{{while ShouldThisBeDoneAgain}}
 <tr>
     <td>{{GetNextNumber}}</td>
      <td>{{GetNextNumberSquared}}</td>
```

```
{{endwhile}}
</table>
</body>
</html>
```

프로그램을 실행시키면 초기화면은 앞의 예에서 출력된 화면과 동일한 화면이 출력된다. 주소란의 URL http://localhost/ATLServerApp/ATLServerApp.srf을 http://localhost/ATLServerApp/while_endwhile.srf로 변경시킨 후 얻고자하는 화면 출력은 다음과 같다.

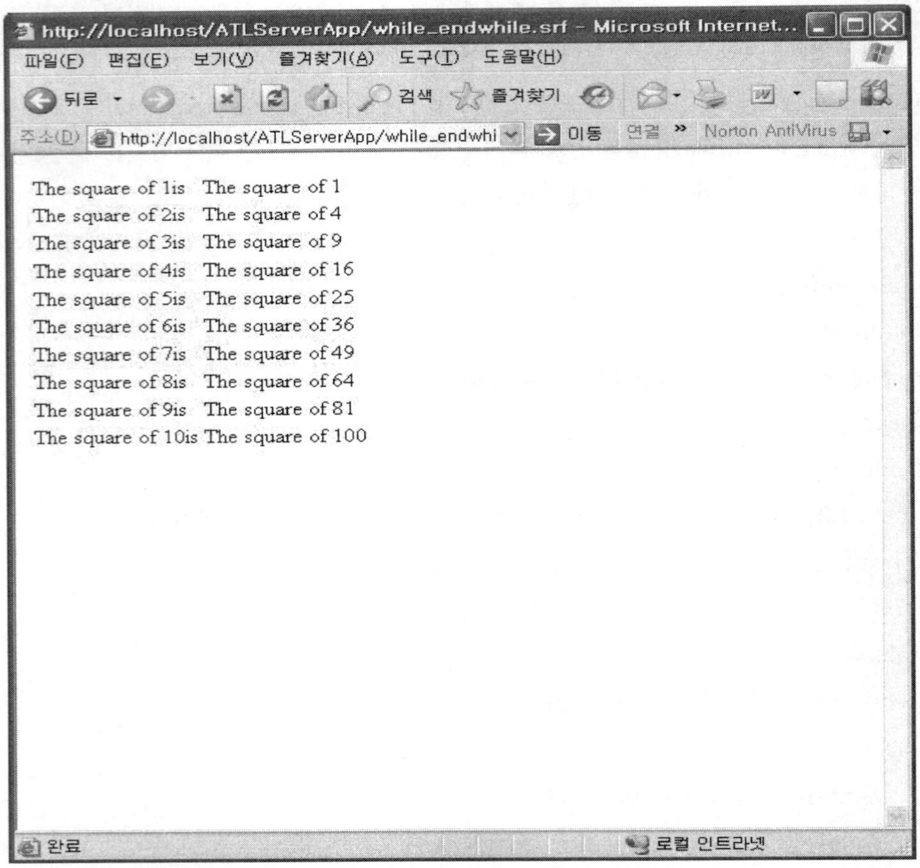

- 서버 처리자에 파라메터 전달 방법

pass_parameter.srf는 웹 응용 용청 처리자 대치 메소드에 파라메터를 전달하는 방법을 보여 주고 있다. 요청 처리 클래스에 의해 사용되는 해석 함수는 .srf 파일에서는 string 형의 데이터를 요청 처리 함수가 예상하는 데이터 형으로 변경시키기 위해 사용된다. 요청 처리 함수의 원형은 다음과 같은 형이 되어야 한다.

```
HTTP_CODE parseFunction(
    IAlMemMgr* pMemoryManger,
    LPCSTR        szArgmentData,
    parameterType** ppArgument);
```

변환된 데이터가 저장되어야 하는 메모리는 pMemoryManger -> Allocate를 이용하여 할당된다. ATL Server 프레임 워크가 적당한 시간에 메모리를 자동적으로 할당하여 주기 때문에 이 메모리를 명시하지 않아도 된다. string 형의 원형 데이터는 szArgmentData에서 얻을 수 있다. 요청 처리자 메소드로 전달될 변경된 파라메터는 ppArgument를 통해 저장된다. 이 파라메터를 위해 사용될 데이터 형은 다음과 같으며 구조체를 이용하여 데이터 형을 정의할 수 있다.

- bool
- char
- unsigned char
- short
- unsigned char
- int
- unsigned int
- __int64
- unsigned __int64
- double
- float

요청 처리 클래스에 있는 대응하는 메소드는 다음과 같은 원형을 가진다.

```
HTTP_CODE   replacementMethod(parameterType* pArgument);
```

pArgument 파라메터는 대응하는 함수에서 사용된 것과 동일한 형의 데이터를 지정하여야 한다.

대치 함수와 이에 대응하는 구문 해석 함수는 두가지 기술을 이용하여 관계된다. 첫 번째 기술은 만약 파라메터 형이 tag_name 속성에서 지원하는 형 중 하나이면 구문 해석 함수의 이름은 생략될 수 있기 때문에 구문 해석 함수는 형에 의해 자동적으로 대치 함수와 관계된다.

두 번째 기술은 관련시키고자 하는 구문 해석함수의 이름을 tag_name 속성의 parse_func 파라메터에 명시하는 것이다. 이 기술은 구조체를 가진 파라메터를 정의하든지 동일한 파라메터를 가지는 2개 이상의 함수가 존재하는 경우에 사용된다.

다음 예는 위에서 언급한 두가지 기술 중 첫 번째 방법을 이용하여 pass_parameter.srf 파일로부터 파라메터를 전달하는 방법에 대해 살펴본다. 이 예에서 파라메터를 전달하기 위해 string을 원하는 형으로 변경시키고 변경된 파라메터를 수신하고 태그 대치물을 처리하는 대치 함수가 필요하다.

앞의 예와 같은 방법으로 ATLServerApp.h에 다음과 같은 코드를 추가한다.

```
......
[ request_handler("pass_parameter") ]
class C_paramter_passing_ATLServerAppHandler
{
public:
        HTTP_CODE ValidateAndExchange()
    {
            m_HttpResponse.SetContentType("text/html");
              return HTTP_SUCCESS;
    }
protected:
      // string 형을 int 형으로 변경시키는 구문 해석 함수
    HTTP_CODE parseFunction(
            IAtlMemMgr*   pMemoryManager,
```

```
        LPCSTR          szArgumentData,
        int**            ppArgument)
    {
      //전달될 인자에 대한 메모리 할당
      int *pparam =
                (int *)pMemoryManager -> Allocate(sizeof(int));
       //대치 함수에 전달될 파라메터 값 설정
      *pparam = atoi(szArgumentData);
      //ppArgument를 통한 파라메터 값 복원
      ppArgument = &pparam;
     return HTTP_SUCCESS;
    }

     // int 형의 파라메터를 수신하는 대치 함수
       [ tag_name(name="SquareOfParameter") ]
       HTTP_CODE SquareOfParameter(int* pArgument)
  {
          m_HttpResponse
              << "Parameter was "
                 << *pArgument <<"<P>"
              << "Square of parameter is "
                 << *pArgument * *pArgument;
              return HTTP_SUCCESS;
     }
  };
```

다음으로 Visual Studio의 프로젝트 메뉴에서 새 항목 추가 메뉴를 선택하면 출력되는 대화상자에서 범주에서는 웹을 선택하고 템플릿에서는 HTML을 선택한 후 파일명을 pass_parameter라고 입력한다. 솔루션 탐색기를 이용하면 pass_parameter.html이 추가됨을 알 수 있다. pass_parameter.html을 선택 한 후 오른쪽 마우스 버튼을 누르면 선택되는 메뉴에서 이름 바꾸기를 선택하여 pass_parameter.srf로 변경한 후 다음과 같은 코드를 추가한다.

```
pass_parameter.srf
<html>
{{handler ATLServerApp.dll/pass_parameter}}
<head>
{{codepage utf-8}}
<meta http-equiv="Content-Type" content="text/html; charset=utf-8">
</head>
<body>

{{SquareOfParameter(10)}}

</body>
</html>
```

프로그램을 실행시키면 초기화면은 앞의 예에서 출력된 화면과 동일한 화면이 출력된다. 주소란의 URL http://localhost/ATLServerApp/ATLServerApp.srf을 http://localhost/ATLServerApp/pass_parameter.srf로 변경시킨 후 얻고자하는 화면 출력은 다음과 같다.

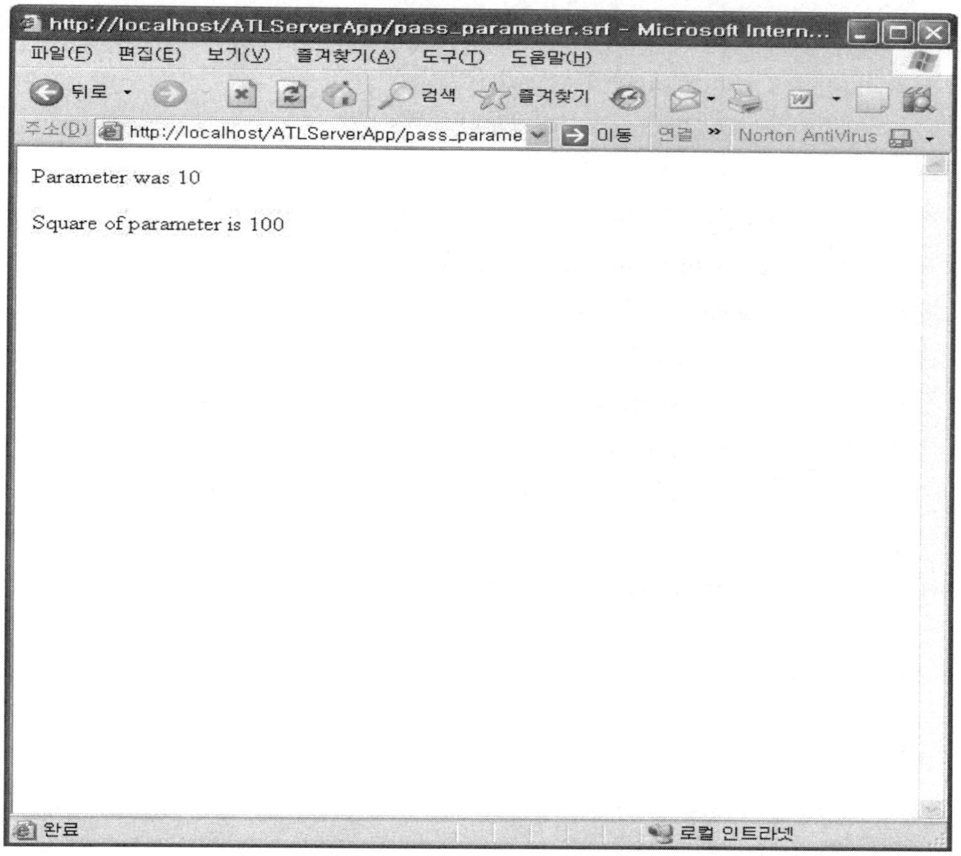

- 폼 처리

이 예에서 요청 처리 클래스를 C_process_post_AppHandler를 ATLServerApp.h에 추가한다. 이 클래스는 HTTP 요청 객체를 이용하여 폼 변수에 접근하는 ProcessPost라는 메소드를 가지고 있다. CHttpRequestParams::Exchange 함수는 폼으로부터 이름 값을 얻는다. 이 예에서 값의 이름은 txtName이다. 이의 동작을 살펴보기 위해 szName에 포함된 값을 클라이언트로 보낸다.

```
.....
[ request_handler("process_post") ]
 class C_process_post_AppHandler
{
```

```
protected:
        [ tag_name(name="ProcessPost") ]
        HTTP_CODE ProcessPost(void)
  {
           const CHttpRequestParams &request =
             m_HttpRequest.GetFormVars();
            CValidateContext valCtx;
            LPCSTR szName;
            request.Exchange("txtName",&szName, &valCtx);
           m_HttpResponse
              << "Welcome to ATL Server,"<<szName<<"<p>"

              return HTTP_SUCCESS;
      }
   };
```

앞에서 설명한 ProcessPost 메소드에 대한 접근을 제공하는 process_post.srf에 다음과 같은 코드를 추가한다.

```
process_post.srf
<html>
{{handler ATLServerApp.dll/process_post}}
<head>
{{codepage utf-8}}
<meta http-equiv="Content-Type" content="text/html; charset=utf-8">
</head>
<body>

{{ProcessPost}}
```

```
</body>
</html>
```

이 예에서는 브라우즈에서 process_post.srf 파일에 직접 접근하기 보다는 폼을 포함하는 HTML을 통해 이에 접근한다. 이 파일의 이름은 SimpleForm.htm이고 다음과 같은 코드를 가지고 있다. 이는 "txtName"이라는 값을 포함하는 요청을 보낸다.

```
SimpleForm.htm

<HTML>
<HEAD>

</HEAD>
<BODY>
    <form method= "post" action=
"http://localhost/ATLServerApp/process_post.srf">
            Enter your name:

<input name="txtName" type="text" size="30">
            <input name="cmdEcho" type="submit" value="Echo">
             </form>


</BODY>
</HTML>
```

디버그를 이용하여 ISAPI 확장 DLL내에서 어떤일이 발생하였는 지를 살펴볼 수 있다. ATLServerAppIsapi.dll에 있는 HttpExtensionProc 함수는 표 2에 있는 데이터를 포함하는 EXTENSION_CONTROL_BLOCK 파라메터를 수신한다. 이 멤버의 내용은 위에 나타난

SimpleForm.htm에 명시된 폼에서 기인된다.

이 예에서 SimpleForm.htm은 POST 메소드를 사용하고 데이터는 본체에 존재한다. FormVars 배열은 처리 클래스에서 이 데이터에 접근하기 위해 사용된다. 만약 SimpleForm.htm이 GET 메소드를 사용하는 것으로 변경되면 데이터는 질의문에 포함된다. 그러나, FormVars 배열은 폼 데이터에 접근하기 위해 동일한 방법을 사용할 수 있다. 표 3은 GET 메소드를 사용하기 위해 FORM을 변경시키는 경우 EXTENSION_CONTROL_BLOCK 파라메터에 있는 값을 보여 준다. 만약 이 프로젝트를 만드는 경우 Session 서비스 옵션을 선택하였다고 하면 생성된 프로젝트는 자동적으로 세션 상태를 관리한다. CSessionStateService 클래스는 CDBSession 과 CMemSession 클래스를 통해 세션 상태 변수에 접근한다. 이 두 클래스는 ISession 인터페이스를 수행하며 이는 세션 변수를 저장, 변경 그리고 그 수를 헤아린다.

구조체 멤버	값
lpszMethod	"POST"
lpszQueryString	""
lpszPathInfo	"/ATLServerApp/process__post.srf"
pbData	"txtName = Bob&cmdEcho = Echo"

표 2 POST 메소드에 대한 EXTENSION_CONTROL_BLOCK 구조체

구조체 멤버	값
lpszMethod	"GET"
lpszQueryString	"txtName = Bob&cmdEcho = Echo"
lpszPathInfo	"/ATLServerApp/process__post.srf"
pbData	""

표 3 GET 메소드에 대한 EXTENSION_CONTROL_BLOCK 구조체

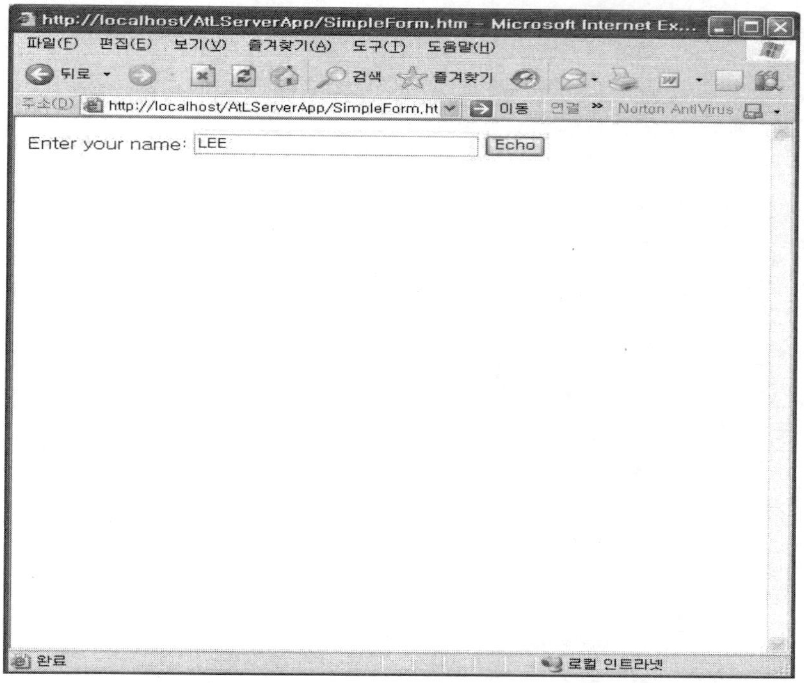
http://localhost/AtLServerApp/SimpleForm.htm - Microsoft Internet Ex...
Enter your name: LEE
Echo

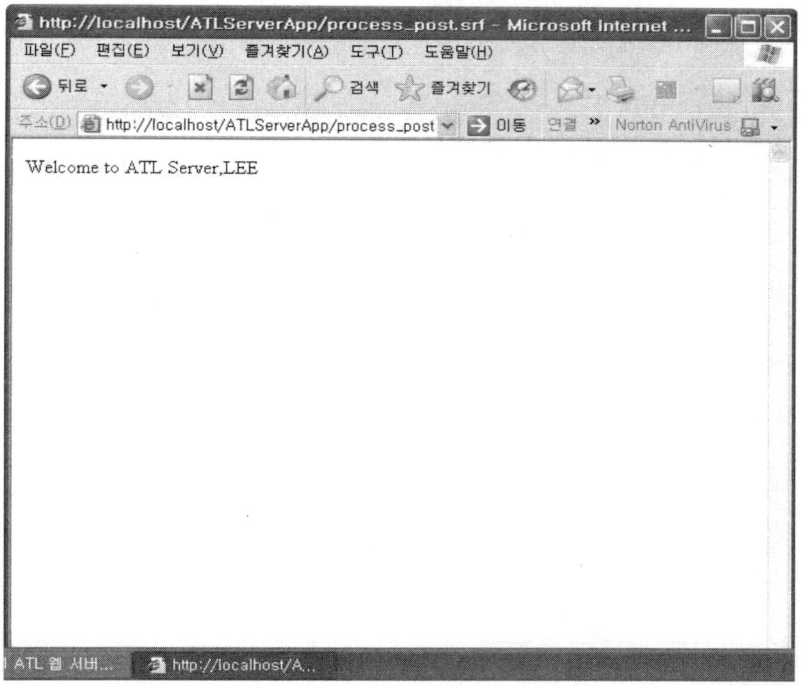
http://localhost/ATLServerApp/process_post.srf - Microsoft Internet ...
Welcome to ATL Server,LEE

Chapter 22

ATL 서버 웹 서비스

22.1 웹 서비스 서버

웹 서비스를 수행하기 위해 ASP.NET 혹은 ATL Server를 사용하든지에 관계없이 기본적인 개념은 동일하지만 ASP.NET은 managed 코드로 수행되고 .NET 언어로 기술되지만 ATL은 unmanaged 코드로 수행되며 Visual C++을 이용하여 기술될 수 있다.

ATL 웹 서비스 프로젝트를 만드는 과정은 다음과 같다.

1. 새 프로젝트에서 Visual C++의 ATL을 선택하고 템플릿은 ATL 서버 웹 서비스를 선택하고 프로젝트의 이름을 ATLServerWeb이라 한다.

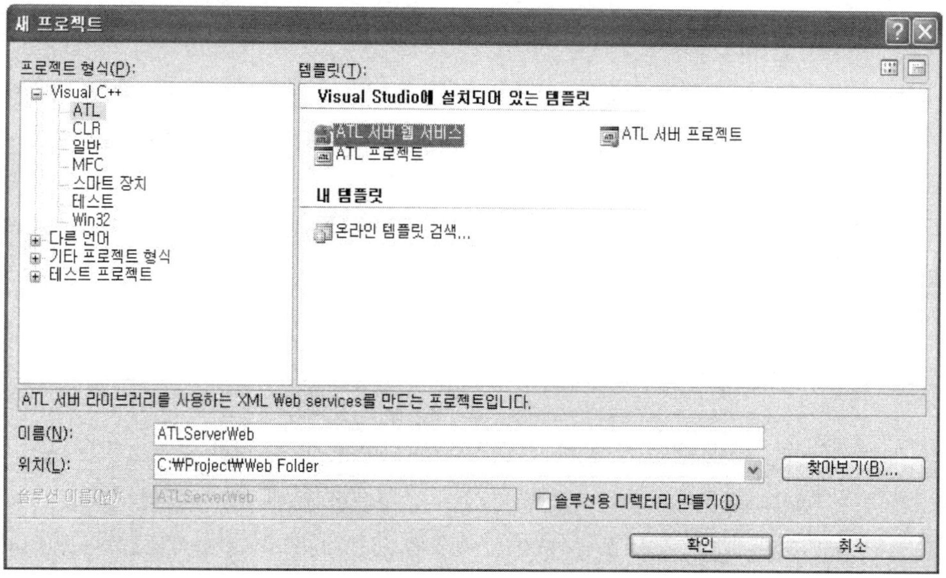

2. 확인 버튼을 누르면 출력되는 ATL 서버 프로젝트 마법사 상자에서 마침 버튼을 누른다.

ATL Server와 ATL Web Service 프로젝트에서 생성되는 동일한 파일은 다음과 같다.

- DllMain을 수행하는 .cpp 소스
- DLL export 함수 형태의 HttpExtensionProc, GetExtensionVersion 그리고 TerminateExtension을 수행하는 .cpp 소스 파일
- HttpExtensionProc, GetExtensionVersion과 TerminateExtension 함수를 export하는 .def 파일

ATL Web Service에서만 생성되는 파일은 다음과 같다. 이 파일은 Web Service 에 의해 노출된 기능적인 인터페이스를 발견하기 위해 필요한 XML 형태의 정보를 클라이언트 개발툴에 제공한다. HTML 파일은 웹 서비스 기능에 대한 문서를 제공한다.

- .disco 파일
- .htm 파일

웹 서비스는 웹 브라우즈가 아니라 클라이언트 응용으로부터 접근되기 때문에 .srf 파일은 생성되지 않는다.

ATL Server와 ATL Web Service에 모두 존재하지만 매우 다른 파일은 .h 파일로 이는 ATL Server 요청 처리 클래스를 수행한다. ATL Server 프로젝트와 ATL Web Service 프로젝트에서 namespace가 정의된다. 그러나 ATL Web Service 프로젝트에서 namespace는 Web Service 메소드와 soap_handler 라는 추가적인 속성을 가지는 요청 처리 클래스를 포함하고 있다. 이 클래스는 HelloWorld라는 이름의 메소드와 여기에 적용될 soap_method 속성을 가지고 있다.

- ATLServerWebService.h

이 파일은 ATL Server 요청 처리 클래스, namespace와 SOAP 프로토콜을 통한 Web Service에 접근하기 위한 인터페이스를 정의한다. 이 인터페이스 이름은 IATLServerWebService 이다. 동일한 소스 파일에 있는 요청 처리 클래스는 이 인터페이스를 실행한다.

이를 실행 시키면 http://localhost/ATLServerWeb/ATLServerWeb.dll?Handler=GenATlServerWebWSDL 이라는 URL에서 다음과 같은 화면이 출력된다. 이는 Web Service에서 어떤 기능을 수행하는 것이 아니고 Web Service 인터페이스의 XML을 출력한다.

이 Web Service를 호출하는 클라이언트 프로그램을 만들어야 한다.

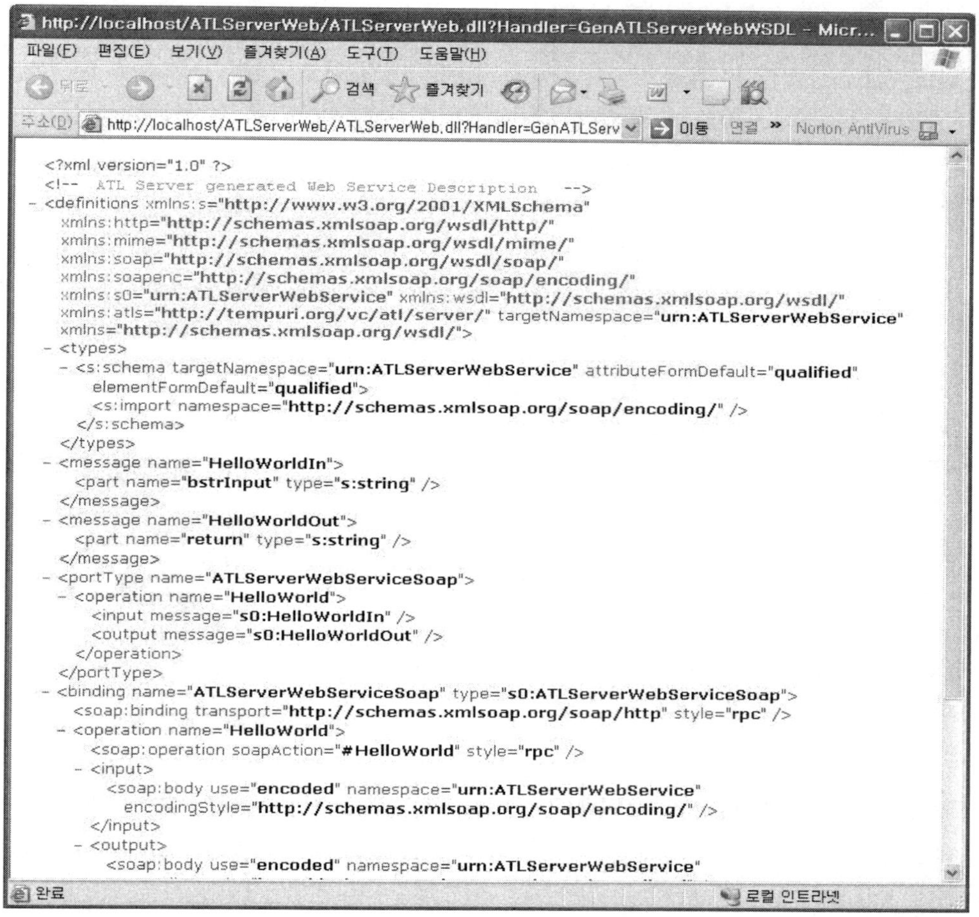


```
<?xml version="1.0" ?>
<!-- ATL Server generated Web Service Description -->
- <definitions xmlns:s="http://www.w3.org/2001/XMLSchema"
    xmlns:http="http://schemas.xmlsoap.org/wsdl/http/"
    xmlns:mime="http://schemas.xmlsoap.org/wsdl/mime/"
    xmlns:soap="http://schemas.xmlsoap.org/wsdl/soap/"
    xmlns:soapenc="http://schemas.xmlsoap.org/soap/encoding/"
    xmlns:s0="urn:ATLServerWebService" xmlns:wsdl="http://schemas.xmlsoap.org/wsdl/"
    xmlns:atls="http://tempuri.org/vc/atl/server/" targetNamespace="urn:ATLServerWebService"
    xmlns="http://schemas.xmlsoap.org/wsdl/">
  - <types>
    - <s:schema targetNamespace="urn:ATLServerWebService" attributeFormDefault="qualified"
        elementFormDefault="qualified">
        <s:import namespace="http://schemas.xmlsoap.org/soap/encoding/" />
      </s:schema>
    </types>
  - <message name="HelloWorldIn">
      <part name="bstrInput" type="s:string" />
    </message>
  - <message name="HelloWorldOut">
      <part name="return" type="s:string" />
    </message>
  - <portType name="ATLServerWebServiceSoap">
    - <operation name="HelloWorld">
        <input message="s0:HelloWorldIn" />
        <output message="s0:HelloWorldOut" />
      </operation>
    </portType>
  - <binding name="ATLServerWebServiceSoap" type="s0:ATLServerWebServiceSoap">
      <soap:binding transport="http://schemas.xmlsoap.org/soap/http" style="rpc" />
    - <operation name="HelloWorld">
        <soap:operation soapAction="#HelloWorld" style="rpc" />
      - <input>
          <soap:body use="encoded" namespace="urn:ATLServerWebService"
            encodingStyle="http://schemas.xmlsoap.org/soap/encoding/" />
        </input>
      - <output>
          <soap:body use="encoded" namespace="urn:ATLServerWebService"
```

22.2 웹 서비스 클라이언트 프로그램

앞에서 만든 서버 프로그램을 실행시키기 위한 클라이언트 프로그램을 만드는 과정은 다음과 같다.

1. Visual Studio에서 Visual C++ 프로젝트의 템플릿 윈도우에서 Win32 프로젝트를 선택하고 이름으로 ATLServerWebClient를 입력하고 확인 버튼을 누른다.

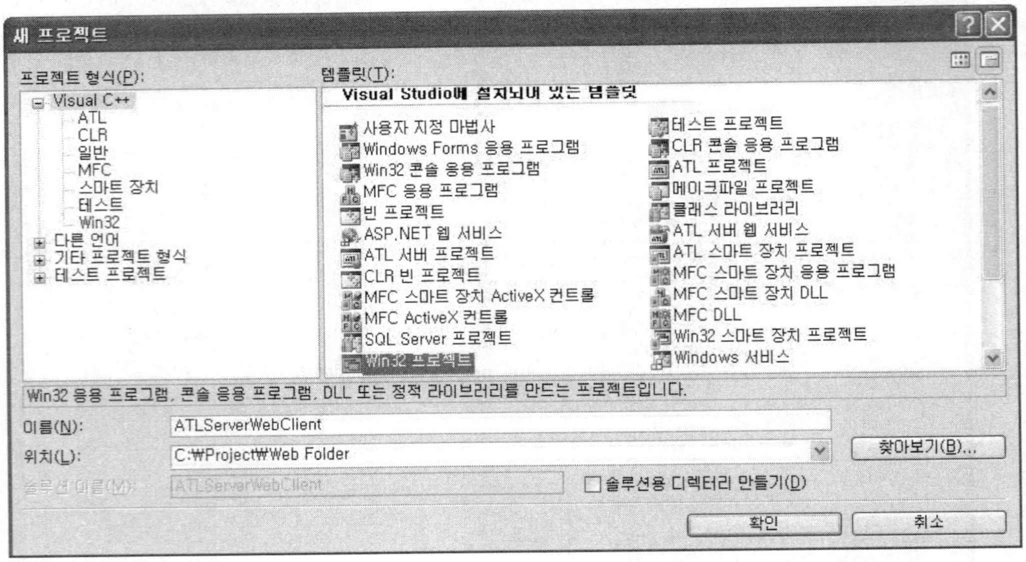

2. 출력되는 대화상자의 응용 프로그램 설정 페이지에서 콘솔 응용 프로그램을 선택하고 마침 버튼을 누른다.

3. 솔루션 탐색기에서 ATLServerWebClient.cpp 파일을 선택한 후 다시 솔루션 탐색기에서 ATLServerWebClient를 선택한 후 오른쪽 마우스 버튼을 누르면 출력되는 메뉴에서 웹 참조 추가 메뉴를 선택한다.

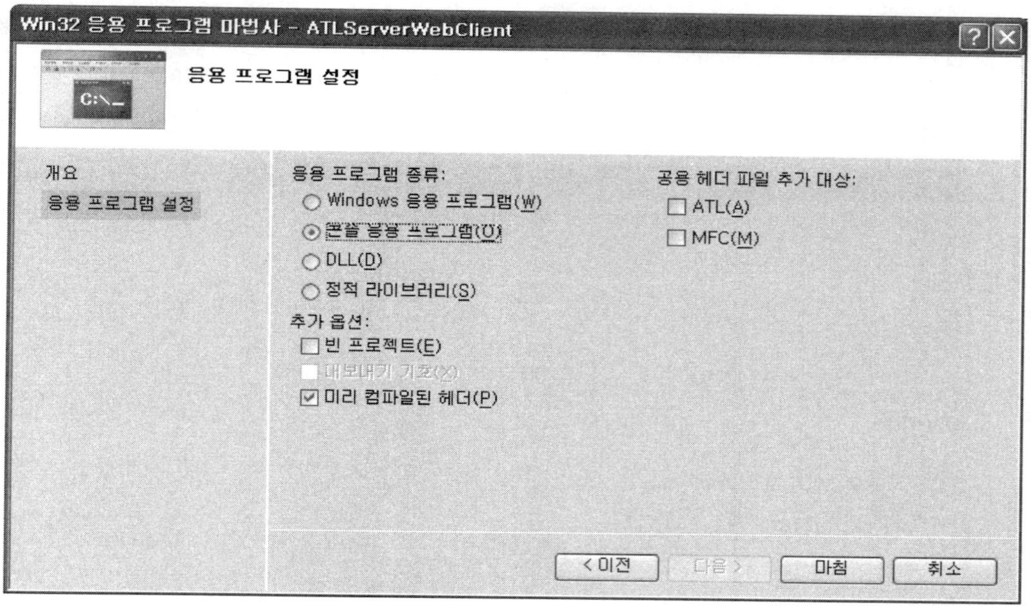
Win32 응용 프로그램 마법사 - ATLServerWebClient
응용 프로그램 설정
개요
응용 프로그램 설정
응용 프로그램 종류:
Windows 응용 프로그램(W)
콘솔 응용 프로그램(O)
DLL(D)
정적 라이브러리(S)
추가 옵션:
빈 프로젝트(E)
내보내기 기호(X)
미리 컴파일된 헤더(P)
공용 헤더 파일 추가 대상:
ATL(A)
MFC(M)
< 이전
다음 >
마침
취소

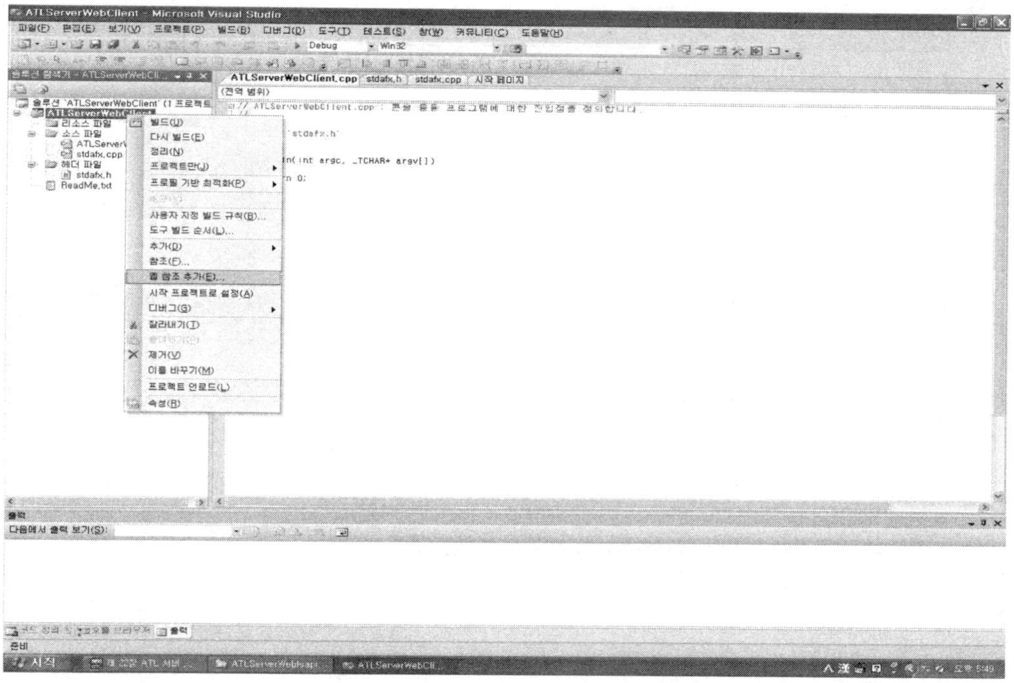

4. 웹 참조 추가 대화상자에서 ATL Web service discovery 파일인 ATLServerWeb.disco 파일에 대한 URL을 명시한다. 이를 위해 대화상자에서 로컬 컴퓨터의 웹 서비스 항목을 선택하면 참조 가능한 disco 파일을 보여 준다.

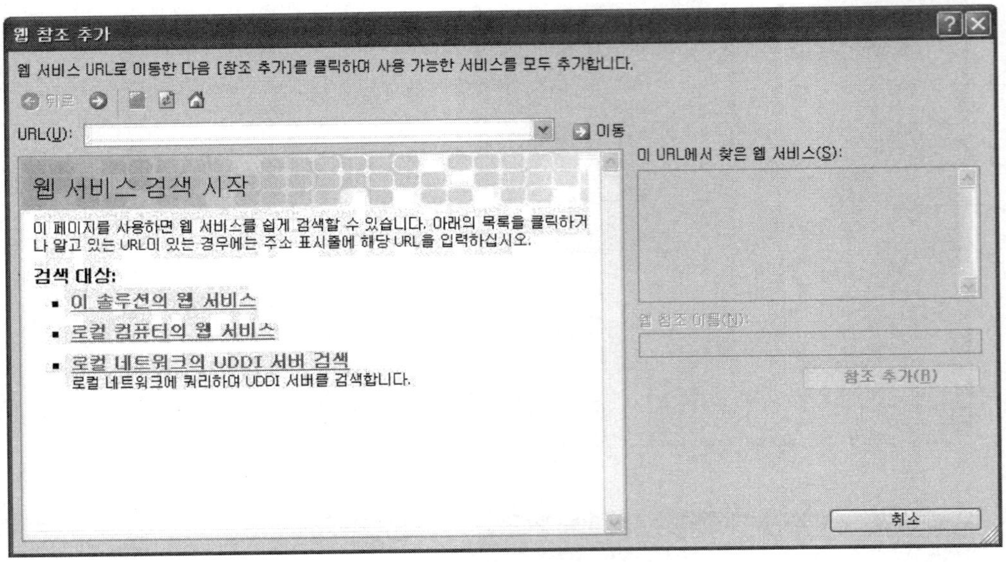

5. 본 예제에서 사용하고자 하는 disco 파일의 URL은 http://localhost/ATLServerWeb/ATLServerWeb.disco이다. 이를 앞의 대화상자에서 직접 입력하여도 된다. 참조 추가 버튼을 누른다. 만약 서버 프로그램에서 변경이 있다면 클라이언트에 대한 프록시를 다시 만들기 위해 이 과정을 반복하여야 한다.

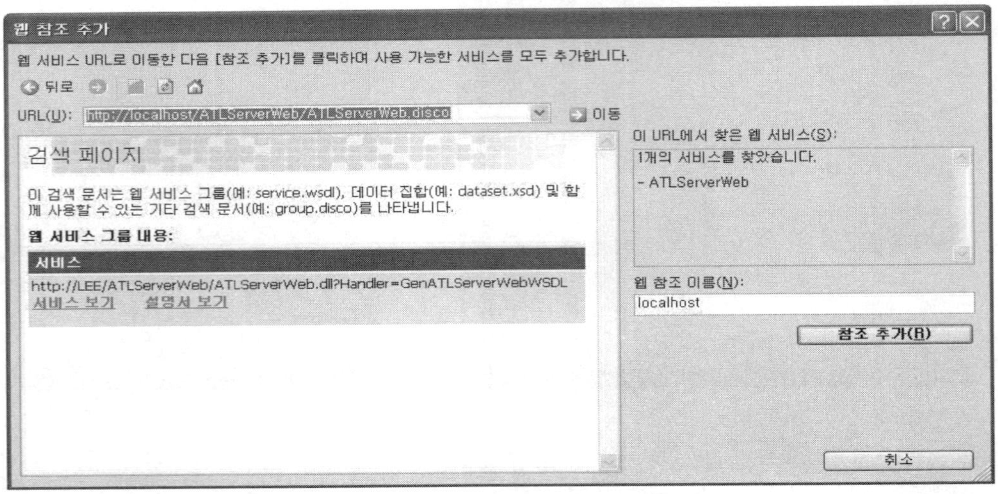

6. ATLServerWebClient.cpp 파일에 다음과 같은 코드를 추가한다.

```
#include "stdafx.h"

int _tmain(int argc, _TCHAR* argv[])
{
        CoInitialize(NULL);
        ATLServerWebService::CATLServerWebServiceT<>service;
        CComBSTR bstrInput(L"ATL Web Service");
        CComBSTR bstrOutput;
        service.HelloWorld(bstrInput, &bstrOutput);
        wprintf(L"HelloWorld returned bstrOutPut: %s\n",
                bstrOutput);
    return 0;
}
```

7. 프로그램을 실행 시킨 결과 출력되는 화면은 다음과 같다.

22.3 ATL Server Web Service에 기능 추가

본 장에서 추가되는 기능은 두 개의 정수 파라메터를 수신하여 이들의 합을 반환하는 메소드를 제공한다. 이를 위해 다음과 같은 단계를 따른다.

1. Visual Studio의 파일 메뉴에서 열기를 선택 한 후 출력되는 하위 메뉴에서 프로젝트/솔루션을 선택하여 ATLServerWeb.sln 을 연다.

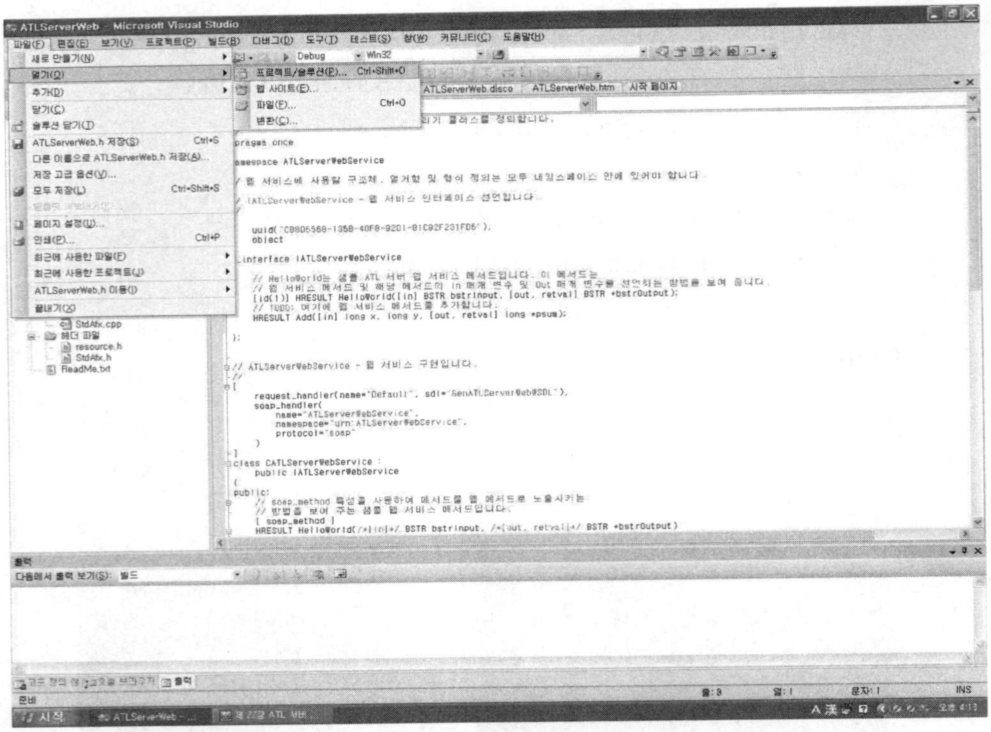

2. ATLServerWeb.h 파일에서 IATLServerWebSrvice 인터페이스에 Add 함수에 대한 정의를 추가한다.

```
    ......
  __interface   IATLServerWebSrvice
  {
    .........
```

```
    //TODO: 여기에 웹 서비스 메소드를 추가합니다.
    HRESULT Add([in] long x, [in] long y, [out, retval] long *psum);
};
```

3. ATLServerWeb.h 파일에 있는 CATLServerWebService 클래스에 Add 메소드에 대한 수행문을 추가한다.

```
.......
class CATLServerWebService :public IATLServerWebService
{
  ......
  //TODO: 여기에 웹 서비스 메소드를 추가합니다.
  [soap_method]
  HRESULT Add( long x, long y, long *psum)
  {
      *psum = x+y;
      return S_OK;
  }
};
```

4. 변경된 내용을 경신하기 위해 서버 프로젝트를 새로 빌드한다.

- 웹 서비스 클라이언트 프로그램의 변경
  1. Visual Studio의 파일 메뉴에서 열기를 선택 한 후 출력되는 하위 메뉴에서 프로젝트/솔루션을 선택하여 ATLServerWebClient.sln 을 연다.
  2. 변경된 내용이 있기 때문에 솔루션 탐색기에서 ATLServerWebClient.cpp 파일을 선택한 후 다시 솔루션 탐색기에서 ATLServerWebClient를 선택한 후 오른쪽 마우스 버튼을 누르면 출력되는 메뉴에서 웹 참조 추가 메뉴를 선택한다.

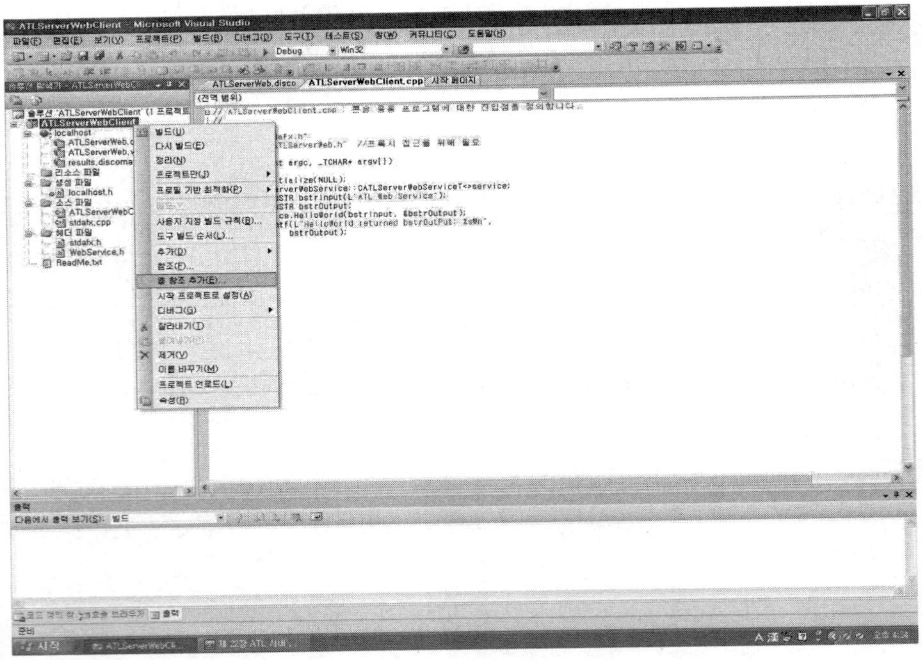

3. 웹 참조 추가 대화상자에서 ATL Web service discovery 파일인 TLServerWeb.disco 파일에 대한 URL을 명시한다. 이를 위해 대화상자에서 로컬 컴퓨터의 웹 서비스 항목을 선택하면 참조 가능한 disco 파일을 보여 준다.
사용할 파일은 http://localhost/ATLServerWeb/ATLServerWeb.disco이며 참조 추가 버튼을 누른다.

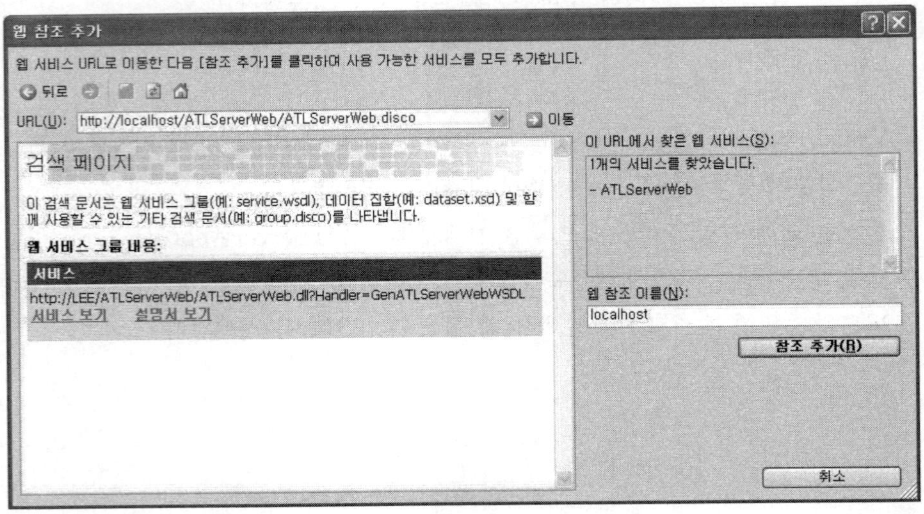

4. 다음과 같은 코드를 추가한다.

```
int_tmain(int argc, _TCHAR* argv[])
{
    .......
    int  sum;
    service.add(3,4, &sum);
    wprintf(L"the result of calling Add(3,4) is : %d\n",sum);
    return 0;
}
```

5. 프로그램을 실행시킨 결과는 다음과 같다.

- 구조체 파라메터

1. 웹 서비스 메소드가 구조체 파라메터를 전달하는 방법에 대해 살펴 본다. MyStruct라는 이름의 구조체는 두 개의 int 형 변수를 포함하며 이를 ATLServerWeb.h 파일에 추가한다.

```
namespace  ATLServerWeb
```

```
{
  //웹 서비스에 사용할 구조체, 열거형 및 형식 정의는 모두 네임 스페이스인에 있어야
 //  합니다.
     struct  MyStructure
     {
      int x;
      int y;
     };
    .....
    [
      uuid("          "),
      object
     ]
   ....
```

2. IATLServerWebService 인터페이스에 앞에서 정의한 구조체를 인자로 사용하는 함수 CopyMyStructure를 정의한다.

```
    .................
    interface IATLServerWebService
    {
        ........
   HRESULT CopyMyStructure( [in] MyStructure *pms1, [out] MyStructure
*pms2);
   };
```

3. CATLServerWebService 클래스에서 이 메소드를 구현한다.

```
  ........
  class CATLServerWebService :public IATLServerWebService
     {
```

```
......
//TODO: 여기에 웹 서비스 메소드를 추가합니다.
[soap_method]
HRESULT CopyMyStructure( MyStructure *pms1,  MyStructure *pms2)
{
    pms2 -> x = pms1->x;
    pms2 -> y = pms1->y;
    return  S_OK;
 }
};
```

4. 변경된 내용을 반영하기 위해 프로젝트를 빌드한다.

- 웹 서비스 클라이언트 프로그램의 변경
  1. Visual Studio의 파일 메뉴에서 열기를 선택 한 후 출력되는 하위 메뉴에서 프로젝트/솔루션을 선택하여 ATLServerWebClient.sln 을 연다.
  2. 변경된 내용이 있기 때문에 솔루션 탐색기에서 ATLServerWebClient.cpp 파일을 선택한 후 다시 솔루션 탐색기에서 ATLServerWebClient를 선택한 후 오른쪽 마우스 버튼을 누르면 출력되는 메뉴에서 웹 참조 추가 메뉴를 선택한다.

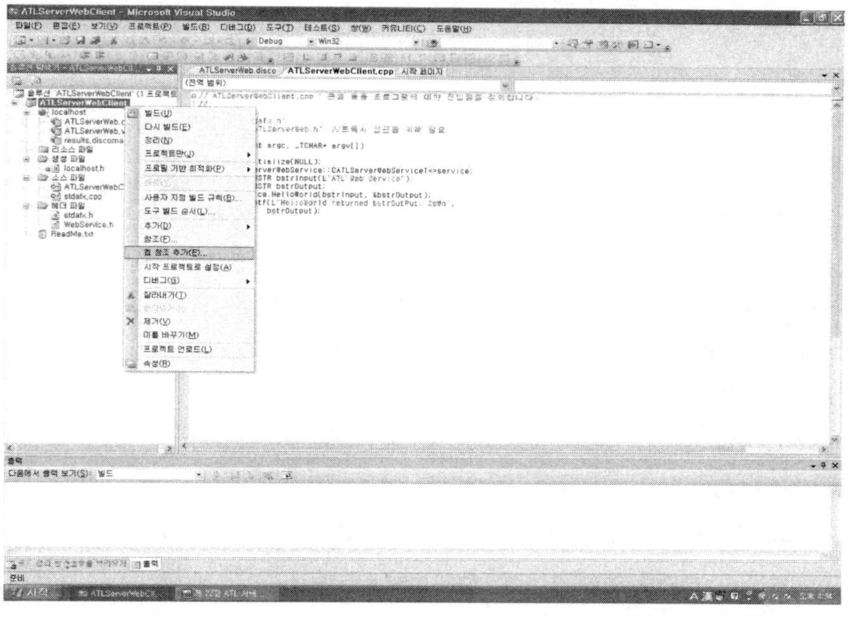

3. 웹 참조 추가 대화상자에서 ATL Web service discovery 파일인 ATLServerWeb.disco 파일에 대한 URL을 명시한다. 이를 위해 대화상자에서 로컬 컴퓨터의 웹 서비스 항목을 선택하면 참조 가능한 disco 파일을 보여 준다.
사용할 파일은 http://localhost/ATLServerWeb/ATLServerWeb.disco이며 참조 추가 버튼을 누른다.

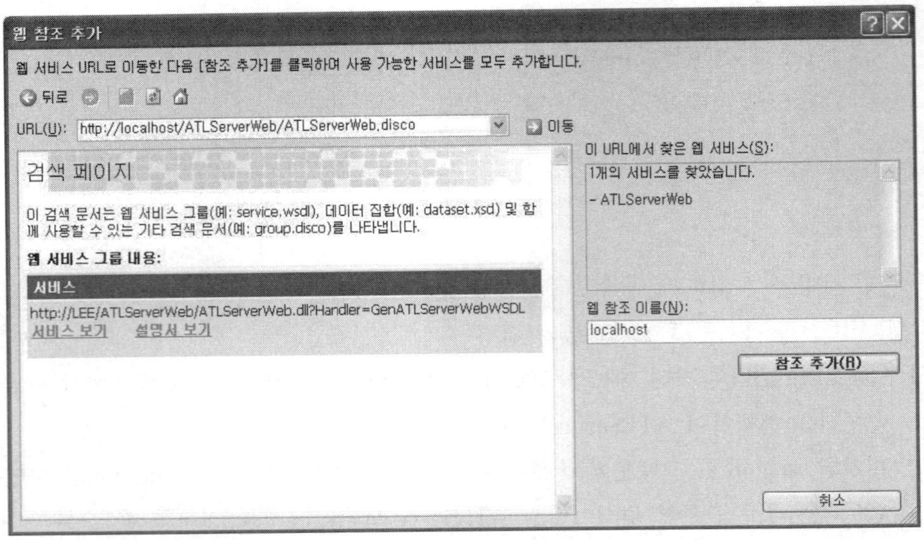

4. 다음과 같은 코드를 추가한다.

```
int_tmain(int argc, _TCHAR* argv[])
{
    .......
    // return 0;

    struct ATLServerWebService::MyStructure ms1, ms2;
     ms1.x = 10;
     ms1.y = 20;
     ms2.x = 0;
     ms2.y = 0;
     wprintf(L"ms1.x:%d, ms1.y:%d,  ms2.x:%d, ms2.y:%d \n",
                 ms1.x, ms1.y,  ms2.x, ms2.y);
```

```
    wprintf(L"calling CopyMyStructure(&ms1,&ms2)\n", ms2.x, ms2.y);
    service.CopyMyStructure(
        &ms1, sizeof(ATLServerWebService::MyStructure),
        &ms2);
     wprintf(L"ms1.x:%d, ms1.y:%d,   ms2.x:%d, ms2.y:%d \n",
                 ms1.x, ms1.y,   ms2.x, ms2.y);
}
```

5. 프로그램을 실행 시킨 결과는 다음과 같다.

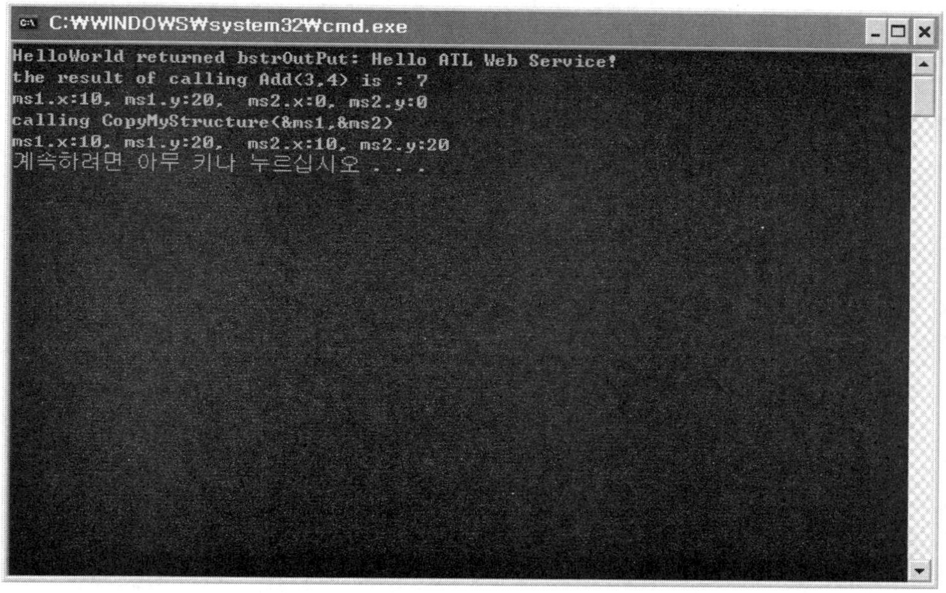

Chapter 23

데이터 베이스 프로그래밍

데이터베이스는 가장 널리 사용되는 컴퓨터 응용 분야 중 하나이다. 거의 모든 사업체는 고객 관리에서 급료에 이르기 까지 거의 자료를 데이터베이스화하지만 고유의 파일 레이아웃과 법칙을 사용하는 많은 종류의 데이터베이스가 존재한다. 그 결과, Visual C++이 도래하기 전 데이터베이스 응용 프로그래밍은 다른 종류의 데이터베이스에 접근하기가 어려웠기 때문에 매우 어려운 작업중 하나가 되었다.

그러나, Visual C++은 ODBC(Open Database Connectivity)와 DAO (Data Access Objects)를 내장하는 클래스를 포함하고 있기 때문에 간단한 데이터베이스 프로그램인 경우 한줄의 코드도 작성하지 않고 데이터베이스 응용 프로그램을 작성할 수 있다.

이장에서는 ODBC를 이용한 데이터베이스 응용 프로그램을 만들어 본다. 이 데이터베이스 응용 프로그램은 데이터베이스에 있는 자료 출력, 업데이터, 추가, 삭제, 필터링과 같은 조작을 수행한다. 일반적으로, 데이터베이스는 Flat와 Relational 두 종류로 구별된다.

- Flat 데이터베이스

단순히 정의하면 데이터베이스는 리코드(Record)의 집합이다. 데이터베이스에 있는 각 리코드는 필드(Field)로 구성된다. 각 필드는 특정한 리코드와 관계되는 정보를 포함하고 있다. 예로 주소 데이터베이스를 가지고 있다고 가정해 본다. 이 데이터베이스에는 한 개인에 대한 한 가지 리코드를 가진다. 각 리코드는 5개의 필드를 가진다. 따라서 데이터베이스에 있는 한 리코드는 다음과 같은 형태를 가질 것이다.

NAME : LEE
STREET : 행복 16
CITY : 부산
우편번호 : 601
전화 : 1234

모든 데이터베이스는 이러한 형태의 리코드를 가지며 각 리코드는 각 개인에 대해 다른 정보를 포함하는 리코드를 가진다. 각 개인의 주소 혹은 전화 번호를 찾기 위해 사람의 이름을 먼저 찾아야 한다. 이러한 데이터베이스를 Flat 데이터베이스 시스템이라 한다. 집이나 소규모 사업체에서 이러한 Flat 데이터베이스는 강력한 툴이 되지만 대규모 사업체에서는 관계형(Relational) 데이터베이스를 사용한다.

- 관계형 데이터베이스

이는 몇개의 Flat 데이터베이스를 연결한 것과 동일하다. 이 데이터베이스를 이용하면 개별적인 리코드를 검색할 수 있을 뿐 아니라 어떤 리코드를 다른 리코드와 관계시킬 수 있다. 이 때문에 더욱 효율적으로 데이터를 저장할 수 있다. DBMS (Databaes Management System)은 데이터베이스를 만든 사람에 의해 정의된 키를 비교함으로써 다양한 방법으로 이러한 테이블을 연결시킬 수 있다. 다음은 이 장에서 사용할 데이터베이스로 Microsoft Access로 작성하였다.

1. Access를 사용하여 DeptStore 라는 파일을 만든다.

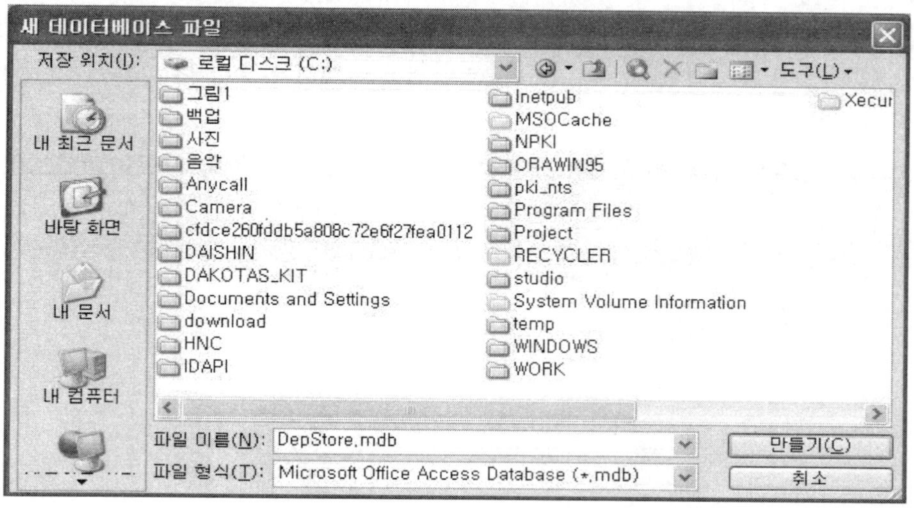

2. 디자인 보기에서 새 테이블 만들기 항목을 선택한다.

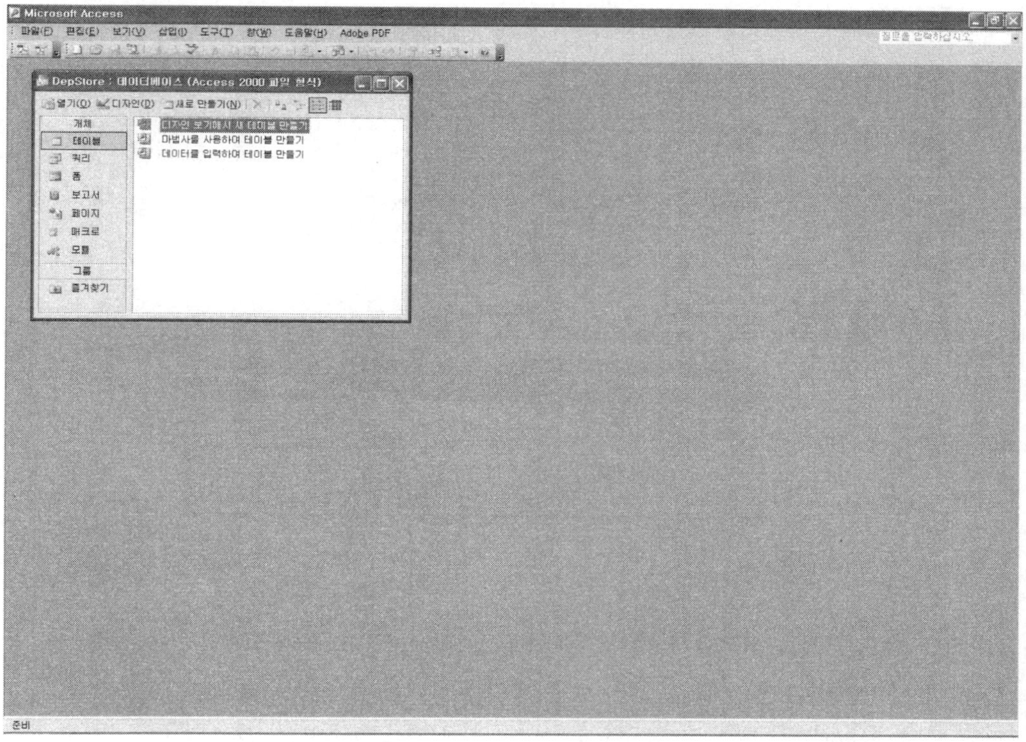

3. 출력되는 창에서 필드 이름으로 EmployeeID, EmployeeName, EmployeeRate, DeptID를 입력하고 데이터 형식은 텍스트, 텍스트, 숫자, 텍스트를 각각 순서대로 입력한다. 파일 메뉴에서 다른 이름으로 저장을 선택하면 출력되는 창에서 테이블의 이름을 Emplyee로 입력한다.

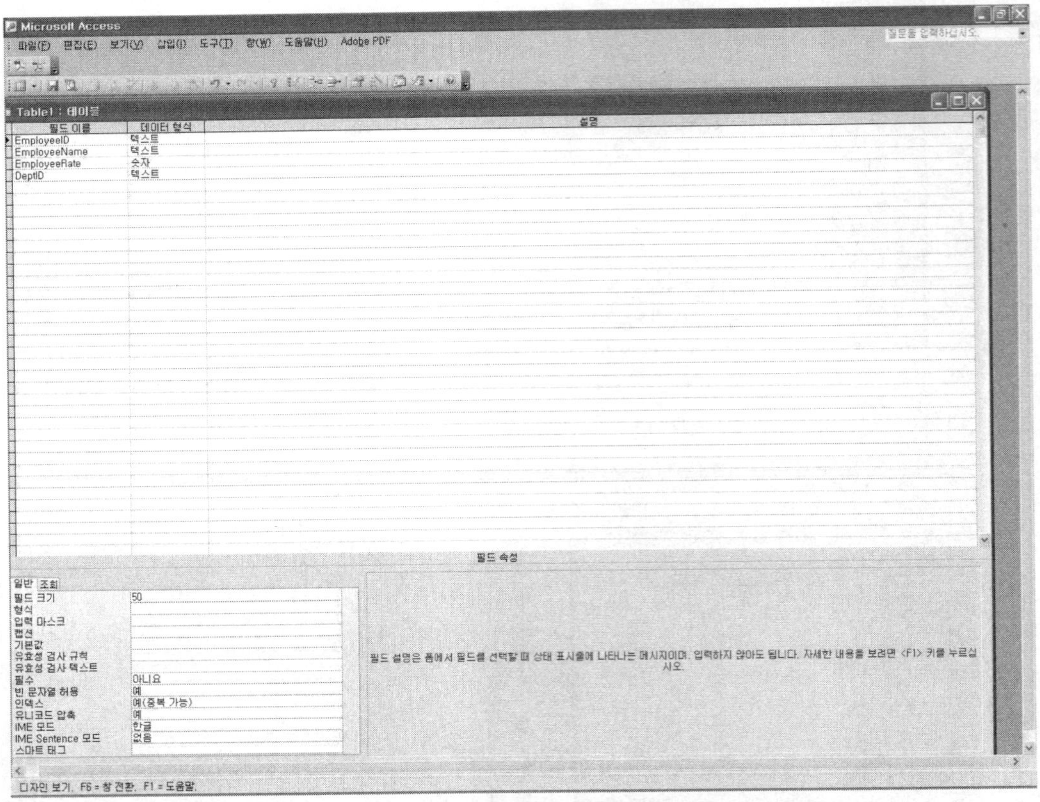

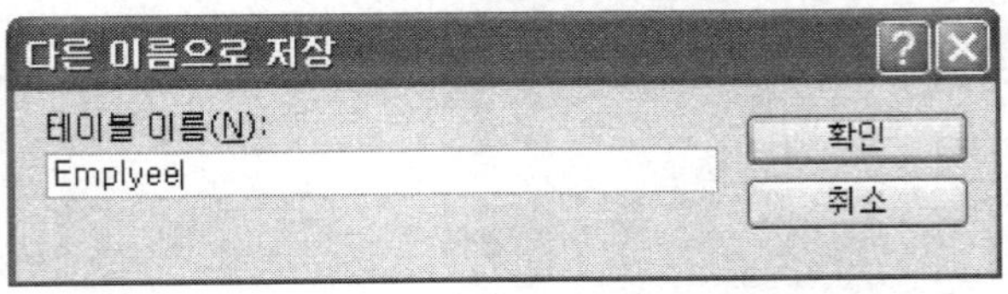

4. 확인 후 출력되는 화면에서 디자인 보기에서 새 테이블 만들기 항목을 선택함으로써 앞의 과정을 반복한다. 다음과 같이 새로운 테이블을 만든다.

(ManagerID : 텍스트, ManagerName : 텍스트, DeptID : 텍스트)

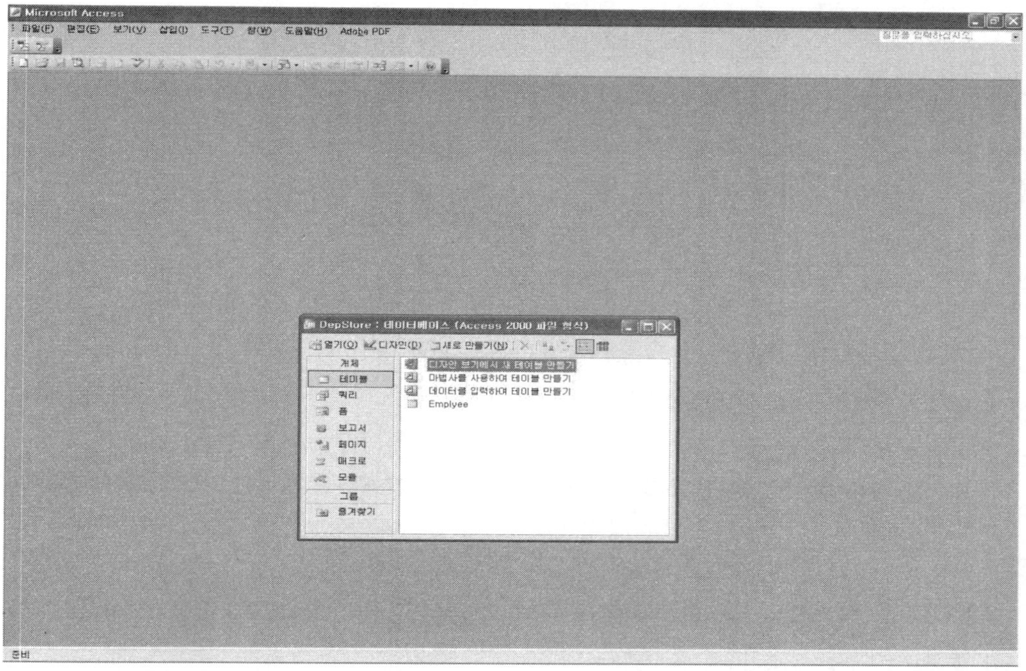

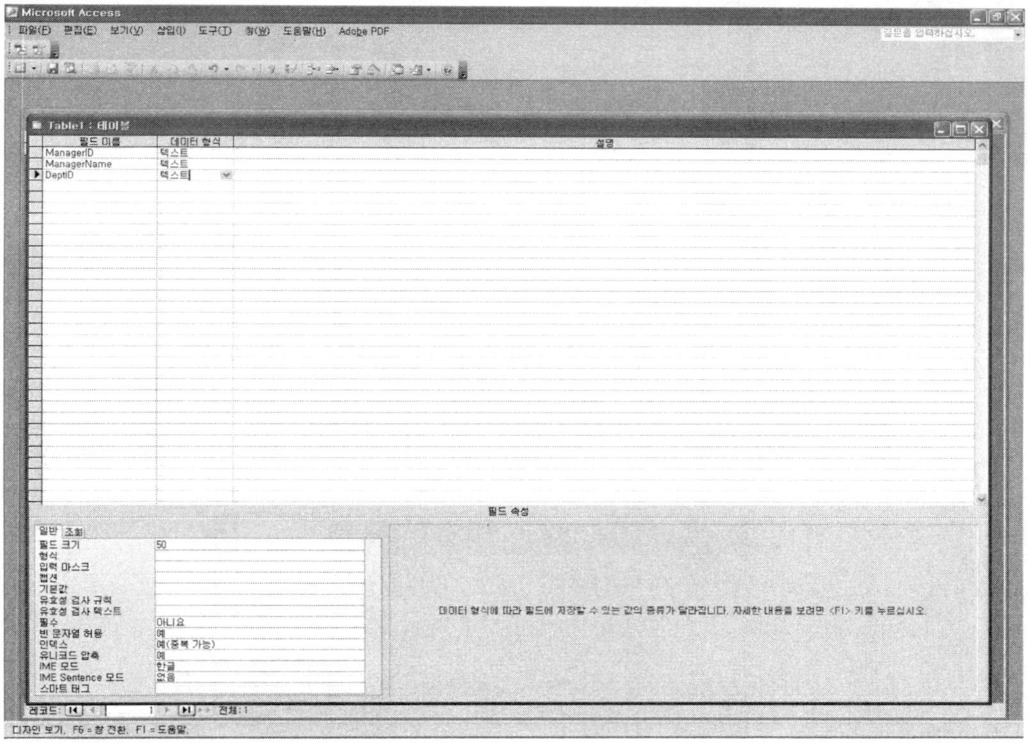

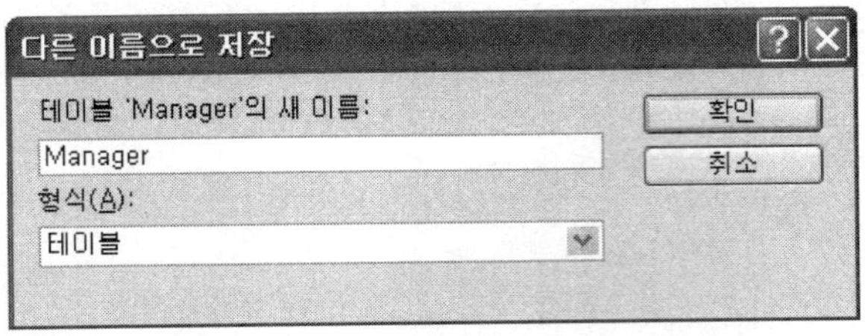

5. 확인 후 출력되는 화면에서 디자인 보기에서 새 테이블 만들기 항목을 선택함으로써 앞의 과정을 반복한다. 다음과 같이 새로운 테이블을 만든다.
   (DeptID, 텍스트), (ELECTRONICS, 텍스트), (ENTERTAINMENT, 텍스트), (HARDWARE, 텍스트), (MENSCLOTH, 텍스트), (SPORTING, 텍스트), (WOMANSCLOTH, 텍스트),

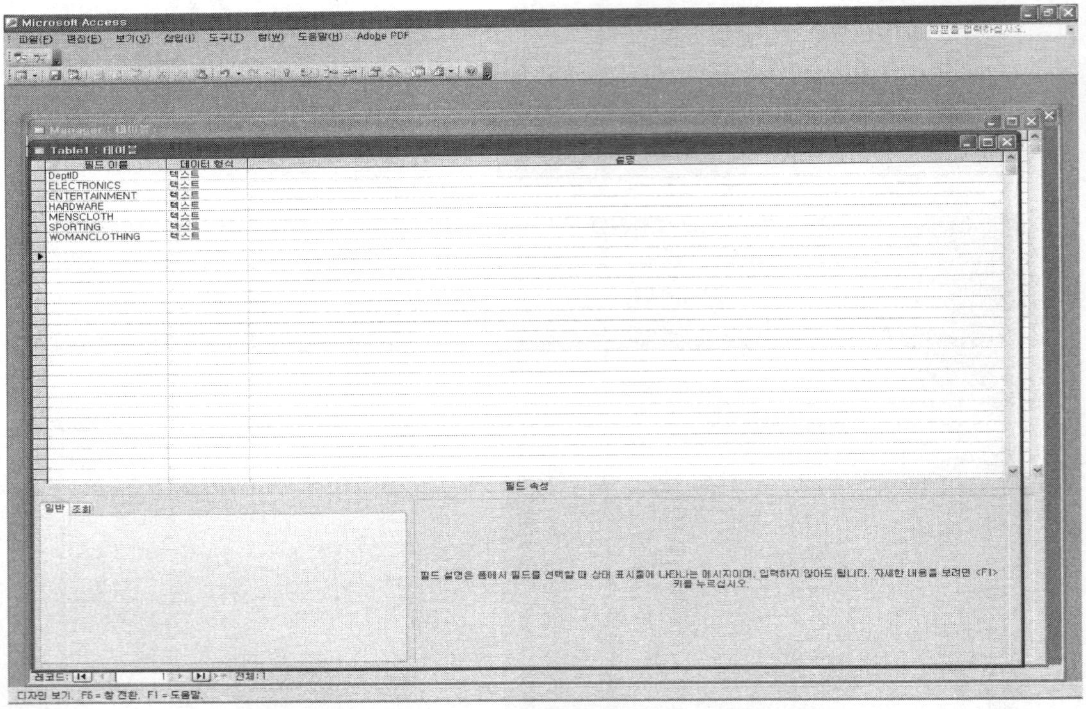

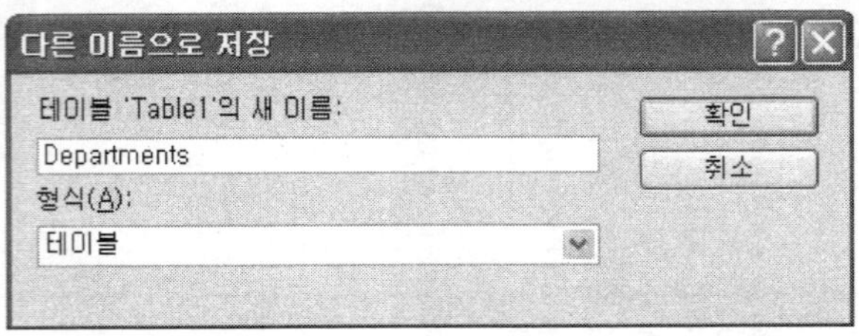

6. 앞서 만든 Employee 테이블에 다음과 같이 입력한다.

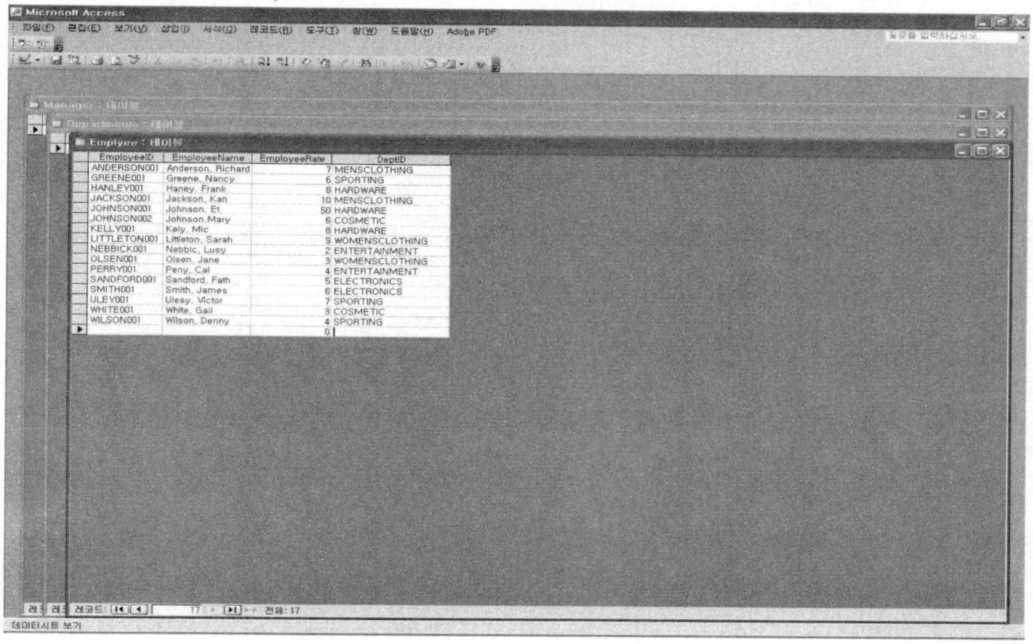

7. 앞서 만든 Manager 테이블에 다음과 같이 입력한다.

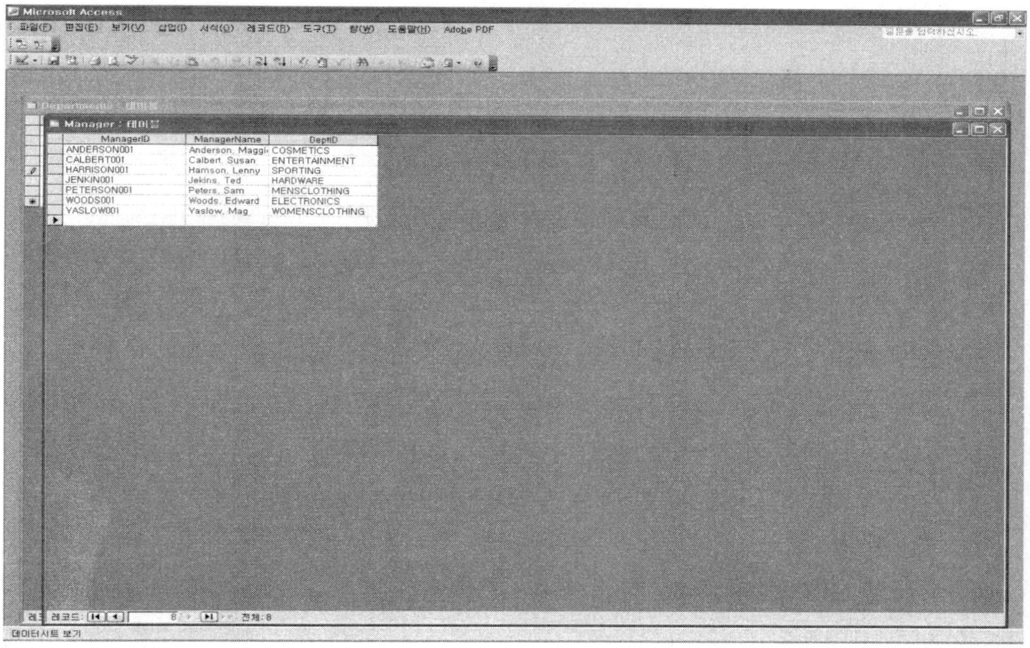

8. 앞서 만든 Departments 테이블에 다음과 같이 입력한다.

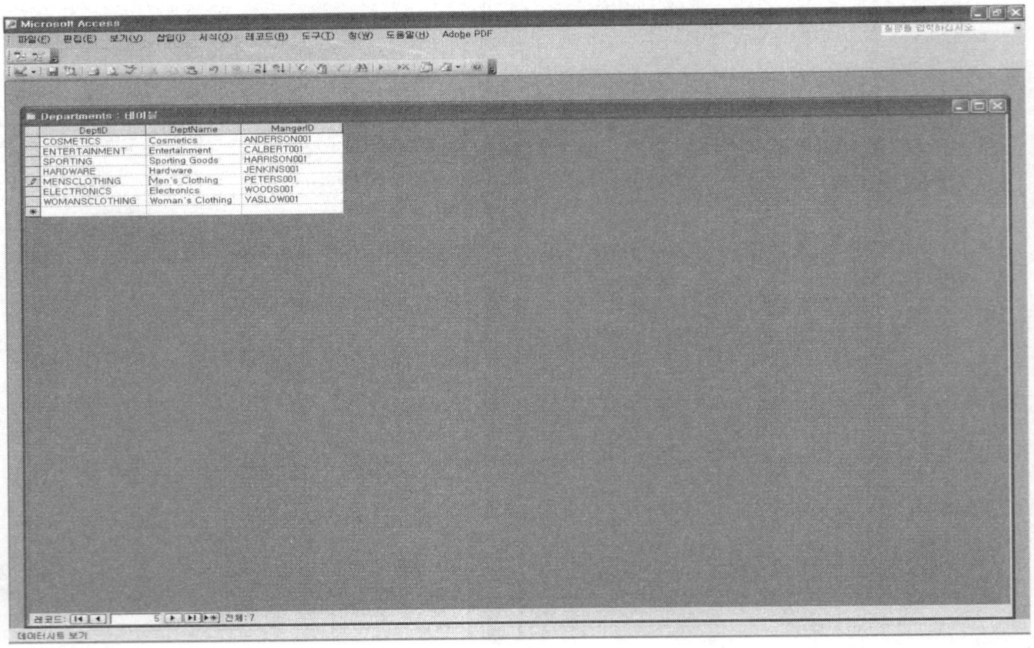

여기서 사용된 데이터베이스는 고용인, 관리자, 부서를 적은 단순한 시스템이다. Emplyee 테이블은 각 고용인에 대한 정보를 포함하고 있으며 Manager 테이블은 관리자 Department 테이블은 부서에 대한 정보를 가지고 있다.

관계형 데이터베이스는 데이터베이스 언어를 이용하여 접근할 수 있으며 이 중 가장 널리 사용되는 언어는 SQL로 이는 소형 데이터베이스에서 초대형 데이터베이스에도 사용되는 언어이다. SQL과 같은 언어를 사용하면 관계형 데이터베이스의 다양한 테이블에 있는 정보를 비교할 수 있으며 결합된 한두개의 테이블로부터 만들어진 데이터 필드에서 결과를 축출할 수 있다. 그러나 SQL을 배우는 것은 매우 많은 시간과 노력이 필요하므로 본 장에서는 SQL을 사용하지 않고 관계형 데이터베이스를 처리하는 방법에 대해 살펴본다.

Visual C++로 데이터베이스 프로그램을 만들때 MFC에 있는 ODBC 클래스에 있는 클래스를 이용한다. 이 중에서 가장 중요한 것은 CDatabase, CRecordset 그리고 CRecordView이다.

Visual C++은 CDatabase의 객체를 만들기 위해 필요한 코드를 자동으로 생성하며 이 객체는 응용과 접근하는 데이터 소스사이의 접속을 나타낸다. 또한 응용을 위한 CRecordset 객체를 만드는 데 필요한 코드를 생성하지만 객체의 사용 여부는 응용의 용도에 따라 결정된다. CRecordset 객체는 데이터 소스에서 선택된 실질적인 데이터를 나타낸다. CRecordset 객체의 멤버 함수는 다양한 방법으로 데이터베이스의 데이터를 조작할 수 있도록 하여준다.

마지막으로 데이터베이스에 있는 CRecordView 객체는 표준 윈도우에 나타난다. CRecordView 윈도우는 응용의 출력으로 사용되는 대화 상자와 같은 특별한 윈도우로 이 대화 상자는 응용의 CRecordset 객체에 대한 접속을 유지하고 프로그램과 리코드간에 데이터를 전송하거나 되돌린다. 새로운 데이터베이스 응용을 만들 경우 CRecordView 윈도우에 에디터 컨트롤을 추가하여야 한다. 이러한 에디터 컨트롤은 응용이 보기를 원하는 데이터를 출력할 장소를 알수 있도록 하기 위해 원하는 데이터 필드와 연결되어야 한다.

23.1 ODBC 데이터베이스 프로그램

Visual C++을 이용하여 단순한 ODBC 데이터베이스 프로그램을 만드는 것은 쉽지만 몇 가지 단계를 거쳐야 한다.

Step 1. 데이터베이스를 시스템에 등록시킨다.

Step 2. 기본적인 데이터베이스 응용을 만들기 위해 Visual C++을 이용한다.

Step 3. 지원되지 않는 수행을 위해 기본적인 응용에 코드를 추가한다.

이를 위해 다음과 같은 과정을 거친다.

데이터베이스 응용을 만들기 전 접근을 원하는 데이터베이스를 시스템에 등록한다. 이는 ODBC 드라이브를 통해 접근할 수 있는 데이터 소스로 데이터베이스에 있는 선택된 테이블을 등록시키는 과정이다. 다음은 이를 위한 단계이다.

1. 제어판에서 관리 도구를 선택 한 후 데이터 원본 (ODBC)를 더블 클릭한다.

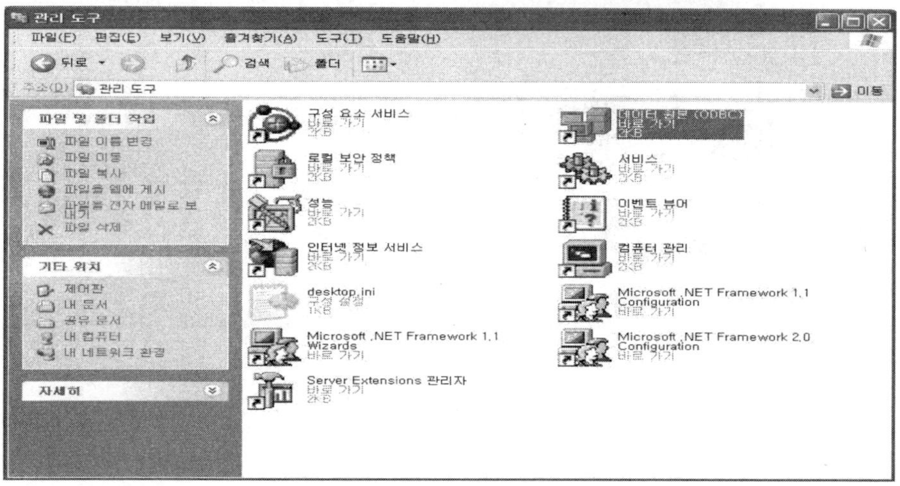

2. ODBC 데이터 원본 관리자 대화상자의 사용자 DSN 탭에서 MS Access Database를 선택하고 추가 버튼을 누른다.

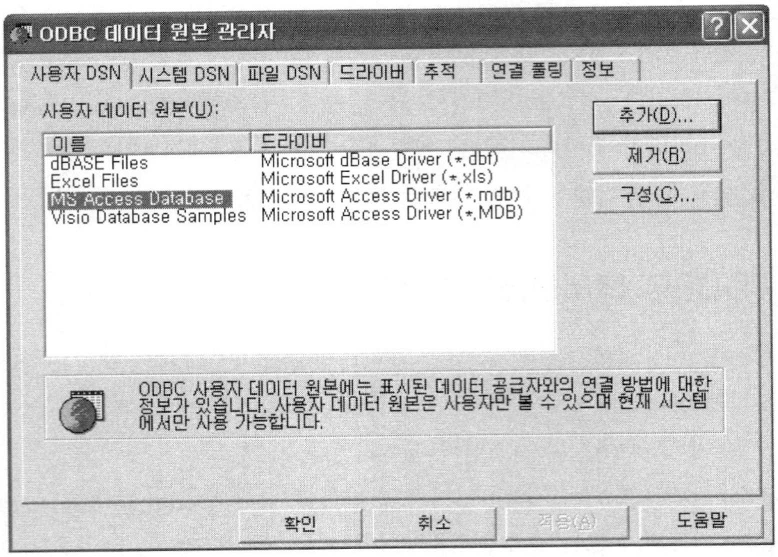

3. 새 데이터 원본 만들기 대화상자에서 Micpsoft Access Driver를 선택한 후 마침버튼을 누른다. 이로써 Microsoft Access Driver는 다음에 만들 응용에서 사용하는 데이터 소스를 연결한다.

4. 출력되는 ODBC Microsoft Access 설정 대화상자의 데이터 원본 이름에 Department Store, 설명에는 Department Store Database를 입력한다. 데이터 원본 이름은 생성한 데이터 소스를 인식하기 위한 방법이다.

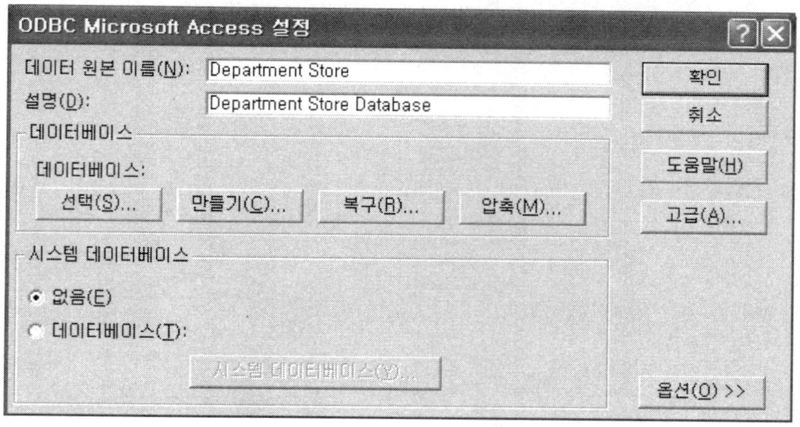

5. 선택 버튼을 누른 다음 앞서 만든 DepStore.mdb를 선택한 후 확인 버튼을 누른다.

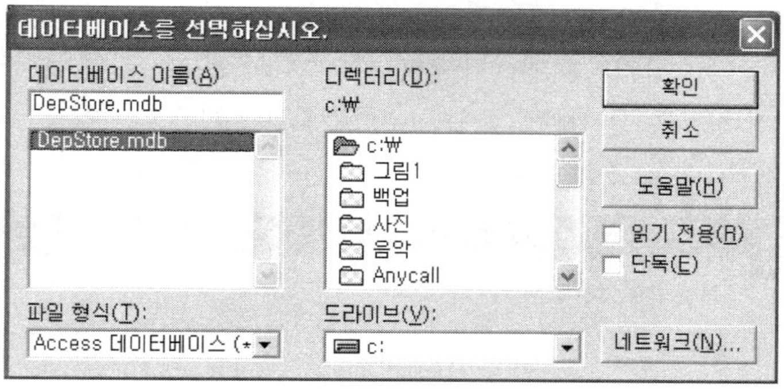

이로써 Microsoft Access ODBC 드라이브로 DepStore.mdb 데이터베이스 파일에 접근할 수 있다.

지금까지 데이터베이스를 만들고 이를 시스템에 등록시켰고 이제는 이 데이터베이스를 처리하는 응용 프로그램을 만든다. 이를 위해 다음과 같은 단계를 따른다.

1. Visual C++에서 MFC 응용 프로그램을 선택하고 이름을 DbApp로 하였다.

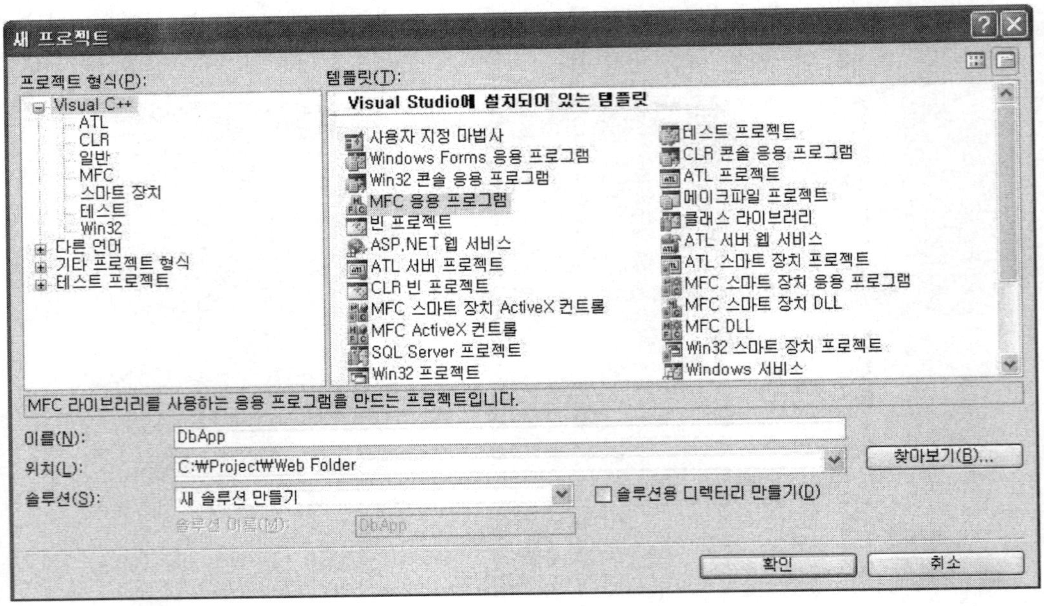

2. 확인 버튼을 누르면 출력되는 창에서 응용 프로그램의 종류를 단일 문서로 선택하고 데이터베이스 지원 항목을 선택하면 출력되는 창에서 파일을 지원하지 않은 데이터베이스 뷰와 ODBC를 선택하고 데이터 소스 버튼을 누른다.

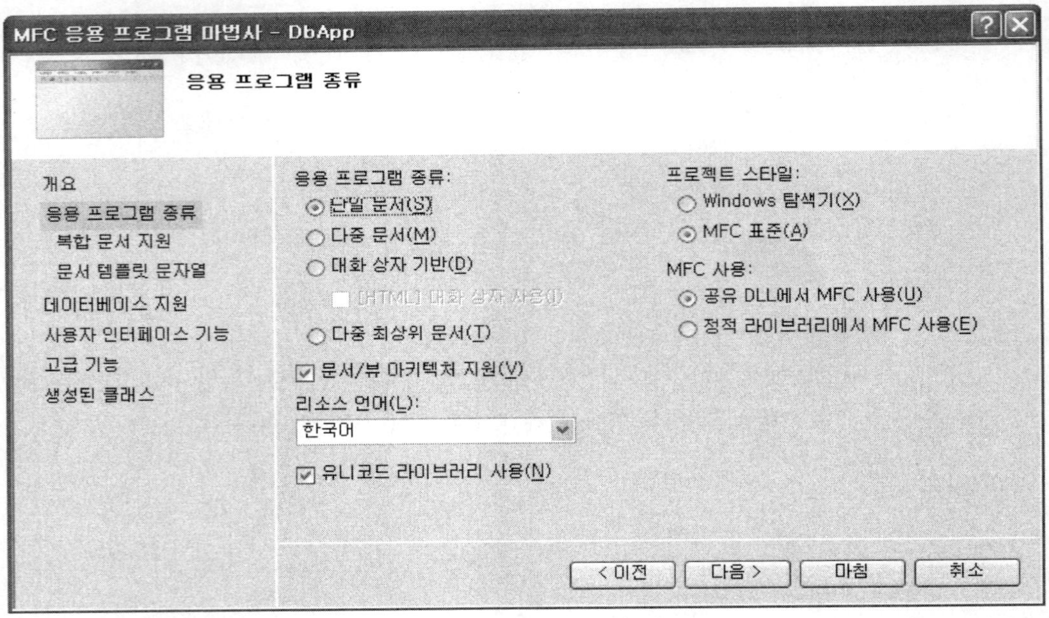

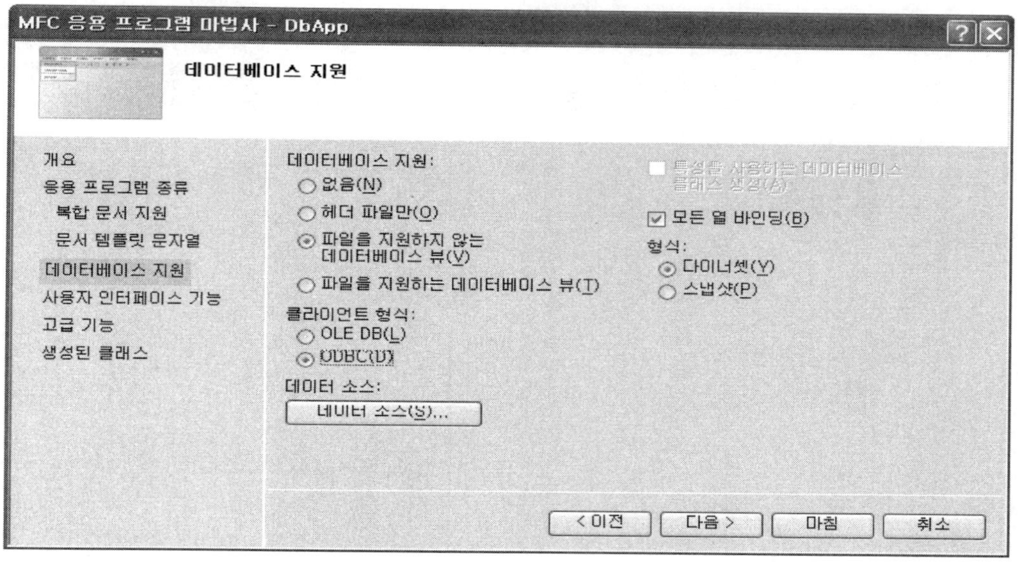

3. 출력되는 창에서 컴퓨터 데이터 원본 탭을 선택하고 앞서 만든 Department Store 항목을 더블 클릭하면 출력되는 로그 인 대화상자에서 확인 버튼을 누른다.

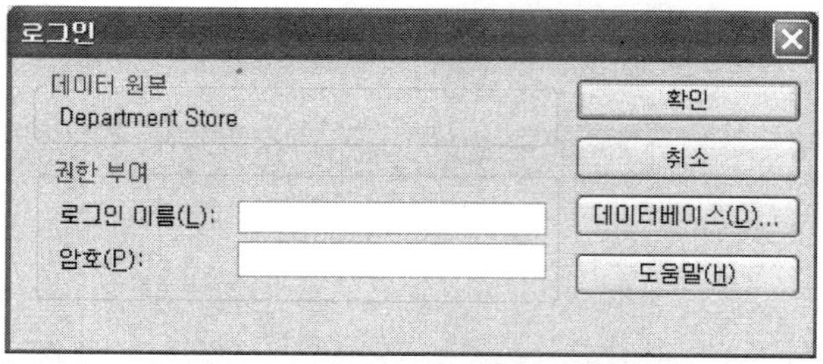

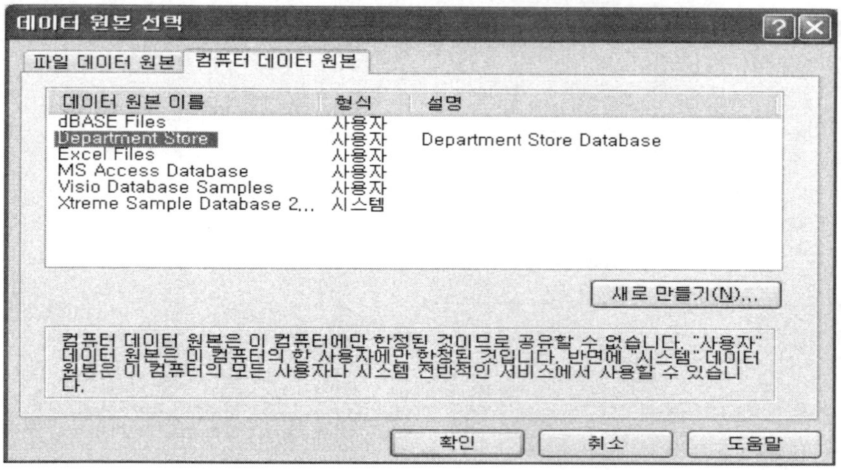

4. 출력되는 개체 선택 박스에서 Emplyee 테이블을 선택하고 확인 버튼을 누른다.

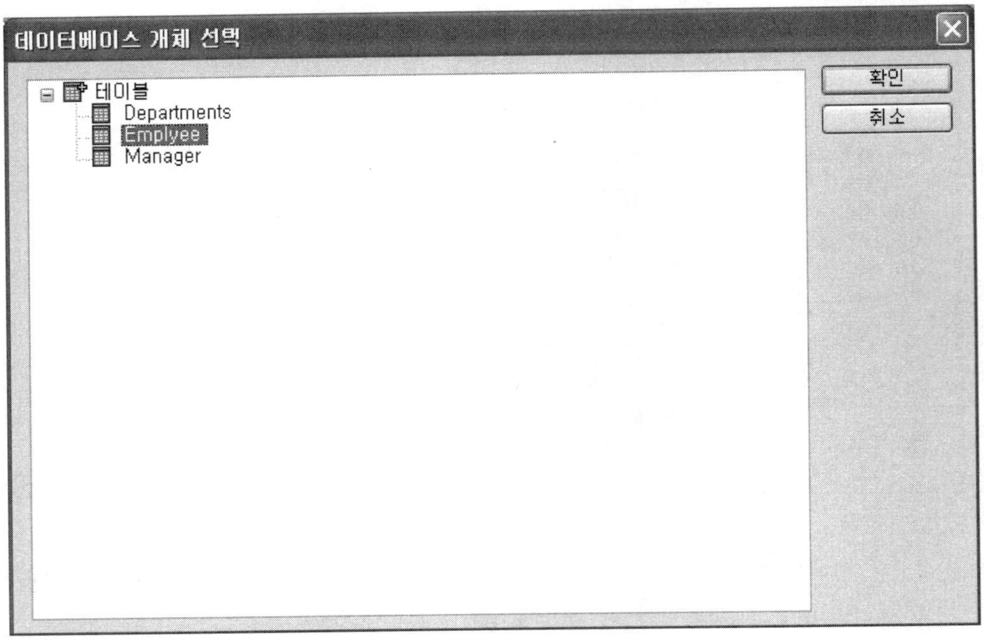

5. 마침 버튼을 눌러 응용의 골격을 만든다.

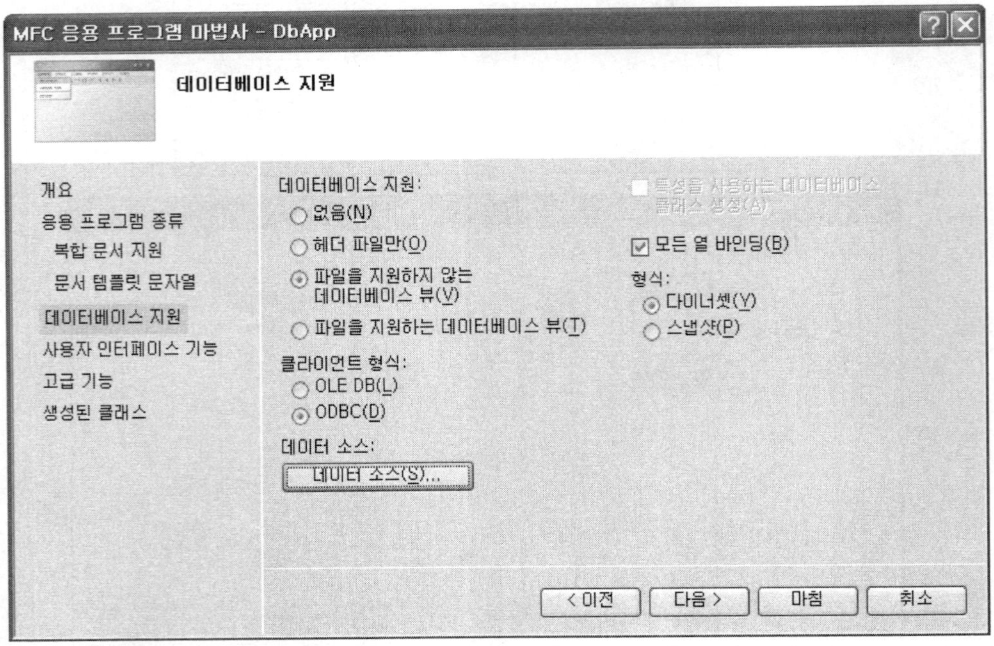

6. 컴파일 중 보안 경고 창이 출력되면 확인 버튼을 누른다.

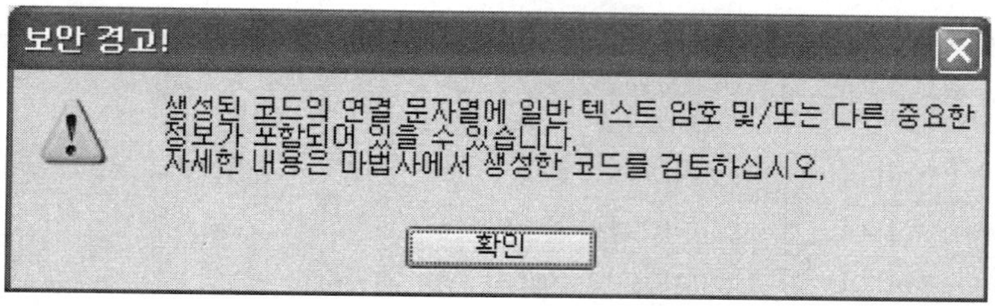

7. 생성된 응용 프로그램을 컴파일하면 다음과 같은 에러가 발생한다. 이를 없애기 위해 다음과 같이 주석 표시를 한다.

```
  ...
//#error Security Issue: The connection string may contain a password
// 아래 연결 문자열에 일반텍스트  암호 및 /또는
// 다른 중요한 정보가 포함되어 있을 수 있습니다.
....
```

8. 다시 컴파일을 하면 다음과 같은 초기화면이 출력된다.

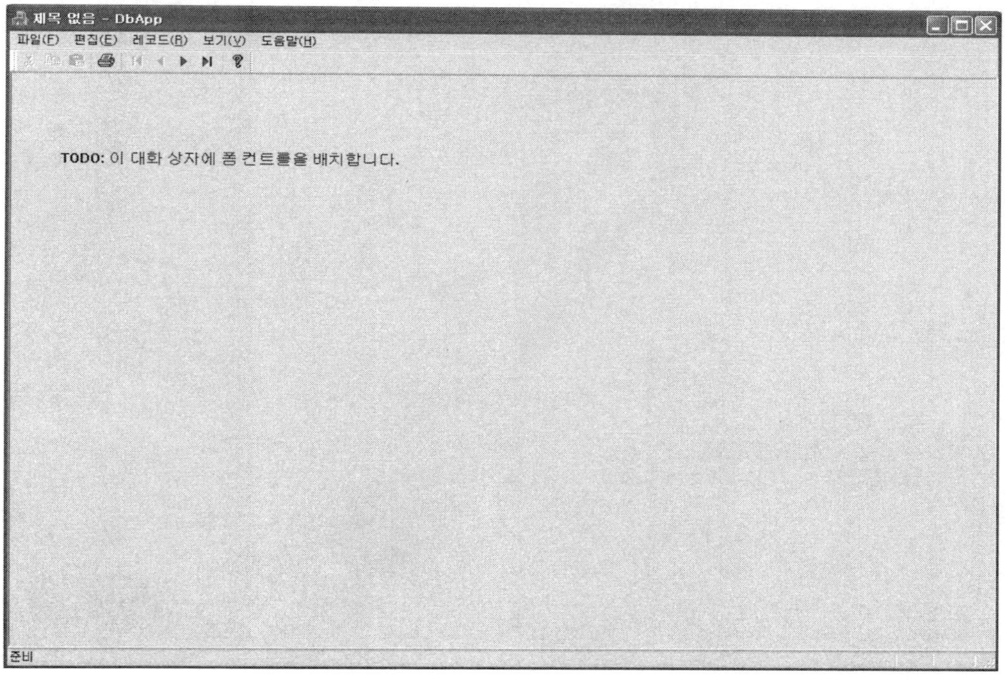

9. 리소스 뷰의 다이얼로그를 선택하고 IDD_DBAPP_FORM을 선택하여 먼저 문자열을 지운후 다음과 같이 편집한다. 편집한 화면은 다음과 같다.

컨트롤	컨트롤 ID	비고
Staic Control	Employee ID:	속성창의 Caption 필드 변경
Staic Control	Employee Name:	
Staic Control	Employee Rate:	
Staic Control	Employee Dept	
Edit Control	IDC_EMPLYEE_ID	속성창의 ID 필드 변경
Edit Control	IDC_EMPLYEE_NAME	
Edit Control	IDC_EMPLYEE_RATE	
Edit Control	IDC_EMPLYEE_DEPT	

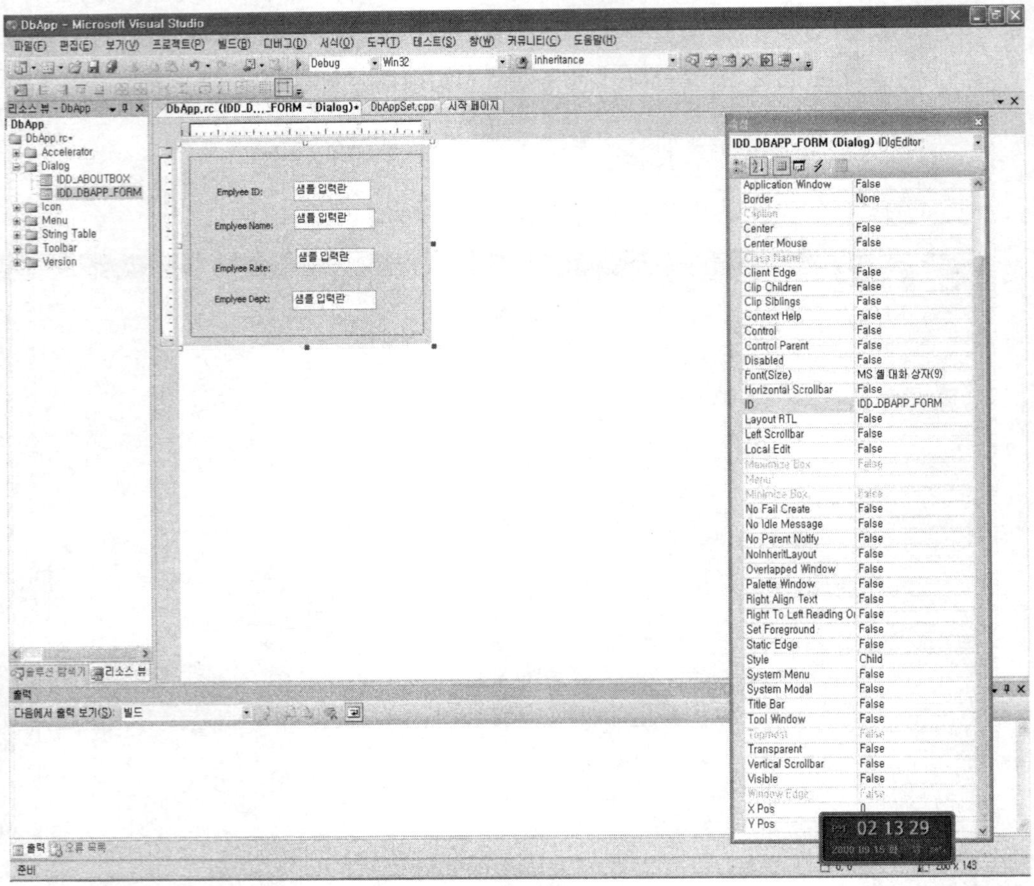

10. CDbAppView.cpp 파일에 다음과 같은 코드를 추가한다. 이는 방금 만든 컨트롤과 ACCESS 데이터베이스와 연결하는 코드이다.

```
..................
void CDbAppView::DoDataExchange(CDataExchange* pDX)
{
    .......
    DDX_FieldText(pDX, IDC_EMPLOYEE_ID, m_pSet->m_EmployeeID, m_pSet);
    DDX_FieldText(pDX, IDC_EMPLOYEE_NAME, m_pSet->m_EmployeeName, m_pSet);
    DDX_FieldText(pDX, IDC_EMPLOYEE_RATE, m_pSet->m_EmployeeRate, m_pSet);
    DDX_FieldText(pDX, IDC_EMPLOYEE_DEPT, m_pSet->m_DeptID, m_pSet);
}
....
```

11. 이후 컴파일 후 실행하면 다음과 같은 결과가 출력된다. 화살표 표시의 아이콘을 누르면 데이터베이스의 변경된 내용이 출력된다.

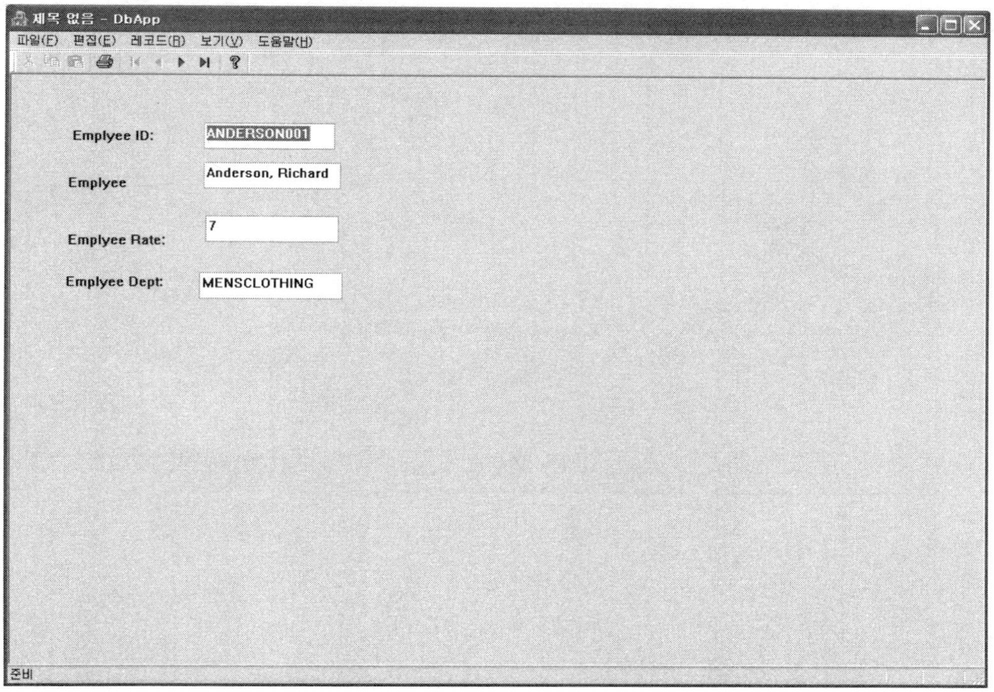

만들어진 데이터베이스에 새로운 데이터를 추가하거나 삭제하는 방법에 대해 살펴 본다. 이는 CRecordView와 CRecordSet 클래스의 멤버 함수를 사용한다.

1. 먼저 리소스 뷰 탭을 선택하고 툴바의 최우측에 있는 빈 아이콘에 +를 그린 후 오른쪽 마우스 버튼을 누르면 출력되는 메뉴에서 속성창을 선택하여 ID란에 ID_RECORD_ADD를 입력한다. 다음에 생기는 빈 아이콘에 -를 그린 후 오른쪽 마우스 버튼을 누르면 출력되는 메뉴에서 속성창을 선택하여 ID란에 ID_RECORD_DELETE를 입력한다.

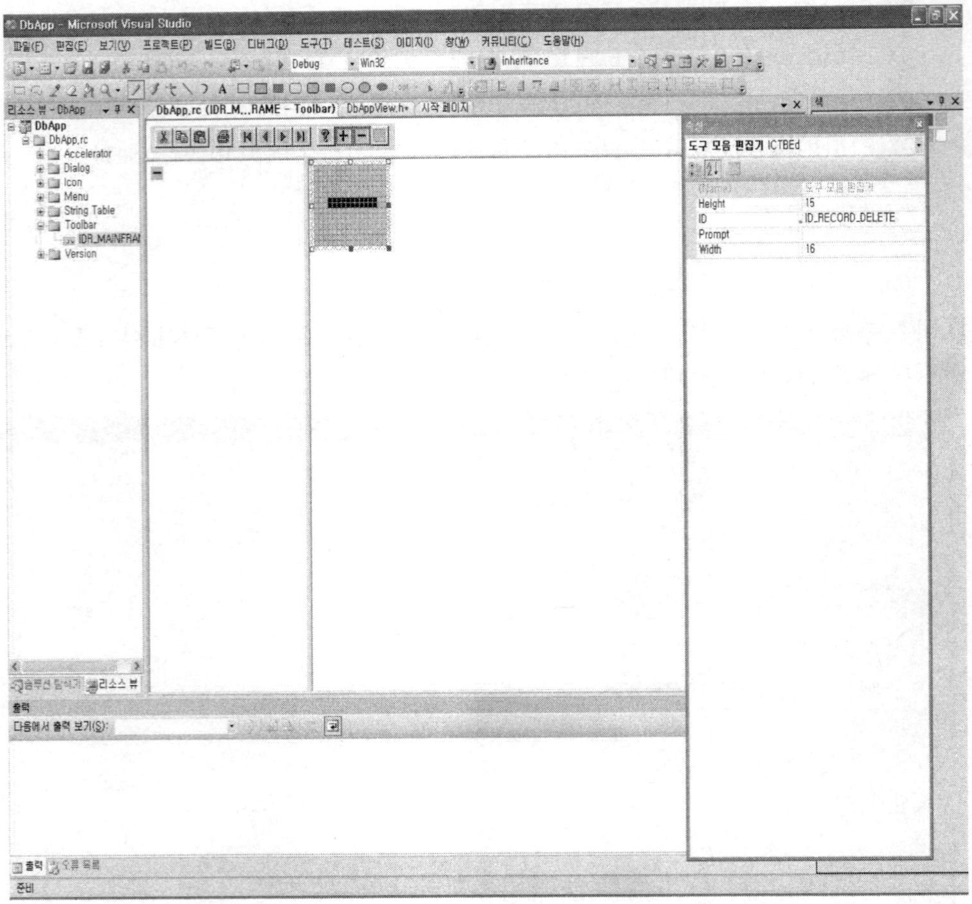

2. 다음으로 리소스 뷰 탭을 선택하고 메뉴바의 최우측에 있는 빈 메뉴에 Record를 입력하고 하위 메뉴에 Add Record를 입력한 후 오른쪽 마우스 버튼을 누르면 출력되는 메뉴에서 속성을 선택하고 ID란에 ID_RECORD_ADD를 입력한다. 다음에 생기는 빈 메뉴에 Delete Record를 입력한 후 오른쪽 마우스 버튼을 누르면 출력되는 메뉴에서 속성창을 선택하여 ID란에 ID_RECORD_DELETE를 입력한다. 이를 다음 그림에 표시하였다.

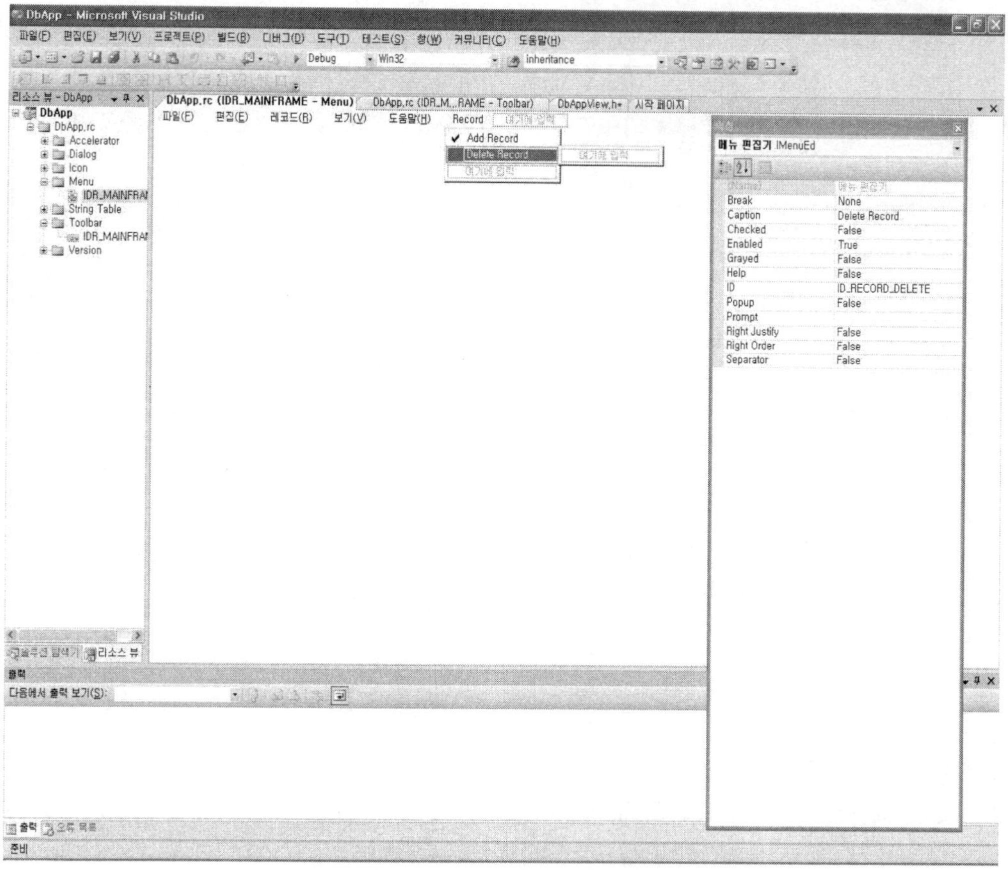

3. 생성된 아이콘과 메뉴를 이용하여 데이터베이스의 내용을 추가하거나 제거하기 위해 다음과 Add Record 메뉴를 선택한 후 오른쪽 마우스 버튼을 누르면 출력되는 메뉴에서 벤트 처리기 추가를 선택한 후 출력되는 창에서 클래스 목록에서 CDbAppView를 선택하고 메시지 형식으로는 COMMAND를 선택한 후 추가 및 편집 버튼을 누른다. 마찬가지 방법으로 Delete Record 메뉴를 선택한 후 오른쪽 마우스 버튼을 누르면 출력되는 메뉴에서 이벤트 처리기 추가를 선택한 후 출력되는 창에서 클래스 목록에서 CDbAppView를 선택하고 메시지 형식으로는 COMMAND를 선택한 후 추가 및 편집 버튼을 누른다.

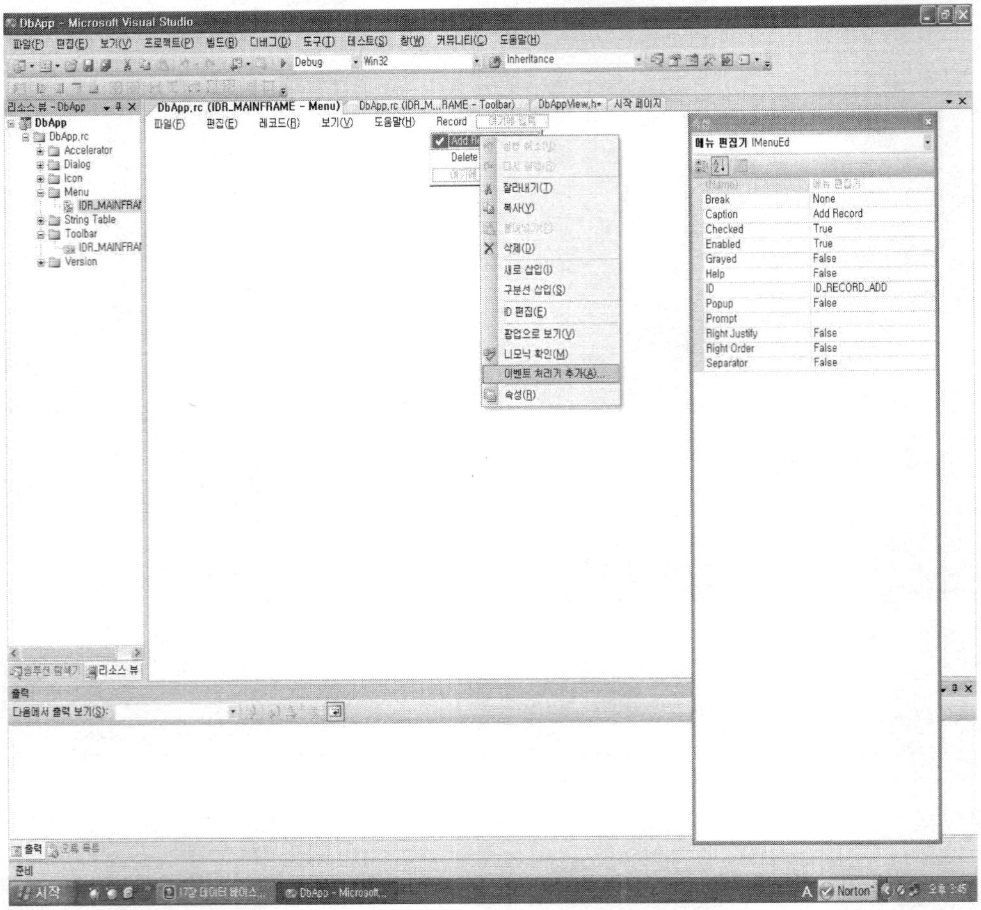

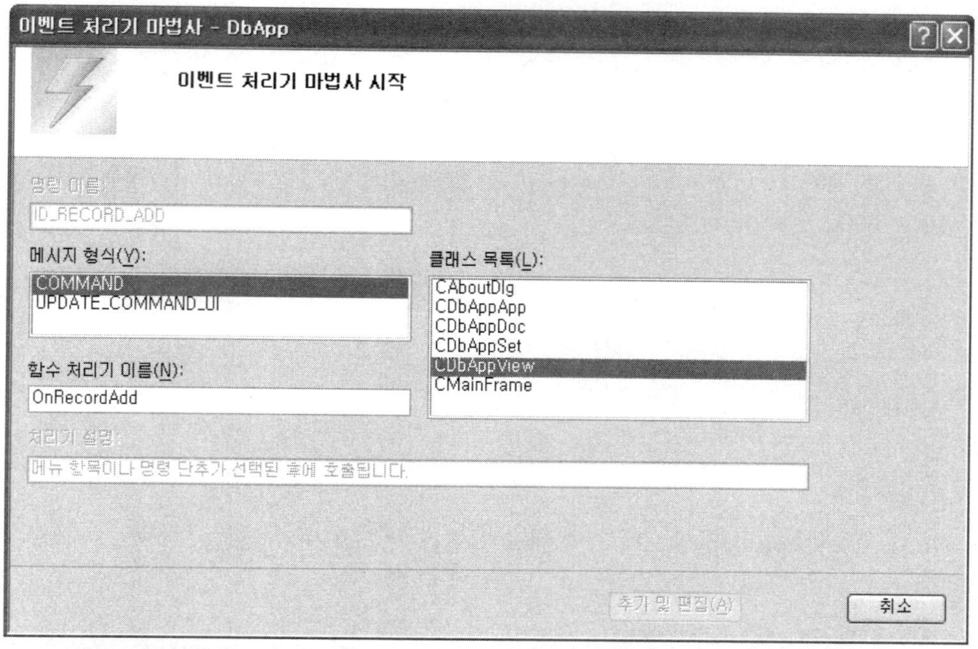
이벤트 처리기 마법사 - DbApp
이벤트 처리기 마법사 시작
명령 이름:
ID_RECORD_ADD
메시지 형식(Y):
COMMAND
UPDATE_COMMAND_UI
클래스 목록(L):
CAboutDlg
CDbAppApp
CDbAppDoc
CDbAppSet
CDbAppView
CMainFrame
함수 처리기 이름(N):
OnRecordAdd
처리기 설명:
메뉴 항목이나 명령 단추가 선택된 후에 호출됩니다.
추가 및 편집(A)
취소

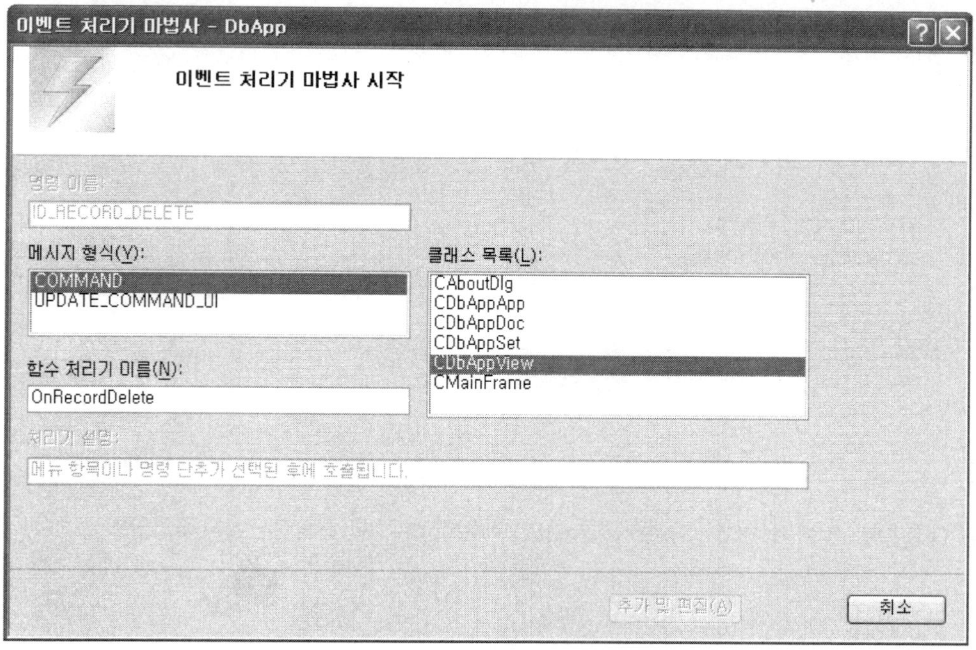
이벤트 처리기 마법사 - DbApp
이벤트 처리기 마법사 시작
명령 이름:
ID_RECORD_DELETE
메시지 형식(Y):
COMMAND
UPDATE_COMMAND_UI
클래스 목록(L):
CAboutDlg
CDbAppApp
CDbAppDoc
CDbAppSet
CDbAppView
CMainFrame
함수 처리기 이름(N):
OnRecordDelete
처리기 설명:
메뉴 항목이나 명령 단추가 선택된 후에 호출됩니다.
추가 및 편집(A)
취소

4. 솔루션 탐색기에서 DbAppView.h 파일을 선택한 후 다음과 같은 코드를 추가한다.

```
 .....
protected:
    BOOL m_bAdding;

public:

//재정의입니다.
....
```

5. DbAppView.cpp 파일의 구성자에 다음과 같은 코드를 추가한다.

```
....
CDbAppView::CDbAppView()
: CRecordView(CDbAppView::IDD)
{
  m_pSet = NULL;
  // TODO: 여기에 생성 코드를 추가합니다.

  m_bAdding = FALSE;
}
.....
```

6. 다음으로 앞에서 만든 OnRecordAdd()함수에 다음과 같은 코드를 추가한다.

```
......
void CDbAppView::OnRecordAdd()
{
  //TODO: 여기에 명령 처리기 코드를 추가합니다.
```

```
        m_pSet ->AddNew();

        m_bAdding = TRUE;
        CEdit* pCtrl = (CEdit*) GetDlgItem(IDC_EMPLOYEE_ID);
        int result = pCtrl ->SetReadOnly(FALSE);
        UpdateData(FALSE);

}
```

7. 다음으로 앞에서 만든 OnRecordDelete()함수에 다음과 같은 코드를 추가한다.

```
....
void CDbAppView::OnRecordDelete()
{
//TODO: 여기에 명령 처리기 코드를 추가합니다.

m_pSet ->Delete();

        m_pSet ->MoveNext();
        if(m_pSet ->IsEOF())
          m_pSet ->MoveLast();

         if(m_pSet ->IsBOF())
                m_pSet ->SetFieldNull(NULL);

        UpdateData(FALSE);
}
```

8. 레코드의 위치를 조사할 수 있도록 CRecordView 클래스의 OnMove()함수를 추가한다. 이 를 위해 다음과 같은 과정을 수행한다. 속성창을 선택하여 출력되는 속성창에서 재정의 아이콘을 선택한 후 OnMove 필드를 선택하면 자동적으로 함수가 추가된다. 다음과 같은 코드를 추가한다.

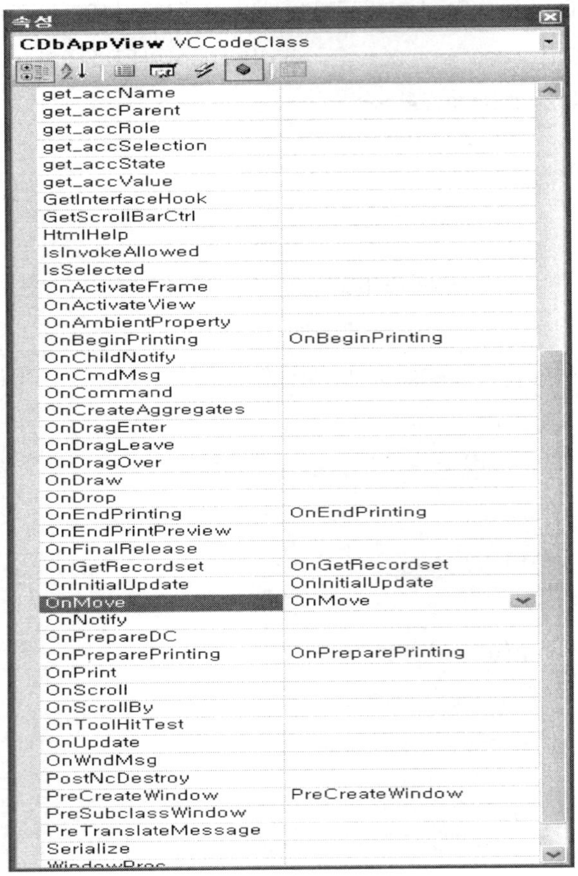

```
.....
BOOL CDbAppView::OnMove(UINT nIDMoveCommand)
{
//TODO : 여기에 특수화된 코드를 추가 및/ 또는 기본 클래스를 호출합니다.
   if(m_bAdding)
    {
        m_bAdding= FALSE;
```

```
            UpdateData(TRUE);
            if(m_pSet ->CanUpdate())
                    m_pSet ->Update();
            m_pSet ->Requery();
              UpdateData(FALSE);
            CEdit* pCtrl = (CEdit*)GetDlgItem(IDC_EMPLOYEE_ID);
            pCtrl ->SetReadOnly(TRUE);
            return TRUE;
        }
        else

        return CRecordView::OnMove(nIDMoveCommand);
}
```

9. 프로그램을 실행하고 + 아이콘을 누르면 빈 에디터 컨트롤이 출력되며 여기에 다음과 임의의 필드를 추가하였다. 다시 - 아이콘을 누르면 입력된 필드가 없어짐을 알 수 있다.

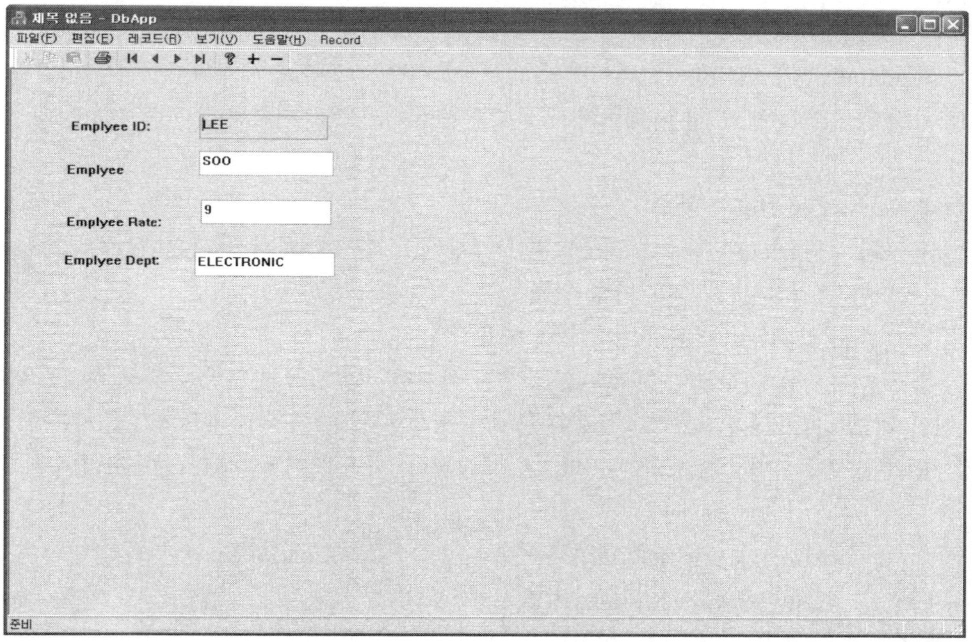

이 응용에서 사용된 함수는 다음과 같다.

OnRecordAdd() 함수

먼저 이 함수의

```
m_pSet -> AddNew();
```

는 사용자가 채워 넣을 빈 레코드를 설정한다. 이 새로운 레코드는 UpdateData()함수에 의해 빈 레코드가 화면에 출력된다.

새로운 레코드를 생성한 후 새로운 레코드를 출력할 수 있도록

```
m_bAdding = TRUE;
```

로 설정한다.

사용자가 새로운 레코드를 추가하고자 하기 때문에 read-only로 설정된 필드를 변경시켜야 한다. 이를 위해 다음과 같은 코드가 필요하다.

```
CEdit* pCtrl = (CEdit*)GetDlgItem(IDC_EMPLOYEE_ID):
int result =  pCtrl -> SetReadOnly(FALSE);
```

SetReadOnly() 함수는 읽기전용형의 컨트롤을 변경시킨다. 이 함수의 인자가 FALSE인 경우 컨트롤은 정상적인 읽고 쓰기가 가능하다.이 함수위 인자가 TRUE인 경우 컨트롤에 표시된 값의 변경이 불가능한 읽기 전용의 상태로 설정된다.

마지막으로

UpdateData(FALSE); 는 데이터의 리코드로부터 컨트롤로 데이터가 전송되어진다. 이 인자가 TRUE로 설정된 경우 데이터는 컨트롤부터 리코드로 전송된다.

OnRecordDelete() 함수

m_pSet -> Delete() 함수는 리코드를 삭제시킨다. 리코드를 삭제 시킨 후 프로그램은 다른 리코드를 출력하여야 한다. 이를 위해

m_pSet -> MoveNext(); 가 사용된다.

이 함수는 다음 리코드로 리코드를 옮긴다. 삭제된 리코드가 마지막 위치의 리코드일때와 삭제된 리코드가 유일한 리코드인 경우 문제가 발생한다. 이를 위해 IsEOF()를 사용하며 만약 TRUE가 반환되면 리코드의 마지막으로 이동한다. 이러한 이동은 MoveLast()함수가 담당한다.

```
if(m_pSet -> IsEOF())
    m_pSet -> MoveLast();
```

마지막 리코드가 지워지면 리코드 포인터는 최초의 리코드를 가르킨다. 프로그램은 IsBOF()함수를 호출하여 이를 조사한다. 만약 이 함수가 TRUE를 반환하면 프로그램은 현

리코드 필드를 NULL로 설정한다.

```
m_pSet -> SetFieldNull(NULL):
```

마지막으로 출력을 경신한다.

```
UpdateData(FALSE);
```

OnMove() 함수

사용자가 새로운 필드를 입력하여 데이터베이스에 추가하기 위해 하면 OnMove()함수를 호출한다. 일반적으로 이 함수는 다음번 리코드를 출력하는 함수이다. 그러나 이함수를 재정의하고 새로운 코드를 입력한 것은 새로운 리코드를 데이터베이스에 추가하기 위해서 이다.

```
if(m_bAdding)
```

은 사용자가 새로운 데이터를 추가하는지 여부를 살펴본다. 만약 m_bAdding이 FALSE이면 if 문은 실행되지 않고 else 문이 실행된다. else 문에서는 다음번 리코드를 보여 주는 일반적인 함수의 동작이 수행된다. 그러나 새로운 데이터를 추가함을 의미하는 TRUE 값을 가지면 이 프래그는 먼저

```
m_bAdding = FALSE;
```

로 값을 설정한다. 이후

UpDateData(TRUE);를 호출하여 컨트롤의 데이터를 데이터베이스로 전송한다.

만약 전송된 데이터가 데이터베이스에 저장될 수 있는 지를 조사하고 이를 저장할 수 있는 경우 새로운 데이터를 저장하고 데이터베이스를 Update한다. 이를 위한 코드는 다음과 같다.

```
if(m_pSet -> CanUpdate())
   m_pSet -> Upadate();
```

리코드를 정리하기 위해

m_pSet -> Requery();를 호출한다.

또한 저장된 데이터를 컨트롤로 전송하기 위해

```
UpdateData(FALSE);
```

를 호출한다.

마지막으로 사용자가 더 이상 필드를 변경시키지 않도록 하기 위해 컨트롤을 읽기 전용으로 변경시킨다.

```
CEdit* pCtrl = (CEdit*)GetDlgItem(IDC_EMPLOYEE_ID);
pCtrl -> SetReadOnly(TRUE);
```

23.2 Sorting 과 Filtering

대부분의 경우 데이터베이스에 접근하여 데이터베이스의 순서를 변경하거나 어떤 조건을 충족시키는 리코드를 조사하고자한다. MFC의 ODBC 데이터베이스 클래스는 이러한 기능을 수행할 수 있는 많은 함수를 가지고 있다. 또한 특정한 이름 혹은 ID와 같은 주어진 정보를 포함하는 필드를 출력할 수 있도록 할 수 있다. 이러한 동작을 필터링이라 한다. 이를 위한 과정은 다음과 같다.

1. 리소스 뷰 탭을 선택하고 메뉴바의 최우측에 있는 빈 메뉴에 SORT를 입력하고 하위 메뉴에 다음 표와 같이 입력한다. 메뉴를 선택한 후 오른쪽 마우스 버튼을 누르면 출력되는 메뉴에서 이벤트 처리기 추가 메뉴를 선택 한 후 클래스 목록 항목에 CDbAppView를 선택하고 메시지 형식에는 COMMAND를 선택한다. 이와 같은 과정을 반복하여 모든 하위 메뉴에 ID를 생성한다.

캡션	ID	
ID	ID_SORT_ID	
Name	ID_SORT_NAME	
Rate	ID_SORT_RATE	
Depart	ID_SORT_DEPARTMENT	

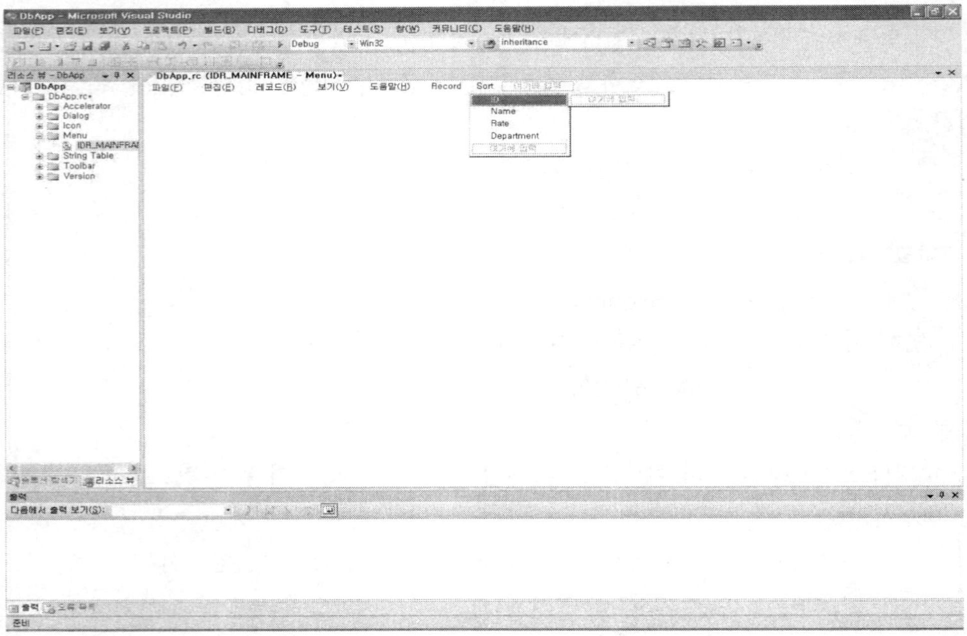

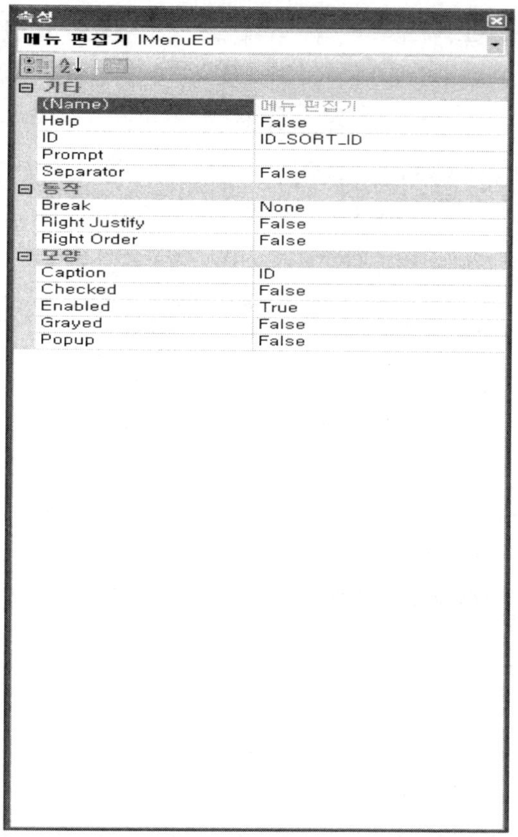
속성
메뉴 편집기 IMenuEd
기타
(Name) 메뉴 편집기
Help False
ID ID_SORT_ID
Prompt
Separator False
동작
Break None
Right Justify False
Right Order False
모양
Caption ID
Checked False
Enabled True
Grayed False
Popup False

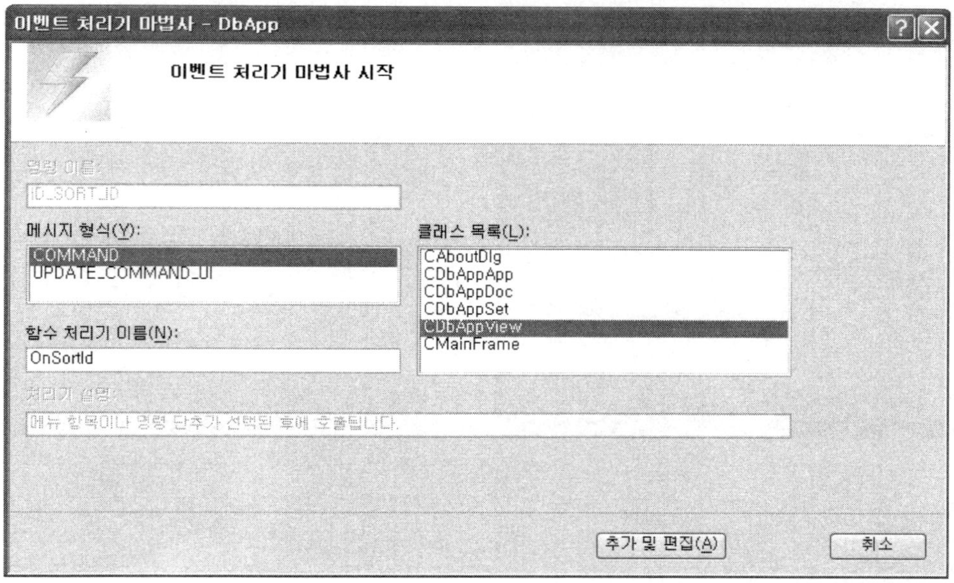
이벤트 처리기 마법사 - DbApp
이벤트 처리기 마법사 시작
명령 이름:
ID_SORT_ID
메시지 형식(Y):
COMMAND
UPDATE_COMMAND_UI
클래스 목록(L):
CAboutDlg
CDbAppApp
CDbAppDoc
CDbAppSet
CDbAppView
CMainFrame
함수 처리기 이름(N):
OnSortId
처리기 설명:
메뉴 항목이나 명령 단추가 선택된 후에 호출됩니다.
추가 및 편집(A)
취소

2. 리소스 뷰 탭을 선택하고 메뉴바의 최우측에 있는 빈 메뉴에 FILTER를 입력하고 하위 메뉴에 다음 표와 같이 입력한다. 메뉴를 선택한 후 오른쪽 마우스 버튼을 누르면 출력되는 메뉴에서 이벤트 처리기 추가 메뉴를 선택 한 후 클래스 목록 항목에 CDbAppView를 선택하고 메시지 형식에는 COMMAND를 선택한다. 이와 같은 과정을 반복하여 모든 하위 메뉴에 ID를 생성한다. 위의 과정과 동일하다

캡션	ID	
ID	ID_FILTER_ID	
Name	ID_FILTER_NAME	
Rate	ID_FILTER_RATE	
Depart	ID_FILTER_DEPARTMENT	

3. 리소스 뷰에서 다이얼로그 박스를 선택한 후 오른쪽 마우스 버튼을 누르면 출력되는 메뉴에서 Dialog 삽입을 선택하고 생성된 다이얼로그를 다음 표와 같이 편집한다.

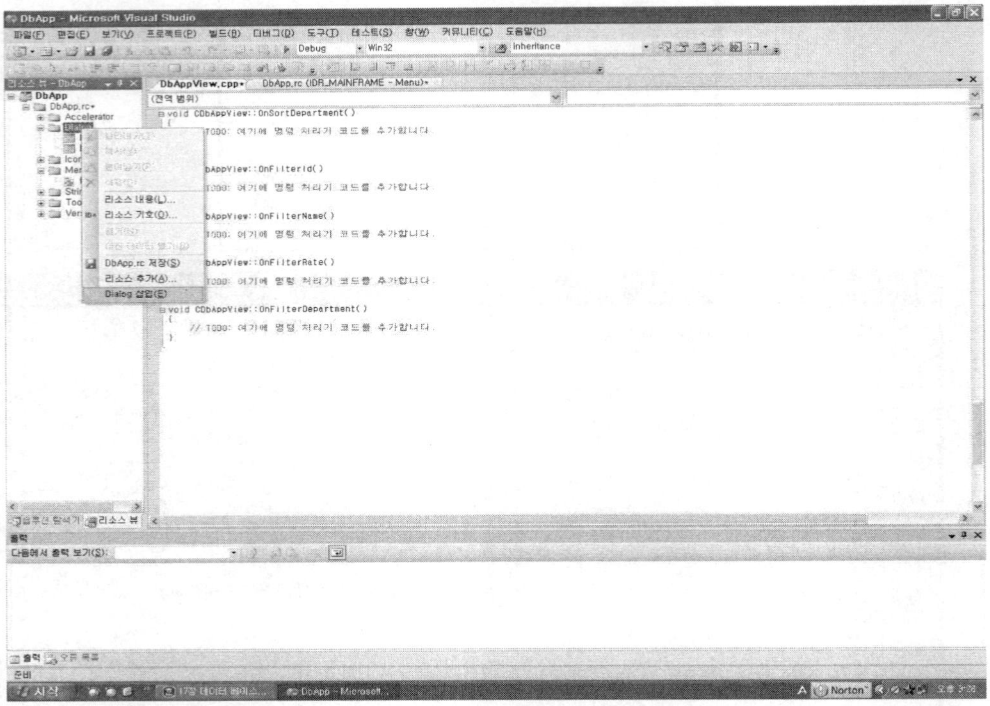

컨트롤	캡션	ID	
Staic	Value		
Edit		IDC_FILTERVALUE	

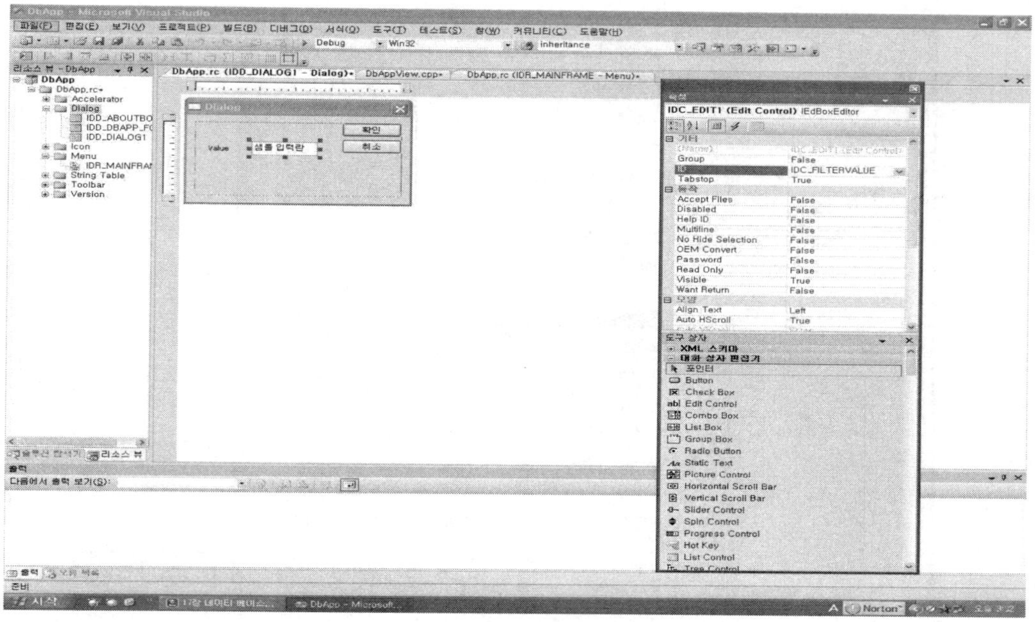

4. 생성된 대화상자를 클래스로 만들기 위한 절차는 다음과 같다. 대화상자 전체를 선택 한 후 오른쪽 마우스 버튼을 누르면 출력되는 메뉴에서 클래스 추가를 선택한 후 출력되는 대화상자에서 클래스의 이름을 CFilterDlg라 입력하고 기본 클래스는 CDialog를 선택한다.

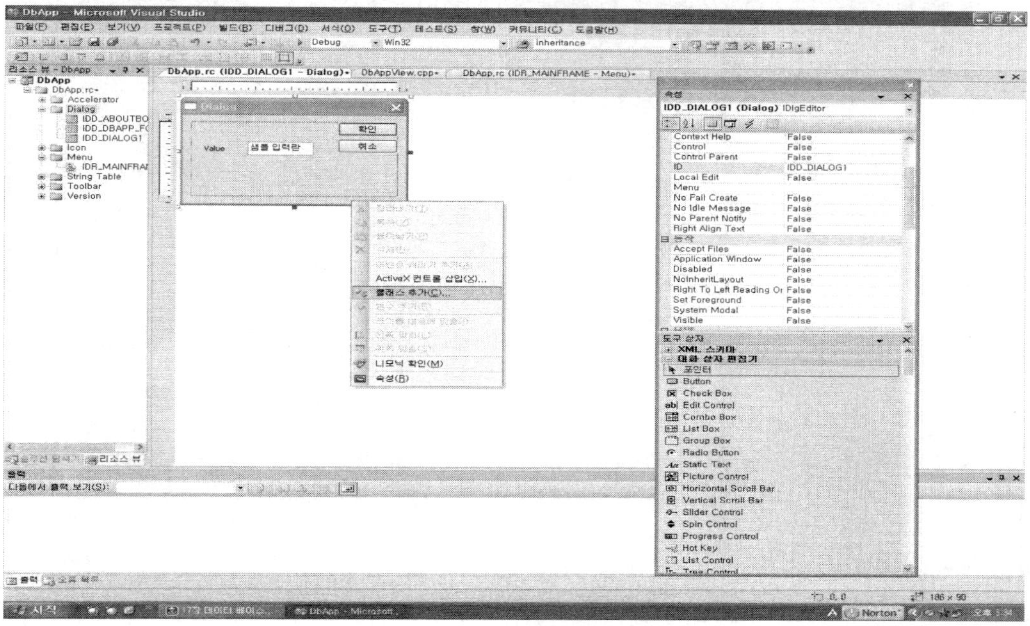

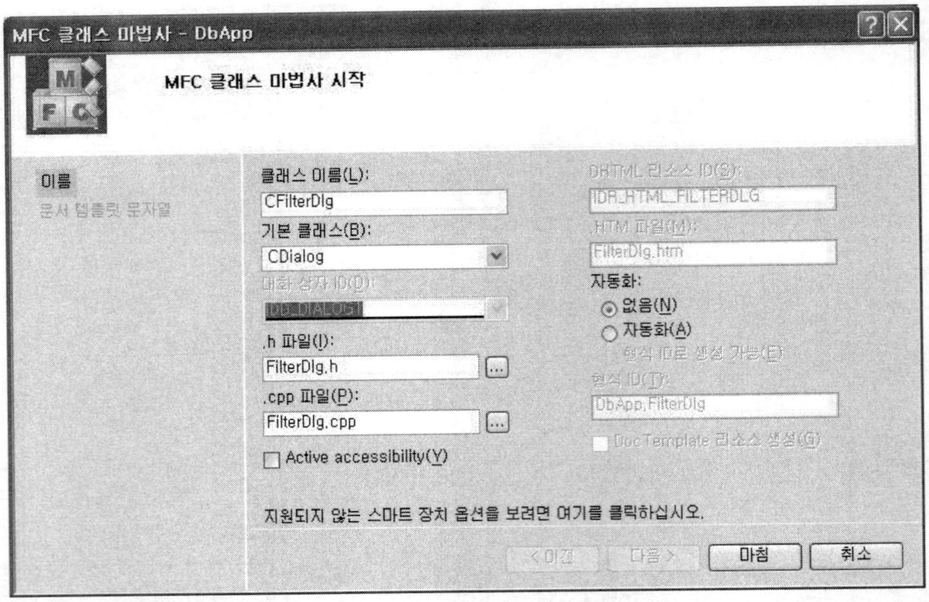

5. 대화상자에서 만들어진 Edit 박스를 변수로 설정하기 위해 Edit 박스를 선택한 후 오른쪽 마우스 버튼을 누르면 출력되는 메뉴에서 변수 추가를 선택한다. 출력되는 창에서 범주란에 Value, 변수 형식은 CString, 변수 이름은 m_filterValue를 입력한다.

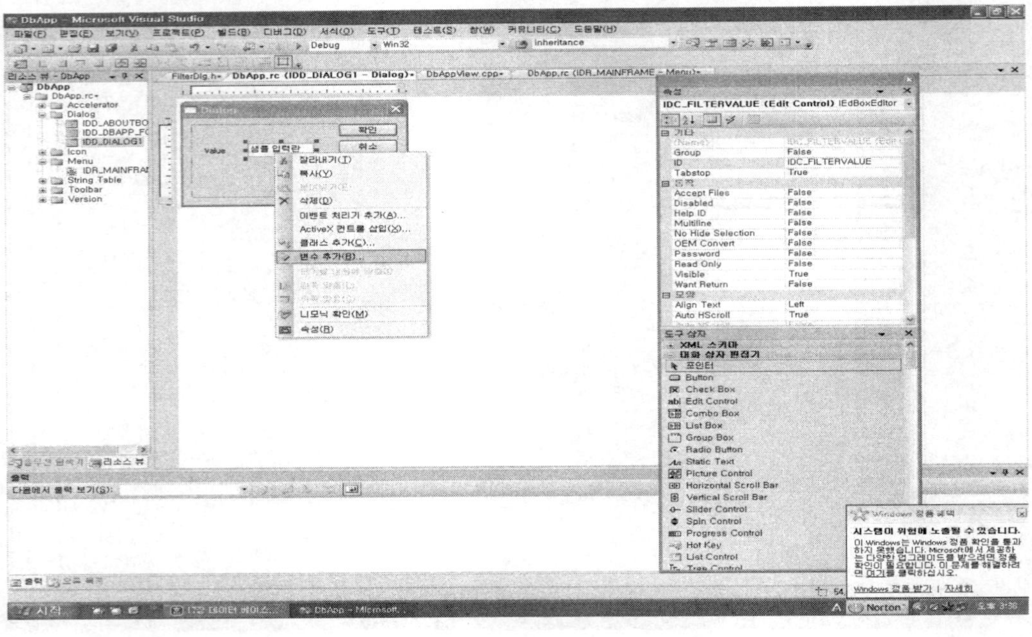

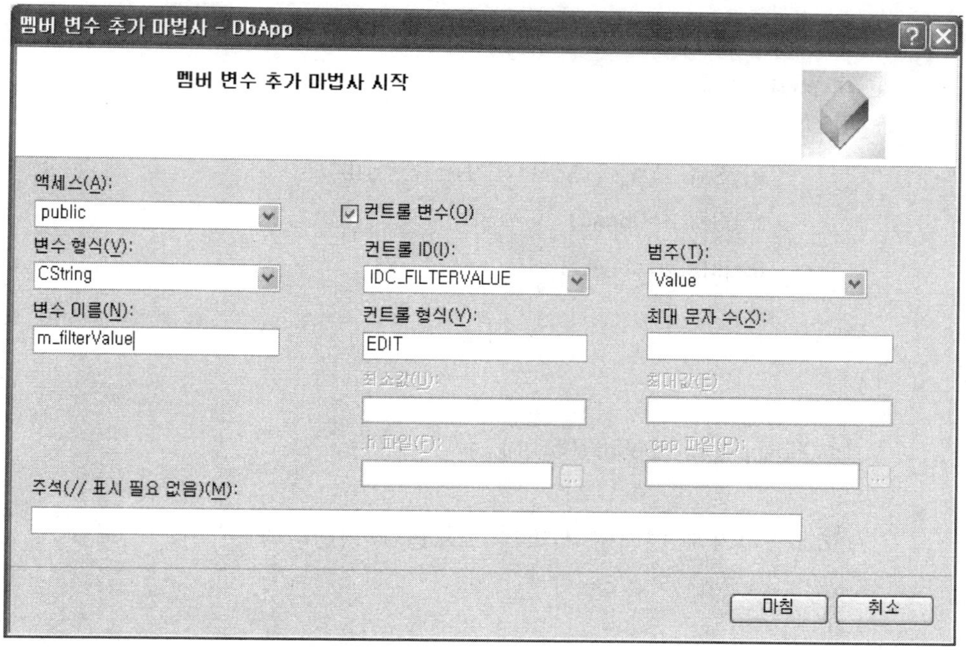

6. 솔루션 탐색기에서 DbAppView.cpp를 선택한 후 다음과 같은 코드를 추가한다.

```
.....
 #include "DbAppDoc.h"
#include "DbAppView.h"

#include "FilterDlg.h"



#ifdef _DEBUG
....
```

7. 메뉴 항목을 누르면 실행되는 메시지 처리 함수에 다음과 같은 코드를 추가한다.

```
.......
  void CDbAppView::OnSortId()
{
```

```
    //TODO: 여기에 명령어 처리기 코드를 추가합니다.
     m_pSet -> Close();

            m_pSet ->m_strSort = "EmployeeID"
            m_pSet ->Open();
            UpdateData(FALSE);

}

 void CDbAppView::OnSortName()
{
   //TODO: 여기에 명령어 처리기 코드를 추가합니다.
           m_pSet -> Close();

            m_pSet ->m_strSort = "EmployeeName"
            m_pSet ->Open();
            UpdateData(FALSE);
}

void CDbAppView::OnSortRate()
{
    //TODO: 여기에 명령어 처리기 코드를 추가합니다.
            m_pSet -> Close();

            m_pSet ->m_strSort = "EmployeeRate"
            m_pSet ->Open();
            UpdateData(FALSE);
}

void CDbAppView::OnSortDepartment()
{
```

```
  //TODO: 여기에 명령어 처리기 코드를 추가합니다.

          m_pSet -> Close();

          m_pSet ->m_strSort = "DeptID"
          m_pSet ->Open();
          UpdateData(FALSE);
}

void CDbAppView::OnFilterId()
{
   //TODO: 여기에 명령어 처리기 코드를 추가합니다.
   DoFilter(L"EmployeeID");
}

void CDbAppView::OnFilterName()
{
  //TODO: 여기에 명령어 처리기 코드를 추가합니다.
  DoFilter(L"EmployeeName");
}
void CDbAppView::OnFilterRate()
{
//TODO: 여기에 명령어 처리기 코드를 추가합니다.
   DoFilter(L"EmployeeRate");
}
void CDbAppView::OnFilterDepartment()
{
  //TODO: 여기에 명령어 처리기 코드를 추가합니다.
   DoFilter(L"DeptID");
}
```

```
void CDbAppView::DoFilter(CString col)
{
        CFilterDlg dlg;
        int result = dlg.DoModal();

        if(result == IDOK)
        {
                CString str = col +_T("= '")+ dlg.m_filterValue +
_T("'");
                m_pSet ->Close();
                m_pSet -> m_strFilter = str;
                m_pSet -> Open();
                int recCount = m_pSet -> GetRecordCount();

                if(recCount == 0)
                {
                        MessageBox(L"No matching records.");

m_pSet ->Close();
                        m_pSet -> m_strFilter =""
                        m_pSet -> Open();
                        }
                UpdateData(FALSE);
        }
}
```

8. 솔루션 탐색기에서 DbAppView.h를 선택한 후 다음과 같은 코드를 추가한다.

```
.....
protected:
        BOOL m_bAdding;
```

```
void DoFilter(CString col);
...
```

9. 프로그램의 실행 결과는 다음과 같다. 데이터베이스에 대한 검색과 필터링을 수행하기 위해 앞서 만든 메뉴를 선택한다.

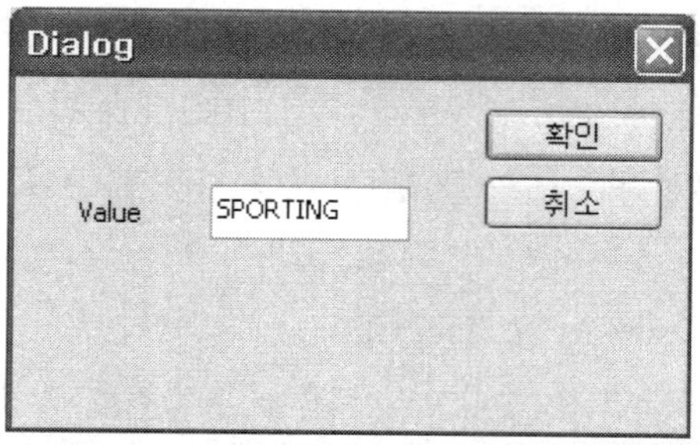

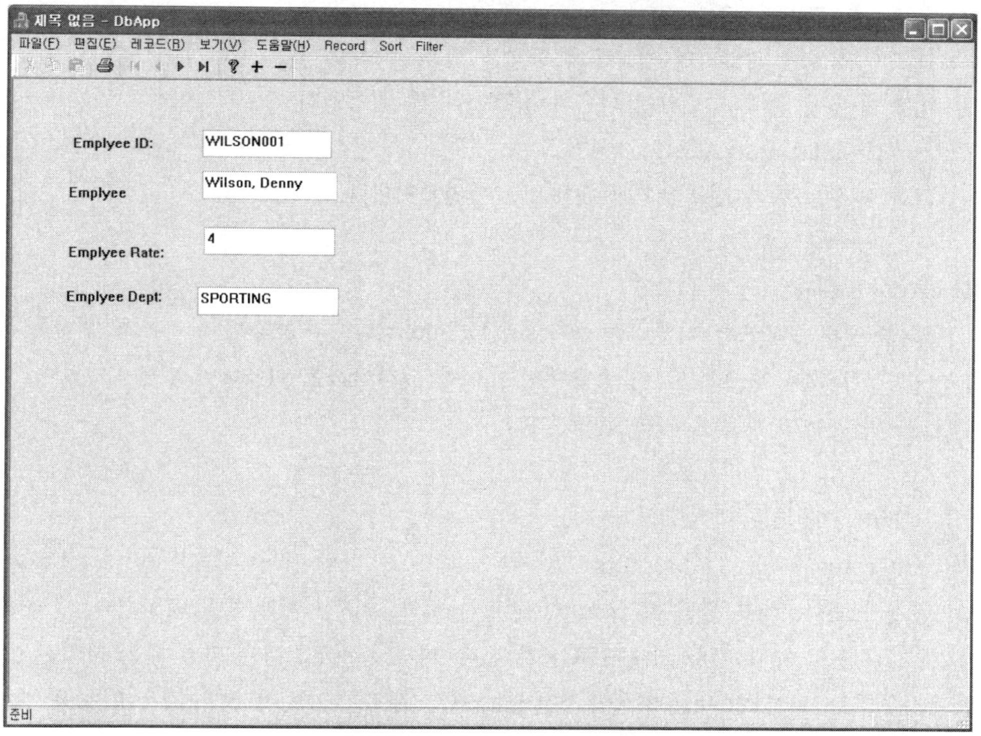

이 응용에서 사용된 함수는 다음과 같다

OnSortDept() 함수

이 함수는 사용자에 의해 지시된 방법으로 리코드를 정렬한다. 최고 먼저하여야 하는 일은 리코드 집합을 닫는 일이다.

```
m_pSet -> Close();
```

사용자가 선택한 기준에 따라 새로운 리코드를 만들기 위해 리코드는 닫혀야 한다. 사용자가 부서별로 데이터베이스를 정렬하고자 하였기 때문에 DeptID를 이용하여 정렬작업을 수행하여야 한다. CRecordset 객체는 리코드가 어떻게 정렬되어야 하는 지를 결정하기 위해 특별한 문자열을 사용한다. 리코드가 만들어지면 m_strSort 라고 부르는 문자열을 조사하고 이에 따라 리코드를 분류한다. 리코드를 닫은 다음 다음과 같이 문자열을 분류한다.

```
m_pSet -> m_strSort = "DeptID";
```

이 문자열에 적합한 리코드가 존재하면 새로운 문자열을 열게된다.

```
m_pSet -> Open();
```

리코드가 정렬이 되었지만 윈도우에 출력을 할 단계는 아니다. 따라서,
이를 화면에 출력하기 위해 다음과 같은 함수를 사용한다.

```
UpdateData(FALSE);
```

이러한 과정은 다른 정렬함수에 대해서도 마찬가지이다.

DoFilter() 함수

필터를 원하는 필드를 나타내는 문자열로 DoFilter()함수가 호출된다. 필터를 원하는 필드를 아는 것이 매우 중요하다. 이 응용에서는 이를 대화상자를 이용하여 얻을 수 있다.
이를 위해 먼저 대화 상자를 출력한다.

```
CFilterDlg dlg;
int result = dlg.DoModal();
```

사용자가 대화상자를 닫을 때 result는 종료를 위해 눌러진 버튼 값을 포함한다. 만약 사용자가 OK 버튼을 누르면 result는 IDOK가 된다. 따라서 프로그램은 다른 일을 하기전 이 값을 조사한다. 만약 확인 버튼이 눌러지면 ifans을 실행하고 그렇지 않은 경우 if 문을 실행하지 않게 된다.

```
if(result == IDOK)
```

if 문의 첫 번째는 데이터베이스를 필터하기 위해 사용되는 문자열을 생성한다. 이는 데이

터베이스를 정렬하기 위해 문자열을 설정하는 것과 동일하다. 이 경우는 m_strFilter라는 문자열을 사용한다. 데이터베이스를 필터하기 위해 사용되는 문자열은 문법적으로 정확하여야 한다.

```
ColumnID = 'ColumnValue';
```

이 문장에서 ColumnID는 테이블에 있는 컬럼의 이름이다. 이 문장은 다음과 같다.

```
CString str = col + "='" + dlg.m_filterValue + "'";
```

예로 대화상자에 HARDWARE를 입력하면

DeptID = 'HARDWARE'; 라는 문자열이 입력된다.

문자열이 만들어지면 프로그램은 데이터베이스를 필터할 준비가 된다. 이를 위해 먼저 리코드가 닫혀야 한다.

```
m_pSet -> Close();
```

이 후 프로그램은 다음과 같이 리코드를 필터할 문자열을 설정한다.

```
m_pSet -> m_strFilter = str;
```

주어진 필터에 의해 리코드를 다시 만들기 위해 리코드를 다시 연다.

```
m_pSet -> Open();
```

주어진 필터 결과를 얻기 위해 이 함수는 리코드의 수를 얻는다.

```
if(recCount == 0)
```

만약 리코드가 존재하지 않게 되면 프로그램은 이를 표시하는 메시지 박스를 출력한다.

```
MessageBox("No Matching records");
```

이후 프로그램은 리코드를 닫고 필터 문자열을 빈 문자열로 만들고 리코드를 다시 연다.

```
m_pSet -> Close();
m_pSet -> m_strFilter = "";
m_pSet -> Open();
```

이는 테이블에 있는 모든 리코드를 다시 저장하는 과정이다.

마지막으로 화면에 출력할 내용이 있거나 저장되어야 할 리코드가 있는 경우 이를 화면에 출력한다. 이를 위해

```
UpdateData(FALSE);
```

함수를 사용한다.

찾아보기

알기쉬운 Visual C++.NET

2010년 1월 20일 인쇄
2010년 1월 22일 발행
저 자 이 수 영 저
펴낸이 오 성 걸
펴낸곳 오성미디어
주 소 132-916 서울시 도봉구 창 3동 491-1
전 화 02)997-0136
FAX 02)997-0137
등 록 2000. 5. 12 제 7-212 호
ISBN 978-89-92583-72-5 20,000 원